以交易为生

ONE GOOD TRADE

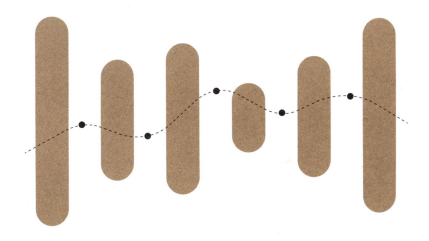

[美] 迈克·贝拉菲奥雷 ◎ 著

(Mike Bellafiore)

刘乃达 ◎ 译

中国科学技术出版社

·北 京·

本书中文简体字版通过 **Grand China Publishing House**（中资出版社）授权中国科学技术出版社在中国大陆地区出版并独家发行。未经出版者书面许可，不得以任何方式抄袭、节录或翻印本书的任何部分。

北京市版权局著作权合同登记　图字：01-2022-6703。

图书在版编目（CIP）数据

以交易为生 / （美）迈克·贝拉菲奥雷
(Mike Bellafiore) 著；刘乃达译. -- 北京：中国科
学技术出版社，2023.5（2024.1 重印）
　书名原文：One Good Trade
　ISBN 978-7-5046-9938-1

　Ⅰ.①以… Ⅱ.①迈… ②刘… Ⅲ.①市场交易
Ⅳ.① F713.50

中国国家版本馆 CIP 数据核字 (2023) 第 042168 号

执行策划	黄　河　桂　林	
责任编辑	申永刚	
策划编辑	申永刚　方　理	
特约编辑	魏心遥　蔡　波	
封面设计	东合社·安宁	
版式设计	翟晓琳	
责任印制	李晓霖	

出　　版	中国科学技术出版社	
发　　行	中国科学技术出版社有限公司发行部	
地　　址	北京市海淀区中关村南大街 16 号	
邮　　编	100081	
发行电话	010-62173865	
传　　真	010-62173081	
网　　址	http://www.cspbooks.com.cn	

开　　本	787mm×1092mm　1/32	
字　　数	374 千字	
印　　张	15	
版　　次	2023 年 5 月第 1 版	
印　　次	2024 年 1 月第 2 次印刷	
印　　刷	深圳市精彩印联合印务有限公司	
书　　号	ISBN 978-7-5046-9938-1/F·1117	
定　　价	98.00 元	

（凡购买本社图书，如有缺页、倒页、脱页者，本社发行部负责调换）

迈克·贝拉菲奥雷

（Mike Bellafiore）

国际知名交易训练营

头号教练

　　如果你是一名处于交易低谷期的交易员，或是有兴趣在未来成为交易员，那么本书正是为你而写。交易对我而言是世界上最好的工作，因为我们能从交易世界获取想要的一切。

本书赞誉

ONE GOOD TRADE

布雷特·N.斯蒂恩博格（Brett N. Steenbarger）
《投资交易心理分析》作者

　　《以交易为生》是我目前知道的唯一一本真正让读者走进自营交易世界，详细讲解了如何让交易生涯持续成功的作品。

霍华德·林登（Howard Lindzon）
美股知名社区StockTwits联合创始人兼CEO

　　迈克·贝拉菲奥雷是一位坚定专注的交易大师，也是一位专业培训导师。本书提供了在交易职业生涯中的诸多细节和有建设性的观点。

纳达夫·萨佩卡（Nadav Sapeika）
完全透明的股票交易演示平台T3唯实（T3 Live）COO

　　对标准的精心维护和细节的关注是SMB资本成功的制胜绝招。贝拉和史蒂夫创造了有深刻洞见的方法帮助新手交易员成长。

蒂姆·布尔坎（Tim Bourquin）
著名交易信息交流网站 TraderInterviews 联合创始人

阅读《以交易为生》，贝拉给了你一个前排座位，让你更加明白如何在当今更加不确定的市场中成为一名成功的交易员。书中有一些交易员如何积累大笔财富的故事，也有一些交易员的失败案例，但对于志存高远的交易员而言，这些都是丰富的教训。

布莱恩·香农（Brian Shannon）
《多周期技术分析》作者

对于所有追求进步的交易员和对成功交易有极大兴趣的人而言，本书都是必读书。

科里·罗森布鲁姆（Corey Rosenbloom）
非营利性专业监管机构CMT主席、交易博客Afraid to Trade创始人

如果你一直期望详细了解自营交易公司的职业全景，他们如何制定战略，培训新手交易员，选股以及与高频程序交易竞争，那么《以交易为生》就是为你准备的。

查尔斯·E.柯克（Charles E. Kirk）
《柯克报告》CEO

这是一本非常棒的书，既让我们全面了解自营交易的内部运作，又让我们知道成为一名持续成功的交易员需要具备什么。

杰森·加德纳（Jason Gardner）
克什纳交易公司（Kershner Trading Group）**总经理**

《以交易为生》由自营交易世界的内部人士所著。如果你是一位新手交易员，你会从中学到成功交易员的努力、坚韧、纪律、持续自省以及不断挑战自我与自我适应等素质。

王　磊
拼图资本创始合伙人、《浪淘沙：教育+金融》作者

《以交易为生》的作者贝拉菲奥雷是一位成功的短线交易大师，他用生动的语言和丰富的实例，为我们展示了竞争激烈的自营交易世界。书中不仅有深入浅出的理论解析，更有实战的交易策略、技巧分享和众多交易员的生动故事。无论你是交易的初学者，还是有一定经验的老手，这本书都能为你提供帮助。

林永青
价值中国新经济智库总裁

短线交易没有价值投资那么深入人心，因为短线交易的风险极高，一小时甚至几分钟就可能让你大幅亏损。怎么破解？《孙子兵法》传世千年，通篇追求的不是如何"胜利"而是如何"不败"："先为不可胜，以待敌之可胜；不可胜在己，可胜在敌。"给我深刻印象的是，本书作者也刻意指出了"交易员 5 个失败原因"，强调应如何"立于不败之地"；更进一步，如何"向失败要利润"。同时告诫我们时刻谨记：我们是交易员，不是投资者。

郭　睿

威科夫技术中国推广先行者

《以交易为生》通过作者贝拉菲奥雷的亲身经历，以轻松易懂的语言，展示了交易员所需的耐心、毅力和智慧。书中不仅涵盖了实用的交易技巧，更强调了风险管理和精神成长在交易成功中的关键作用。股票、期货、外汇等金融市场的参与者，都能从《以交易为生》中获得启发和指导。

宋三江

深圳久久益资产管理有限公司董事总经理

《以交易为生》作者自营交易的过往经验和心路历程告诉我们：股票交易的 K 线图，与其说是一系列股票价量指标的关系图，不如说是一大群股票交易者的心电图。无论是个人投资者还是机构投资者，都必须透过 K 线图看到"心电图"，只有战胜自己人性的弱点，才能在股票交易的博弈中取得胜算。

黄　河

中资国际投资有限公司董事长、中资出版社联合社长

迈克·贝拉菲奥雷是全球顶级交易员训练营的首席教官，在《以交易为生》中，他通过复盘顶尖交易员们的实战案例，深度阐释了短线交易的原则和方法。用心阅读这本书，相信你也能通过短线交易获取超额收益！

让交易生涯持续成功，获取你想要的一切

从 1998 年至今，伴随着互联网泡沫的起落和技术的不断进步，自营交易出现了突破性进展。回想起 1998 年，在周围没有电子图表、没有 CNBC 实时新闻，甚至连空调都没有的情况下，一些从各大银行离职的 20 多岁的交易员每天都可以赚到 10 000 ~ 25 000 美元。2008 年秋，美国金融体系几近崩溃，但我认识的一名 23 岁的交易员每天的收入仍高达 30 000 美元。此前，从未有作品详细介绍自营交易，如今，拿在你手上的就是第一本。

2006 年前，我与儿时好友史蒂夫·斯班瑟创建了一家自营交易公司 SMB 资本。如今，我们已具有一定规模，雇用了 60 多名交易员。

本书讲述了我从资本市场上学到的所有关于自营交易的重要课程。我决定通过介绍一系列人物的方式，分享这些源于市场的宝贵经验和教训，其中少部分人成功了，但大多数人失败了。

我们先从一些交易员的故事开始,譬如在第 1 章提到的"摇钱树"。"摇钱树"曾是一名职业高尔夫球手,这段职业经历赋予了他非比寻常的专注力,因此他每天都能集中精力剖析市场。除了认识我们的交易员外,我将带你走进自营交易的世界,去学习应该雇用什么样的人以及如何交易、如何选股、如何根据市场基本面转换交易策略,还包括我们逐年累积的交易技巧。你将从中发现,要想成为一名成功的交易员,什么才是最重要的。

做交易要掌握两个核心技能,一是不断磨炼交易技巧,二是严格遵守纪律。但很多人认为交易仅是通过预测市场建立仓位,然后持有股票而已。一名持续获利的交易员每一天都需要做很多琐事,比如开盘前的信息收集工作,但这些琐事将直接影响他的损益表。

作为自营交易公司合伙人,我花了很多时间在培训上。我不仅在市场中活跃地交易,而且更像一名交易员培训教练。我将在本书中介绍当年我曾教给学生的知识,并分享 SMB 资本交易员的实战经验。学会适应市场变化就是重要的一课。

在我所展示的交易世界中,你也将看到我自己以及其他交易员的错误。一名伟大的交易员应该是一个执行力强的操盘手,而且每天都要不断精进。每一次交易都是一个向市场学习的机会,我和其他交易员犯下的错误,正是市场送给我们的礼物,现在我把这份礼物转送给你,你可以从中汲取你需要的养分。

SMB 资本将作为我介绍自营交易公司如何运作的案例,贯穿整本书。SMB 资本以及交易员的故事就是美国电视纪录片《华尔街的战士们》的拍摄原型。他们也定期出现在 CNBC,而且在 StockTwits TV 中拥有四个固定栏目。所以说我们公司是个十分有趣的地方。

由于很多交易员不知道应该选择哪些股票，所以我们将在书中讨论如何选择"可交易股"（the Stocks in Play）。很多新手和那些还在摸索中的交易员不会解读成交明细，这将最终影响他们的交易成绩。在本书中，我将手把手教会你改进损益表的技能。

我曾经向一位穿着考究的老先生解释交易公司的价值，在书中第10章，我会回答这个问题。我将倾囊相授让新手交易员快速进步的秘诀。如果他们懂得优化自己的交易，那么他们将拥有更漂亮的损益表。此外，我还将指出止损、结束交易低谷期、编制良好的交易统计数据等方面的重要性。

很多人梦想着能在交易公司占据一席之地，但当他们真正身处这个岗位时，却不知道该如何获取成功。彭博、CNBC、福克斯的确提供了很多专业见解，但很多新手太看重这些信息，却没有为自己未来的交易制订合理计划。

在我的交易和授业旅程中，发现市场始终是我的顶头上司。市场运作的基本法则一直在被潜移默化地植入我的脑海。不懂基本法则的交易员就像定时炸弹，所以我们坚持每次交易都要"伺机而发"（One Good Trade）。对于每一笔交易，我们的评估标准都是：是否遵从了"伺机而发"的基本要素。

在过去多年交易生涯中，我成功驾驭了多个不同的市场。我将在本书中分享交易历程以及在不同市场中最有效的交易系统。更重要的是，**我在多种不同市场中获利一直遵从这样一个原则：让自己适应市场。**

交易对我而言是世界上最好的工作。不但因为在这里我可以自己做出交易决策，还因为每一天对我来说都是崭新的，未来将充满无限可能，而且我还可以和有趣的人共事。

如果你是一名处于交易低谷期的交易员，或是有兴趣在未来成为交易员，那么本书正是为你而写。市场已经教会我许许多多细枝末节的小事，且是通向成功而必不可少的，却被那些没有发挥出交易潜能的人低估了。只有那些掌握真理的精英执行者，才能从这个世界里获取他们想要的一切。

为了方便阅读，我需要提前告诉你一些交易员的名字。交易员在办公室中都使用昵称，在 SMB 资本也不例外。

贝拉（Bella, 即 Mike Bellafiore, 本书作者）

史蒂夫·斯班瑟（Steve Spencer, SMB 资本另一位合伙人）

老 G（GMan）

小马哥（JToma）

罗伊·戴维斯（Roy Davis）

亚历山大·詹姆斯（Alexander James）

执法者（The Enforcer）

高富帅（Franchise）

动能博士（Dr. Momentum）

摇钱树（Money Maker）

叶励志（The Yipster）

胆小鬼（Z$，Zmush, Mush, Mushy, 这些昵称都是指他）

小 G（G）

你还可以在"交易导师解惑"板块看到很多像你一样的读者提出的问题，我将在本书中针对这些问题为你一一作答。

目　录
ONE GOOD TRADE

第一部分　走进无限可能的交易世界

第 1 章　精英交易员是如何养成的?

那些真正能赚钱的交易员　　2

下着"钱雨"的市场　　3

可持续获利的交易员就是公司最重要的"资产"　　11

Ⓐ 交易导师解惑　连续被市场击败，静下来专注做好复盘　　16

积极前进，终将成为利润悍将　　31

Ⓐ 交易导师解惑　不是证明自己选择正确，而是做正确的交易　　40

第 2 章　如何做好一次又一次交易?

"伺机而发"的7条纪律　　42

这真的是糟糕的交易吗?　　43

每次入场，必读纪律手册　　44

Ⓐ 交易导师解惑　面对亏损局面，必须学会离场　　51

纪律 1：没做好合理的准备？那就准备亏损吧！ 53

纪律 2：努力做足"赚快钱"的功课 57

纪律 3：耐心寻找极佳入场点 60

纪律 4：每次做两份详细的离场计划 63

纪律 5：长期成功依靠严格的自律 65

纪律 6：分享真实交易比提意见更有价值 69

纪律 7：让复盘重要交易成为每日习惯 70

Ⓐ 交易导师解惑　详细复盘"摇钱树"如何做"伺机而发" 71

第 3 章　为企业"量身定制"的短线作手
你就是下一个王牌交易员 74

交易公司需要什么样的人才？ 77

SMB 资本的招聘内幕 82

人才评估系统：谁是真正优秀的短线作手？ 95

有经验的交易员就一定会赚钱吗？ 105

培训系统更加丰富高效 112

你做好以交易为生的准备了吗？ 115

第二部分　短线交易获利秘诀

第 4 章　成功交易最重要的因素是什么？
确保自己在做正确的事情 118

工作前三年：磨炼交易技巧 120

学习曲线：有耐心才能弯道超车 126

"垒墙"式训练打牢根基 131

分享自己的交易观点,与别人互利互惠   133

制作学习日程表,1 次交易获得 10 倍经验   135

不要让昨天的亏损影响今天的发挥   139

每天都要消除自己的错误   142

市场才是交易员的幕后老板   145

关键时刻,基本技巧却能救命   152

手快赚钱,手慢亏钱   156

高度专注,不放过任何一次赢利机会   158

负面情绪导致低水平亏损   159

我们就是要做好这份世界上最好的工作   161

第 5 章　向失败要利润

交易员失败的5个原因   **162**

原因 1:没有仔细倾听市场   163

原因 2:不够真心热爱,怎能全身投入?   174

原因 3:走势与预期相反,却不坚决离场   178

原因 4:对稳定赢利有不切实际的预期   183

原因 5:相比赚钱,更想满足自负心理   189

时刻谨记:我们是交易员,不是投资者   192

第 6 章　为下一次交易而活

避开雷区,才能战胜市场   **196**

要么退出残酷游戏,要么想尽办法留下来   197

我们无法控制市场,只能改变自己   199

坚定信念,信心比黄金更珍贵   205

自毁前程的 3 位交易员   211

急于求成，反而错过真正的机会   219

唯一能被接受的失败原因是什么？   223

第三部分　高胜率技巧实战总结

第 7 章　如何寻找"可交易股"？

选对股票决定最终交易成绩   **228**

Ⓐ 交易导师解惑　"可交易股"的具体特征   229

寻找收益风险比 5∶1、胜率高达 60% 的机会   231

Ⓐ 交易导师解惑　适合日内交易的好股票的特征   231

反例故事：买错股，纪律和技巧竟失灵   250

用"可交易股"对抗程序化交易   256

操作"可交易股"会让你突飞猛进   261

选对股，从它身上赚走每一分钱   262

第 8 章　解读成交明细

成倍翻升赢利的绝技   **265**

Ⓐ 交易导师解惑　解读成交明细是一个慢慢学习的过程   270

成交明细让我们找准买卖点   272

反转！开盘预亏 20 个点到收盘赢利 5 个点   281

苦战高频程序化交易   282

挖掘成交明细的"水痕"   289

每一笔交易都要把所有情况考虑在内   291

低风险条件下，重仓入场   294

图表分析是艺术而不是科学   297

Ⓐ 交易导师解惑 重视实际成交状态，不被假突破干扰   297

第9章   如何让每一笔交易利润最大化?

不安于现状，持续优化交易策略   **304**

设置日内最大亏损额   305

日中时段：小单砸出大波浪   307

能稳定赚钱后再考虑增加筹码   310

控制仓位，控制风险   311

Ⓐ 交易导师解惑 可以重仓交易，但绝不能一上手就重仓   312

可以好强，但不要盲目攀比   314

打开思路，趋势与预期相反照样赢利   315

震荡出局是你的蜜糖还是砒霜?   322

如果不能掌控交易，说明还有很大优化空间   324

交易逻辑："如果……就……"   326

重复使用最适合自己的交易策略   331

制订买入就暴跌的应急方案   333

猎豹的启示：不是谁都能以交易为生   335

第四部分   交易员跑赢市场之道

第10章   在优秀公司，成长为下一个明日之星

交易员为何需要培训与帮助?   **340**

交易直播间：回顾是增加经验的最好方法   341

用顶级交易心理学家的理论武装自己   349

资深交易员会带你一直走在正确的路上　　351

相互学习，共享赢利　　358

只要有能力，我们就给你强大的资金后盾　　367

在交易公司，纪律就是纪律　　369

一起工作，乐趣无限　　373

量化：用技术统计找到"动量交易"策略　　379

"秘密计划 X"：革命性的系统训练　　384

第11章　为什么要找到最好的导师？

相比明星交易员，明星导师才是更好的老师　　**387**

导师从不会满足　　391

人才培养，只为收获更大回报　　392

有效的讲解"一语点醒梦中人"　　393

从 300 股起步，打好坚实的基础　　395

越模仿，越亏损　　397

不要总找外在因素的借口　　400

传授交易技巧的技巧　　401

高压督促：给学生设置交易挑战　　403

导师的成本：费力、耗时、牺牲利润　　405

为你建立交易的价值观　　406

伯乐的信任是对千里马最好的激励　　409

赚钱与学习，都无止境　　409

第12章　输赢就取决于适应市场的能力
持仓与调仓的艺术　　　　　　　412

抄底不要逞英雄　　　　　　　　　　　414

在互联网泡沫中大捞一笔　　　　　　　416

熊市中如何精准抢反弹?　　　　　　　418

何时在市场运用投机策略?　　　　　　423

运用"潮退战术",低风险抓准回调拐点　427

"坑队友":贪食蝇头小利　　　　　　　433

自动化交易时代,交易员如何胜出?　　435

牛市,赢利却减少?　　　　　　　　　439

房地产危机,顺势做空相关个股　　　　442

油气价格大爆发　　　　　　　　　　　445

拿捏"巴菲特支撑价"　　　　　　　　447

ETF,资本市场的抢手货　　　　　　　450

"交易并持仓"战术的时代　　　　　　451

第13章　从交易走向财富自由
收益源自遵守规则　　　　　　　453

别灰心,不断寻找新策略就是交易员的生活　454

别羡慕,你也能在任何市场都衣食无忧　　456

致　谢　　　　　　　　　　　　　457

第一部分
走进无限可能的交易世界

豺狼横行、牛熊厮杀、英雄莫问出身的交易行业，究竟谁能英名难掩？谁又注定一世无闻？

自营交易公司 SMB 资本有什么样的自信和底气，只招聘与培养"白纸新人"？

从"我要辞职"到成为交易经理，"老 G"华丽转变的原因是什么？

精英交易员为何只专注做"伺机而发"的交易？为什么纪律对交易如此重要？

第1章 | 精英交易员是如何养成的?

那些真正能赚钱的交易员

> 在投资这个问题上,很多让我们信以为真的教义,很多让我们从不怀疑的哲理,归根结底,只不过是一场骗局而已,而那些能火眼识真经的离经叛道者,总会因为直面真理而被厚待。

《费雪论成长股获利》作者　菲利普·A.费雪

在华尔街,我的职业并不引人注目,却最令人兴奋。迄今为止,一直如此。

我与合伙人史蒂夫·斯班瑟共同创办的自营交易公司既不是由政府担保的银行,也不是经纪公司或对冲基金公司,但遵守的某些核心原则却与上述机构有一定的相似之处。

在任何一个交易日里,自营交易公司的交易量都占华尔街股票总交易量的50% ~ 70%。没错,正如你所见:50% ~ 70%。每个月,经纪公司都会向自营交易公司收取上亿美元佣金,这笔钱最终流入结算公司的保险柜内。他们既没有承担风险,又能坐享交易员辛苦工作所得。政府部门也不甘落后,每年都向自营交易公司收取数亿美元的证券交易税。我不是抱怨,只是陈述事实。

首先,我要介绍一些相关背景。互联网泡沫年代,自营交易行业迅速崛起。20世纪90年代末,我刚进入这个行业时,只有少数几家公司雇用应届毕业生做交易。如今,没有具体的统计数字证实到底有多少家自营交易公司活跃在华尔街上，但普遍认为这个数字应该介于100 ～ 300 家。显然，与我刚踏足这个行业时相比，自营交易公司的数量翻了很多倍。

与华尔街上的大多数公司不同，自营交易公司没有客户。我们既不销售自己的产品，也不帮助别人销售产品，更不从别人手里拿钱并代其投资。自营交易公司的交易员下班后，不会在 Sparks 牛排西餐厅享用晚餐，也不会相约在 Buddakan 时尚酒吧或一起去观看篮球比赛。

自营交易公司从不讨好任何人。我们自食其力，公司利润完全取决于交易员在市场的表现。如果交易员判断错误，我们会亏钱；如果交易员判断正确，我们从胜利果实中留下一定比例。现在，就让我来说说其中的无穷乐趣吧。

下着"钱雨"的市场

在自营交易行业里，公司的服务对象是合伙人和员工，而不是为任何客户服务或创造利益。也可以说，自营交易公司本身就是自己的客户。一家自营交易公司的交易员不使用客户的资金，而是利用公司自有资金积极投资于股票、债券、期权、大宗商品、衍生品以及其他金融产品上。

合法的自营交易公司不会把资本投在内幕交易上。我不认识任何内幕人士，除非他来到我的交易大厅大声叫嚷："嗨，我知道内幕，去买 BNI 的股票吧！巴菲特将要入股这家公司了。"我关注的新闻大部分来自 briefing.com 和彭博等世人皆知的财经网站。有一些自营交易公司喜欢从高盛这样的投行获取私人研究报告，他们愿意为此支付额外费用。我们也用过类似的付费资料，但并没有显著提升公司业绩。在 SMB 资本，只有交易经理有一部座机（他妈妈却经常通过这部电话找他）。**我们依靠自己的交易天赋，自食其力。**除此之外，我们没有任何其他方式。

有些月份，交易员每周工作 50 小时却赚不到钱；更见鬼的是，交易员拼了老命工作，却以亏损告终。2002 年，我甚至连一个子儿都没有赚到；然而有些交易日，交易员在开盘 5 分钟内就赚到上万美元。他们在几个关键价位入场，股价按照他们预测的方向波动。在不到喝完一杯咖啡的时间里，他们就能赚到一大笔钱。事实上，还有一些让人终生难忘的特殊交易日。比如 1999 年的"黑色星期五"，我在公司交易大厅闲逛，打开电脑屏幕时，赫然发现我的账户多了 5 万美元。我想这才是我们应该拥有的生活，人们不应该局限于根据劳动合同按月获得固定薪酬的工作。

很多优秀人才因为无法掌控这个游戏，迟早会离开这个行业，只有非常聪明的人才可以把培训期间学到的交易知识用到实际工作中。与普通职场人士相比，自营交易员每年可以赚得百万美元高薪，而且他们不必每天穿着碍手碍脚的西装，就算穿 T 恤衫和牛仔裤也没人会提出异议。在通向纽约市中心的地铁车厢里，他们与衣着光鲜的银行职员形成了鲜明对比。我知道这看起来可能不太体面，但请记住：在自营交易世界里，我们就是自己的客户，所以完全没有必要再靠考究的服饰来给自己增加印象分。

无论一个人多么聪明，他都有可能被解雇，这种事情经常发生。自视甚高的交易员于私于公都没有任何好处，这只会使他和交易公司陷入两败俱伤的局面。这些曾经的交易员因无意识举动而亏钱，公司既蚀本又费时。当然，市场中的其他交易员则希望这些笨蛋能留下来，好让赢家白白捡钱。交易员每时每刻都需要遵守市场规则，因此有很多聪明人无法在这种苛刻的环境中茁壮成长。

技巧和判断力决定"钱途"

与其他行业不同，在自营交易公司里，交易员可以自行决策，无须接受领导和同事的审批和监督。能否在交易员这条道路上获取成功，完全取决于个人表现。看涨或看跌一只股票，投入多少资金，承担多少风险，这些完全由交易员决定。如果决策正确，个人和公司就都会获利。不管一个交易决策是否正确，这个结果都会出现在他们的电脑屏幕和公共显示器上，就像体育报纸上的战绩排名一样。所有人都可以看到其他人的成绩和表现，这也是交易行业最残酷的地方。

交易员既不用想如何战胜成交量加权平均价格（VWAP），也不用想着帮助客户下单。如果交易员想通过自己的力量挑战VWAP，那么我会告诉他这件事跟篮球明星勒布朗·詹姆斯实现赛季场均得分超过30分的难度差不多。投资组合经理或对冲基金经理不会要求交易员帮他们下单，交易员可以自行决定在哪个市场中交易、选择哪只股票、买进或卖出多少，以及进场和离场价位。未来能否成功只取决于个人交易能力。

如果你刚进入自营交易行业，那么你就会获得一个交易账户。在此之前，你可能会被要求先完成公司的相关培训，还要在键盘上设置一些交易快捷键，然后就可以开始交易了。一旦开始实盘交易，你就不会像实习生一样被叫去跑腿（这需要你的电话一直保持畅通状态），你也不会被要求在凌晨两点钟盯着亚洲市场下单。一个好的培训项目会紧紧围绕交易，教会你许多关键知识，但你的交易技巧与判断力决定了你的前途。

在多数情况下，一个没有大型金融机构工作经验的人很难在对冲基金公司找到一份工作。而在进入对冲基金公司或大型投行后，很多具有潜力的交易新星要在幕后努力很多年才能获得操作资金的机会。在 SMB 资本，交易员在入职第 26 天就会被授予一个实盘交易账户。

过去几年，自营交易公司曾常用"实践出真知"的办法甄选与招募人才。如今，他们都会为此设立一些培训生项目。公司合伙人投入大量资本和时间确保培训生取得成功。如果交易员最终没有成功，公司投入的大量时间、金钱、精力等都将一无所获。因此，设立一个优秀的培训生项目是多数自营交易公司最重视的事情。

"黑色星期五"的抄底战术

在交易行业里，你会看到很多其他行业不具备的好处：上不封顶的待遇、没有办公室政治，也不用年底测评决定升职或收到领导的"你需要多一些责任感"之类的评估反馈。交易员每天的表现由交易业绩决定，每次交易后计算利润都会精确到美分，然后交易员从利润中提成一定比例，并作为薪水带回家。公司唯一可能发生"讨价还价"的事情，就是少数赢利能力强的交易员可以向公司要求获得更高的提成比例。有些公司还会像华尔街以前的投行一样，由合伙人把顶尖的青年才俊招入麾下。透明度高、薪金结构清晰，还有即时业绩反馈，在哪个行业还能找到这样的工作呢？

自营交易公司还有一个好处：每一天都是崭新的。像整理文件这类在不同日子里都要做的事情，和我们的工作性质严重背离。以我如何度过 2009 年的"黑色星期五"为例：那天是感恩节的第二天，我本来打算好好放松一下，看场动作电影，再吃点感恩节美食。

早上 5 : 15，我从纽约州奥尔巴尼出发，打算驾驶借来的车到地铁站，再换乘地铁去办公室。从出门那一刻算起，这段距离大约要花费 4 小时。我是唯一一个早起后从奥尔巴尼搭乘地铁到纽约市中心宾州车站的人。当我开始为当天开盘做准备时，我先联系了史蒂夫，然后分析图表，查看外盘交易态势，以增加我们的优势。

那天，尽管我给全公司的交易员事先放了假，但由于媒体曝出迪拜几十亿美元债务违约的新闻，史蒂夫和我还是在头天晚上临时通知他们第二天上班。史蒂夫是我的合伙人，从 6 岁起，他就是我的死党。我们前一天晚上通知到了一些交易员，可惜没有联系到所有人。我们登录在线投资社区 StockTwits 发布消息，告知大家这个"黑色星期五"绝对不容错过。SPY（跟踪 S&P500 指数）大幅低开，我们可能去抢触底反弹，也可能跟随市场一路向下做空。但无论发生什么，这一天都是非常好的机会。

各种交易机会养活了日内交易员，尽管我们的交易员中任何一位都可以仅靠吃汉堡和糖果维持生命。虽然我记得感恩节那天吃的食物，却很难比到处充满着日内交易机会的"黑色星期五"给我留下更加深刻的印象。

作为一名交易员，你永远不知道何时会遇到一个下着"钱雨"的市场。2009 年的"黑色星期五"就是这样一天，我当然不愿意错过这个机会。于是，我早早起床投入工作，牺牲了和家人在一起或自我充电的时间。

当时，SMB 资本的早会正在 StockTwits 社区进行现场直播，我通

过一台 300 美元的低端无线上网本进入会场。但我看到史蒂夫坐在我
的位置上，正为大家提供一个很棒的开盘交易策略。在过去的日子里，
我从来没能做到像他一样出色。史蒂夫和几位帮助他准备早会的同事
为大家准备了一份大礼，他们把重要的价位都标记出来。随后，史蒂
夫向我们阐述了当天最关键的主题：市场心理学。

开盘前，财经新闻就报道了重大利空消息。事实上，亚洲已经消
化了关于迪拜的新闻，亚洲市场一蹶不振。当亚洲市场遭受冲击时，
美国市场也像食物中毒一样弱势开盘。史蒂夫提醒所有人，按照市场
心理学的理论，这个时候恰恰是交易中最重要的一环。此时，市场已
经摆脱了全部负面新闻，SPY 位于 70 点，是 9 个月以来的最低点位。
这种"抄底战术"（Buy the Dips）曾在 2009 年让我们的交易员收获
颇丰。史蒂夫建议：如果 SPY 一直处于 109.1 点上方，这个信号将说
明迪拜只是影响市场走势的原因之一，而市场的真正趋势是上涨。事
实证明，史蒂夫是正确的。

下班后，我离开了坐落于曼哈顿中心的办公室，心想为什么市
场在这个"黑色星期五"像往常一样早早收盘？星期一可以快点来临
吗？我只想继续交易，当时的感觉就像兰道夫（Randolph）和莫蒂默
（Mortimer）在电影《颠倒乾坤》（Trading Places）中朝着交易大厅大喊：
"把那些机器打开！"与电影不同的是，我刚刚大赚了一笔，而不是被
要求追加 3.94 亿美元保证金。

雷厉风行的交易精英：每天都像一场战斗

自营交易公司最重要的客户就是公司本身，那么它们的竞争对手
在哪里？相信我，它们的对手多到不计其数。市场有巨大的成交量，

而且每天都像一场拳击比赛，它们需要用拳头打败所有投行、对冲基金公司以及程序化交易。

交易员的竞争对手是什么样子？大多数是一流人才或毕业于常春藤盟校的数学怪杰。他们坐在会议桌前小口抿着水，欣赏着法式衬衫的袖扣，在古驰牌平底皮鞋中舒展着脚趾，时不时欣赏着窗外中央公园的美景。其实在我们的办公室里，部分人可以透过窗户看到自由女神像。当然，我这样说不是为了与对手在这方面攀比。很多对手比我们拥有更雄厚的资金，他们不需要运用过多的脑力、经验和信息就能随心所欲地摆布我们。他们的公司，你也一定早有耳闻。就像美国篮球职业联赛（NBA）超级巨星科比·布莱恩特被球迷简称为"科比"，勒布朗·詹姆斯被简称为"勒布朗"一样，华尔街的粉丝也一定知道这些公司的简称。

自营交易公司既没有大型银行的大股东和较低的隔夜拆借利率，也没有对冲基金公司的富有投资者和机构支持。自营交易公司由一些像我和史蒂夫这样的合伙人共同出资合办。大多数情况下，自营交易公司的资本实力不如华尔街上其他著名的同僚那样雄厚。有的交易公司专注期权交易，有的专注于套利交易，有的长时间握着他们的头寸，还有一些公司（如 SMB 资本）更专注于美股的日内交易。我们努力在自己擅长的领域比别人做得更好。我们用自有资金和交易策略对抗华尔街上其他对手。

史蒂夫和我教会交易员如何寻找重要的日内支撑位和阻力位，然后在这些重要价位来临时入场交易。我们要求交易员专注于有新消息发布的可交易股，并基于技术分析、解读成交明细和日内基本面等信息做出交易决策。如果我没有教好他们，那结果对我本人也非常不利，毕竟交易员在使用公司资金进行交易，这可是合伙人的钱。如果我在招聘环节没有为公司甄选到有潜力的交易员，那么这笔开销也会让人感到十分痛心。如果公司因此持续亏损，那我们可能因缺少本金而关门。此外，政府也绝对不会帮助我们渡过难关，因为我们还达不到能够"绑架政府"的规模。

这份工作最大的回报就是你可以不断挑战自我，从而变成一名具有超强执行力的精英。一直以来我每天都在努力寻求进步，并尽最大努力掌控交易心理。交易员用一年时间就可以比其他人穷尽一生的时间更了解自己，这份挑战迫使你的内心不断强大。在接受了雷厉风行的精英般生活方式以后，你会发现这种思想观念已经渗入现实生活的方方面面，甚至会影响你的朋友与家人。交易公司不应该由一群对事业有成的领导者的无限崇拜的粉丝交易员组成，这与你过去的认知可能有所不同。SMB 资本的交易员不是我和史蒂夫的跟班。作为公司创始人，我们也无法做到全知全能。我们不会为员工解答所有问题，而员工也要思考为什么有些问题我会知道答案，但他们却不知道。

我从同事和培训生那里学到的东西，其实要比我曾教给他们的还要多。在我写作这本书时，我管理着 60 多名职业交易员。同时，我正在寻找下一位交易新星。如果没有交易员，就不会有自营交易公司，也就没有 SMB 资本，更不会有这本书。

与传统实业公司不同，那些公司的资产负债表包含有形资产、设备以及机器等。华尔街上的交易公司的资产就是交易员。史蒂夫和我经常开玩笑说希望能成立一家交易公司，而我们两个却是公司里最差的交易员。如今某些交易公司的确做到了这件事！

为了能在公司创造一个良好的学习环境，公司其实更需要明星交易员，而不是合伙人。新人会不断地竞相学习，追赶明星交易员。他们会约明星交易员吃午饭、喝茶或者讨论问题，这同时也会促成一个能够持续学习的氛围。讲得更清楚一点，从为公司赢利的角度上看，明星交易员会带着一批中下水平的新手交易员一起学习，直到这些新人知道如何创造利润。

在本章中介绍的几位交易员都非常棒，并且还会越来越棒。你很难在周围找到比他们更优秀的交易员。相比而言，交易员的形态各异，不像金融行业中其他年轻才俊那样，穿着风格和言谈举止都接受过标准的训练。这也让我得以在整个职业生涯中都对他们保持新鲜感。

所以从现在开始，我们来看看这些了不起的交易员，以及他们在整本书中的趣闻轶事。你可以坐在看台上，细细欣赏自营交易舞台上每时每刻在上演什么。介绍从这里正式开始，再重复一遍，这些家伙真的很棒。

可持续获利的交易员就是公司最重要的"资产"

在第 1 章里，你会认识"高富帅""摇钱树""动能博士""老 G""胆小鬼""叶励志"和"小马哥"。在本书中，我们之所以统一采用昵称，是因为就像光谱中的各种颜色一样，他们身上都散发着不一样的光辉。从体型和种族来看，他们都不尽相同，各自也拥有不同的天赋。他们进入交易行业的时间长短不一，但每个人都像课堂上个性不同的学生一样，分别在好胜心、专注力、进步速度、信息消化能力、稳定性、持续性和求知欲等重要方面有着卓越表现。他们拥有市场曾教给我成为一名可持续获利交易员所需的重要品质。

"高富帅"：快速进步的交易员必有好胜心

2007年春天，我在公司会议室面试了一位从我的母校康涅狄格大学毕业的年轻人，而且从名字来看，他好像和我来自同一个种族。我在本书中决定称他"高富帅"。很快，面试评估表里的格子在我脑海中都已经打了钩。我们SMB资本的招聘测试根本难不倒他！

"高富帅"在大学时期是运动员，打钩。

他有交易经验，打钩。

我跟他握手时能觉察到他自信又谦虚，打钩。

······

一些简单提问过后，我看到"高富帅"浑身上下都透着精英交易员的微光。他明白如果自己不努力，就无法做好任何事情。面试时，我一直在想：我的运气真的这么好吗？公司刚成立一年多，这位优秀的年轻人就想为我效力吗？

我经常和一个叫克里斯坦恩的实习生开玩笑（他很快就会转正成为SMB的交易员，我个人也像喜欢"高富帅"一样喜欢他），跟他讲"高富帅"根本不需要精神鼓励，他绝对不会甘愿落后和失败，稍后，你还会认识一个叫"动能博士"的家伙，他也不甘落后，但"动能博士"需要得到精神上的鼓励和支持，可"高富帅"根本不需要。"高富帅"获得的奖杯多到需要扩建一个房间来陈列。对于男人来说，他能让你的女友舍你投他，而你却只能默默接受；对于女人而言，你的心扉在他面前根本无法关闭。

我还没有介绍过他的背景。"高富帅"身高1.93米，是美国前国家一级游泳运动员，他参加过2004年雅典奥运会资格选拔赛。他祖父是作曲家，获得过艾美奖和格莱美奖，其作品至今仍在百老汇广为流传。假期里，"高富帅"和家人一起去海外度假。他英俊、聪明、有天赋又有领导才能，这样的男人总能赢得女孩子的芳心，又能赚很多钱，同时也可以在他们专注的事情上获得成功。假设华尔街有一份交易员的选秀名单，而 SMB 资本又手握状元签，那么我很乐意在正式选秀前一个月就与"高富帅"提前签约。

在我们第一次谈话的 10 分钟以后，我心里有一个声音告诉我："我需要找到一个办法确保这个孩子选择我们，而不是其他公司。"在第 3 章中我提到，在大多数时间里，通常都是我来淘汰候选人，但"高富帅"是我面试的所有人中最想留下的一个。也许是我让面试氛围像康州大学校友联谊会一样轻松自在，我最终还是留住了他。当时，SMB 资本的交易团队核心成员包括我、史蒂夫和"老 G"，除此之外再没有人像"高富帅"一样如此富有竞争力，这就是我留住他的初衷。有一段时间，SMB 资本的大多数交易员都倍感煎熬，可"高富帅"每天依然能做出赢利 1 500 ～ 2 000 美元的优秀业绩。别忘记了，我们已经拥有一套稳健的交易系统，而他只是刚刚加入交易行业。在这段时期，有一次他找我谈话。

> 贝拉："发生什么事了？"
>
> "高富帅"："我感觉到自己遇到了瓶颈，每天的利润都停留在 1 500 ～ 2 000 美元，我不知道该怎么突破它。"

这些话从他口中说出来，貌似很平淡，他脸上却流露出生理上的痛苦。他的肢体语言流露出很不满意，甚至厌恶现阶段的表现。从他的举止可以看出，为找到带领他进入交易的下一个境界的"加速齿轮"，他愿意做任何事情。他就像一只腿部受伤的小狗一样，期盼着别人帮他摆脱痛苦，但他其实已经做得十分出色。成为交易员队伍中最优秀的一员，对于"高富帅"来说不是问题。交易席位前的交易员都喜欢跟"高富帅"做不匹配的比较，而"高富帅"只和市场竞赛。他的目标是驯服市场这只强大的野兽。这也许只是在市场中拼搏的青年才俊的天真愿望，事实上没有人可以真正驯服市场，但这段对话却能流露出他对成功的渴望。

首先，我告诉他一些我的观点：其实现阶段，他已经做得很好。此外，我引用一些论据来证明这个事实。然而，我还是对"高富帅"提出 3 个短期目标来促使他提高交易水平：

1. 不犯同样的交易错误；

2. 调整头寸的仓位；

3. 进一步精炼开盘时段的操作。

关于弱点，我们可以在办公室聊上一整天，但这并不会帮助他真正进步。既然现在他接受了新任务，如何取得真正的进步就要看他的表现了。

现在，"高富帅"又有事情可以做了，这些就是他需要专注的新目标。在这里，他看到一条能让他通向更优秀交易员的路，这份新挑战对他而言就像小孩子第一次拥有自行车那样的礼物。他迫不及待地离开我的办公室，从我无用的玩笑中抽身离开，并重新投入到工作中。

大多数人按照希波克拉底誓言①模式进场交易。医生会说："首先，

① 即医生誓词，是传统上西方医生行医前的誓言。

不伤害病人。"而对于交易员来说，则是："首先，别爆仓。"

"高富帅"正用他坚硬的皮肤穿越布满荆棘的丛林，挥舞着砍刀劈开成功路上的一切障碍，就像"夺宝奇兵"印第安纳·琼斯（Indiana Jones）那样寻找着宝藏。**赚钱是市场给予的奖励，但这份争胜心却在他脑海中挥之不去。**他继续工作、实践、学习、努力，直到发挥出自己的潜能。

"高富帅"具体做了什么？他把自己需要克服的弱点都详细记录在交易日志中；他下班回家后回顾自己的交易录像；他时常把我拉到一边咨询对于交易有意义的问题，却从来不多浪费我一秒钟；收盘后，他仍然思考着白天的交易细节。在 SMB 资本，与同事分享心得是我们的基本原则，他在这一点上做得非常好。我十分确信，他只要坚持下去，将稳步前行。

他也确实不负所望，赢利水平从每天 1 500 ~ 2 000 美元上升到 3 000 ~ 4 000 美元。

我不确定"高富帅"未来的道路通向哪里，但我真心为 SMB 资本有这样的交易员感到开心。我担心总有一天他会转投或成立一家对冲基金公司，并能够交易更大的仓位。如果这正是他心中所想，在这些曾经共事过的人中，我会第一个祝贺他。如果在他准备成立对冲基金公司时，我已经赚到足够多的钱，我非常愿意把钱投资给像他这样的人，他就好像另一个朱利安·罗伯逊（Julian Robertson）。我对此非常感兴趣，同时也迫不及待地想看他的梦想如何一步一步成真。"高富帅"的故事也可以告诉我们，好胜心和正确的工作方式如何为急切需要进步的交易新手提供正能量。

Ⓐ 交易导师解惑

连续被市场击败，静下来专注做好复盘

2008 年夏天，在美国职业棒球大联盟的比赛中，当洛杉矶天使队再次击败纽约扬基队时，一位有多年经验的交易员给我发了一封邮件，在这里我简称他为 GM。GM 在邮件中写道：

我曾经 5 年跑赢市场，但现在每笔交易都以亏损收场。我对自己的交易技术产生怀疑，我是不是已经不适合做交易？

这样的交易心态要不得，于是我回复他：

有时，我也会像你一样感觉自己无论如何都无法赚钱。当一名交易员在一段时间内不断被市场击败后，人的本性会让他自发地认为这个市场对于他而言实在太难赚钱了。但这时，优秀交易员不会屈服于这种本能的过激反应。优秀交易员总是认为自己一定可以找到出路。我看过一部很棒的电影《红带高手》，它是著名剧作家大卫·马梅的作品。主人公叫迈克，由著名动作演员切瓦特·埃加福特扮演。

电影开场的一幕是迈克在给他最好的学生上课。这名学生正为找不到好的解决办法而纠结，迈克这样教育他："任何时候都有出路，不存在没有出路的情形，而你应该知道如何才能找到出路。"同样，一个交易员总能找到办法让自己的交易水平进步。他可以复盘自己的交易过程，发现他到底哪里做错了并借此寻找出路。在大多数情况下，亏钱是因为交易员的人为错误。在解决了问题后继续勇往直前，当你再次入场交易时，你的进步立竿见影。

为了改善结果，交易员必须定期回顾交易并消除错误。你在过去5年都打败了市场，你认为有多少交易员能做到像你一样？毫无疑问，这足以说明你是一名非常优秀的交易员。你应该坐下来，检视自己过去所犯的错误，消灭它们，然后重拾辉煌。你根本没有从连续5年的成功中真正跌落到无法再度获利。你已经掌握了一定的交易技巧，现在你需要的是调整自己的方法，就可以打翻身仗了。

我曾与公司新招募的交易员多次谈到与市场抗争的话题。所谓抗争不只是随便说说，"我十分想看见更好的交易回报"，而是去做必要的事情让你的操作更容易获利。你亏钱，并不是因为你是个差劲的交易员，过去5年的交易记录已证明这一点。你感到备受煎熬是因为你犯了一些普遍性错误。你现在的交易数据和你的交易能力无关，因为你的交易能力正被一些不常见的交易错误所掩盖。在消除这些错误之后，相信你的成绩就会像前几年一样出色。列出那些让你最赚钱的交易，然后仔细回想当初做这些成功交易时的情景。接下来，你应该按照同样的策略做一次"伺机而发"的交易，然后再一次"伺机而发"。

所有交易员的脑海中都曾出现过这些想法：自己的职业生涯已经走到了终点、无法继续赢利或市场实在太难做。我回复过许多诸如此类的邮件。但优秀交易员选择不断前进，寻找出路。他们通过积极地自我对话来回顾过去成功的交易经历，并专注于那些最有效的交易策略。他们在不断地与市场抗争。

祝GM在接下来的交易中好运。

专注力 + 求知欲 = 日赚上万美元的"摇钱树"

让我们来认识另一位曾经创造巨额利润，个性单纯而富有激情的明星交易天才，我们叫他"摇钱树"。"我的字典中没有'失败'二字。"这就是"摇钱树"在面试时对我说的。

客观地讲，我第一次面试他时并没有把这句话当回事，因为很多候选人在面试中讲的内容都差不多，但不知为何我还是记住了"摇钱树"和我交谈的细节。最近，我问他是否还得记得这些时，他反而不记得了。但他解释道："贝拉，交易是我发自内心想要做的事情，所以我当然不会选择失败。"

要知道，很多棒球爱好者都希望到纽约扬基队打球，但这种事情永远不可能发生。可为什么"摇钱树"渴望成功而又最终获得成功呢？因为他的求知欲是真挚的，而其他许多号称喜爱交易的人却不愿对此付出努力。布雷特·斯蒂恩博格博士[1]在他的交易心理博客 TraderFeed 上也写道：很多人号称对交易充满激情，但很少人能保持实现目标所需的能量。很遗憾，通常这些人又不具备与生俱来的交易天赋。让我们来看看"摇钱树"是如何做到的。

我问"摇钱树"："如果你注意到一个朋友在参观我们的交易大厅，你会怎样做？"他回答道："我一整天只会坐在自己的椅子上。我可以在不被外界干扰的状态下，整天待在电脑前等待交易机会的来临。"

2009 年 8 月，交易行业的黄金时代终于来临。在此期间"摇钱树"的屁股就像黏在座位上一样。那个月，他的战绩实在太好了，一个交易日赢利 13 000 美元，在他看来也没什么了不起。还有一天，我们都

---

[1] Brett Steenbarger，纽约州立大学州北医学院精神与行为科学的副教授。著有畅销书《投资交易心理分析》《每日交易心理训练》等。斯蒂恩博格为对冲基金公司、职业证券交易集团和投资银行机构训练交易员。

在等几分钟之后就要发布的美国新屋开工率数据。"摇钱树"紧紧地盯着 FAZ 和 FAS[①]，当数据出现时，SPY 瞬间冲过 102，这是一个重要的阻力位，"摇钱树"选择此刻入场。FAZ 涨了 1 个点位后，放慢上涨脚步，然后以更慢的速度上涨 1 个点位后开始回调。整个过程中，"摇钱树"坚定地手握仓位直到市场再次上扬。那天，"摇钱树"在不到 15 分钟的时间内赚了 5 000 美元，而当天恰恰是一个大多数交易员都去看环球小姐竞选或享受下午茶而没来上班的日子。"摇钱树"绝对不会离开，他一定会抓住交易机会，而且他真的抓住了一个极佳的交易机会。和"高富帅"一样，"摇钱树"也是运动员出身，事实上他以前是一名职业高尔夫运动员。"摇钱树"曾表示他一次可以打完 18 洞的专注力是他成为一名成功交易员的重要因素。我对这种解释感到好笑，但"摇钱树"对我说："我曾经在 40 摄氏度的天气里打球，一打就是几小时，所以坐在空调房里的电脑屏幕前对于我来说并不是难事。"我觉得这个解释十分合理。

有一次，在一对一面谈中，我对他赞许有加："你的专注力让人感觉惊讶，非常了不起。"他疑惑地看着我，回答道："贝拉，这不是了不起。让我盯着屏幕很容易，这只是因为我喜欢交易。"

他的专注力并不是与生俱来的，而是通过在低湿高温的环境里，数小时击打几百球的专业训练中得来。每一个看过或打过高尔夫球赛的人都知道，一轮比赛可以持续 5 小时，在此期间，球员必须对每一球保持专注。

人如其名，"摇钱树"开始实盘操作的第一天就开始赚钱。我可以只用一只手就数出来加入公司的数百名交易员中，第一天开始就能

---

① 三倍杠杆基金，如果市场涨10%，那么FAZ跌30%，FAS涨30%。

赚钱的到底有几个人。而且他在入职 SMB 资本后的第一个月就拿到奖金支票。同时，他在交易任何产品的过程中都可以获利。无论是石油类股票、ETF，还是其他产品，"摇钱树"总能轻松获利，他有着极其优秀的盘感和交易天赋。"摇钱树"一直在这个游戏里不断前进着。赢利目标从日赚 1 000 美元到 3 000 美元，现在已在 10 000 美元以上。更重要的是，他保持着 80% 以上的交易日胜率，而他在亏损日子里的损失也仅约 1 000 美元。"摇钱树"知道如何弥补不足。2009 年 6 月，他遇到一段低谷，但他很快就在接下来的 8 月份强力反弹，要知道 8 月份可是华尔街大部分人都去度假的日子。

　　"摇钱树"对于市场的成交状态有着惊人的洞察力。我认为这应该大部分归功于他解读成交明细的能力，因此他比别人进步都快。天赋加上激情可以使一个有才华的人脱颖而出，"摇钱树"就是这样杰出的交易员。

"动能博士"：最聪明的信息处理专家

　　下一个登场的是 SMB 资本最有魅力的人。他是"动能博士"，我们所有人都喜欢他。"动能博士"是 SMB 资本招入的第一批实习生之一。他曾在知名会计师事务所谋得一个会计师职位，但他最终的决定是"会计的确不适合我，我想加入 SMB 资本，这里的环境更有利于学习和成长"。他和"老 G"都认为大公司的生活节奏不适合自己。这个选择为"动能博士"带来的结果就是：交易天使长期垂青并保护着他。

　　"动能博士"是我培训的所有人中最聪明的一个。他非常年轻，才 24 岁。他是个话痨，一旦让他打开话闸，根本停不下来，不过他依然很讨人喜欢。有一次"高富帅"警告他："如果你再说个没完，老子就拧断你的脖子。"还有一个交易员向我告状:"'动能博士'整天都在说话,真的,从来没有停过。"但大家说归说,并不真正讨厌他。

我们或许都认识几个像"动能博士"这样的人,他们聪明又谦虚,可以用比你快两倍的速度来消化多两倍的信息,他们天生就是万人迷。"动能博士"来自布鲁克林,他是一个长着红头发的犹太男孩。他身高大概170厘米,经常面带微笑地说个不停。

有一次,奥利弗·斯通(Oliver Stone)在拍摄《华尔街2》时,他们想找一些交易大厅取景。我发邮件提了一些场景,其中一个最终入选。如果他们不是选取场景,而是选择交易员当临时演员,"动能博士"一定会入镜。事实上,推荐"动能博士"的人会被其他人的口水淹死。

为什么?因为"动能博士"与"高富帅"是两种性格完全对立的人。"动能博士"的确就像一名小会计,就像情景喜剧《纯真年代》(*The Wonder Years*)中保罗·法伊弗(Paul Pfeiffer)的孩子一样。他看起来就像一名邻家小弟,不高、不壮也不是运动类型男孩。他没有常春藤盟校文凭,只是因为过敏而需要离开科罗拉多州。(还记得保罗·法伊弗的过敏吗?)冷峻克制与他完全不沾边。"动能博士"也可以把女孩子逗得团团转,但我跟你保证这全靠天分和一点好运气。

每一次谈话对"动能博士"来说都像参加由他做主的派对一样。他的大脑无法停止运转。如果说我的培训算是分享智慧果实,那么他会毫无保留地全部吃下去。"动能博士"自称:"我过目不忘,还可以记住只听过一次的东西。我既不需要做笔记,也不需要做任何记号。我甚至不需要复习就可以回家,只看一遍书就足够把这些内容记在我的脑海中了。""动能博士"就像海绵一样汲取知识。

著名交易心理分析家以及多本交易著作作者斯蒂恩博格博士在克什纳交易公司（Kershner Trading Group）的演讲中提到，优秀交易员必须同时具有责任心和风险承受能力。交易员必须在做好自己该做的事情后，才可以找到高收益风险比的交易策略，然后他又必须愿意投入到风险中。"动能博士"就是个中典范。

我在招聘时，会问面试人员是否喜欢尝试新的餐馆或者热爱旅游。那些做出肯定回答的人通常都倾向于承担风险。你知道"动能博士"曾去哪里旅游吗？ 2009 年，他花了三个星期在日本和中国游历了一圈。在到 SMB 资本工作之前，他在尼加拉瓜花了一个月学习西班牙语和当地文化。他曾说："我认识很多来自布鲁克林的朋友，他们中的大多数要么本身就是移民，要么就是移民的后代。当我和这些家庭在一起时，他们说什么口音，我就学什么口音。当我在中国时，我花了两周时间学习汉语方言。我想我只是喜欢吸收这些东西，然后让他们快速成为我的一部分。""动能博士"从来不害怕接触一只自己没有交易过却可能带来丰厚回报的新股。就像他热爱旅游一样，这符合他的性格。

"动能博士"是 SMB 资本交易员中对市场趋势把握最准的年轻人。如果想按照趋势做交易，你必须在极短时间内决定，这点他就可以轻松做到。2008 年秋天，他入场做空高盛。当市场回弹时他便携带更大仓位入场，而后再一次做空从而抓住了股价下跌的整个波段。他不像"高富帅"一样拥有先天的生理优势，但他的确有一双快手。

他很无畏。我知道 2008 年夏天会有无数好机会，但敢用重仓去交易日内可以移动 70 个点位的 GS 是需要勇气的。如果站错位置，你会马上损失 5 000 美元，这种遭遇很快就会让你的满头红发掉光。

但"动能博士"没有退缩，他搞定了 2008 年秋天的市场。事实上，在他入行交易几个月后，就做出了比大多数交易员更出色的业绩。他卓越的信息处理能力让人印象深刻。他发现做多的机会就做多，看到做空的机会就以市价砸掉买价，必要时他也会平掉不利的仓位。这个来自布鲁克林的年轻人正在上演交易大师般的节目。

有趣的是，"动能博士"大赚特赚的日子却少有发生。他曾有一天与一位来自曼哈顿西区的年轻女士约会并把她带出城，而第二天成为他有史以来收成最好的一天，当日赢利 20 000 美元。他在例行早会马上要开始时才跟跄地冲到门口，就像前一天晚上没有休息好一样。同时他穿着和前一天同样的衬衫，进门时带着一脸傻笑。我对他说："看看你吧，一定是刚度过一个激情浪漫的夜晚。"据"动能博士"自称，比起赢利 20 000 美元，前一天的约会更加令人兴奋。但赢利毕竟对于他的银行账户来讲是件好事，他终于在自我感觉最棒日子里创造了超过平时 50% 的收益。

然而，"动能博士"最狂躁的时刻恰好也出现在他赚钱最多的那一天，由于前一晚太过疲惫，他在工作时打了个盹儿，恰好错过了最容易操作的一次高盛股价波动。我知道"动能博士"耐力不够好，每天上午 11：00，他就会像一名需要吸氧的战士，而到了下午 4：00，他可能就需要做一些心肺复苏了。那天他一直靠吸烟来保持清醒，进行交易。高盛跌破重要的日内支撑位 100 美元关口后，直接掉落到 86 美元。SMB 资本的损益表就像安德鲁空军基地发射的航天飞机一样冲向高空。然而"动能博士"去哪儿了？原来，他在休息。

我喜欢看见他开心的样子。作为一名合伙人，看到公司拥有像"动能博士"这样在未来可能升起的交易新星，对我而言，这是再好不过的事情了。他会说："积极乐观其实是一种能力。"或者"要用基本原

23

则来思考，比如耐心、纪律、刻苦以及一份详细的计划。"在 2008 年秋天之前，很少有人预见这个人会成为华尔街上的一名"刺客"。

"动能博士"的闯劲让他多多少少遇到过一些小麻烦，这位年轻爱唠叨的交易员身上藏着犯错的隐患。自控力是整条华尔街都看重的品质，显然"动能博士"还没有学会这一点，但我还是让他用公司资产交易了好几年。否则，我们真的可能会在电影《华尔街 2》里看到他出演会计。

"老 G"：从"我要辞职"到交易经理再到合伙人

"如果在交易中，你的心态平和，这说明你的仓位还不够重。"SMB 资本交易经理"老 G"曾这样说。他曾在一个交易日内赢利百万，目前还没人能打破他的这项纪录。

我依然清楚记得"老 G"来 SMB 资本面试时的那份紧张感。我很奇怪，为什么坐在我跟史蒂夫对面的这位年轻人如此紧张，他想掩饰什么？"老 G"原名叫吉尔伯特·门德斯（Gilbert Mendez），毕业于哥伦比亚大学工程学专业，成绩非常优秀。他曾制作过一个外汇交易黑匣子，现在他说想转行从事日内交易。我们给他看了我最近写的课件，他非常感兴趣并要求带回家，但我们并没有同意，因为我们不允许与公司交易有关的材料被带出办公室。我们对他产生很多疑问，于是有了下面的对话。

> 史蒂夫："你认为他怎么样？"
>
> 贝拉："他为什么如此紧张？"
>
> 史蒂夫："他其实没有那么紧张？"

贝拉："问题在于原因是什么呢？"

史蒂夫："他之前是工程师。他们会收集足够多的信息后才做出决定。"

贝拉："也许是吧。"

史蒂夫："到目前为止，他是我们面试过最好的候选人。"

好吧，这最后一句话有点让人振奋。当时，我们公司刚创建两个月，他很可能成为第 5 个拥有 SMB 资本交易席位的人。那时，称之为交易席位其实有点言过其实，因为 SMB 资本当时只有 5 个人，叫作"五人组"还差不多。不过史蒂夫有着过于乐观的心态，我把史蒂夫和他的这份心态叫作"史乐观"。

我们邀请了一位从福德汉姆大学（Fordham University）毕业的非英语母语的优秀学生面试。

史蒂夫："他将要为我们赚很多钱了。"

贝拉："希望如此。"

事实上这个人后来的实盘交易从来没有赚过钱。

当我们制定了一些交易策略。

史蒂夫："我们会从这些产品的日内交易提示中赚钱。"

贝拉："希望如此。"

第 1 年，这些产品的交易提示让我们仅仅赚了 500 美元。

我们雇用了公司里最糟糕的交易员后（稍后你就会认识）。

史蒂夫："到目前为止他是这个班里最优秀的。"

在这个人开始实盘交易之前，我就应该解雇他。

现在，"史乐观"认为面前这位发型像肥皂剧角色，又渴望交易的年轻人显然要比我聪明很多。这个人就是"老 G"，我们后来的交易经理，现在，他已经是合伙人，他用行动回报了"史乐观"。

在入职初期，"老 G"很挣扎。作为交易员的职业生涯前 6 个月内，他一个子儿都没赚到。毫无疑问，他受到了极大的负面影响。作为我们清空他在公司账户上亏损的代价，我们要求他为公司建立第一个官方网站，这一次他干得非常漂亮。

"老 G"有些喜怒无常，有时甚至会边敲桌子边骂人。那时他正在学习如何使用"潮退战术"（Fade-Trade）进行交易，这种交易方法能把交易员解读成交明细的能力提升到专家水平。我俩的交易方法十分相像，有时会在极短时间内做超短线。在"动能博士"加入公司之前，"老 G"是唯一一个能消化几周以来，我讲过的所有东西的人。就像鹦鹉一样，他在几周后仍然可以复述我之前对于一只股票的点评。这是一个非常棒的优点，他一直在坚持学习，就像年轻时期的我，可是他更聪明（头发也更多）。

在 SMB 资本经历了 6 个月的无所作为后，"老 G"来到我和史蒂夫的办公室，耷拉着脑袋，请求辞职。但我们并不想让他走。所以当他对史蒂夫讲出要辞职的话时，史蒂夫给出的回应与帕特里克·尤因（Patrick Ewing，前 NBA 球员，中锋，绰号"大猩猩"）给冲进自己防守区域的小个子后卫的回应一样：滚出去！"'老 G'，从我们的办公室里出去。"史蒂夫大声告诉他为什么应该继续留下来。此外，史蒂夫还对"老 G"讲了几件需要为进步所付出的最重要的事情：解读成交明细和控制情绪。

于是，"老 G"回到原位继续工作。他详细处理了自己的交易数据，我们给"老 G"提供了一个新交易平台,便于他尝试新开发的交易技巧。在经历了糟糕的起点后,他变得幸运起来,开始赢利。当他真正"突破自我"之后,进步更加神速,日进 1 000 美元,然后是 2 000 美元、3 000 美元,每天都会赚得更多。

有一次,我问"老 G"对于第一年的交易有何感想。他回答:"虽然第一年的交易业绩说明不了任何问题,但很难跳过这一业绩,同时继续交易。一旦突破了这个阶段,你就开始持续赢利。"我对他的回答十分满意。

"老 G"一直坚持着,并筹划进入中长线交易领域。他制作很多新的电子表格追踪这些交易策略。他发明了"SMB 追踪器"以平掉我们理论上可能会亏损的仓位。现在,他头发上的发蜡越来越少,银行账户里的钱却越来越多。属于"老 G"的时代终于来临。

SMB 追踪器是如何运作的呢?"我通过它过滤掉很多低胜率的投机交易,它又能显示更多高胜率的机会,我们应该在这些交易上增加筹码。"同时,"老 G"通过这个系统检查了他赢利最高时期的交易记录,并且专于研究如何继续做出同样交易,甚至想办法在机会出现时做得更好。有一段时间,"老 G"发现他无法在万事达这类股票上投机获利,结果显示他通常在非重要的日内交易价位下单。他的统计数据说明自己无法在万事达上有效进场与离场,但随后"老 G"找到了一个从万事达上获利的新办法。"老 G"的数据不仅能告诉他在哪一板块的战绩很差,还能告诉他哪些策略不赚钱。所以现在"老 G"只需调整他的交易统计数据,就可以交易全部行业板块。他实在是太厉害了。

我实在想不起来,公司何时任命"老 G"为交易经理的。公司成立的第二个月,他就和我们一起干。突然有一天,我发现他已经成为交易大厅中最好的交易员。史蒂夫和我开始在公司运营（招聘、规章制度、薪酬）上投入更多时间，因此我们无法在交易上花费更多精力。我们需要一个人，集中注意力在交易大厅操盘，同时需要相信这个人有能力管理好我们的资本和交易团队。迄今为止，让"老 G"来当交易经理是我们最成功的人事决策。"老 G"到底有多棒？他是跟我们一起创业后，曾经要退出的人。但他又是在赛跑中让你先跑半程，随后依然能超越你的人。对于这一点，我用一个例子为你解释。

有一次"老 G"错过了 AIG 开盘暴涨的 8 个点位，因为当时他正在维护公司的培训系统。在中午 12：30，他收到另外一名交易员发来的有关 AIG 走势的短信。他打开 LightSpeed 交易平台，用当天剩余的时间试图追赶当天日内交易成绩最好的交易员。13：00，他已经赚到1 000 美元；14：00，他赚到 1 800 美元；15：00，赢利 2 200 美元；16：00，他已经赚了 4 000 美元。他几乎要成功了！他表现得就像一台提款机一样。顺便一提，AIG 那天收盘后，最终日内价格实际仅仅比开盘高了 3 个点位。

"老 G"也会像年轻交易员那样一边努力工作，一边享受生活。如果你在周五 16：01 到我们的交易大厅，很可能发现公司的咖啡杯里装的是尊尼获加的红方威士忌。不难发现公司交易员团队里，最可能舒舒服服地找个女孩子带出纽约市中心玩儿的人就是"老 G"。我们都知道"老 G"经常在周五晚上跑去大西洋城玩儿，周一开盘前才回来。对"老 G"而言，市场是对他惊人的敏锐思维的最终挑战。给年轻人提供无数机会的纽约城就是他的游乐场。

"老 G"有朝一日一定会成为华尔街上最棒的日内交易员。我有一份权威的结论证实他已经十分接近华尔街排名前 30 的交易员榜单。

"老 G"最近刚获得了 SMB 资本合伙人的资格。从"我要辞职"到交易经理，再到合伙人，"老 G"的加入，是 SMB 资本的幸事。

稳定发挥的"胆小鬼"：让纪律成为一种力量

接下来，让我们看看交易界的乔·迪马吉奥（Joe Dimaggio，美国著名棒球运动员，美国棒球史上的传奇人物），整条华尔街上发挥最稳定的日内交易员"胆小鬼"。

"胆小鬼"说话时，别人很难听清楚他到底在说些什么。他讲的不是外语，而是他说话太轻以至于别人要经常打断他，让他提高分贝。由于声音低、语速快，他说出的问题经常听起来更复杂。想象开启静音模式的手提电钻，你就知道他平时以什么样的方式与其他人交谈了。

不考虑他讲话分贝的问题，"胆小鬼"是公司里发挥最稳定的交易员。虽然赢利能力不是最强的，但持续性非常好。他曾有两年的时间保持每天都有正收益。单从这一点上看，这简直就是一个奇迹。

"胆小鬼"从其他公司跳槽到 SMB 资本。当时纽交所刚刚迎来混合交易市场的时代，由于在一段时期内无法赚到钱，"胆小鬼"便萌生了寻找新东家的想法。一位 SMB 资本的老朋友阿凡达证券（Avatar Securities）的高管雷·霍兰（Ray Holland）引荐了他。"胆小鬼"在他的老东家那里不曾创造太多利润（这是我对他讲话内容的理解），但当时我发现他既谦虚又踏实肯干。最终证明，雇用他是正确的选择。

我们对于这种曾在其他公司工作，如今正拼命努力寻求进步的交易员有一定的偏爱。他们一旦融入我们的公司文化，就会做得更好。首先，他们比新人更感激我们可以给他们提供的机会，因为新人不清楚在其他地方成长是多么孤独。其次，他们有着成熟的交易技巧，只需稍加雕琢，提高效率。因此，他们在这里的学习周期会明显缩短。

"胆小鬼"也不例外。我们教他如何选择"可交易股"；我们把他安置在可以与其他交易员分享信息的环境中；我们对他强调了如何通过统计分析来找到最有效的交易策略；我们确保他可以安心准备公司早会。他安静又谦虚地完成了我们给他安排的所有任务，然后他就开始赚钱了。

新入行的交易员有时会认为，在成为大资金量交易员的道路上需要经历多次亏损。"只有在输过 30 000 美元，才能赚回 30 000 美元"的想法在他们心中一直存在，但这种想法对我来说毫无意义。

在职业生涯初期，亏损的确可以好好地给你上几课，但如果亏损太多，只能说明你不负责任。事实就是，你必须先学会如何赚 100 美元，才有可能赚 200 美元，然后再基于这些正向结果继续发展。

我给"胆小鬼"贴上公司里发挥最稳定的标签，却无法为他勾画出精确的事业蓝图。他就像交易行业里的乔·迪马吉奥，保持着连续 56 场至少打出一次全垒打的纪录。在我写作本书时，"胆小鬼"在加入公司的两年来没有一天以亏钱结束，那可是超过 500 个交易日。我想这也是为什么我们称呼他"胆小鬼"的原因。我无法总是记得每个交易员的昵称的起源，但我知道这个"胆小鬼"是个形象的例子。

"胆小鬼"有自己的交易策略并紧跟这些策略。他喜欢看着大卖单变得越来越少，然后用市价买入这些卖单，在股价涨速变慢时卖出。"胆小鬼"对这种投机交易运用得炉火纯青，以至于我们把这种交易方式以他的名字命名为"胆小鬼交易"，这是一种高胜率低风险的投机策略。此外，他只在市场中等待自己熟悉的机会出现才交易。

同样的招数不会永远有效，所以"老 G"每隔一段时间就在他的交易手册上记录一些新策略。有时"老 G"会把"突破并持仓"下出现机会的股票发给"胆小鬼",并且让他操盘。作为交易员,我们只有每天坚持走出自己的安逸区才能进步。尽管"老 G"没有教给"胆小鬼"这一点,但"胆小鬼"也取得了长足进步。有一天他交易了剧烈波动的 AIG,并持有了 3 个点位的股价变化,这是他在之前一年中从来不会做的交易方式。

每一个交易日收盘后,你会发现"胆小鬼"总是在回顾他的交易记录,这种自律是他的优势。他紧紧地跟着他认为有效的策略,然后才慢慢地在交易手册上增加更多熟悉的策略。就像每天太阳升起一样规律,"胆小鬼"每天都会迎来赢利日。每天看着他不断进步、越赚越多也是很有趣的一件事情。如果公司的每一名交易员都像"胆小鬼"一样,你将会看到一个巨额赢利的公司和一个心中充满感激的合伙人。

积极前进,终将成为利润悍将

职业交易员都希望自己赚很多很多钱。自营交易员不希望每天只赚 200 美元,他们想要更多。在过去生活中,他们很少经历失败,或许他们整个人生都被赞扬所包围。很多人是他们所在的圈子中最聪明的人。他们拒绝平庸,并且他们的确不普通,但这一切可能会导致毁灭性结局。

由于与众不同,这些有野心的人开始有了一些想法。在 2008 年的某个雨天,他们站在纽约市中心,也许满脑子想的都是大赚一笔,也可能会想哪只股票的确需要加仓。诸如"我要是开着一辆崭新的奔驰出现在今天报纸上应该会很酷。""我比'动能博士'强多了。他是不是还在不停地啰唆？我可想当一个纯爷们儿！"之类的想法不断在他们脑海中回荡。

我要在这里提一些建议，调整风险与收益的关系远比浮盈重要。你不应该冒着亏损 5 000 美元的风险去赚 5 000 美元。如果你 10 年后不会这样做，那么你刚开始时就更不应该做。很多新手认为他们亏的很多钱，将来有潜力捞回来，但事实并非如此。你不应该让自己日内赢利回吐过半。你允许自己损失 5 000 美元，但这根本不表示你有能力赚回 5 000 美元。这只能说明你现在已经亏损 5 000 美元，很多新入行的交易员并不理解这个道理。

如果你想日赚 5 000 美元，你必须先能稳定地每天赚 500 美元（在亏损不超过 250 美元的情况下），然后你再去证明你可以稳定地每天赚 750 美元（亏损 375 美元），接下来你再去证明可以稳定地赚 1 000 美元（亏损 500 美元），然后是 1 500 美元（亏损 750 美元）、2 000 美元（亏损 1 000 美元）。你知道我想跟你说什么，但是一些交易员会因为一些奇怪的理由认为，要想直接让自己的日内赢利从 1 000 美元跳到 5 000 美元，那么他们需要在一天内亏损 5 000 美元。再次声明，事实并非如此。

千里之行，始于足下。你应该先从赚钱开始，赚更多钱的方法是在能同时避免更大亏损的前提下产生的。如果你不能在亏损额绝对不超过 1 000 美元的情况下赚 2 000 美元，那就在这里停留一段时间。这种赚钱方式没有不妥，努力让自己做得更好，不要施压强迫自己。

我们交易大厅中的一个非常聪明的交易员本可以保持每天赚 600 美元，我知道他想赚更多，也相信有一天他一定会成功。但他迫使自己强行交易，不但没赚到超过 600 美元，还在一次交易中付出了惨痛代价，那是一大笔让他为此停职好几周的亏损。有一天，我和史蒂夫讨论这件事，他十分生气。史蒂夫是一个极度冷静的人，我很少看见他如此生气。通常，这种时刻也象征着他将要提出一些好建议。这些交易员与我和史蒂夫不同，他们赚不回 5 000 美元，因为他们还不具备这种能力。如果史蒂夫瞬间亏损 5 000 美元，他可以在不到 1 小时里捞回来，但新手不行。如果新手每天只能赚 600 美元，这会让他花好几周填补亏损 5 000 美元的窟窿。**交易是一个往口袋里装钱的生意，而不是可以随便丢掉几周血汗钱的游戏**。

所以要从点滴做起，本章中提到的所有交易员都是从一点一点赚小钱开始，慢慢成为成功交易员。努力让自己变得更好，但千万别强迫自己，甚至拔苗助长。现在亏得多只能证明你可能以后亏得更多，却并不能说明你能赚回来。我们再来见识一位近期刚刚追赶上公司大部队的交易员，他正变得很棒，非常棒，并且会越来越棒。

每隔一天都要温习交易记录的"叶励志"

他在公司上班的前 6 个月，我很难注意到他的交易业绩。在回家路上，史蒂夫每次都会提到"叶励志"的交易业绩又有进步。我们一直要求交易员在开始时慢下来，然后每天进步一点，而"叶励志"正是一位把这句话当成座右铭的交易员。"叶励志"赢得过公司的"最快进步奖"，这是我能给予他的最高荣誉，毕竟，交易哲学的精髓就是，每天都要进步。多少人能坚持自我批评，并取得进步？不会很多，因为大多数人都想在闲暇时间找个地方休息。"叶励志"不是大多数人，因此他的交易业绩也与大多数人不同。

如果你问"叶励志"如何每天都取得进步，他会带着纽约腔回答你：

"把注意力放在稳定性上，关注基本面，专心做正确的事……显然也要下些功夫……你懂的，下功夫，下功夫，再下功夫做好每件可能让我进步的事。"

有一次，我问"叶励志"，他需要多长时间才能把全部潜力发挥出来。他回答说："我不认为任何人可以真正掌控市场。虽然你可以在某些方面做得更好，但我不认为你能掌控市场。所以我的意思是，我只是把它做好而已，到我金盆洗手，或是老骥伏枥。"这是运动员进入名人堂的办法，也是"叶励志"前进的方向。

"叶励志"有一份详细记录所有工作内容的表格。每一张委托单，每一笔交易，从第一天开始就被记录下来。"叶励志"保存了自己的交易录像，并且每隔一天就会拿出来复习。他说："我只是认为交易的路上没有捷径。"他一直在寻找能让自己获利更多的交易技巧，同时也在寻找可以使他扩大仓位的交易策略。他做这些事情就是为了每天都能进步。

如果你是一名交易员，会有这样的认识吗？过去，这个男人可以定期从市场中赚一大笔钱，而现在，他几乎每天都能赚到一大笔，而在一个月中，他可能只有一天亏损。我在前文说过，在"叶励志"入职后的六个月中，我根本注意不到他的交易业绩，但他一直努力，不断进步，现在成为公司里最优秀的交易员之一。"叶励志"的经历证明：起点不重要，重要的是前进的方向。

2010 年年初，SMB 资本开始进军中长线交易，并尝试做一些"突破并持仓"交易。我问"叶励志"他正在做些什么。他说："我正在专注于如何用更大筹码进行中长期交易。"我经常注意到他格外努力，这说明那段时间他正在朝着心中的目标奋力前行。我不能说这些进步一定会让他迈进精英交易员的队伍，但他一直在变得越来越优秀，成为精英只是时间问题。

"小马哥"：乐观与坚韧让他东山再起

接下来我将要隆重介绍公司中长得最像电视明星，最乐观帅气的交易员。2009 年春天，我接到一位名叫瑞秋·潘（Rachel Pine）的女士的电话。我不知道她是谁，但我的朋友兼写作伙伴克里斯·吉利克（Chris Gillick）曾给过她我的名片。瑞秋是 CNBC 的顾问，她想找更多交易员参加她的节目《快钱》（Fast Money）。当瑞秋还在《交易员月刊》（Trader Monthly）市场部工作时，她已经在我们这个圈子里混得很熟了。我们并不介意登上媒体，于是我接受了她的邀请。

瑞秋来到 SMB 资本的办公室，她希望对节目制作人以及史蒂夫、"小马哥"和我做一次采访。CNBC 给我们派了一辆专车，我们坐进去之后，就开始了一段漫长旅程。

CNBC 的地址在英格伍德河对岸，这段路实在太远，以至于我们认为到达之后应该得到一些犒劳。在车上我注意到史蒂夫没有穿袜子，才意识到他心里对此次采访并不重视。当我们终于到达 CNBC 的演播大楼时，我感慨颇多，三年前，SMB 资本从无到有，而今我们做客世界瞩目的财经媒体，这是一个历史性时刻，但我最好的朋友兼合伙人竟然连袜子都懒得穿。

史蒂夫不喜欢在交易日进行到一半时被一群媒体人拉走而离开交易席位，他也不喜欢登上传统媒体。那天他甚至连胡子都没有刮。后来，他却热心地答应 Stocks Twits TV 出席一个每周三期的栏目，还有一个在交易日内播出的财经社区网络节目。

与史蒂夫不同，能做客 CNBC，我十分兴奋。在如此权威的财经媒体上露面会帮助我们吸引到更多年轻而有天分的交易员加入公司。同时，这也是截至目前，公司历史上最重要的一次商务活动，我们可以向世人展示公司培训出来的交易员和我们一样出色。录节目前，我反复在想到底要不要提醒史蒂夫把袜子穿上。

开始，我并没有打算带上"小马哥"和我们一起参加 CNBC 的节目，而史蒂夫却坚持要带上他。"小马哥"是备选人，就像有些人喜欢吃芝士汉堡，史蒂夫喜欢吃蔬菜汉堡，而"小马哥"和史蒂夫的区别就像两种不同的汉堡一样，这样也为 CNBC 多提供一种选择。我们到达 CNBC 后，最先接触到的是一些年轻、聪明、有活力、语速又快的编辑。我们很快通过了第一关，然后来到高管办公室。史蒂夫显得有些焦躁，仿佛他还有其他安排。

我们开始与 CNBC 的高管会谈。我一一介绍了此次来 CNBC 的公司成员，以及我们来这里的目的。《快钱》节目制片人示意我们加快语速。我不得不承认，当时我对此感到十分惊讶。绝不是因为自负，而是 4 年来从来没有人要求我快点讲话。我是一家成功的交易公司的联合创始人。我裁掉别人、结束会议、改变议题。通常是由于我个人时间的关系，我在公司里一度把话尽量说得简洁明了。而在这里，这位制片人却比画着手势让我快点把话说完，但我喜欢这种感觉。

电视台的一位强势高管坐在办公桌后面，这位"大人物"在这次重要的会议开始前，足足地盯着我们看了 15 秒钟。我决定不透露她的真名，因为坦白讲，我有点怕她。她的确气势逼人，同时又十分清楚节目需要呈现什么样的效果。她问史蒂夫："你没有穿袜子吗？"我最担心的噩梦变成了现实。

　　史蒂夫浪费了我们成为 CNBC 常客的机会，只因为这次会议"浪费了宝贵的交易时间"。随后，一个编辑向我们介绍了《快钱》节目在 CNBC 的地位。他的语速比我快很多，很显然是面前这位"大人物"要求的。史蒂夫没有听，但我很清楚他现在脑子里在想什么："这位年轻的电视台编辑素质很不错，可是你怎么可能知道如何帮助别人赚钱呢？"于是，史蒂夫对他们讲了 CNBC 应该如何改变做事方式。他用一副说教，甚至傲慢的态度说出他的观点。这让局面更加尴尬。

　　只剩"小马哥"没发言，他是我们最后的希望。我已经彻底走神，史蒂夫不但没有穿袜子，他又故意表露出对 CNBC 的节目没任何兴趣。随着谈话的深入，我看出来他开始越来越缺乏耐心。我曾一度认为他会要求和"大人物"交换座位，然后登录自己的 Light Speed 账户开始交易。

　　"小马哥"先介绍自己的背景，随后他真的争取到了一个机会。他想要登上这个前沿财经媒体。他积极地、怀着敬意又亲切地演讲，当他停下来时，《快钱》制片人笑着说："他很讨人喜欢。"

　　以上就是 SMB 资本如何登上 CNBC 的故事，也是"小马哥"对外人所讲述的版本，他成了 SMB 资本的媒体代言人，也成了明星，这也是"小马哥"在成功交易员的职业道路上奔跑的真实写照。

　　"小马哥"的性格既乐观又坚韧。他的女朋友曾在他们第一次约会后，拒绝再次约会。于是他提出在 Nobu 约会。Nobu 是世界上菜品最美味，也是最贵的饭店之一，他的女朋友不但答应跟他约会，最后还答应跟他厮守一生。

　　在我们刚刚开始实盘交易时，交易员需要自筹一部分资金。我们为了赚取 10% ~ 30% 的利润，需要在每个账户里至少存入 25 万美元。

其实这些钱远远不够，于是我们再以 12% 的年利率借入 25 万美元为账户充值。事实上，我们需要先赚几百万美元以后才能在公司的交易账户中存入足够的钱用于自营交易。只有我们做完以上工作，才可以把支付佣金后的全部利润留在手里。当时的佣金比现在高 6 倍。

"小马哥"完成了当时需要他做的所有事情。他平时略微有点讨人嫌，这是因为他在交易大厅中的任何时间对任何人都在讨论交易，甚至在酒吧和周末也是这样。但也正因为如此，我知道他一直在努力学习。"小马哥"可能会驾车到新泽西海岸找到公司中正在度假的明星交易员讨论工作。

"小马哥"没有海边别墅，甚至连一个度假屋都没有，他只是跑到成功的交易员那里获取知识。他可以早上 7：00 来到公司，跟正在做技术分析的交易员一起讨论图表。他做到一切可以让他进步的努力，这与 10 年后"叶励志"所做的事情如出一辙。

"小马哥"很快就攒够了钱，拥有了自己的交易账户，对此我一点不感到惊讶。对于当时一名不到 23 岁的年轻人来说这很不错，但在开始实盘交易的 3 个月内，他亏掉了差不多 20 万美元，那是他的全部家当。当时他口袋中只剩下最后 5 万美元，一般交易员在这时会感到非常沮丧，但"小马哥"挺了过来。他找到一位著名的心理医生，帮忙消除可能会影响自己交易业绩的心理障碍。"小马哥"曾经一度不敢轻易入场，他需要找回自己的勇气。这次心理诊疗非常成功，十多年后的今天，他依然从事着自己热爱的交易行业。

"小马哥"至今仍用当初接受治疗时心理医生的方法来提高业绩：每天做交易笔记，并回顾所有交易，设定目标以及实现目标，开发和应用最适合自己的策略。

　　要是问在他职业生涯中什么对他帮助最大，他会回答（抱歉我需要把他的回答剪辑一下，精简到 5 分钟，"小马哥"太喜欢讲话了）："我的目标是，每天做一些小事让自己更加出色。我人生中的这个阶段就是想要每天进步一点。如果我做到了每天进步一点，我知道这早晚会在我的损益表上体现出来。""小马哥"职业生涯中可怕的前三个月是让他学习的机会，亏掉的 20 万美元后来让他的身家增值到数百万美元。

　　在复习交易录像之前，"小马哥"带领大家回顾当天的交易，至今他仍然坚持不懈地做这件事。"小马哥"掌管一家属于自己的私募基金，他经常出差。在他飞到得克萨斯之后，会坐在宾馆的房间里望着天花板回顾当天的每一次交易。每天在收盘后和复习交易录像前，出于习惯，他会找到一天中赢利最多的交易方法，以便以后多次应用；他也会找出那些不适合自己的交易方法，并在将来摒弃。

　　"小马哥"在办公室经常表示对自己的学生感到失望。他会讲："我不会做出像这样，这样的事情……他不懂这是机会吗？"有时他会说："我真不能理解这些人，难道他们不想赚钱？""小马哥"一直相信，一个人应该尽最大努力去做有助于事业成功的事情。

　　其实，交易员生涯曾差一点和"小马哥"擦肩而过。当时他在华盛顿，正准备就读法学院，将来他可以按时薪工作以支付账单。那时，他的女朋友非常不开心，因为他每天都因为工作而很晚回家。

　　女朋友的哥哥建议"小马哥"到自己在纽约的公司做交易员，这样这对情侣才有更多机会在一起。"小马哥"接受了他的建议，把法学院的事丢在了一边，搬到了纽约。

　　2006 年 4 月 1 日，"小马哥"来到纽约。开始实盘交易之前，他和女朋友分手了。当他再次出现在那家交易公司时，有位仁兄很不礼貌地阻止他进入交易大厅："哥们儿，既然你已经和我们老板的妹妹分手了，很显然你就不能再得到我们公司的职位了。""小马哥"感觉受到了极大的羞辱，于是转身离开办公室。后来，每个人都拿这件事取乐"小马哥"，因为那天是愚人节。

Ⓐ 交易导师解惑

不是证明自己选择正确，而是做正确的交易

我曾收到一封一名职业交易员的邮件，可以看出他非常擅长复习和总结问题。以下是 2009 年春天他发给我的邮件内容：

我需要慢慢地把以下的每一件事情都做完。

◎ 坚持完成正在做的事情：充分准备，努力工作，做好交易计划，分享心得以及总结经验。

◎ 更有耐心，只在价位最有利时才交易股票。这样会减少亏损次数，降低成交量。一旦进场，只关注持有股，哪怕这意味着要在它身上等上好几分钟。

◎ 如果价差在 5 美分以上，或者在还没有准备好止损单时就已经发生亏损，只管市价离场。这是唯一的解决办法。

以下是我的回复：

股票走势一旦和你的预测相反，马上市价离场，这其实是一个非常不好的习惯。你需要培养一个好习惯。每天，我花上 15 分钟研究哪些交易该用市价离场。选择一只活跃的股票，设定好止损价。当股票达到这个价格时，无论如何都要离场。你的思维必须非常清楚，只有当股票跌破止损价以后才离场。

同时，你应该与自己对话。为什么你喜欢证明自己的选择是正确的？没有人在意你的观点是否合理，也没有人在意你选择的股票涨跌。

最重要的是，交易是数学游戏，并不需要永远正确。但你需要找到一种策略，确定合适的收益风险比，然后伺机而发。在这样的交易中，有三四成的比例可能会亏损，这就是交易游戏。斯蒂恩博格博士在他的博客中写道，你这种交易是自我陶醉于对正确的渴望。你试图保持正确，而稳定获利的交易员只是做正确的交易。他们接受自己无法控制的结果，你可以从这个角度重新思考这个问题。

这位交易员必须尽快养成一个对于股票走势跟他意见相反时的离场习惯。他需要勤加练习以增强这项技能。另外一个重要方面：他必须认清自己。如果他认识到自己有一种"非正确不可"的心理需求，这将会在很大程度上帮助他解决这个问题。他当时没有市价离场，是因为他还没有养成这个习惯。尽管貌似很容易做到。他没有养成良好习惯的原因是因为他始终有"非正确不可"的心理需求。如果他能理解这一点，就会帮助他改进交易弱点。

我们都有弱点，很多弱点需要我们通过努力才能克服。如果你能坐下来与自己对话，这将会对你有所帮助。

市场教给我成为一名成功交易者所需要的最重要特质。交易员需要拥有那些真正会让交易赚钱的品行。接下来，我会跟你分享一个衡量交易好坏的办法，讨论身为一名交易员最重要的任务——伺机而发。

第 2 章 | 如何做好一次又一次交易？

"伺机而发"的 7 条纪律

在这个游戏中，市场会不停投球，但你不需要每次都挥棒。你可以把球棒放在肩膀上，站着，直到看见一击必杀的机会。

沃伦·巴菲特

不要只通过结果评估一次交易的好坏。一次交易的赢利也许并不能代表它是正确的，我把一次完全正确的交易叫作"伺机而发"。一次亏损的交易也许同样是"伺机而发"。如果交易入场的原因是正确的，那么就是一次"伺机而发"。稳定赢利的交易员只专注于做"伺机而发"的交易，而不是因为可能赚钱去做某次交易。交易员的工作就是做"伺机而发"的交易，然后又一次"伺机而发"，接着再一次"伺机而发"。我不想在公司里听到这样的话：

"我出手太早了，卖出后马上涨了一个点位。"

"我不敢去买 ×××，因为我认为它还会下跌。"

"搞砸了，我进场后，××× 就开始往反方向走。这笔交易太糟糕了。"

"我就是看多，因为股票马上就要涨。"

以上这些话的内容都是在讨论结果，但其实这种想法是你的敌人。**作为一名交易员，我们不应该只想着赚钱，而是要专注于"做正确的事情"。**我只有见到极佳的收益风险比的机会后才开始操作。

"伺机而发"的前提是，我们需要严格遵循交易原理，而赚钱只是在我们遵循正确的原理做出的交易后产生的回报。

我们的交易策略应该在收益风险比达到多少时启动？

如何制定这样的交易策略？

在这一章里，我将介绍什么样的交易才是正确的交易。我会列出组成"伺机而发"的 7 个原理，然后再讲解一个案例。但在那之前，我们先来看看"伺机而发"的反例——糟糕的交易。

这真的是糟糕的交易吗？

新手交易员最爱讲的话："那只股票我卖早了。"不出意外的话，他们会找我讨论这次自认为错误的交易。以下是典型的与新手的谈话。

> 贝拉："你的交易计划是什么？"
>
> 交易员："买方在 30 美元处支撑了很久，于是我做多。准备在股价上涨后，当涨速变慢时卖出。我在股价涨速变慢时卖掉了它，但它却继续上涨。"
>
> 贝拉："为什么你说卖错了？听起来你做得很好。"
>
> 交易员："但股价又继续涨了一个点位。"
>
> 贝拉："所以你认为卖错了？"
>
> 交易员："我没有抓住股价变化的整个波段。"

大多数人在第一次读到上面的对话时，会奇怪为什么我并不认同他的结论。或者更准确地说，我是否认同这个结论，要视具体情况而定。

如果一名新手交易员严格遵循详细的交易计划，他就完成了一次"伺机而发"。非常好，他做了自己应该做的事。现在新手交易员可能需要静下心来，用再一次的"伺机而发"重新入场抓住下一次股价波动，而与此同时，他原本卖出股票的行为也是正确的。如果我们在一次"伺机而发"后很快看到下一个机会，我们需要马上再次进场。记住，我们只是在做一次又一次"伺机而发"的交易。我们不会因为刚做过一次"伺机而发"的交易就马上打个盹儿。

也许这名新手在建立离场计划时做得不够好；也许他一开始制定的策略就是持有股票的时间久一点。一旦这名新手意识到这一点，他就应该马上清楚如何解决这个问题。我们也许需要很多持仓更久同时又有详细离场计划的交易案例，这与有着不同离场计划的短期交易完全不同。

每次入场，必读纪律手册

交易员必须记住这条重要的箴言："我是一名交易员，而不是投资人。"事实上，交易员应该在出道之初就把这句话贴在他们的电脑屏幕前。

在理想的世界里，交易员可以抓住整个日内股价波动。他们有时可以拿到预期的 3 个点位波动的全部利润。偶然的情况下，他们可以在仅 3 个点位的波动中拿到 4.5 个点位的利润。是的，他们有时会过早清仓，但每次在事后的交易分析中却得出这些交易机会看起来完全相同的结论。那么你到底是不是在交易中都做到了"伺机而发"呢？这才是你唯一应该去做的事情。

如果我判断一只股票该卖出时，我把它卖掉了，然后股价随即又上涨了 10 个点位，我绝对认为自己做出了一次"伺机而发"，同时我坚信卖出价位是正确的。我不管自己合理地卖掉后股价涨到哪里，新手也应该用这种方式来思考问题。

> "贝拉，在一个支撑位面前，你会不会不敢买？因为股票看起来很可能继续下跌。"一名新手交易员在直播间这样问我。
> 我回答："不会。"

如果在支撑位买入后股价下跌，我会认亏出场。如果你有很好的入场理由，然后按照计划交易，注重过程而不是结果，那么这就是一次"伺机而发"。用詹姆斯·卡维尔（James Carville）的话说，这叫"过程本应如此，笨哪"。

《说谎者的扑克牌》（*Liar's Poker*）作者迈克尔·刘易斯（Michael Lewis）曾在《纽约时报》称前 NBA 球星肖恩·巴蒂尔为"无技术统计的全明星级别球员"，并且以此为例说明过程的重要性。巴蒂尔曾自述他是这样防守科比的："我的任务并不是阻止他得分，而是尽可能地降低他的进攻效率。"他在休斯敦火箭队打球时，曾让科比的投篮命中率大幅滑落至 13.7%，从而让火箭队一度获得了两位数比分的领先。最终，科比通过不断命中三分球让湖人队取得了比赛的胜利。

刘易斯的这段话应该被所有日内交易员铭记："过程向着他（巴蒂尔）希望的方向进展，结果却是他永远无法控制的。"

过于看重一次亏损

让我们来讨论一下亏损的情况。"老 G"有一次在交易惠普时，当时支撑位是 35.38 美元，惠普一直在这个价位以上成交。"老 G"买入 7 000 股后，惠普很快掉到 35.15 美元，于是"老 G"认亏离场。刚做了一笔亏损交易后，我听见他说"我搞砸了"。但我真正在乎的是，他到底有没有按照"伺机而发"的定义做出交易判断？

交易员经常过于看重一次亏损。他们本来找到了一个很好的策略，却换来了亏损离场。当同样的机会再次出现时，他们就会犹豫，甚至不敢进场，最后发现股票暴涨了 3 个点位，追悔莫及。这种事情以前是否在你身上发生过？

如果交易行为受到了个人取向的影响，那么如何判断交易策略是否实用？虽然你亏损了，但必然存在着可能赚 3 个点位的机会，我们应该用这样的思维方式判断一个交易策略成功与否。过于看重上一次交易中的亏损，会导致你不敢抓住眼前的机会，这也是为什么我要求 SMB 资本的交易员不要在意交易结果的原因。再重申一遍"别想太多，过程本应如此"。

只是做多？

这是我最想讨论的话题。有人说："我只做多，不做空。"如果此时你手下有一个证券投资信托基金，或者你正在帮沃伦·巴菲特管理伯克希尔·哈撒韦公司，你的这番话可能听起来不错。但记住，我们的工作是交易，投资的事就交给专业投资人来做。如果你只做多，那么你必须管理好自己的头寸。

"伺机而发"并不代表你可以自大地以为自己什么都懂。2008 年发生的事情就给我们好好地上了一课：任何事情在任何时间都有可能发生。所以如果你有一个很好的头寸，并且正在赢利，你仍需好好管理你的仓位。你可以慢慢地减持自己的头寸，但如果你想加仓，必须找到合理的理由。

SMB 资本的一名交易员曾在这件事上有过惊人的表现。他曾在 100 美元的价位上买入加拿大钾肥这只股票，并且这次交易成交时他正在家中。买入这只股票的决定是在 CNBC 上看过丹·菲茨杰拉德（Dan Fitzgerald）评论后经过讨论做出的。就像 20 世纪 90 年代笨拙的交易方式一样，他在办公室打电话给经纪人要求在低于当时成交价 2 个点位的价格处挂单。

很显然，这名交易员从我办公室离开后不知道如何管理这笔交易。他在离开我的办公室前，被我训斥了一番："你建立仓位后却没有一直盯着它，你到底想干什么？以后不要让我看见这种事情再发生。你要是想赌博，我听说金神大赌场这周末有特惠。"

我继续向他解释：一旦加拿大钾肥上涨 3 个点位，大卖家很可能立刻出现，因此加拿大钾肥也许重新回到 100 美元，当这一切发生时他却只能在电话旁边嘟嘟囔囔。他将会丧失锁定 3 个点利润的机会，对于公司和他个人来讲这都是损失。他很快就理解了我讲话的要点。

SMB 资本每周在会议室举行两次集体会议，这时交易员会给我看他们遵循"伺机而发"操作的交易录像。与此同时，他们也会准备一份 Word 文件嵌入在录像中，便于解释每次交易是如何遵循 7 条交易纪律的。

有时富有经验的交易员会认为与其他网站上的视频相比，自己已经无法从每日的录像复习中学到更多东西了。复习录像的过程对他们而言过于基础。这才是我要讲的重点：我们重视夯实基础。

接下来，我将要介绍对于 SMB 资本来说非常重要的 7 项交易原则。欢迎你近距离观看交易公司基于哪些原则进行交易，以及我们如何通过这些原则评估一次交易。

在 SMB 资本，我让交易员在每次入场前，都检验该次交易是否遵循这七条纪律：

1. 合理的准备；

2. 努力做足前期功课；

3. 耐心；

4. 每次都做详细的交易计划；

5. 自律；

6. 沟通；

7. 复盘重要的交易。

如果交易员每次交易都从头到尾遵循了以上原则，那么他们就完成了一次"伺机而发"。这是我们正在做的事情，或者说是我们努力去做的事情，同时也是我们继续重复做的事情。我们要"伺机而发"，然后再"伺机而发"，接下来还要"伺机而发"。

你可能已经猜到了，我借鉴杜克大学"老 K"教练（原名 Mike Krzyzewski）创造了"伺机而发"这个词。当他的球队赢了 30 分时，他会在边线外喊："下一球！"同样，如果他的球队落后 15 分（虽然不经常发生），他还是会在旁边喊："下一球！"类似地，我会对我的交易员讲："再一次'伺机而发'！"

　　然而我们的"伺机而发"策略也曾遭受非议。2009 年夏天，史蒂夫和我都在帮"小马哥"准备一期《快钱》节目，他将在此期节目中出镜。有约在先，节目组编辑在上镜前事先发给"小马哥"一些例行问题。其中，主播梅丽莎·李（Melissa Lee）问他："从现在开始到年底，你认为市场会上涨还是下跌？"

　　按照我们原有计划，"小马哥"应该回答："我不清楚。"这也是我们需要提前准备答案的原因。史蒂夫在此基础上对答案做了拓展："我不是占卜师，也不是经济学家。我们只有两个季度的数据，所以市场涨跌只能在两个季度后才能知道。就现在而言，我真的无法给出任何观点。"

　　最终"小马哥"用了很具有外交艺术的方式替我们做出了回答。我对此一点都不惊讶，这也是他能上电视的原因。虽然没有做出到年底之前的走势预测，他还是给出了短期内对 SMB 资本而言重要的阻力位和支撑位。他既没有正面回答梅丽莎的问题，同时又表达了对"伺机而发"的推崇。

　　"伺机而发"既不能让我们确定在接下来 6 个月中市场的走向，也不能确定市场明天在什么价格交易。专业短线交易者只知道自己懂的知识。

　　我们不能像每当金融危机发生时，就跑出来跟财经记者开玩笑的熊市论经济学家一样："每 10 年我就会正确一次。"如果 CNBC 真想知道市场在 6 个月内的走势，可以去问基金经理，他们有一半概率猜对。事实上，我倾向于相信自己的胜率更高一些！我们尽自己最大努力，通过每一次的"伺机而发"来确保成功。

　　2008 年秋天，当一些银行的名字正从人们的记忆中被抹去时，你可以把高盛的股价做空 10 个点位,同时还能多赚额外 3 个点位的利润,我们的交易员会因此赚得盆满钵满。我清楚记得两个聪明的新人赚了 20 000 美元后,脸上浮现出来的笑容,他们互相告诫对方继续保持专注。

"加油,接着干吧!""动能博士"这样鼓励"摇钱树"。一小时后轮到"摇钱树"跟"动能博士"讲:"保持住现有的交易状态,别自满。"

直到收盘铃声响起时,这一天终于结束。这些猎人在参加工作的第一年就获得了非常可观的收益,但他们也谨记了不自满的原则。

10 年前,一些独立的散户交易员通过买入新发行的科技股而日赚 5 位数,他们通常会在 14:00 去参加高尔夫球课程。当新股发行盛宴迅速结束以后,2008 年金融危机又在相反的方向提供了同样的振幅。在这样的情况下,"动能博士"和"摇钱树"都紧紧地遵循着基本原则而不是陷入恐慌,就像僧侣一样,要活在当下同时心无杂念。这是"伺机而发"的精髓。

我曾收到过许多在挣扎中谋求进步的交易员发来的电子邮件。这些人缺乏自信,讲述着自己的表现时语气十分无力。作为一名交易员,我们需要更专注于自己的弱点。我们需要一个能够评估自己的模板,而这份模板需要彻底体现出交易基本原则。这是我精选的股票吗?我应该在这里入场吗?这是我的心理作用吗?抱怨"我现在的交易状况很糟糕"不能解决任何问题。

让我来举个例子。下面这封邮件来自一位有涵养的职业音乐家。如果我告诉你这位摇滚明星是哪一个乐队的成员,我敢保证你以前听过他的歌。后来我曾带着妹妹去这位摇滚明星的演唱会现场,她当时觉得我是世界上最酷的哥哥。在音乐领域,你可能永远无法取得比下面这封信的作者更高的成就。

Ⓐ 交易导师解惑

面对亏损局面，必须学会离场

嗨，迈克：

4月中旬，我阅读你的交易博客后，我的交易情况出现了明显好转。不仅创造了13天中可以有12天赢利的成绩，我还从经纪人那里得到返还佣金，因为这些天我资金中的80%的流动性大大增强了。我把自己的交易记录做成曲线图，明显地看出，它们形成了稳健上升的曲线。我也从这份统计资料中寻找自己的缺点和不足。

上周，我给你写过信，当时我已经连续4个交易日获得赢利，日均收益为300～500美元。那段时间我的自我感觉很不错。但在几天连续赢利后我经历了一次大额亏损，事情就发生在丹德里昂公司（DNDN）股票暴跌那天。

如今我却再度迷失，心魔重新掌控了我。那些坏毛病又回到了我的身上，我重仓持有亏损的头寸而不止损，这比我能够承受的仓位大许多倍。我曾希望不要亏损离场就好，但现在的情况要差得多。如今，我已经无法像前两周一样进行交易了，这种感觉让我恶心，既浪费金钱和时间，又让我感到羞耻。

我自认为已经彻底消化了你的博客和网站中提到的所有方法，可以掌控任何情况，但实际上我甚至连门都还没入。

我有一个很不错的赢利模式：保持每天都有少量获利。我以此为基础进行操作。当我的资金经历过一段日子的增长后，却只用一天时间就全部还给了市场。账户余额已经无法支持我继续赢利。

我至今做过很多这样的错事，而更让我难受的是，让我产生亏损最多的股票是美高梅，在读过你的博客后我才意识到，我正是把钱输给了史蒂夫！

我想我需要在这里问你一些问题：你第一次在一个月中亏掉很多钱是什么时候？你最终如何扭转这个局面？你是否曾觉得自己无法做到？

我很希望能从你们那里学到些东西，我认为自己可以做得很好。但今天对我来说实在是个大灾难，我的财务也因此深受打击。市场在过去的两周中许诺过让我赢利，而今却告诉我要尽快逃离。

谢谢。

在得到了他的允许后，我把给他的回复直接上传到了公司博客上。我这样回复他：

你有一个大问题：你必须学会当股价走势与自己预期相反时，以市价离场。这也包含在我们的基本原则之中。交易者必须有严明的纪律，以市价卖出价格跌破止损价位的股票。参考"伺机而发"，你可以意识到自己的不足，同时想办法弥补。这样，你就不会感到迷茫，也不会向在博客上认识的交易员（这次是我）发邮件咨询了。你将有能力做出判断。

我做出回复的同时，也给予读者足够的空间，让他们踊跃提出自己的看法。我们的在线社区十分活跃，时常出现精彩的言论。

这封电子邮件是关于一个聪明人还没有学会如何评估自己交易的

实例，这种事情时有发生。他过于关注自己的损失，认为这就足以证明自己交易情况很糟糕。再次声明，我们是自营交易员，专注于过程，而不是结果。这才是"伺机而发"的精华。

然而，很多交易员并没有一套有效的基本原则作为交易基础。事实上，不但绝大部分人没有，他们甚至不知道应该有一套原则作为理论基础。于是，当我给这类询问者做出回复时（向我询问的可不止这位摇滚明星），我给出的建议就是让自己每次交易都做到"伺机而发"。

当新手交易员刚进入 SMB 资本时，我要求他们评估自己的每次交易是否都遵循了 7 项原则。其实我们只是老员工评估他们的操作，而不是体现交易结果的损益表。如果你一直遵循"伺机而发"，我们允许你当天仍然以亏损告终。在以月为单位计算的周期内，我认为一直"伺机而发"的最终结果不会是亏损。

纪律 1：没做好合理的准备？那就准备亏损吧！

没有做好准备工作，那就准备失败吧。我特别喜欢约翰·伍登（John Wooden）教练的这句话。1948—1975 年，他执教加州大学洛杉矶分校篮球队，他的球队连续拿到 7 届 NCAA 冠军，这个纪录从未被打破。这句至理名言被广泛应用。对于我们而言，合理的准备包括两部分：

1. 开盘前必须做完全部准备。
2. 在交易之前，必须掌握足够的特定信息。

让我们就这两点展开讨论。

2009年，史蒂夫和我受邀去位于得克萨斯州奥斯汀的克什纳交易公司演讲，公司老板杰森·加德纳是我们的老朋友。克什纳交易公司每个月都会在某个周六为交易员安排讲座。这家公司曾经组织交易员来我们公司探讨交易技巧，于是我想这周轮到我们给克什纳公司做讲座了。我们乘坐飞机来到奥斯汀，解答了他们想问的所有问题。他们选择的话题是"交易员的一天"，内容包括了 SMB 资本如何备战开盘。

伟大的篮球教练会在观看其他球队的比赛后总结防守战术，就像他们从其他教练那里学习经验一样，我也一直对能够在克什纳交易公司交流学习非常感兴趣，最终我们的确实现了这个想法。克什纳交易公司竟然为他们的交易员提供了 2 000 平方米的交易大厅。他们在交易员表现统计和数据过滤器上做了一些有创意的发明，这让史蒂夫和我能带着这些新主意满载而归。

新手交易员的竞争对手是那些头脑聪明，拥有更多资本、更多经验的人，甚至有一些交易员拥有更有价值的内幕信息。我们知道很多人都想尝试成为一名成功的交易员，却以失败告终。作为日内交易员，我们可以容忍犯错的边际非常小，难道我们不应该通过合理的准备把自己放在最有利位置上跟他们对决吗？基于以上种种可能对我们不利的因素，没有做好交易的准备工作，那就真的只能准备接受失败了。

以下几项准备工作可以让交易员在市场竞争中处于有利位置，这需要交易员自己花时间去亲身实践：

◎ 在睡觉前读 briefing.com，然后开始思考第二天早晨准备交易哪些股票。在 2009 年 8 月《华尔街日报》的一篇文章中报道过，被很多人认作自营交易之父的史蒂芬·斯彻菲德

（Steven Schonfeld）曾亲口承认自己每晚只睡 3 ~ 4 小时，然后起个大早思考第二天的交易策略。按理说，我们可以跟他同样幸运：在 2008 年赚了 2 亿美元后，他在自家院子里建了一个 9 洞高尔夫球场。你知道他在收盘之后做什么吗？他会记下这些股票的收盘价格，然后逐个跟相应的开盘价格进行比较。

◎ 提前到达办公室。经常会有"早 8 点"的突发新闻给你提供赚快钱的机会。如果住处离办公室比较远，那就应该搭乘 5：00 的地铁，这样会让你拥有一定的交易优势。同时，观察股票的集合竞价也可能给你带来有用的信息。你观察的股票有什么样的价格区间？它们的成交量怎样？

你越早来到办公室，你就拥有越多的时间速读新闻。有时，多出来的几分钟会让你找到之前没有发现的好股票。更重要的是，你有更多时间，可以咨询身边同事的意见来确认这是否真的是一只"可交易股"。

大多数交易员不会在 7：30 以后才到公司。当然，经验丰富并有着完备交易系统的老交易员可以晚到一些。纽交所的交易员可以比纳斯达克的交易员晚到一点，但 8：00 是大多数认真负责的交易员到达公司的时间底线。

◎ 再读一遍 briefing.com 并从中选择几只股票。结合自己的交易风格，从这几只股票当中找到两只当天最适合交易的股票。

◎ 编制统计数据，比如每日成交量，重要的技术指标价位，日内价格波动范围，以及融券未补差额等。在 SMB 资本，我们开发了一个"SMB 股票数据表"，便于梳理这些信息。

◎ 对那些尚未止损但看起来危险的股票设置预警。有时如果你不砍掉两只亏损的股票，就没有多余资金抓住其他更好的机会。

◎ 在开盘前为当天准备进场的股票制订一整套计划。例如，如果你看见 xxx 的情况，那么你就在这个价位买入。你继续做"如果……就……"这样的计划可以把所有可能性都考虑进去。

设想一下如果你选的股票走势与预期相反，其他人会继续抛空，还是在今天剩余时间内低吸？股票会不会像早上分析的那样迅速拉高后却遭遇大卖家？你的判断有没有可能完全错误，也就是股票走势和预期完全相反？什么情况下让你积极买入股票？

有没有交易起来更容易的股票？当你把股票筛选到只剩下几只，此时又获得了相关股票的全部信息，那么你要问自己是不是还有更容易操作的股票。

◎ 参加公司早会，并用心听。

◎ 在开盘前认真阅读分类索引卡，提醒自己偶尔使用老方法也不错。

◎ 心理准备。回顾一个以往的高收益日，给自己做一个想象练习：今天也是一个好日子。

◎ 生理准备。伸伸懒腰，多喝点水，让自己舒舒服服地坐在椅子上，深呼吸。

◎ 回顾图表。收盘之后看最高价、最低价、谁进行了大量交易。同时，也要看热门股的图表。找到一个有利的入场点后，设置一个提醒。熟悉自己"篮子"里的股票，然后定期回顾它们的走势。

细节决定成败。持之以恒，利润就会随之而来。

对于日内交易员来说，合理的准备也包括分析一系列特定的信息。在我们的交易席位上，除非我们知道日均成交量、平均价格波动区间、重要的技术价位、融券未补差额以及与该股有关的最新新闻等全部重要信息，不然我们不会对它采取任何行动。只有在"装备"了所有信息之后，我们才可能有把握实现"伺机而发"。

合理的准备工作还不足以做出一次"伺机而发"，我们还需要做足充分的前期功课。

纪律 2：努力做足"赚快钱"的功课

爱迪生说，天才来自 1% 的灵感，加上 99% 的汗水。一个职业自营交易员不需要每周工作 100 小时。我们不是投行人士或律师，为了争取合伙人的资格而盲目工作。与那些高薪职业不同，我们事实上每天都知道自己的收入。此外，我们也不需要期盼经常被政治色彩玷污的年终奖。从这方面看，交易员比其他工作更像职业运动员，因为从业者需要每天定时评估自己的表现。与此同时，优秀的运动员和交易员都需要合理的休息来充电。正如前文所说，我们靠努力工作来创造每天稳定的产出。而对于"伺机而发""努力工作"所包含的内容跟你之前所想的意思可能会有很大出入，所以你必须努力做足前期功课。

专心盯着你的交易屏幕，然后找到我们如何定义"努力工作"的重要信息。我必须像连珠炮一样问出如下问题，而你要像准备击打以时速 95 英里[①]飞来的棒球一样做出快速回答。

◎ 谁在买？

◎ 谁在卖？

◎ 哪些价位最重要？

◎ 该股走势比市场走势强还是弱？

◎ 该股走势比同行业的其他股票强还是弱？

◎ 成交量在哪里达到峰值？

◎ 多大成交量可以推动股价上涨或者下跌？

◎ 当股价准备突破时，它的速度多快？

◎ 专家如何看待你的委托单？

◎ 有没有机构大单？

◎ 这只股票有没有走出特定形态？

这些是我在交易股票前，先要自问自答的问题。是的，以上所有信息，都是我做一次"伺机而发"前必须收集好的。这就是我给"努力工作"下的定义。

大多数成功并赢利的交易都是很简单的操作。它们就是你做好上述准备的结果：看见一个简单又极佳的机会，然后抓住他。你要观察，观察，再观察，然后听见"铛"一声，你的优势就体现到了交易中，然后你可以再继续筹划下一次交易。

如果你准备交易一只股票，但它没有给你一个很好的收益风险比，

---

① 1英里约等于1.609千米。——编者注

那么你就应该考虑交易其他股票。去额外选择几只股票，然后专心观察它们，收集所有历史信息。作为新入行的交易者，在没有这些信息的情况下不要轻举妄动，永远不要。除非你看到了以上信息为你提供的优势，否则不要交易。

当我刚刚从事交易时，我谨遵这个建议："如果你不能定期来公司努力寻找好的交易策略，那你就准备去找份其他工作吧。"我不会用一模一样的话跟我的交易员讲，但这对他们来说是非常重要的提示。我用这句充满智慧的话在 20 世纪 90 年代末期反复督促自己，直到今天对于那些新入行的交易员来说依然是至理名言。你应该在交易日中多花些时间寻找合适的收益风险比。

此外，昨天收集到的信息很可能就在今天给你提供赚钱的机会。当我们会见 CNBC 制片人时，"小马哥"无意间提到了他大部分钱都是在"第二天"赚的。制片方的管理层对此很感兴趣，接下来发生的事情就是："给他做一个'第二日交易'的专栏。"

关于"第二日交易"，让我想起了一次操盘阿彻丹尼尔斯米德兰公司（ADM）的经历。股票从 45 美元开始被抛售，到了收盘始终没有跌破 43.9 美元。第二天开盘没多久，ADM 就跌到了 43.9 美元下方，我马上就跟着做空，因为我知道这个价位在之前的一天无论如何都无法被攻破。ADM 的股价很快越来越低，我根据之前一天努力分析得出来的信息操作了一次赢利交易。著名导演伍迪·艾伦（Woody Allen）说："生命中 90% 的时间都只是出席而已。"同样的想法也适用于交易，你应该每天勤于出席交易相关的事务。寻找重要支撑位和阻力位，这会给你的损益表带来正向的影响。如果市场走势几次都和你的判断相反，在这种情况下，我建议你收工后早点回家。

如果你想看到一位可以"努力做足前期功课"的例子，那么我向你介绍一位昵称叫 AGA 的交易员。你会发现他永远在专心看着屏幕。他甚至很少上厕所，事实上，AGA 经常把午饭时间推迟 1 小时，原因是当时他认为一只股票准备走出一波行情。每当他做出了一次简单又迅速的赢利交易，他总是在我们道贺下谦虚地说自己只是幸运。他绝对不是幸运！这是他应得的回报，因为他在准备期间努力地收集信息，这才会使他有机会做出快速而有效的赢利操作。

再次声明，大部分通过交易获得的利润都应该是容易赚到的快钱。你会在屏幕上看到一个极佳的入场信号，从而抓住它。但是这些好机会只会在你充分关注和收集宝贵信息后才现身。想要做出"伺机而发"，除了合理准备和努力做足前期功课外，你还需要耐心。

纪律 3：耐心寻找极佳入场点

只去买强势股或者做空弱势股还远远不够，股价本身也非常重要。尽管股神巴菲特不是一名活跃的交易员，但连他甚至都会经常这样思考问题：你需要在最佳收益风险比的价格建仓。

在我们的交易大厅，你可以经常听见我语带调侃地讲："耐心，年轻人，耐心。"成功的交易员永远保持耐心。如果他们看见一只股票在 30 美元处有强力支撑，他们会做出在极接近 30 美元的价格处买入股票的计划。他们不会在 30.50 美元、30.25 美元甚至 30.15 美元去买，30 块就是 30 块！

耐心让你获得一个极佳的入场机会，这会让交易员：

◎ 有机会建立更大仓位；

◎ 减少被迫止损的概率；

◎ 获得更多利润。

优秀的交易员明白，他们不会被所有的市场波动牵着鼻子走。他们会为自己的交易策略等待一个最合适的机会。一只强势股若是在最佳收益风险比的入场点上方飙升，那就让它涨去吧，不买也罢。

举例来说，如果一只股票在一个价格区间内交易，然后突破，但你却错过了买入机会。

好吧，这是你的第一次错误。但在失意过后你继续在同一只股票上追高，那么你就犯了第二次错误。第一次错误不会让你真正损失金钱（只是损失一些机会成本），但第二次错误却很可能导致你亏损。不要让一次错误导致另一次错误的发生。

错过机会不等于亏损

在这里，我必须要跟你讲一位交易员的滑稽故事，以及他对于机会成本的喋喋不休。20 世纪 90 年代末，我认为自己当时正坐在整条华尔街上最失落的交易员旁边。对于这位"机会成本先生"而言，每天都像是一场灾难，不是因为他真的亏了很多钱，而是他对于错过入场机会的失落态度。就像一个前一天买彩票却并没有中奖的人，在上班时他会这样说："我昨晚刚刚在彩票上亏了 1.63 亿美元。"我还真认识一个说过这样话的人。

这个交易员每次都把错过的机会当成一次亏损。有一次雅虎迅速上涨 3 个点，他本来发现了这个机会，随之而来的就是他的捶胸顿足：

"我刚在雅虎上亏了 15 000 美元。我怎么能错过它呢？"

电子海湾公司（EBAY）上涨了 5 个点，这也是他本来能够发现的机会，随后他更变本加厉地对着桌子又敲又打："刚亏了 25 000 美元。"你不可能在回家的路上不绕弯，显然这个家伙不能理解这一点。

不强迫自己交易

在一次回顾交易录像时，我发现一个新手交易员经常在错误的价位入场。这个菜鸟在交易 RIMM（黑莓公司过去的股票代码）时亏损，而当时其他在场的所有人都在这只股票上赚了钱。让我借此进一步讲讲与价格有关的故事。

SMB 资本有一个刚从沃顿商学院毕业的年轻交易员，他当时正在交易高盛的股票，他在高于高盛上升通道上沿的 ××.85 美元的价位看多加仓。看起来精确价格似乎不是很重要，于是他也没有给出入场价位的理由。从图上看，这位"沃顿小子"在股票上涨了 7 美分后建仓。"小马哥"严厉训斥了他，以至于骂得他永远都不想再犯同样的错误。

我十分赞同"小马哥"。如果上升通道告诉你价格是 85 美分，你就不应该在价格超过 92 美分后去买。作为交易频繁的日内交易员，你在 86 美分和 87 美分入场都有巨大的区别。当你回顾当日交易时，你必须问自己："如果发生了 1 000 次我在高盛突破上升通道时买入的情况，我仍然会在上涨 7 美分的价位下赚钱吗？"从这次交易上看，他做不到，于是这才招来"小马哥"的严厉责骂。

再说一个昵称叫"莫扎特月光"的交易员，他等待价格跌破 ××.75 美元后做空雪佛龙（CVX）。"莫扎特月光"在 59 美分的价位以市价做空。再说一次，你要问自己如果发生 1 000 次在 59 美分这个价位的市价交易，这到底还是不是一个能赚钱的策略。回头再看这次交易，59 美分的确不是一个有利的入场点。在 68 美分处堆积了大量卖单，而在此之下做空并非上策，于 65 美分处出手做空比较好，59 美分的价格显然不够好。如果能在 65 美分处做空，"莫扎特月光"就可以跷着二郎腿，看着这笔交易不停获利。

"沃顿小子"在交易时承受了 21 美分的额外风险，而"莫扎特月光"承受了 6 美分的额外风险。如果你一个月的交易量是 200 万股，那么每次 2 000 股的 27 美分价差就是个很大的数字。就算是成交量不活跃的散户，每次也会相差 540 美元。对于活跃的职业日内交易员，更不能在这个价格上进行交易。

如何在最佳价位入场是优秀日内交易员必须学习的技能，同时也是非常重要的技能。计算一下，如果你学会了每次交易节省 1 美分，在月成交量达到 200 万股时，就会有额外的 2 万美元流入了你的口袋。

如果你整天都耐心地盯着屏幕，合适的收益风险比就一定会出现。能够长期稳定获利的交易员从来不逼迫自己强行交易。他们信奉工作中最重要的一点：等待策略生效的时机到来。

当你有了更多经验后，你会知道成功不仅是在你观察过的股票上建立仓位这么简单。你必须在合适的时间以及合理的价位上建仓。

"耐心，年轻人，耐心。"

纪律 4：每次做两份详细的离场计划

一家交易公司的领导看见一名新手交易员正持有仓位，他发现交易员手中仓位的潜在风险。这名合伙人慢慢走到交易员的身后，然后像眼镜蛇突然发动攻击一样对他询问："你的交易计划是什么？"

这也是我最喜欢用的教授方法之一。如果交易员在两秒钟之内不能给出答案，这就是个不好的信号。当然，我们默认新手交易员绝不仅仅是由于突袭提问而慌张。一名成熟的交易员应该用一句话就能阐述自己的每一次交易计划。你也可以尝试一下，下一次当你在交易时，能不能用一句话总结出交易计划？就像其他行业的员工在电梯中遇到公司的CEO后，需要在极短的时间内总结出自己的想法一样，这就是交易员所需要具备的能力。

首先，你需要一个离场策略。我们最大的交易优势之一是灵活。我们可以按毫秒计时清仓离场，甚至可以在适当情况下与市场一起翻转到下一个价位。我们不是坐拥几百万股要清仓的巨型互惠基金或对冲基金，他们可能需要用一个月时间才能让市场消化掉他们的仓位。当股票朝着你的预期方向相反前行时，你可以轻易地做出离场决定。我们的一位好朋友，技术分析畅销书《多周期技术分析》（*Technical Analysis Using Multiple Time Frames*）作者，来自 alphatrends.com 的布莱恩·香农说过："你必须在任何情况下都有后备计划。"所以你必须在入场前就制定好离场策略。

同理，你的计划中也需要包括赢利时如何离场，当然这种结果就让人舒服多了。你在什么情况下获利了结是合理的？你会在某个特定价位离场吗？你会在一次巨幅波动后或者是大单出现的情况下离场吗？**计划的细节很重要，但这只在你真正拥有一个后备计划时才有意义。**

这里有一个关于计划的例子。我注意到纽交所中ADM股票的卖出价是30美元。如果纽交所的整体行情上涨，我就会买入并持有，直到股价跌至29.90美元止损离场或上涨至30.50美元获利了结。我同时也会在大卖单出现的情况下，考虑在低于 30.50 美元的情况卜卖出。

但你的计划可能需要更多细节，让我们重新做一次。我注意到纽交所中 ADM 股票的卖价是 30 美元。如果纽交所的整体行情上涨，我就会买入并持有，直到股价跌至 29.90 美元止损离场或上涨至 30.50 美元获利了结。我同时也会在大卖单出现的情况下，考虑在低于 30.50 美元的情况下卖出。如果纽交所指数让 ADM 涨过 30 美元，但期货市场的指数正在急跌，我会考虑提前卖掉 ADM。

现在再进一步。如果纽交所指数上涨后股价达到 30 美元，同时期货指数正快速下跌，我会在注意到纽交所行情表上的买入单迅速消失的情况下，考虑做空 ADM。

看，如果你是一位正在摸索学习中的交易人士，同时你在每次交易前没有做详细的交易计划，请找出你的历史交易记录，再找个安全的地方准备一盒火柴，把这些所谓的"交易记录"烧掉吧。也许，碎纸机更方便一点。你的"交易记录"不能说明任何问题。只遵守持续赢利交易员的工作基本原则时，你的交易结果才有意义。每次交易的详细计划是基本原则中的一部分。现在扑灭纸质交易记录的燃烧火苗，跟我继续前行。

纪律 5：长期成功依靠严格的自律

交易只与技巧提升和纪律有关，而不是如何看待暗物质。这说明了本节将会非常重要。简单地说，如果你是一名没有纪律的交易员，那么你在任何市场、任何时间、任何股市、任何国家都无法赚到钱。让我们就此展开讨论。

我们用纪律约束与执行交易计划，因此它们中间不应再存在任何其他环节。如果你的计划是在 30 美元买入一只股票，并在它无法保持在该价位时止损离场，那么当股价在 30 美元无法继续支撑时，就应该直接以市价卖出！就像 thestreet.com 的"鲨鱼投资者"詹姆斯·德伯勒（James Deporre）以及其他明星交易员建议的那样：卖出可不仅仅是"S-E-L-L"这 4 个字母的问题。市价卖出后再重新评估，一定要让自己感觉离场很容易，然后再寻找下一次交易。

总会有你执行止损后股票又再次走高的情况。事实上，也会有一些时间你的确在当日最低价卖出股票。但考虑到：首先，不要用一次交易结果评估你的交易系统。执行交易计划，遵守纪律，这会让你获得长期成功。其次，优秀交易员在卖出后会重新评估。不仅执行计划卖出而已，而是在卖出后进行评估！这永远是你可以重新做交易计划的选择，你总是可以把股票再买回来。当你在低于 30 美元卖出后，发现它并没有像你想象的那样继续下跌。

举个例子，你在 29.98 美元离场，然后预期 29.90 美元是最好的入场时机。在这种情况下，你应该收集可以支持股票继续走高的信息。因此，制订一个新的买入计划，然后在大涨或者继续下跌到新的点位时离场。

正如我们之前讨论的一样，新手交易员总过于看重一次交易结果，这其实是一个错误。他们制订交易计划，止损离场，然后痛苦地看着股票继续上行。他们做出了止损是错误的结论。事实上，他们可能得出了遵守纪律是错误的结论。这才是错了！你正在开发出能让你长期稳定获利的系统，不能仅以一次交易结果来衡量得失。

执行计划，在到达止损价时直接以市价离场。如果不遵守纪律，你或许永远不会取得成功。我不认识任何一位没有纪律性而成功的交易员。大作手杰西·利弗莫尔这样劝告交易员："亏损从来不会让我烦恼，这种事过了一夜就会忘记，但做错事（不止损），会掏空你的口袋，同时摧毁你的灵魂。"不要让市场拿走你的钱，你不应该再接受这样的教训。

我用自己当教练的经历来用一句话总结何为纪律：你很难一夜之间成为一名自律的交易员，必须先做一个自律的人。

"麦疯狂"是一名曾在 SMB 资本工作过的交易员，也是我见过最聪明的交易员之一。他当时是交易员中效益最好的一名，赚过很大一笔钱。发生这一切的那个年代，市场波动非常大。"麦疯狂"极度渴望交易，他喜欢在短时间内快速且大幅波动的股票。但当市场处于选择性波动、假抛售、假突破随处可见的状态时，"麦疯狂"便遭受了巨额亏损，几乎把之前所赚的钱全输了回去。

我很喜欢这名交易员，说实话，我很想他。他原本是我生活中的一部分，但在比全公司任何一名交易员破坏的规则都多后，他离开了公司。我们一度对他们就像达拉斯牛仔队老板杰里·琼斯数年来对待他的队员一样包容，然而回头看来这却是个错误。

当"麦疯狂"刚开始感到备受煎熬时，我把自己的时间都安排给了他。我们两人一起观看了他的交易录像，我帮他特别制订了纪律以便约束他。我确定自己曾为他指出哪些交易会增加他的信心，同时又让他知道了在当时哪些交易的风险很大。

"麦疯狂"很聪明，他热爱交易，也很有天赋，我指的是他属于爱迪生口中 1% 最有天赋的人。在那之后，"麦疯狂"又度过了一段高收益的日子。

但这还远远不够，市场想让他付出更多。可惜他不是自律的人。比如，他喜欢玩《麦登橄榄球》游戏到深夜，却不能为第二天的工作好好休息。这个习惯就像他大声喊出"我自律性不强"后，市场马上回应："那就从我的地盘上滚出去，下一位。"

他有时会在早会上迟到，这貌似本没什么大不了，但这个问题的实质却非常严重。这是用来检验你在交易日中是否自律的最好证明。如果"麦疯狂"无法约束自己不迟到，那么他怎么可能约束自己不去错过那些高收益风险比的交易？他做不到。

我其实不是很想把"麦疯狂"的糗事拿出来讲，一件都不想。他辞职的那一天，我的确非常失落，不仅因为他导致了公司亏损，更因为我失去了一个朋友。我认为这里也有我的过错。"麦疯狂"曾让我很有信心把他调教成我心中理想的交易员，但我没能做到。

这是自营交易最糟糕的部分。因为交易本身的困难，很多人在这条路上失败了。突然有一天，你会看到昔日的朋友离开身边的座位。数年来，你每天都在公司里花上 10 小时跟其他交易员建立深厚友情。你参加过他们的婚礼，见证他们的孩子出生，或许是你把这对新人撮合到一起，你也可能在他们的父母去世后给予他们安慰。然后突然有一天，他们搬到了城郊，开始了类似于家庭教师的生活，你或许偶尔会收到一封他们发来的询问近况的电子邮件。

天有不测风云，有一天"麦疯狂"出了一起严重车祸，他被送进了医院。他曾追求过的一个女孩专程来照顾他，这看起来很美满。但就像午后的肥皂剧一样，故事突然变得复杂起来。1 小时后，他真正的长期女友也来到医院，意外地发现了另一位姑娘的存在。这名交易员只是在自己想做什么事的时候，就去做什么事。这是为什么大家很喜欢他的主要原因，同时也是他成不了优秀交易员的最重要原因。

对于他的离开我想了很多，包括 SMB 资本是否能做得更好。很多事情的结果本可以变得更好，但在仔细地反省和分析后，我知道如果他不能先成为一个自律的人，他将永远无法成为一名优秀的交易员。

公平地讲，在这一方面，他最终还是获得了长足的进步。"麦疯狂"只是起步很低，他本来是有机会成为一名优秀交易员。

我用一个简单的建议来结束这个故事。一个人最好通过坚持锻炼身体来保持自己的纪律性，我敢说健康的身体会让你有一个更健康、更自律的头脑。T3 唯实是 SMB 资本既尊敬，又友好的兄弟公司。他们专门聘请了一个三项全能教练团队让交易员保持一副好身体。事实上，交易员的成绩的确很好。他们做得很棒。

在一家好的交易公司，交易大厅中会充满了讨论的喧闹声。他们是如何沟通的？哪些主意应该被摆在桌面上共同讨论？

纪律 6：分享真实交易比提意见更有价值

格蒂石油创始人保罗·格蒂（J. Paul Getty）认为，信息往往比意见更有价值。在一个可靠的交易团队中，交易员会互相分享交易信息。我们认为分享信息是交易的基本原则之一，毕竟 6 双眼睛总比 1 双好。

SMB 资本培训部门总裁罗伊·戴维斯对此解释道："我教交易员如何进行团队合作，这样他们会比独自行动创造出更多利润。"正如我之前提到的，在创立 SMB 资本之前，我所在的公司的每名交易员都是各自为战，没有任何信息分享的传统。

在各自的交易席位上交谈是为了及时分享相关的真实交易信息。

我发现这种分享为所有交易员都增加了获利概率。

举个例子，一个周五下午，我们一位外号叫"水疗"的交易员，喊出"AIG 的股票跌到了重要阻力位下方"，随后很多人及时跟入做空获利。沟通让那个交易日进展顺利。交易员不仅要拿出最好的信息相互沟通，也要对他们的交易进行回顾。

纪律 7 ：让复盘重要交易成为每日习惯

我有一次在 SMB 博客上写到，找到对你而言效果最好的交易，然后用更大的筹码做更多次。优秀的交易员一直试图寻求进步。让我再次提醒你，"小马哥"依然在用老式的学生时代技巧：在脑海中不断复盘重要交易。当市场安静下来时，也就到了让你回忆昔日重要交易的时候。在交易日内多做几次这样的事情，再问自己如下问题：

◎ 有没有加大筹码的机会？

◎ 有没有卖得太早？

◎ 什么原因促使股价上行？

◎ 这次上涨有没有哪些事情起到催化作用？

◎ 有没有高估或者低估交易风险？

回忆过去的交易，然后让自己在下次出现类似机会时做得更好。职业教练会花数小时研究比赛录像，他们只有在回顾自己球队的表现之后，才能想到让他们进步或是消除失误的办法。他们专注于努力使自己的技术更进一步。一名投手可能需要通过观看录像来检查自己投球的轨迹是否合理，或者手臂是否保持平稳。如果他发现了错误，就会想办法纠正。

交易员通过回顾交易录像，可以找到让自己增加筹码的交易策略，找到哪些策略不适合自己，发现不曾发现的图形，在屏幕上找到进步的办法，同时让自己对最有效的交易策略的记忆更加深刻。此外，尽量多与其他交易同样股票的交易员交谈，询问他们的想法。你获得了更多经验后，一定会更加出色，但如果你在获得经验后还大幅提高了自己的交易水平，那么你将会非常出色。打印出来你的交易记录。你有没有严格自律？有没有及时止损？有没有在哪只股票上的表现比预期更糟？有没有哪只股票的交易表现比别人更好？哪些股票让你无从下手？让回顾重要交易成为自己的习惯。

Ⓐ 交易导师解惑

详细复盘"摇钱树"如何做"伺机而发"

有网友看了我的博客以后，给我写信：

我还是不太明白如何做"伺机而发"，你能不能举个具体的例子？

于是，我就把"摇钱树"于 2009 年在 AIG 股票上通过 7 项基本原则而做出的"伺机而发"（见图 2.1）进行了复盘：

◎ **合理的准备**。AIG 在之前一天收盘前的 30 分钟内，在巨大买盘下从 34 美元涨到 37 美元。第二天，新闻报道 AIG 创始人会回到公司同 CEO 一起帮助公司摆脱困境，股价跳空到前一交易日最高价之上。

重要价位：阻力：41.50 美元，42.25 美元；支撑：40 美元

均成交量：38 000 000 股

外部发行股空方比例：20%

52 周价格区间：6.60 ～ 99.20 美元

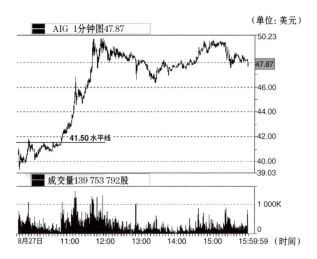

图 2.1 "摇钱树"－AIG－伺机而发（2009 年 8 月 27 日）

◎ **努力做足前期功课**。在开盘时，在 40 美元到 41.50 美元区
间内出现密集成交。10：45 左右，筹码密集地向 41.50 美
元靠拢。然而我注意到，它无法在 41.50 美元上方保持稳
定成交。一旦在 41.50 美元形成强力支撑位，买家迅速增
加，我买入了 3 000 股。

◎ **耐心**。当我看到买家入场同时股价在 41.50 美元获得强力
支撑后，我立刻在 41.58 美元买入进场。

◎ **每次都做详细的交易计划**。计划是当 41.50 成为支撑后，
一旦见到买家大量入场，我马上跟着入场。在那之前，利

用部分仓位做一些短线投机，一旦看见大批买家入场，我马上买回之前卖掉的股票，并且一直持有到发现卖掉它们的原因。相反，如果股票回落到41.45美元下方，我立即清仓离场，并且重新对它进行评估。

◎ **自律**。在41.70美元到42.00美元之间卖掉一半仓位。持有核心仓位，如果股价向上突破42.00美元，买回前期卖出的股票。核心仓位一直持有到50美元后卖出。

◎ **沟通**。我和其他交易员分享并研讨了这个重要价位。

◎ **复盘重要的交易**。当股价在41.50上方站稳，进而涨到42.00时，为了更大的上涨空间实施加仓。我知道空方有很多仓位，当股价随着趋势继续上扬，空方会缴械投降。这只股票在头一天收盘的表现同样也给出了将要爆发的迹象。我积极交易大部分仓位，每次抓住20～50美分的利润，但在看见买家不断入场，空方付出惨痛代价后，这给了我继续买入的信心。

现在你已经是一名会按照基本原则操作的专家，同时又具备了优秀交易员的特征。现在让我们讨论一下"量身定制"的概念。到底谁才能拥有这份梦想中的职业交易员工作？

第3章 | 为企业"量身定制"的短线作手

你就是下一个王牌交易员

> 寻找交易机会就像捕鱼。在湖里的任何地方都可能抓到鱼，但在不同的时间段里，鱼总是喜欢聚集在某些特定水域。与之类似的是，在交易区间的边缘附近，可交易机会更多。

《威科夫量价分析图解》作者　戴维·H.魏斯

安杰尔·奎瓦斯（Angel Cuevas）一定是最想入职交易公司的人。他也许曾被全纽约所有交易公司拒绝过，但他终于不挨家挨户求职了。

原来，他说服一位著名财经记者朋友把简历转投给我，不过安杰尔随后并没有收到我的面试邀请。在接下来的 6 个月中，安杰尔每个月都把简历通过电子邮件发送给我。出于某些原因，我还是没有给他面试机会。很显然任何事都无法阻止最有决心的安杰尔，也许对他来讲没有回复只是意味着晚些回复。我明白肯定的答复对于他而言有着什么样的意义。

一家知名交易公司的老板，我称他"谋略家"，他的公司曾和我们共用办公室。他于一个交易日收盘后在走廊拦住我，询问我最近战绩如何，然后游说我看一份"优秀候选人"的简历。"谋略家"的公司是全纽约市最成功的交易公司之一，他的私人时间非常有限，但现在却请求我去看一份简历，并且看起来他在招聘方面深感遗憾。他解释说他们公司现阶段交易条件有限，他无法邀请这名候选人来面试，但觉得这名候选人可能适合我们。过了几分钟，"谋略家"通过电子邮件寄来一份简历，上面的名字是安杰尔·奎瓦斯。这样的事情后来还发生过第 3 次，虽然引荐人不再像前两次这么有背景，但我始终没有邀请安杰尔参加面试。

又过了几个月，有天我突然收到了 1 条即时信息。事实上，打开以后发现是 5 条：

> 安杰尔：嗨，迈克。我是安杰尔·奎瓦斯。我希望能获得一次 SMB 资本的面试机会。
>
> 安杰尔：嗨，迈克。今天早些时候我试图联系你，可能当时你很忙。正如我在电子邮件所说，你可以安排一次见面让我们聊些与交易有关的问题吗？
>
> 安杰尔：迈克，我要走了。请让我知道你是否可以安排时间给我一次面试。我希望能听你讲一些进入交易行业的要领以及你当年刚起步的故事。
>
> 安杰尔：我走了，拜拜。
>
> 然而过了几个小时之后，显然他从什么地方又回来了。
>
> 安杰尔：嗨，迈克。我们有机会聊一聊面试的事情吗？

与其他在交易公司上班或者在华尔街工作的金融人士不同，安杰尔的家境普通。他在新泽西州的一家工厂值夜班才勉强凑够资金，自己开了交易账户。事实上，这个故事很感人，而且很常见。比如，市值几十亿美元规模的对冲基金凯克斯顿投资公司的创始人布鲁斯·柯夫纳（Bruce Kovner）被认为是这个时代最优秀的交易员之一。他当年在纽约开出租车，通过信用卡贷款开了第一个交易账户。在我写这本书的时候，柯夫纳在《福布斯》杂志的世界财富榜上排在第 164 位。

每天，安杰尔都工作到很晚，通常只睡几小时，然后利用白天省下来的时间交易标普迷你期货。由于夜间工作，他无法全身心投入到交易中，因此他当时并不具备稳定赢利的交易能力。

尽管我可以对他说一些鼓励的话，然后劝他回家，但他愿意在没有交易员职位的情况下仍然留在公司。为什么？这个故事包含了很多我想在本章中讲述的内容。

华尔街的公司经常在招聘时提到"合适"这一词。整个招聘流程如何运作？什么人最适合这些理想的工作？哪些事情会影响到候选人拿到工作机会？聘请有经验的交易员有何利弊？当得到了梦想中的工作后，如何知道这个人是否会一如既往地保持在"合适"的状态？

每一家交易公司都有他们独特的招聘流程。一些公司可能很看重数学测试的成绩，他们也可能看重你与其他交易员互动时的表现。每一家交易公司都需要找到拥有符合公司整体交易风格特征的人，有的偏好从常春藤盟校带着优异成绩毕业的应届生，有的愿意寻找一些在大学中有参加过大型比赛经验的运动员。所有交易公司都在寻找那些为自己量身定制的候选人。

在很多交易公司，招聘流程大概如下：

1. 筛选简历；

2. 笔试；

3. 面试；

4. 第二轮面试；

5. 与交易员面谈；

6. 与其他候选人对比；

7. 背景调查；

8. 录取通知。

每家公司都会寻找符合他们交易风格的候选人，在公司内部人士看来，这些候选人也具备极佳的收益风险比。交易公司显然希望在培养候选人成为职业交易员上投入的金钱能有所回报。就这么简单。

交易公司需要什么样的人才？

对于安杰尔以及其他与之类似的人来说，心中会有一个挥之不去的问题："到底什么样的人才会被交易公司录用？"要想进入这个行业，应对比得到这份工作的人与一直在寻找工作的人到底有什么不同。

有一些交易员整天在纽约市中心或华尔街上转悠，试图说服别人，他们就是下一个史蒂夫·科恩（Steve Cohen）、都铎·琼斯（Tudor Jones）、布鲁斯·柯夫纳等传奇人物，现在只差一个机会。有一位自诩为未来新星的交易员近期给一家交易公司发了一封邮件：

为了工作的事情，我已经麻烦你几个月了，因为我坚信自己一定会在这条道路上取得成功。你不会再遇见比我更努力或者更有可能成功的人。我坚信没有人比我更希望得到这份工作，没有人！我只是差一个机会。你们会因为看到我全力以赴工作而对曾做出雇用我的决定感到庆幸，因为我热爱这份工作。这是我梦想的工作！我不想做除了交易以外的任何工作。我可以遵守你们规定的方式交易。我是一个学习能力很强的人，同时我可以接受任何交易风格和技术。如果我的交易风格不是你们所偏好的，也没关系，因为我可以用任何你们想要的方式交易。

事实上，最成功的人之所以能成功，是因为他们努力并且做了他们喜爱的事情。如果你们仔细想想，你们会发现在任何领域的大多数成功人士都是因为努力和热爱，这也正是我对于这份职业的感觉。如果雇用我，我每天至少可以赚 7 000 美元！我知道自己没有什么经验，但是你们寻找的聪明、发奋、努力、受过高等教育的人，那就是我！我不认为你们可以找到比我更努力或者更有野心的人来做这份工作。严肃地讲，你们到底想要什么样的交易员，而我却竟然不够资格？

还有一些人拿纸面交易结果来证明他们将会是我们的下一位高产交易员。另外一封最近收到的邮件如此结尾：

> 在过去几个月中，我的模拟交易取得了杰出成绩。举个例子，在这些流动性强的月份中，从 2008 年 7 月 8 日到 2008 年 10 月 10 日，我用 5 手标普指数合约进行了 100 次交易，共赚了 13 417 美元。其中 71 次交易赢利，29 次交易亏损。

一个自称有经验的交易员花了两个月时间，每天都把他的交易结果发给我并缠着我请求参与面试。第一天他赚了 30 000 美元，第二天他赚了 15 000 美元，再接下来一天又赚了 18 000 美元。我们邀请他参加面试，发现他的结果只是模拟交易。说到底他是一个来捣乱的家伙。

一些应聘者说，他们读过所有交易类书籍，所以自然对交易理解深刻。大多数面试者都号称自己一直认真地收看 CNBC，他们认为这是通往成功的决定性因素。一些人说他们对市场的感觉非常好，因为他们经常能准确预测市场收盘的走势。一位应聘者坚称由于他爸爸是位优秀的交易员，交易已经融入自己的血液里。不幸的是，以上这些理由都不是取得成功的决定性因素。

许多貌似前程似锦的交易者苦苦地恳求："老哥，给我个机会吧，我不会让你亏钱的。"他们梦想着能获得像"摇钱树"或"高富帅"那样一个可以反映自己超级交易能力的昵称。他们做梦都想变得非常富有，一辈子生活在交易员的财富和名望中。他们做出最艰难的决定可能是如何炫耀自己新积累的财富，是买兰博基尼还是法拉利？是泡金发模特，还是褐发模特？去圣约翰，还是去费拉角度假？是在 Nobu 吃寿司还是去 PeterLuger 吃牛排？但这些真的都是白日做梦。

以上这些梦想家都不适合我们或者其他交易公司。

与主流观点不同，交易其实是一门艺术，它需要艺术家为之穷尽一生。这些艺术家需要每天勤加练习才能有所成就。在交易行业，从一开始，你需要每天花 10 小时，用几个月甚至数年来成为一名稳定获利的交易员。成为这样的交易员就像参加一个高档俱乐部，这个俱乐部不允许其他人随便加入，必须遵守规则，否则就剥夺会员资格。

很少有人愿意自费加入"成功的自营交易员俱乐部"。大多数人都不具备通过提高自身交易技能，从而获得稳定赢利的能力。更准确地讲，交易公司认为很多人没有成为稳定赢利交易员的高收益风险比。有一些性格特征会缩短你的学习周期，增加你的成功机会。简而言之，那些自认为可以交易的人和真正可以交易的人之间存在着很大差别。

个人来讲，我同意投资者查尔斯·E.柯克所说的："我认为每个人都有成为成功交易者的潜能，但前提是他们投入时间、努力以及长期付出。"在 SMB 资本，我们本可以激励这些有可能成为交易员的人去改变，但这会消耗公司大量的时间和精力。如果那些需要改变的人最终拒绝改变，那么我们为什么要冒这样的风险？我们在人力资源方面的决定也运用了收益风险比的概念，就像交易一样。

反之，很多大型金融机构雇用的交易员中，大多数来自顶尖名校，因为它们很重视常春藤背景。彭博网的凯文·哈西特（Kevin Hassett）提到，自 1970 年后，华尔街开始明显倾向于录取哈佛毕业生，他如是说："是那些拥有哈佛 MBA 的自恋狂毁了华尔街。"很多人以前还是一级运动员，他们就像被人才管道输送到交易大厅一样，交易公司中有不少席位专门为这些人准备。但到最后，无论是否通过了大型机构的筛选，还是他们拥有足够的知识储备，交易行业始终只有关于增强交易技巧以及遵守纪律这两个核心。所以，我的观点与主流不同，你不需要读过常春藤盟校，不需要跑得快、跳得高，更不需要卖掉纽约市中心的住房来成为下一名伟大的交易员。

所以，我们还剩下什么？正如我之前所说，很多人错误地认为自己无须通过严格的个人技能培训，就能成为稳定获利的交易员。其实这些人并非无可救药，但是对于公司来讲，他们的收益风险比并不高。与此同时，我们的人事档案中有很多最终没被大型投行录取的人，却非常适合我们。

大多数小型交易公司清楚自己在交易食物链中的地位。自营交易公司既不是高盛那样威名远扬的大型投行，也不是像 SAC 资本那样的对冲基金巨鳄。自营交易公司不一定招很多 SAT 数学 800 分或者优等大学成绩的人，但是这些人的确需要在某些方面与众不同。

在有名望的大公司里，你很可能需要先坐冷板凳。你的工作可能是凌晨 2：00 对着亚洲市场下委托单，也可能只是帮你的老板买一大杯拿铁咖啡。而在 SMB 资本，你将会在第 26 个工作日后接触实战。

让我来澄清一下，从打杂起步的职业生涯没什么不好。我在大学毕业后的前两年中，一直在为康涅狄格州州委会下属司法委员会的传奇主席理查德·图里萨诺（Richard D.Tulisano）工作。我的工作就是在他需要的任何时间做他要求的任何事。有些日子，我的最大贡献就是一大早开会时，往他的纸杯中倒一些白兰地。其实事实上，我喜爱当时那份工作的每 1 分钟。

有的毕业生一心只想交易；有的人由于不希望坐冷板凳，声明自己只热爱交易；有的人想马上锻炼自己的交易技能；有的人可能不习惯美式公司复杂的文化。我们的交易经理"老 G"曾在一家大投行工作了两天，辞职的原因就是没法忍受那家公司的文化。有的人想获得更大比例的劳动所得。在交易公司，交易员永远比在大型银行里工作的人拿到更高比例的利润提成，同时这些数额相当于年终奖的好几倍。我们也喜欢招聘一些被大银行错过，而一心想做交易的人才。

小型交易公司经常为他们的新手交易员提供更多培训。当然，我心中存有一个明显的主观偏见，SMB 资本拥有华尔街上最棒的证券短期交易培训项目。很多交易公司都会提供交易方面的培训，在不久的将来，我们还会给交易员提供全方位的支持。

优秀的交易公司有自己的企业文化，SMB 资本也不例外。我们不通过损益表来评估交易表现，我们注重的是交易过程；我们像一个团队一样工作，每天都为了这个游戏而努力，并且尊敬市场和对手；我们通过自己的方式来跟其他同事分享交易心得，用迫切的心态寻找市场上最好的股票；我们一次又一次地做着"伺机而发"的交易，然后有所斩获，再次"伺机而发"，这两次交易期间我们从不花时间庆祝；我们努力工作，但是我们又享受工作以外大家相聚一堂的时光。

如我前文所说，我们的交易员之一"高富帅"（早晚要成为顶级交易员的人）准备驾车去康涅狄格大学面试一些候选人。他在离开之前问了我两个问题：

◎ 我需要找到具备什么素质的候选人？
◎ 我能不能借用公司的信用卡？

我对他讲："我想要跟我们具备相同素质的人。我只想培训那些对市场满怀激情、聪明、有好胜心、负责任、内心强大、努力工作、为团队着想，同时又能讲述自己一段成功历史的人。最重要的一点是，你应该去找史蒂夫要信用卡。"

我们开发了一系列问题和招聘流程来寻找这样的候选人。但是简单地说，我们想要找到为公司量身定制的人，他可以为我们的交易提供高收益风险比，又能够融入团队，成为 SMB 资本的一员。这也是所有交易公司都在做的事情。

SMB 资本的招聘内幕

既然我无法给所有交易公司打电话，询问并总结他们的招聘流程，于是我制订了 B 计划，即讲一讲我如何招聘，包括整个招聘流程中的每一步，并在其中加入一部分曾发生过的趣闻轶事来强调要点。交易公司的培训经理把他所有的个人时间都花在了学生身上，他们牺牲了自己的交易机会来传道授业。培训经理的薪水在很大程度上跟学生是否能够获得成功直接挂钩，所以他们一定会尽其所能把这份工作做到尽善尽美。少部分交易员可以在几个月之后就担负起公司重任。想象一下，如果"老 G"去了其他交易公司，他现在会过得怎么样。

以 SMB 资本为例，我们有一种独特的交易方式：找到短期"可交易股"。在股市中有很多不同赢利方法，我们之所以这样交易是因为这种方式在过去的几年中让我们收益颇丰。我们要找一些性格最适合我们交易风格的人来交易，因为这是属于公司的交易席位：交易员用公司的钱来交易，而公司又花了大量时间和精力培养交易员。我毕业于法学院，还曾是一名运动员，我喜欢自己的公司内部充满求知欲。很显然，我会雇用自己喜欢的人。要是你找不到愿意与之相处的员工，那开公司还有什么意思？

但是对于那些没接到面试通知的人，我曾清楚地说过，我们只是众多交易公司中的一家。如果你对交易富有激情，那么请继续寻找。没得到面试机会不代表你已经彻底被交易行业拒绝，当然更不意味着你不能成为一名伟大的交易员。就像安杰尔没有机会参加面试，但不代表他无法成为一名稳定赢利的交易员。

SMB 资本每年会分别招收 3 批培训生，分别在一月、六月和九月入职。每次公开招聘我们都会收到数千封简历，但是其中只有 10% 的人让我们想继续深入了解。我们会发给这"10% 最有潜力的人"几道开放性写作题。人力资源负责人在读过所有回复的答案后，再做出谁可以来参加面试的决定。大部分来参加面试的人并不是为我们"量身定做"的候选人，还有一些人对我们为员工提供的一切不够重视，但还是有一些我们需要的人才，他们通过首轮面试；接下来是复试，通过复试的筛选后，剩下为数不多的人会被邀请参加第三轮（也是最后一轮）面试。我们先让他们进入 SMB 交易直播室，观看我们如何交易，然后会有人对他们进行现场交易指导。在和我们交易大厅里的交易员见过面之后，公司合伙人会对他们进行最终面试。

在这个过程中，我们基于对公司而言最重要的性格特征来对他们进行评估。就像美国橄榄球联盟要求的温德利测验一样，我们制作了一个雇员评分系统，得分最高的人会收到我们的录用通知。

投递简历的门道

与其他公司一样，在收到你的简历后，我们要么发送给你一份进入下一阶段面试的开放性试题，要么发送一封自动回复的感谢信，俗称"婉拒信"。2009 年在纽约举行的国际交易员座谈会上，有一位年轻人在我演讲后找到了我。他脸上时常挂着微笑，又善于倾听他人的讲话，属于那种你第一眼见到就会产生好印象的人。这位年轻人对我说他曾经申请过 SMB 资本的职位，但是收到了感谢信。在那之后就没有从 SMB 资本收到过任何消息，这貌似不是一个好消息。我说这证明他没有通过第一关简历筛选，真不知道我们的人力资源负责人竟然淘汰了他。

没有人会忍心拒绝一个面带笑容的人。我让他再投一次简历，同时给我抄送一份，我会通知人力资源负责人再给他一个面试机会。很不幸，我们无法对收到的每一份简历都给予应有的重视，尤其在如此复杂混乱的经济形势下，我们每个季度要收到几千份简历，但我时不时地会随机读一份简历来检查人力资源负责人有没有漏掉优秀的候选人。作为合伙人，我的确有权利给某人面试机会，但是到最后，事实证明了人力资源负责人的决定是正确的，这位前橄榄球校队队员的确不适合我们。

我经常会收到求职者的电子邮件，他们惊讶于自己甚至没能得到一次面试机会。单从简历上看来，他们的确有资格，我想借这个机会把这件事说得更清楚些，我们不是最终决定谁会成为下一位成功职业交易员的人。我们很可能在评估某位候选人的未来成功机会上犯错误。我们仅仅是想寻找那些对公司来说在世界观和价值观上"量身定做"的人，同时这样的情况也发生在大多数交易公司里。

我们可能会发给你一封感谢信（记住，你不想要这样的回复），或者发给你一份题目为"新日内交易员问答卷"的文件，以下就是SMB资本的职位申请作文题目。

新日内交易员问答卷：打开第一扇门

我们很看重下面这13个问题。如果我们认为你的回答符合要求，那么我们将为你打开第一扇门。

1. 你最感兴趣的事情是交易吗？

2. 你最喜欢的交易博客是什么？

3. 你是否有自己的交易账户？如果有的话，最近的三次交易你是如何操作的，分别基于什么理由？

4. 有没有一些事情是你努力想要改变的，并且近期已经开始发生转变了？为什么会产生这种转变？

5. 你最重要的成就是什么？

6. 讲讲你最近一次的失败经验？你是如何面对这次失败的？

7. 如何用你的经历来说明你富有竞争力？

8. 你会不会愿意先花上一年的时间只学习我们的交易系统，以及我们教给你的其他所有东西？作为回报，你所学的交易技能会让你在未来每天赚 1 000 ～ 4 000 美元。

9. 你的学习周期从入职算起需要 6 ～ 8 个月，你心理上是否可以承受这段学徒时期？

10. 请讲述一个真实经历来说明你很有耐心。

11. 很多交易员都在这条路上失败了。如果按照 1 ～ 10 评分，你对自己成功的信心大约是几分？

12. 讲述一个你所崇拜的公众人物，并告诉我们原因。

13. 你是从哪种途径听说 SMB 资本的？

首轮面试 15 个问题大公开

如果人力资源负责人喜欢你的答案，你就会收到面试通知。再次声明，我们只是要找到能与公司相互适应的人。我们从对公司重要的问题开始，再逐一解释公司能为员工提供什么。

我们会问到的一些典型问题如下：

1. 你有没有过交易经历？你有自己的交易账户吗？

2. 你的哪些日常行为能体现出你对市场的兴趣？

3. 在你读过的所有交易博客中，你最喜欢哪个？

4. 在你读过所有关于交易的书籍中，你认为最好的是哪本？

5. 你认为 5 年之后自己在做什么？

6. 描述最近一次让你感到有压力的事情，你是如何处理的？

7. 描述一下最近一次让你生气或者受挫的事情，什么原因让你有如此反应？

8. 你最喜欢的职业运动员是谁？为什么？（提示：以自我为中心的运动员都不是好答案）

9. 如果你在交易员的职业道路上失败了，原因可能是什么？

10. 急需联邦政府紧急援助的住房危机是什么原因引起的？

11. 我们在数百候选人中只会选出几个人，为什么我们要把这个机会给你？

12. 描述一件让你花了很长时间去练习才掌握的技能。

13. 在我们之前要求你读的那篇文章中，斯蒂恩博格博士曾描述了交易员 A 和交易员 B。你想成为 A 还是 B？

14. 作为与职业相关的性格，你会描述你自己属于保守型、中性，还是具有企业家般的创新精神？

15. 为什么你决定读 ×× 学校？

我的面试方式略有不同。我习惯称之为"刷人"，很多交易公司都在应用这种面试策略。在面试刚开始时，我会告诉他们交易工作实在太艰难了，他们大可以选择其他轻松的工作。原因是我会在生命中接下来的 8 个月里每天都要面对这些培训生，我可不想这其中任何人在双脚还没踏进房间前，就质疑自己是否应该去找其他工作，或者转投其他交易公司。

但当面试接近尾声时，如果这些候选人在听完我的话之后仍要争取一个交易席位，我就会彻底转变态度。我开始跟他们讲 SMB 资本可以为员工提供什么，以及为什么交易员是世界上最棒的工作。我要确定候选人清楚在 SMB 资本工作的好处。我会对他们所提的问题一一做出回答，并且对他们能来参加面试表示感谢。

如果你通过了第一轮面试，对于在交易公司工作来讲，你已经有了一个非常好的起点。大多数交易公司很快就可以判断出你是否属于为他们"量身定制"的人。正如我之前所说，通过第二轮面试的人会被邀请去公司的交易直播间。公司会在每个月中选出两个星期六，让全部交易员聚在一起复习交易录像。我们把这些会议和招聘结合起来。候选人受邀来参加这样的会议直播，同时也可以对我们的操作和授课方式有一定的认识。他们可以询问交易员如何交易，与他们探讨培训课程的想法，分享交易心得。

然后我们会观看更多的交易录像。随后，候选人会逐个与合伙人进行一对一面谈。最后一步，我们与所有的候选人在会议室见面。合伙人、交易经理和资深交易员会与他们分享为什么自己热爱交易。我们对候选人们的到来表示感谢，然后请他们等待后续通知。我们最后会选谁？很显然是去选择彼此之间最合适的人，在这件事上不会有任何妥协与分歧。

生病仍坚持参加校园招聘会

有时候，寻找合适人选是一个极其痛苦的过程。我和自己最好的朋友创立了 SMB 资本，我为每一位加入公司的交易员做培训，所以我决定只雇用最优秀的人。即使这意味着整个招聘流程复杂异常，我也要找到我们想要的人。我不经常生病，但是在 2008 年的某个星期，天气实在是冷得让人无法忍受。某天收盘之后，我计划去参加弗吉尼亚大学的校园招聘会。我先乘火车赶到了华盛顿，然后驱车 3 小时赶到学校附近的宾馆。我们当时是一家新成立的公司，账户中还不具备出行时选择搭专机的实力，但是希望将来有一天我们可以做到。

在整个行程中，我不停咳嗽。同一辆车上的人都希望我能在泽西或费城早点下车，但我没有。他们被迫与"细菌培养皿迈克"共处了 2 小时。我能听到他们压在心里而没讲出来的话："你都病成这个样子，为什么还要搭乘火车？我要是由于跟你同一列火车而生病了怎么办？"为了能转移一些不断投向我的目光，我喝了几瓶止咳水。

当火车到达华盛顿后，那些在过去的几个小时里受过我感冒传染的可怜灵魂们，都和我一样以最快的速度烦躁地冲到了外面。为什么这期间我们无法离开火车？为什么过道里站着保镖，难道参议院乔·拜登（Joe Biden）也在这列火车上不成？然而在窗外，我见到了一位相貌极容易辨认又与众不同的白发绅士在一群随从簇拥下迅速离开。他真是乔·拜登。很显然，乔·拜登也会坐火车。

我哼着小曲，驾着租来的车穿过 95 号州际公路，登记了一家基于我下文的描述而永远不会出名的宾馆。这是家网上照片与现实环境严重不符的宾馆。也许宾馆的主人只是去拍了一些他希望拥有的那种宾馆的样子的照片后便传到了网上。这家顶多两星，但号称四星的宾馆实在差强人意。

火车上喝过的止咳水的药效渐渐散去。在由于拜登造成延迟的火车上坐了将近 6 小时，随后又开了一路空间狭窄的破轿车，这些事情耗干了我保持正常精神状态的能量。我需要一些小吃和新床单。于是我打电话叫客房服务，但是电话是坏的。

好吧，即使我不想提出像一位普通旅行者通常需要的物质要求，但是我也通常会住在威斯汀这样的酒店，那里至少有舒适的床和柔软的棉质床单。事实上，我已经把以上物品买回了自己在曼哈顿的公寓。在这种地方，即使一张舒适的床是过分要求，那让我看会电视，睡个觉总可以了吧，可是电视没有天线！从那台看似1985年产的索尼电视上只能看几个本地频道。行，我明白了，我决定只登录我的邮箱做点事情，但是又没有网络。

就像网球选手约翰·麦肯罗（John McEnroe）对着裁判们大叫："你在跟我开玩笑吗？"我最终放弃了，只能选择躺在围巾上穿着衣服睡觉。

第二天早上醒后我前往校园。那天我迟到了，在我感到十分不舒服的同时又饥饿难耐，但是当我到达目的地之后，我惊喜地看到这次行程原来物有所值。

如果你没参加过校园招聘，我会告诉你通常一家公司招聘人员会被安排在一个狭小的10平方米的空间内，也许墙上还留有监狱涂鸦般的颜色，只有在幸运的情况下才能拥有一扇窗户。但是弗吉尼亚大学不同，它瞬间就变成了我心目中最喜欢的校园招聘目的地。面试没有进行在牢房般的隔间中，而是分区安排在他们的斯科特体育场内。

我奢侈地拥有了一大片地盘，甚至可以在里面散步！我拥有自己的独立卫生间和长椅。这个房间拥有鸟瞰足球场的视野。我还可以打开窗户让新鲜空气流入，太赞了。

于是我开始了对一位候选人的面试，一位不错的年轻人走了进来，但我发现他并不是很适合SMB资本。下一位面试者又进来了，同样也很聪明，但是也不适合。接下来的一位迟到了，再下一位。

随后有一位叫彭尼的候选人走了进来。

没错，和著名 NBA 球员"便士"哈达威同名。由于彭尼的领带系得非常紧，衬衫上的领子都立了起来。很显然他需要买一双新鞋子，西装还要比身材大上 2 号。可能因为英语不是他的母语（他是越南人），当他说话时，他经常低头看向地面。我当时很快就走神了，只希望能早一点结束那次面试，然后在下一位面试者进来之前能多花一些时间查阅邮件。不过由于我是历尽千辛万苦才来到这次校园招聘会，于是我决定多给彭尼一个机会。

我问道："你平日里做过哪些事情可以证明你对市场充满激情？"

彭尼的回答非常坚定，比我以前听过的任何回答都要出色："我经常交易。比如我上星期以 60 美元的价位买入了高盛的股票，因为我在那里看到了强力支撑。我很难相信高盛的股票不会涨到 100 美元附近，因为 115 美元是一个重要的价位，最近巴菲特刚刚在这个价位跟高盛谈成了一笔交易。最差的情况下高盛也应该涨回到 98 美元，因为这是它暴跌前的重要阻力位。此外，我的确很喜欢你们公司和'交易员迈克'的交易博客。昨天你们讲到如何选股，我从来没想到过'可交易股'的概念。我总是选择交易同样的股票，但是我能理解为什么'可交易股'更容易操作。此外，在学校里我是 McIntire 投资学院里负责管理操作多头仓位的经理。"

在经历过一段因生病而引起的反应迟钝后，现在我身体中每一盎司能量和注意力都被彭尼唤醒了。彭尼继续跟我解释他近期所做的其他交易，以及他从华尔街日报上读过哪些文章。而后，他又像纽约扬基队的"终结者"马里安诺·李维拉（Mariano Rivera）一样高效率地问了一连串关于近期我写在博客上的问题。如果你想让一名合伙人对你感兴趣，这就是你最应该做的事。我坚信他可以成为公司的一分子。

我对彭尼印象深刻，并不是因为他读过我们的官方博客，而是因为他真切地对我们的博客内容产生了兴趣。他抓住了我的注意力是因为在像他这个年纪的年轻人中，他显然是为数不多的既积极地参与了交易，又能保持谦虚品性的人。他找到了正确交易的思路。

彭尼求知若渴，不断地跟我谈论自己曾做过的具体交易。其他方面的表现也拉高了他在面试中的评估分数。我通过观察面试者是否真的知道自己发自内心地想要什么来确定候选人，而彭尼的确渴望交易，我们给了他这份工作的机会，他也接受了。尽管这是一次远到夏洛茨维尔的长途跋涉，但我知道这次旅行物有所值。

最糟糕的面试问题

你能想到的最糟糕的问题，也是候选人在面试中最常提到的问题："交易员在职业初期平均能赚多少？"如果你问了这个问题，可能很快就会从面试中被剔除。

首先，这个问题不易回答。有些人能赚钱，而有些人赚不到。在赚钱的人中，他们的表现又不尽相同。交易就像网球这种个人体育竞技一样因人而异。这份工作有很高的失败率，有人说失败率是95%，也有人说是90%。其次，你见过哪一位精英希望自己处于平均水平？

我们曾见过一位从加州横跨美国飞过来找我们的学生，他就此写了一篇长篇论文。这名学生的最终结论是这一行的失败率大约比80%略高一些。如果你把每一位试图成为日内交易员的人都包括进去的话，也许这个数字是比较准确的。但是通过科技泡沫事件我们看到，很多失败者从一开始就根本没达到进入这一行的要求。

我也听说过在大型投行工作的失败率为 50%。而我们的失败率很容易计算：我和我的合伙人做足了招聘流程的后期工作，在理想状态下看来我们的人每个都不应该失败。当然，这不现实。如果培训生都注意听讲、努力工作，每天都花时间使自己成为稳定赢利的交易员，那么他们将会有非常大的把握来决定自己到底有多棒。这就是我们可以给他们提供的一切。而任何其他的答案，往最好的方向讲是太片面，往最差的方向讲是不诚实。

其他任何事情的结果都不会影响你的交易决策。**交易只有两个重要核心，那就是提高自己的技能和遵守交易纪律，此外你还得控制自己的个人感情。**

如果坐在你左边的人交易技巧比你高超，很自然你的结果可能会差一些。如果坐在你右边的人比你更自律，你的交易结果也会比他差一些。如果坐在你后面的人能在交易日中一直保持冷静，而你很容易受挫，那么你的交易结果也可能比他差一些。尽管交易公司一直在强调团队协作，但是在一个交易日结束后，我们就能看出来交易毕竟还是一项个人运动。让我们来看一个例子，为了阐述这一点，表 3.1 展示了 SMB 资本 FAZ 开放式基金的交易员随机抽查一天的交易结果。

不是每一位交易员的结果都相同。让我们检验一下同期入职的两位交易员 JPA 和 EKA 的交易结果。他们的交易员代码都是 SBC 开头，为了方便阅读，我只写最后 3 位。我会用交易员代码，以便对股票代码做出区别。在交易 FAZ 时，EKA 比 JPA 多赚了 1 300 美元。从这一点上看，EKA 有这种表现的结果是因为他在职业生涯这个阶段的交易技巧更高明。如果 COH 不能再提高自己的交易能力，那么那些交易 FAZ 日赚 1 500 美元以上的交易员表现就与他无关。诚实地讲，试

表 3.1　FAZ 交易员损益表

交易员代码	建仓持股	持仓盈亏	清仓盈亏(美元)	公司登记盈亏(美元)	最大资金投入(美元)	资金占用(美元)	日内资金(美元)	日内最大资金占用(美元)	盈亏率(%)	成交量(股)
SBCIEL	0	0	2 500.21	2 500.21	0	41 070.75	0	41 070.75	13.98	178 800
SBCYIP	0	0	2 079.04	2 079.04	0	39 460	0	39 460	9.48	219 388
SBCGME	0	0	1 613.97	1 613.97	0	29 988	0	29 988	8.48	190 414
SBCEKA	0	0	1 538.71	1 538.71	0	18 722	0	18 722	10.94	140 600
SBCDOV	0	0	1 487.73	1 487.73	0	22 440	0	22 440	9.59	155 200
SBCZGA	0	0	1 200.64	1 200.64	0	19 510	0	19 510	11.68	102 800
SBCSTE	0	0	647.91	647.91	0	39 500	0	39 500	9.21	70 380
SBCGDI	0	0	303.21	303.21	0	22 850.63	0	22 850.63	3.15	96 400
SBCCMU	0	0	276	276	0	32 000	0	32 000	7.23	38 200
SBCJPA	0	0	227.88	227.88	0	5 905	0	5 905	7.12	32 000
SBCHCH	0	0	176.9	176.9	0	4 002	0	4 002	8.27	21 400
SBCMCL	0	0	-51	-51	0	7 782	0	7 782	-12.14	4 200
SBCCOH	0	0	-117	-117	0	7 564	0	7 564	-8.73	13 400

图用其他交易员的成绩来估算自己表现的这种主意是很愚蠢的。这让我想起《宋飞正传》（*Seinfeld*）中非常好笑的一集。乔治和杰瑞正在等待美国全国广播公司给他们叫作"杰瑞"的节目报价。

当 NBC 最终决定出价给他们两个人一共 13 000 美元时，

乔治喊道："这是侮辱！特德·丹森每集能拿到 80 万美元。"

杰瑞："你能别再提特德·丹森了吗？"

乔治："好吧。我无法忍受丹森比我赚得多。他算什么？"

杰瑞："他是个名人。"

乔治："那我呢？"

杰瑞："你是无名小卒。"

乔治："为什么他是名人而我是无名小卒？"

杰瑞："他很棒，但你不是。"

乔治："我比他更好。"

杰瑞："你可比他差多了。"

长话短说，你只能赚到与自己的能力匹配的钱。

人才评估系统：谁是真正优秀的短线作手？

交易公司总能找到下一位伟大的交易员吗？答案是不能，但是交易公司可以告诉你谁在成为稳定获利交易员这件事上的机会更小。交易公司在面试过程中有两条重要信息很难真正获得：他们既不知道候选人在入职之后是否真的会努力工作，也不知道他是否真的像自己描述的那样有独特的交易天分。接下来我们一起看一些事例。

每个人都会在面试的时候声称自己会努力。我在面试中最常听到的一句话就是："我会比每一个人都努力。"事实上，求职者这样讲只是为了取悦我，以便再前进一步。曾经有一次，在面试结束10分钟后，我转去写博客。刚刚的求职者又在敲门后推门而入，然后直接对我讲："贝莱尔先生（他把我的名字发错音），如果我有幸能在SMB资本工作，我一定比任何一个人都努力。"我的确面试过这样一位不诚实的人，他跟我声称自己近期的确需要去学习如何努力了，因为在过去的20多年中自己做任何事情都感觉很容易。

千万别在面试中说这样的话。

无论你曾擅长做什么事情，这种态度都会夺走你的一切。我没有邀请这位年轻人参加我们的培训，因为不懂得努力的人早晚会被解雇。我说得非常清楚，如果你在我们培训一开始时不够努力，那么你会被要求走人，我在做这件事的时候绝对不会面带笑容。一旦我们真正开始培训，我就知道谁真的一直在用功。

我们最近招募的一期培训学员中，有两个培训生几乎从没在我回家前离开过。通常情况下，我晚上7：00以后才离开办公室。他们过于用功，以至于有时候我要像在兵营中演习发射导弹一样强行把他们送回家。其中一名交易员住在康涅狄格，回家路上要搭2小时的火车。这种责任感总是在提醒我，尽管外人只能看到交易行业华丽的外表，但这是一项艰苦的淘汰赛，在这个过程中要做出很多牺牲。

除了这两位整天绑在椅子上的人，还有很多一到下午6：00就准时下班回家的培训生。还有一些人不到下班时间就大胆地回家，看起来他们已经确定无法完成培训期间的全部任务。然而在面试过程中，这些人都曾跟我讲过他们将在入职后非常努力。事实上，他们都跟我说过同样的话："我将会是公司中最努力的人。"而最后只有两个人真正的变成了努力的员工。当这一期学员都开始实盘交易之后，这两个人很快就会成为同期最棒的交易员。

为了降低雇用到口是心非的人的概率，很多交易公司都设有实习项目。我们也做过同样的事情，包括很多华尔街的同僚在内都顺理成章地迈出了这一步，以确保吸引和留住真正的人才。年轻人现在都为了实习而竞争，就像回到当年重新考大学一样。一旦他们拿到了这个机会，大多数人会意识到这份经历只不过是一次历时十个星期的面试。我们近距离观察他们，把这看作一次评估他们工作和交易天分的机会。一旦他们通过了这一关，就有很大可能获得一个全职职位。

我们设立实习项目的原因，是因为我无法仅通过面试看出候选人的交易才能。交易是一种在实践逐步练就的技能，而不是只靠阅读与研究理论，或者是模拟交易就能学会的。的确有一些人更适合交易，但我无法只通过面试中问的一些问题做出准确判断。

举个例子，"摇钱树"是我们培训过的交易员中最努力的几名之一。他从第一天开始就在赚钱。但是在他的努力之外，他对交易也有着出众的直觉，他对指令流的理解要比同期的同学都好。但是当我面试"摇钱树"时，只是把他定义为备选人，因为我没有从他身上看到对市场充满激情的迹象。此外，他没有自己的交易账户，甚至无法言简意赅地总结出自己最喜欢的交易书籍中的内容。"摇钱树"当时的面试成绩非常一般。

史蒂夫喜欢他，但史蒂夫喜欢每一个人。有时候我认为史蒂夫在面试的时候很辛苦，因为他需要承担过多的失望。对于史蒂夫来讲，他为浪费掉的每一秒钟都感到恼火。每个人 30 分钟的面试对于我们的生意而言没有任何回报，此外这段时间内还伴随着饥饿和疲倦，对他来讲这实在是太糟糕了。于是史蒂夫说服自己去喜欢每一个人，我在这种环境下也选择接受他的建议。"老 G"也喜欢"摇钱树"，只不过印象没那么深刻。如果我知道"摇钱树"会如此努力，又拥有杰出的天赋，我会毫不犹豫地给他一个截然不同的分数。今天，我在面试时祈祷每一位候选人都能像"摇钱树"一样。

史蒂夫在面试中的角色是通过问几道问题来考验候选人的思维敏锐度。在我们的生意中，5 秒钟可能代表着一切，所以一个人的信息处理能力以及快速反应能力对于我们来说非常重要。迈克尔·刘易斯在《说谎者的扑克牌》一书中提到，在大型银行的面试中，候选人可能会被要求去打碎一扇无法打开的窗户。他们通过这种方式检验候选人如何在压力之下做出回应。我们不会这样极端，但是我们也需要寻找相关证据。这其中我最喜欢的一道问题是：

> 你有 16 只袜子在一个口袋中，8 只黑色 8 只白色。你要从口袋里至少拿出多少袜子，才能保证自己能凑出一双袜子。

不是所有的候选人都能把这个问题回答得很好，甚至包括那些笔试中表现优异的人。一些人在面试中过于紧张而结结巴巴，要么就是把问题考虑得太复杂，要么就是强装不紧张。而那些在艰难时刻能处理困难问题的人，他们表现出了对市场潜在的激情。顺便一提，这个问题的正确答案是 2。

我本不想再拿体育运动来做比喻，但是《点球成金》（*Moneyball*）

是我最喜欢的书之一。它讲述了奥克兰队的总经理比利·比恩（Billy Beane）如何发现了美国棒球联盟中规律性的漏洞。举个例子，比恩发现场均击球数和上垒百分比之间的关系不大。

如出一辙的是，汤姆·弗杜西（Tom Verducci）在《扬基时代》（*The Yankee Years*）中讲述了克里夫兰印第安人队研发出自己的数据库用来分析技术漏洞。通过统计手段寻找真正适合自己的新球员非常重要。

作为 SMB 资本的合伙人，我受《点球成金》的启发很大：我们需要那些最适合我们交易方式的人。自公司成立以来，我们在招聘方面的成绩不尽如人意。于是从某天开始，史蒂夫、"老 G"和我便一同致力于研究如何让公司招募到更棒的候选人。比恩在《点球成金》中研发了一套模型，使奥克兰队用远远小于纽约扬基队的预算找到了最适合自己球队的人，我们也依此建立了自己的招聘模型。我们先确定哪些候选人的性格特点是对我们交易风格来说最重要的，然后再给他们评分。当面试结束以后，我们收集模型中所有的数据，然后把它们编译成更客观的标准，以此来做出招聘决定。

我们也曾经雇用猎头帮我们做出更专业的判断，通过对面试者的言谈和肢体语言来进行评估。我最喜欢《点球成金》中的段落是：球探曾对比利·比恩讲凯文·尤克里斯（Kevin Youkilis）的身体素质不适合比赛，不过比恩力排众议把他召入麾下。同理，我们也不想找那些看起来和听起来像是优秀交易员的人。

有一些公司相信，在培训开始之前，没有人知道到底谁才能成为真正优秀的交易员。于是就像达尔文的理论那样，他们先招了一大批培训生，然后适者生存。如果你不早点证明你能行，你就会被淘汰。既然公司已经事先挑明了这个流程，那么这个模式显然是公平的。

情绪狂人竟能稳定获利？

对于交易公司来说，制作一个有效的招聘评估系统非常重要。尽管我们的方法也很先进，但还是会产生误判。有一些不符合标准的特例也会被计算进来，他们可能缺乏最重要的特征，比如控制情绪、快速处理信息的能力，或者他们无法适应公司文化。

当然，也并不是所有我见过或者教过的交易员都能达到稳定获利的水平。我曾认识的一名非常优秀的交易员更像是个疯子。大多数交易公司的招聘系统中都有一条要求，那就是交易员必须冷静。

SMB 资本成立的前两年，我每晚大约只睡 4 小时，有时天还没亮候就到了公司。我需要制作录像和写课件。每天只有当工作做完的时候，我才会平静下来。

有一天早上 6：00，我就来到了公司。当我走出电梯拍了工作卡进入交易大厅之后，我迅速地停了下来，因为当时有人正在交易大厅里扯着嗓子大喊大叫。我听不清他正在讲什么，于是我只好站在一旁，无法确定接下来该如何是好。我既不想在某人正与女朋友吵架的时候进屋，也不想遇见某人在我进去时可能一样对我大吼的情况。

于是我在那里站了几分钟，听见那名交易员怒吼道："我现在之所以有这个处境都是因为你。我无法相信你竟然这样对我！"我辨认出了他的声音。他不仅是 SMB 资本的交易员，也是这个交易大厅中最棒的交易员之一。他没有发疯，但是他当时的情绪极不稳定。你可以想象一下克里斯蒂安·贝尔（Christian Bale）在《美国精神病人》（*American Pyscho*）中的性格，或者是他自己在《终结者 2018》（*Terminator Salvation*）中扮演的角色，我还从来没见过有人如此发狂。

我乘电梯下楼，回到了马路上，给相关负责人发送了一封电子邮件去检查楼上发生的问题。我坐进了星巴克，点了一杯绿茶，看了会报纸，然后等待时间一分一秒地过去。在制作了一个新课件后，我再次收拾东西回到了楼上。"情绪狂"正盯着屏幕,同时他已经在赚钱了。他在不到 8：15 的时候就赚了 10 000 多美元。这对于他来说只能算小钱，称不上一个好收成。

一个优秀的交易员需要冷静的情绪。"情绪狂"是个特例。

不达标的关系户靠自己努力获得赚钱机会

"特伯"是我喜欢的一位交易员，他曾下了很大功夫求人托关系才得以进入这个行业。"特伯"来自一个二流的州立学院，他为他们的校队打橄榄球。从通常意义上来讲，他可能在任何一家交易公司都拿不到面试机会。我可以这样说，"特伯"没有迅速处理信息的能力来给面试官留下好印象。一些对冲基金公司用脑力测试作为筛选人员的标准之一，"特伯"极有可能在面试开始后 2 分钟内被要求走人。

我们来让"特伯"自己讲述他的故事：

对我来说，找工作的过程有点痛苦。我从特仑顿州新泽西学院毕业，有一个很不错的大学成绩，平均成绩 3.4（专业金融学位 3.6，辅修经济学位 3.8）。我投了几份简历，但是高盛和美林都没有给我回电话，我觉得有些受挫。我知道自己需要一份跟股票打交道的工作。我曾接到过汤姆森（Thomson）以及另外一个金融公司的面试邀请，这两家公司看起来对我很感兴趣，但这不是我想要做的。

一家新成立的交易公司在 1997 年秋天给我一个面试机会。

面试官是一位穿着整齐的意大利人，名字叫多米尼克，至于姓什么，我只记得首字母是 D。面试地点设在一间教室里，我们坐下来之后他就开始跟我讲述着我梦想中的工作。他喜欢我橄榄球校队成员的身份以及我的优异成绩。他说一个好的交易员在第一年就能赚 10 万美元，这是我最愿意听到的话。

在那之后很久，我都没有再听到他们的消息，也许这家公司对我并不是真的那么感兴趣？

两个月以后，我终于接到了等待已久的电话，我受邀到纽约市中心与一家公司的合伙人见面。我穿上了自己唯一的西装以及最好的一身行头。我穿上了自己价值 150 美元的乐步（Rockport）休闲鞋。在扔掉了红色领带后，我做足了准备去会见华尔街的精英。可是在见到他们后发现那与我所想象的完全不一样：交易员只穿 T 恤和牛仔裤。这好像不应该是华尔街的面貌，对吧。然后我见到了管理合伙人，他穿着牛仔裤和一件有领衬衫。他把我带入了他的办公室之后我们便开始聊天。

面试中令我印象最深刻的一件事就是他问我如果不能成为交易员，我还想做其他什么工作。我回答我会想成为一名职业运动员，尤其是橄榄球运动员。面试很短，可能只有 15 分钟，但是感觉不错。我知道如果我能拿到这个职位，我将会在这家公司工作得很开心。

好消息是，这一次我不需要再等两个月了。他们在一周内就录取了我，条件是必须先通过系列考试。我将在 5 月份毕业，可以参加 1998 年 7 月 6 日的考试，如果通过的话 7 月 20 日就可以上班。

我勉强通过了考试，然后像其他纽约人一样庆祝，买了一大罐喜力啤酒，背着包在路旁一边走一边喝完了。我觉得啤酒从来没像那天那样好喝过，因为我要成为富人了！

当"特伯"刚开始工作的时候，他被安排坐在了公司里最优秀的交易员旁边，以便让他通过耳濡目染的形式获得进步。但在开始阶段，他的工作成果的确很不理想。通常像他这种情况，即使不被公司裁掉，也要被扣掉一部分薪水。减薪已经基本等同于劝退了。"特伯"有一只脚已经迈出了公司。

尽管当时情况不容乐观，但是"特伯"没有让任何人真正地完胜他。他一直在坚持，慢慢地开始进步。他不断地让自己变得越来越好，直到后来市场开始有所好转，并给他的这份执着提供了更多赚钱的机会。如今他已经退休，全款买下自己的房子，并且在新泽西州最好的地段当体育教练。"特伯"是个特例。但是他真的做到了！

满嘴跑火车型员工，可用？

在一期培训班中，有一名在面试中展示出了对市场的热情和杰出交易才能的交易员，他的 SAT 数学成绩也是满分 800 分。我们称呼他为"快枪手"，这个昵称来自他阅读闪电图的超强能力。"快枪手"曾在其他交易公司工作过，但是他不满意前任公司提供给他的环境。他有一点怪异，因为他整日只靠吃汉堡王和糖果就能维持生命。在对他的面试中，看得出来他很难保持镇静。"快枪手"会在我还没问完问题时就抢着回答。他没有表现出一名稳定获利交易员所需要的稳重，不过我还是给了他一个机会。

在他们这期培训生入职后的第一周，公司里两位交易员就分别要求与史蒂夫私下谈话。他们说"快枪手"在抱怨他的薪资结构。

很显然，"快枪手"不仅在自己的薪酬方曾面对班里其他人多嘴多舌，他大条的神经在上班后的第三天依然继续。他在午饭时间跑到了高级交易员座位中间，并数次打断他们的对话。大多数新手交易员都应该向大学校队中刚被召入队中的菜鸟一样，如果没有受到邀请，他们不应该跟上级平起平坐，这种事情更不应该发生在上班的第三天。这两位交易员很清楚地表示不希望这种人留在公司。

史蒂夫找到了"快枪手"私下谈话，对他讲了自己所听到的一切。我现在要解释一下 SMB 资本的运营管理情况。大多数时间里，我负责教授和培训。我从一开始就对这些人非常负责，这样他们就会知道我对他们的期望和标准，更准确地说，是市场对他们的期望。我和史蒂夫在关上办公室门后无话不谈，史蒂夫知道如果让我听说这件事，我的答复一定会是："让那个家伙从交易大厅滚出去。"

"快枪手"表示了抱歉，史蒂夫对此的描述是，非常真诚的歉意。但是史蒂夫在谈话结束的时候还是对他讲："我真的很怀疑贝拉是否还愿意继续指导你。"随后史蒂夫给我打了电话，我到他办公室后，他给我讲述了整件事情的经过。猜我的回答是什么？

"让那个家伙从交易大厅滚出去！"

在我们的公司，我们提供所有的资源来帮助交易员成功。我们为了培养一个能稳定获利的交易员可能付出 6 位数的花销，但是我们只会把工作交给重视公司付出的人。这名交易员由于不在乎我们的付出，甚至给他的新同事传递负面情绪，我才会做出如此反应。

"快枪手"在周末给我们写了一封很长的道歉信。读过之后，我发现他实在是太年轻，也许缺乏社交技巧，或者只是在没有恶意的情况下嘴里乱跑火车。我告诉他周一来上班的时候只要继续努力工作，我们就会忘记这件事情。我可能在写这封电子邮件时喝上一瓶黑比诺，激发自己的恻隐之心。但是不管怎样，这就是我的决定。因为一次过错就被要求走人对于交易员来说也不公平，如果你再给他一次机会，很多交易员都会产生更高的忠诚度。

幸运的是，我多给了"快枪手"一次机会。结果怎样？他变得努力、积极，又乐于助人。他每天都非常投入地交易，在其他人亏损时，他也会伸出援助之手。他已经把他自己变成了一名可靠的交易员。最近，他被授予"最快进步奖"。你已经无法要求一个培训生做得比他更好了。他是个特例，我们很幸运。

有经验的交易员就一定会赚钱吗？

外部招聘一位有经验的交易员可能对交易公司大有裨益，但大多数公司可能不但没因此实现利润增长，自身的文化反而遭到了冲击。我们也犯过这样的错误，很多自称职业交易员的人，只不过是在寻找下一次机会的失败者。我们在决定是否雇用有经验的交易员的同时，还需要看他们是否重视公司的付出，以及是不是为公司"量身定制"的。

我们经常会收到一些在职交易员的求职意向。除非他们已经离职，否则即使他的赢利能力再强，我们也不会录用，因为我们不窃取别人的果实。华尔街充斥着挖墙脚的故事，很多猎头专门以此业务为生。虽然对于跳槽来说传统的概念是骑驴找马，但是 SMB 资本不打算遵照传统。我们相信这对于那些花费时间、精力，并为此承担风险来培育他们的前公司是不公平的，那些公司理应从他们身上得到回报。尽管大道理是这样，事实上有时候交易员的确需要换一个新环境，于是他们在做出决定后便直接去寻找下家。

在我创建 SMB 资本之前，也曾需要离开一家公司，因为只有通过这样做我才能来到一个更好的地方。

数年前，我在一家刚完成搬迁的交易公司里做交易。在那个新环境下，我们的交易平台几乎每天 9：35 都准时瘫痪，这个问题有时甚至会延续到收盘。而且每当成交量突然放大的时候，他们的交易平台都会出现这样那样的问题。我把问题反映给公司，他们跟我保证问题一定会得到解决。我知道他们已经尽力了，但是新办公楼无法从基础设施上做出本质改变，因此这个问题无法真正得到迅速解决。

与其他理性的交易员一样，我必须得走。我有好几个月无法工作，而且短时间不能解决这个问题。在接下来的几个月中，仍无法赚取利润的状态是我等不起的，因为这是后台硬件设施的问题。诚实地讲，我对离开这家公司感到很沮丧。这是我起步的地方，他们值得让我一直保持忠诚。但是忠诚度是一方面，理性和现实却是另外一方面。

所以每当交易员需要一个新家时，我很理解他们，但是我们有时发现，一个有在其他公司的工作经验的交易员很难融入 SMB 资本。也许我们独特的公司文化与其他公司的不同，但是它已经根植在 SMB 资本的每一个角落。

在公司成立之初，我们曾招了一位跳槽来的交易员。他在上班的第一天就比任何人赚的钱都要多，但是他却完全无视 SMB 资本的交易方式和工作方法。当他在赚钱的时候，他对于我们来说有着参考不同交易方式的价值，但是他却拒绝与别人分享。他既不教别人，也不听从别人的说教。后来有一段时间，市场行情出现反转，轮到了他需要别人的帮助。如今，他在新泽西州卖保险。

连续 30 个交易日亏钱，却无所谓

引入新鲜的血液纵然不错，但是这些有经验的交易员也可能变成我们本想敬而远之的烦恼。我们曾录用过一名老交易员，我管他叫"大厦"。他的昵称跟买房子无关，他之所以叫"大厦"，是因为他有可能是世界上体型最大号的交易员。著名对冲基金经理拉里·罗宾斯因为身材的缘故而得到了"加长火车"的外号，但是他在"大厦"面前一样会显得非常渺小。"大厦"身高 1.90 米，体重 158 千克。

"大厦"对他的前家公司有一些意见。无论正当与否，离职的通常原因都是共用交易线路的问题。他愿意付费买我们的系统，我们也乐于接受。很多公司都愿意接受不同交易风格的人，但我们倾向于大家可以整齐划一。

当"大厦"开始交易后，他重新定义了"持续赢利"这一概念。他竟然连续 30 个交易日都在亏钱！我想我绝不会为他的稳定发挥而开出一张信用卡。我在这里给出一些数据供你参考，我平均有 10% 的交易日亏钱。有时，我曾连续 30 个交易日没有一天亏损。但像"大厦"一样连续 30 个交易日亏钱绝对不是状态低迷，这是传染病。我问他是否有什么事情对他的交易造成烦扰，他回答说没有。更糟的事情就是在毫无烦恼的情况下还能发生这样的连续亏损。

传奇交易员都铎·琼斯说得很好："亏钱的确应该给你造成烦恼。"如果我连续 3 天亏损，我会带着一瓶红酒和一些美食躺在长椅上度过一个漫长的夜晚。眼前这个家伙这正在放任自己的船下沉入深海。

作为交易员，我们都对电影《华尔街》中的一段话耳熟能详："人们看向深渊，而那里却无人回望。就在那一刻，人类发现了自己的本性，也因此能保持远离深渊。"我理解交易员的工作有时的确会异常艰难，但公司的新人在那段时间都可以赚到钱。事实应该是"大厦"的前任公司对他的表现不满并炒了他的鱿鱼，而我们也最终解雇了他。

穿球迷队服上班，还经常迟到

像"大厦"这样稳定亏损的交易员在任何公司都不会受欢迎。一些公司会为了赚钱打破了自己的底线，牺牲了企业文化，但 SMB 资本绝对不会。

我们拿比利·巴克斯（Billy Bucks）举例。从他刚开始跟我们一起工作时，我们就认为他的行为有违公司文化。他表示已经读懂并且会努力融入 SMB 资本。与"大厦"不同，比利·巴克斯的交易成绩不错。他每天都可以赚不少钱，表现出了季节性职业交易员的职业水准。

但比利·巴克斯经常穿着球迷队服上班，就像每个交易日都出现在巨人体育场看比赛一样。穿 T 恤能接受，但是在日内交易的圈子里，穿队服上班实在是不够职业化。球迷队服应该是周末球迷活动以及随后的酒会上的装备，可是比利·巴克斯不认同这一点。除了着装，他还经常迟到。他还像 20 世纪 90 年代的交易员一样，想来就来，想走就走。有一天他早上 9 : 35 才到公司，坐下后就去询问"老 G"他正在交易什么股票。"老 G"回答："你为什么不能按时出席！"

我们是足够努力、尽量避免迟到、有紧迫感、有团队精神的职业交易公司，而比利·巴克斯不是我们中的一员。

被同行挖墙脚，两个星期后就爆仓

我们曾和一位有天分、无纪律的半熟练交易员结束了雇佣关系，我们给他取的昵称是"忘恩负义"（Ungrateful），简称 UG。为了使他快些进步，史蒂夫把他留在自己身边手把手教了三个月。在其中两个月里，他对 UG 讲解了自己的每一笔交易。

"这里小心一点，股价可能反转。"史蒂夫这样提醒他。"这里不要太强势，股价看涨或看跌的概率都很高。"UG 此前只会亏钱，而经过史蒂夫的调教后，他第一个月赚了 15 000 美元，第二个月赚了 20 000 美元。

把自己每一次交易都讲解给另外一位交易员意味着史蒂夫将会牺牲掉自己一大部分利润。在每天开盘、收盘时间，我都会通过音频直播对新人讲述我的交易记录。我对他们解释为什么我会买进或卖出，以及当时我如何思考。如果其中有正在接受培训的新人，我会讲得更详细。因此，每当培训一批新人时，我的赢利情况就会大不如前，甚至折半。当培训结束后，我的交易结果又会迅速改善。每天早上我仍然会选择容易交易的股票，我的解说在教学课堂上会更容易被接受。就像我培训新人一样，史蒂夫也是一对一辅导 UG。

史蒂夫为了 UG 牺牲了三个月的利润。另外一家交易公司在听到了 UG 近期的成绩后，便打算挖走他。事实上，他们劝说 UG 跳槽，并保证提供一个更合理的薪资结构。我不想强留住谁，但是在这个时候跳槽对 UG 而言并不是一个好的选择。因为史蒂夫仍然在他身边，而 UG 还不具备独自赢利的能力。史蒂夫的交易水平比我高，他同时也是这个圈子里最好的老师，所以我很怀疑 UG 离开之后，是否会有更好的交易成绩。

我面临两个选择，祝 UG 一帆风顺后让他走，或告诉他这个事实。我选择了后者。我告诉他是史蒂夫打造了他几个月来的损益表；我告诉他其实他很有天赋；我告诉他换公司不是他最有利的选择；我告诉他在其他公司他能继续成功的概率很低。事实上，我对他讲："如果你在没有史蒂夫的指导下而去了其他地方，你一定会爆仓。"

即使这样，我仍然没能说服 UG 留下。接下来，我又给那家挖墙脚公司的合伙人打了电话，并说明了情况。他对此表示抱歉，声称是手下人在没有经过他同意的情况下接触了 UG，自己刚刚听说这件事。我期待他跟我说他对自己公司人员的行为表示反感，并答应撤销为 UG 提供的职位。但是他最终只对这件事情表示了歉意，而解释称自己对此无能为力。

你无能为力？你可是公司的管理合伙人！你难道不能在发现挖墙脚的行为后进行阻止？你难道想被业内列入"少数公司联盟"？

一直以来，我最喜欢看的电视连续剧是艾伦·索金（Aaron Sorkin）创作的《白宫风云》（West Wing）。其中最喜欢的一集是巴特利特（Bartlett）总统在面对国际恐怖分子时如何做出生死攸关的决定。有人建议巴特利特总统应该在恐怖事件发生之前就暗杀掉这名恐怖分子。但是对于如何暗杀恐怖分子这件事，相关国际法却有着明文规定。从技术上来讲，其中有一个计划并没有明确违反国际法。

巴特利特总统在与他的参谋长讨论议案时给出了自己的观点："这难道不意味着，我们主动加入了'少数国家联盟'了吗？"于我而言，公司可以从挖人当中获得经济利益，却让自己站在了大多数公司的对立面。这位纵容下属挖墙脚的合伙人可以从克什纳交易公司（比他的公司大 3 倍）的杰出 CEO 安迪·克什纳（Andy Kershner）身上好好学习。有一次克什纳给我打电话，询问我是否可以接触一名 SMB 资本的前交易员，而这名交易员早就离职了。

在交易公司之间有一条不成文的规定，那就是让这些交易员先跟上家公司打招呼，再做出决定。培育一名持续获利的熟练交易员，公司需要花费大量精力。大多数公司只找那些已经离职的交易员进行沟通。一旦我们走了这条捷径，一定要给其他交易公司做出合理解释：我并没有加入"少数公司联盟"。不管怎样，UG 还是跳槽去了那家公司。不幸的是，我听说他在两个星期后就爆仓了。

个人与企业文化完美融合

比起"大厦"和比利·巴克斯都是外来和尚念不好经的例子，我更喜欢"胆小鬼"的故事。在之前的公司，"胆小鬼"坐在一群无法适应纽交所混合股票交易系统的交易员之间。这是一个混杂着传统人工交易和现代程序化交易的市场，在混乱的环境中得不到强力支持，因此"胆小鬼"没有赚到钱。在我们对他讲过 SMB 资本的公司文化后，他认为自己可以适应我们的节奏。

于是"胆小鬼"参加了我们的培训。我们教了他如何回顾混合市场的交易路线，如何寻找"可交易股"，以及如何在这个不一样的市场中存活。"胆小鬼"起步很慢，但事实上他从一开始就赚了一些小钱。"胆小鬼"曾一直倾向于只等待某几个交易策略生效时才入场，因此史蒂夫提高了对他的要求，让他的交易风格更激进一点。这次鞭策的效果不错，"胆小鬼"的赢利提高了 3 倍。

对于"胆小鬼"而言，SMB 资本是适合他的新家。你无法期盼找到比他更好的员工，他是让我从刚开始合作起，就能在脸上挂起笑容的几个人之一。只需稍加调教的交易员对公司来说已属至宝，但更有像"胆小鬼"这样无须费心的交易员。"胆小鬼"说话很轻，就像大型基金经理约翰·保尔森（John Paulson）在美国国会面前讲话一样，我们经常要提醒他把分贝提高。虽然有一半时间我都听不懂他说什么，但是他已经成为公司的核心成员之一。

如果你想跳槽，那么新环境的文化对你非常重要。作为一家公司的领导者，你也必须考虑新人是不是为自己公司"量身定制"的。交易员能稳定获利还不够，他必须对你是"量身定制"的，否则会毁了你们的企业文化。这是个损失，而且这笔损失通常远比这名交易员所创造的利润多得多。

培训系统更加丰富高效

希望现在你已经明白了自营交易公司如何运作。不管怎样，SMB资本也是一个典型例子。不是每个求职者手中都有几家不同的公司以供选择，但当你面对这样的情况时，请把下文作为自己的参考依据。

公司培训非常重要，而 SMB 新人培训项目一直被同行公认。新手交易员通常会有两种不同的培训方式可以选择，说得简单一点，我管他们叫老式和新式。

老式培训包括让新人花几周每天坐在指导员的身边。没有专门的培训课程和家庭作业，只靠每天观察和学习指导员的实盘交易。这是我在 20 世纪 90 年代后期刚进入这一行时流行的培训方式，我的指导员是位长期以来被业界认可的优秀日内交易员。

当时我遇到了一个问题，由于指导员过于出色，有时候他同时开

5 个不同的仓位，每只股票都在 10 000 股以上。可那时的我连卖出价和买入价都分不清，眼睛怎么能跟得上 5 个不同仓位？那个年代的市场情况与如今不同。

首先，当时市场并不像如今这样复杂，程序化交易还没有被广泛应用，市场波动表现出更强的方向性。

其次，受当时的情况所限，这种方式已经是最好的培训方式了。

最后，那个年代没有其他同行的培训可做比较，我们是少数几家日内交易公司之一。而如今，一些公司在培训方面创造了极有竞争力的优势。所以在那个年代，我很幸运能接受最好的培训。

由于科技进步、在线互动平台的开发、大量历史数据以及心里支持等多方面因素的共同作用，我们可以给新人提供更好更专业的培训。如今的培训内容包括指导员传授、专业培训课程、模拟交易、观看交易录像，还有能听见老交易员讲解交易想法的原声实时音频。在没有涉及公司机密的情况下，这就是我们的培训项目的主要内容。

为何争取进入不感兴趣的公司？

我们最近解雇了一个人，我他叫"噢不先生"。这位有野心又聪明的年轻人曾是位股票经纪人，他希望能进入交易行业。我不想责备他的工作，但是每天给 400 位陌生人打电话推销垃圾股票的工作的确很无聊。一开始，"噢不先生"并没有被我们的人力资源负责人选中。他再次发来简历，我把简历交给人力资源负责人做了评估，仍然是拒绝。这并没能阻止"噢不先生"。有一天，他出现在我们的办公室，讨好人力资源负责人后又递出简历。人力资源部问我是否想跟他谈谈，我回答道："所有面试都要经过提前预约。"

"噢不先生"非常坚韧。他甚至设法成了 SMB 资本一名交易员的朋友，然后某天这位交易员在与我讲话时提到是否可以给他一次面试机会，我最终不大情愿地同意了。

在面试进行了 5 分钟之后，我便很清楚他不适合成为一名交易员。事实上我曾在面试中直接对他指出了这一点。但他一直在积极争取机会，不想接受这个否定的答案。他用讨好的方式对我讲，他做经纪人时多么努力，并且一定会更加努力地为我们工作。经纪人特有的圆滑的讲话技巧这时生效了，他在面试前骗倒了公司中其他交易员，现在又骗倒了我。我选择相信这名年轻人，并说服自己可以帮助他成为一名成功的交易员。在那时我正在读纳西姆·塔勒布（Nassim Taleb）的《黑天鹅》（*The Black Swan*），我想：也许自己还没找到足够的信息来判断他是不是真的不适合做交易员？于是我决定给他一个机会。

"噢不先生"参加培训后的种种表现，证明了我对他的初始印象是正确的。入职后没多久他便开始迟到了；一个星期之后，我在课堂上问了他一些简单问题，他答得不知所云；当我们开始实盘交易时，他的结果一直很糟；还有一次，我抓到他在 10∶15 的时候上网玩游戏，那可是我们的交易高峰期；"噢不先生"每天都睡得很晚，因为他要看电视剧；他不做任何功课，只是坐在屏幕前让别人以为他在用功。公司中的一位老交易员也曾告诉我，长期来看，"噢不先生"一定会离开公司。这是我的过失，我太相信自己的例外理论。

"噢不先生"的经历已经让我足够了解他了，只不过他在 SMB 资本培训和实盘交易上顺理成章地再演绎了一遍而已。他亏掉了公司的很多钱，重挫了士气，同时其他老交易员又不愿意指导他。此时我们必须让他走人。

最终证明，他并不是真心想要进入 SMB 资本成为交易员。他本可以学习一些更适合自己才能的生存技能，却选择做自己赚不到钱的交易。很明显他有才能，聪明又会讨好人，我也相信他有一天会在其他方面取得成功。但是他同时浪费了自己和我们六个月的时间，这能对他有什么好处？

补充一件搞笑的事情："噢不先生"最近又找到了我们公司的人力资源负责人，希望能再获得一次机会。

你做好以交易为生的准备了吗？

亚历山大·埃尔德（Alexander Elder）在其著作《以交易为生》（*Trading for a Living*）一书中提到，交易成本会对职业交易员造成的威胁。埃尔德博士提出了交易并非零和游戏，而是负和游戏的理论。你的交易公司在培养你成为交易员后，即使你的交易没产生任何利润，他们也可能会从你的交易佣金上赚些利润。当然，你会努力回避让自己无法赚钱回家的情况。大多数交易公司除了拿走你的一部分交易佣金外，还会再分取一定比例的交易赢利。在 SMB 资本，新人的交易费用和我们的成本非常接近，这个数额差价很低，公司主要靠分取他们的交易赢利而获取利润。如果你在每千股花上 8 美元以上的佣金之后再被分走利润，同时你们公司运用的是大成交量的交易方式，那么你将很难赚到钱。

所以找到一家对新人既厚道又耐心的交易公司非常重要。新手交易员经常考虑不到这一点，他们只是寻找最高薪酬比例的公司。很有可能某一天你得填补自己账户上的亏损，或者突然需要经济上的援助。

最近，SMB 资本的一位资深交易员希望提前支取薪水，随后他便开始跟我解释原因。我打断了他："今天收盘后你就会收到支票。"很可能你需要一家在你没有稳定赢利能力前可以为你提供资金支持的公司。一家好的交易公司在你有赢利能力之前会大方地给予帮助，他们会公平地对待你，而不仅仅是看你当下表现。

如果你对于在交易公司能做什么、能说什么、应该穿什么，或者对如何找到一家交易公司的工作而感到好奇。我的建议：一定要做好自己。交易公司知道他们想找什么样的人，而且他们也知道去哪里找。尽管让他们去做好自己的工作即可。

但是如果你对交易抱有很高的热情，就尽快去开一个交易账户。先进行小额交易，上网搜索自己最感兴趣的交易博客，阅读关于交易方面的书籍，然后再把这些经历放进你的简历中。当你面试时，多提到自己近期的交易记录。简单地说，你需要表现出自己对市场的无比热爱。交易员从来不说自己多想交易，不讨论他们想读关于交易的哪些书，或者自己有多想讨论交易。**交易员只是交易、阅读与交易相关的书以及讨论跟交易相关的事。**

在你做出决定之前，先多拜访一些交易公司，然后再决定哪家最适合自己。去约见他们的交易员，询问他们在公司里的经验。最重要的是，询问他们是否可以接受培训。去找合伙人或者负责人谈话，然后依据哪家公司能为你带来更多回报后再做决定。在你得到自己梦想的工作后，哪些事情是你在成为稳定赢利交易员的道路上最应该关注的？现在让我们一起来建造通往成功的金字塔。

第二部分
短线交易获利秘诀

从新手成长为成功的短线作手最重要的因素是什么？

众多华尔街交易公司在冥思苦想如何让交易员在 2 年内稳定赢利，SMB 资本却只需要 6~8 个月，甚至 3 个月，他们如何做到？

有的交易员把交易规则记得烂熟于胸，但实际交易往往背道而驰，他们为什么不肯止损？

每次交易都像一场战斗，如何才能留在交易游戏中并成为获胜方？

第4章 | 成功交易最重要的因素是什么？

确保自己在做正确的事情

> 股票市场无论如何还没有沦丧为买彩票那样的赌博事业，但炒股绝对是对普通大众心理的考验，因为投资者要做的，就是想方设法比别人更准确地预测未来市场动向及投资者行为。
>
> 《金钱游戏》作者　亚当·史密斯

在位于曼哈顿下城一家交易公司，新一期培训班开课第一天，一位领队带着一群培训生进入交易室。为了提高空间利用率，房间里的座椅排列紧凑。墙壁被涂成了自然的米黄色，后排墙边摆放着一盆永不凋零的仙人掌。一台价值4 000美元的超级计算机连接着悬挂在墙壁上的65寸液晶电视，电视屏幕的正中央显示着一个空心金字塔。

一位身材高挑、看起来不到40岁的培训师走进房间，他穿着牛仔裤、达拉斯小牛队版的阿迪达斯帆布鞋和保罗·斯图尔特（Paul Stuart）条纹衬衫。他挽着袖子，像一名政治家在参加竞选。在所有的对话结束后，新手交易员把目光聚集在这位培训过来自五湖四海交易人士的男子身上。他们的第一堂课便由此开始。

这位培训师有时会用他温和而又坚定的语气让课堂停顿一会。在保持了一小段时间的安静后，他着重强调学生们必须记住的重要内容。他说道："哪些事情（在这里停顿，接下来加重语气）是帮助你成为一名成功的交易员而言最重要的？你们一起先通过团队讨论来填充这个空心金字塔，然后回头再和我一起看看真正重要的几个方面。交易是世界上最好的工作，但是大门只为那些正确完成了所有事情的人敞开。祝你们好运！"

于是你在一家交易公司开始了自己的交易职业生涯。这是你梦想中的工作，"失败"绝对不是你心目中的选择。你可以从市面上买到数千本对交易有帮助的书，互联网上充斥着交易培训的博客，彭博、CNBC、福克斯等媒体每天为观众提供无数的专家观点，此外还有《华尔街日报》《投资者商业日报》《金融时报》《商业周刊》《财富》《经济学人》和《股票、期货与期权》等刊物可供阅读。这么多信息到底哪个最重要？你应该先看哪个？为了开发出你的交易潜能，你应该关注哪些消息？

我知道很多新、老交易员都因过量的外界信息冲击而淡化了自我提高的意识。我曾见过很多交易员在职业生涯刚起步时就对所有能见到的相关事物保持关注，但是这些人却始终没办法赚到钱。

我通常会在面试中问的一个问题就是："你觉得最差的培训生会是什么样子？"而我心中的正确答案是："任何自以为清楚自己在做什么的人。"

我说这句话绝对没有摆架子的意思，但是作为一名资深交易员，我认为你必须确认自己一直在做正确的事情。你必须专注于过程，同时去找到那些比你经验丰富的人，向他们学习如何交易。

在成为职业交易员之前，自己就先入为主地划分事情的重要程度，这对你的前途非常不利。这个关于"成功金字塔"的练习能把每个人的关注点都聚焦在真正重要的事情上。如果这些交易员的确把精力集中在正确的方向上，那么不久之后他们就会知道自己的人生到底有多精彩；但如果他们选择另外一条路，那么市场会无一例外地把他们无情地踢出局。

我们先尝试着向"成功金字塔"中填充一点东西。如果现在你也正坐在那个房间里，和那些有野心、有激情的新人一起尝试把各种事物写进金字塔，那么你认为成为一名成功的日内交易员最重要的因素是什么？当你想好答案之后再仔细阅读本章，一起看看什么因素对于交易员的成功来说才是最重要的。祝你好运。

工作前三年：磨炼交易技巧

通常，新手交易员误以为交易只是去寻找一些新交易策略，或者是对市场勇敢地做出预测。有时，我不得不提醒这些20多岁的年轻人，他们并不是市场天才。他们不是吉姆·罗杰斯、沃伦·巴菲特或者约翰·保尔森。也许某一天，他们也会像这些人一样成为耀眼的明星。如果这种事情真的发生了，我可以高兴地从他们手中分得数十亿美元。但是对于现阶段而言，他们应该打开思路考虑更现实的问题。

我认为这些新手交易员无法看清最重要事物的本质，最主要的原因来自媒体的渲染。人们也通常爱把自己无法做出判断的责任都推到媒体身上。每天，"专家"都在CNBC或者彭博新闻上讲些大理论，或者告诉大家他们正持有哪些股票。他们当中有一些人的确有真材实料，也有一些人是作为机构代理人坐在那里。不要把他们在做的事情与日内交易员做的事情搞混，我们绝对不会对美国宏观经济做出大方向上的预测。我们没有几十亿美元的资金，不能像对冲基金经理那样去投资，我们更不是长线投资者。

成功的交易公司首先强调交易技巧。简单地说，入行初期你并不需要研究出一套很棒的交易策略，我们会教给你几套现成又实用的。所以在你自称为"金融怪杰"之前，请先学会如何交易。当你拥有一定经验以后，那时的你也已经拥有了良好的习惯和成型的交易技巧，你自然就会自己创造一些新的交易策略，但这一切绝不会发生在交易生涯的初期。

我建议每一位新手交易员都应该找到一位指导员，让他来教给你一些可以适用于任何市场的交易技巧（详见第 12 章）。有些策略虽然如今很实用，可是却无法持久赢利。但是一旦拥有了成熟的交易技巧，你就可以视情况做出必要调整。我先来举几个例了。

金融危机？赚钱良机？

2008 年秋天，对于那些每天都大出血的金融股来说，在股票的日内价格新低处卖空是个非常有效的战术（见图 4.1 和图 4.2）。具体来讲就是跟着股票日内的下跌趋势做空，因为那段时期它们都一直在不断刷新日内新低。即使这种招数不会对所有银行股都有效，但是大部分金融股的走势都相差无几。每当市场上的一家投行倒下后，投资者就会焦急地询问下一家是谁。整个 2008 年秋天，有时我觉得自己做出过最差的交易就是平掉空头的头寸。当这个交易策略开始对高盛失效之前，我必须要先介绍一下当时的市场环境。

对于我们来说，那段日子是日内交易有史以来的最好光景。金融机构的走势与互联网泡沫年代的走势如出一辙，只不过方向相反。贝尔斯登是一家拥有 80 年历史的投行，自创建以来从未亏损的公司。2008 年 3 月，它被摩根大通在美联储的支持下以巨大折扣价在它危难

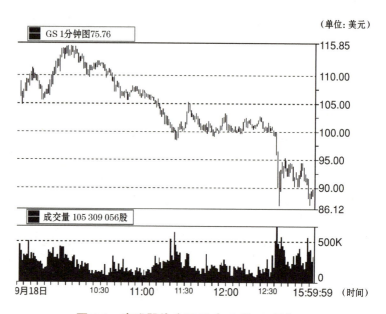

图 4.1　高盛股价（2008 年 9 月 18 日）

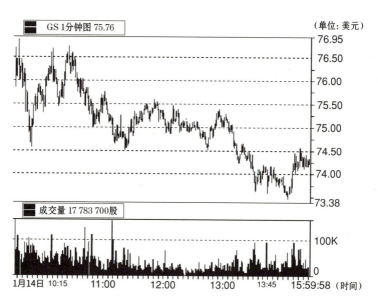

图 4.2　高盛股价（2009 年 1 月 14 日）

之时收购；6个月后，各类事件接踵而至。美国政府国有化了抵押贷款巨头房利美和房地美；不可一世的美林证券也被美国银行收购，这是他拥有上千名经纪人而不发展新客户的代价。当然，谁又会忘了雷曼兄弟呢？雷曼兄弟曾以招聘全世界最出色的金融人才而闻名，却又在缺乏政府支持的情况下把全球经济推向深渊。金融圈里那些神圣的名字一个又一个消失，目前看来也没有停止的势头。

在雷曼兄弟倒下的第二天，美联储向全球最大的保险公司美国国际集团伸出援手。为了不重蹈美林的覆辙，当年投行界两大巨头高盛和摩根士丹利也重新整顿了公司的商业结构。作为存款性金融机构，这些华尔街偶像如今需要遵从更严格的管制。近些年来实现了爆炸式增长的华盛顿互惠银行被美国联邦存款保险公司所接管，成为世界上最大的银行倒闭案。匹兹堡国家公司银行迅速出手买下俄亥俄州国家城市银行，同时富国银行也接手了快速下沉中的美联银行。

当华尔街和缅因街一同轰然倒地时，SMB资本应该也要面临破产了吧？我们的交易员应该已经爆仓了吧？恰恰相反，这是自1999年以来最好的日内交易时期。尽管我可以从中获得巨额利润，但是我依然会说自己其实讨厌金融危机中的每一天。

交易员的工作是去寻找和利用高收益风险比的交易机会，但是金融危机并不是我原计划中用的赚钱良机。很多优秀人才当时丢掉了工作后，再也没能回到华尔街。我曾想过：整个银行系统会不会就此瘫痪？我以前存在银行里的钱还安全吗？我是不是需要全部提现后把他们放在家中？我正在做的交易到头来会不会只是竹篮打水一场空？我并不认为以上这些事情会真的发生，但毕竟我的脑海中出现过这些想法。整个金融危机时期我一直感觉极不舒服。

我产生过一种奇怪的感觉：我坐在自己从无到有打造出的交易公司的席位上，眼看着交易员茁壮成长，却希望这一切马上停止。

金融危机继续蔓延到欧洲，很显然他们使用的杠杆比美国还要大；美联储在下调 1% 的利率后，把目标利率锁定在了 0 ~ 0.25%，但仍于事无补；各国央行都在调低利率；中国刚给出了一个振奋人心的大订单；美国政府为各家银行提供了 7 000 亿美元的紧急援助。是的，以上这些事情都在不到一年的时间内发生了，事实上，只不过几个月而已。而我现在准备讲一些与此有关的交易机会。

相比于摸索期，在你的成长阶段，你的交易表现会出现质的飞跃。你开始慢慢学习如何增加交易筹码。你可能在一些新交易方式上出错，但作为一名新人，你赚的钱应该都来自基于概率的基础交易。就像高校橄榄球队前期训练一样，先夯实基础，再讨论进一步的可能。在 SMB 资本，资深交易员在过去 10 多年间每天都用这些技巧来赚钱：阻力、支撑、突破、筑底、区间、趋势、持仓。我们首先要做的事情必须是掌握基础。

当交易员面对唾手可得的果实时，他们往往忽略了基础。我虽然对此颇有微词，但也不能阻止他们赚钱。有一次，我和史蒂夫因为几名核心交易员漏掉了孟山都公司（MON）的交易而找他们谈话。MON 一度提供了 3 次非常容易赢利的机会，合伙人和交易经理都进场参与了这次交易，但是其他核心交易员却没有。这实在让人无法接受。

核心交易员很少出现漏掉重要交易的低级失误，但现在却出现了。交易确实不易，但我认为他们只是无法保持冷静，而不是技术有缺陷。我、史蒂夫和"老 G"用内部电话把他们召集起来。这些曾在职业生涯中赚取数百万美元的人此时忘记了自己的身份，他们正跟那些新人一样在交易人厅乱喊乱叫。这件事情让我很担忧，因此我不得不找他们谈谈，确切地说这是一次单方面的训话。

SMB 资本有很多有天赋的人，但聪明却不努力又不听劝告的人很难得到市场的任何奖励。这些交易员并没有听从公司领导的建议去交易 MON，反而都在美国银行（BAC）或 MGM 那种毫无技术含量的股票上做着笨拙的支撑价交易。他们做着让自己退步的事情，这与交易员的职业精神相违背。

千万别装作什么都懂

我再讲一个例子。在 SMB 资本成立之初，公司招人的标准并不像如今这样严格，因为如果没有交易员干活，公司就无法存活。于是我们找来了一些自称职业交易员的家伙，然后在不了解背景的情况下对他们做出了利益分成的许诺。

有一位前期权交易员加入了 SMB 资本。由于他是《宋飞正传》的影迷，联想到其中一个故事情节，我叫他"脊骨"。"脊骨"在加入的第一天中就赚了 1 500 美元。太好了，利润到手！在收盘前，我翻阅了一下"脊骨"的交易明细，想看看他是如何赢利的。可是他的工作却着实让人大吃一惊。他在强势股身上做空竟然赚了一点钱，买了弱势股后运气不错也拿了利润离场；他不断均摊自己的仓位；他在一只成交量很少的股票上，既卖出过最高价，也卖出过最低价。他根本就是个定时炸弹，我有必要对他进行干预。

史蒂夫和我把"脊骨"叫到了会议室，并谨慎地给出了我们的分析。你猜他如何回答？ "哥们，我第一天赚了 1 500 美元。很显然我知道自己在做什么，不过还是多谢你们的建议。"显然这些话不是我所希望听到的。但是他表现出来的肢体语言更糟糕，就像是说："你们这些笨蛋到底在说什么？为什么试图干扰我？"这些话出自一位只有一天短线交易经验的人之口，不得不说他真是一个非常差劲的人。

即使不把这次事件考虑在内，"脊骨"也是一个很自负的人。不仅在这次谈话时这样，在面试的时候也是如此。我们招他进来是因为当时公司缺乏有经验的人手，又想不到更好的解决办法。我很难在身边再找到一位比"脊骨"更让人感到不舒服的人，真的很难。

在嗅到了灾难隐患之后，史蒂夫和我给"脊骨"设立了最大亏损额度。我们粗略估算了一下多久后他会爆仓。我们分别猜想了他能熬住的最短和最长时间，结果是史蒂夫在最短时间上比我的预测更接近，并赢得了那次赌注。

"脊骨"在经历过那次谈话后不久就被市场折磨得晕头转向，我们请他离开了公司。**如果你从一开始就表现得无所不知，那么你很快就会被证明你其实什么都不知道。**作为一名交易员，你需要花费大量时间积累经验，因为经验可以治愈你的无知。装作自己什么都懂的结果只有一个，而这种结果对于交易员自己和交易公司来说就意味着最终不欢而散。

让自己在前三年掌握好交易基础，保证每天都有进步。保存好自己发现的新策略，并在你懂得如何交易后应用他们。

学习曲线：有耐心才能弯道超车

大多数交易员的起步期都很艰难。好消息是，与其他大部分行业相似，交易员最艰难的时光也只是在起步阶段而已。在遇到困难时，你不得不停下脚步，想想自己还应该如何进步。"老 G"是长期以来华尔街最棒的交易员之一，他也曾来到我的办公室说想退出，但当他找到个人提升的方法之后，很快就从要离职的员工做到了交易经理，而后晋升为合伙人。我的账户也曾在 8 个月内亏损了超过 36 000 美元，而如今我却作为成功交易员的典范出版了两本相关作品。史蒂夫在职业生涯开始的前 6 个月中也无法赢利。

在我之前一家公司中表现最差的人，后来也成为华尔街上最棒的日内交易员之一。这位交易员在 SMB 资本工作时，他的业绩排名垫底的 10%，而如今已成为华尔街上所有日内交易员的前 1%。2009 年被 SMB 资本评选为"进步最快奖"的交易员曾在自己职业生涯的前 7 个月痛苦不堪，而现在他正朝着明星交易员大步前进。你需要时间沉淀来使自己变得更加优秀。

这种故事屡见不鲜。那些可以在开始阶段给予交易更多时间的人有着更大概率获得成功。付出 8 个月要比 6 个月好，而付出 12 个月要比两者都好，这个行业需要你不断积累经验。就像迈克尔·乔丹一样，他在读高中二年级的时候甚至没有资格进入校队。只有经历耐心等待，你的时代才会到来。

在交易生涯的初期，你应该从单只股票的小额交易起步。如果不能在 10 天内实现 7 天赢利，你就不应该增加资金量。你应该在起步时设置较低的止损限额，并限制入场额度。举例来说，新手交易员在初期全天的交易量不应该超过 10 000 股。

我们看一篇专栏文章，大卫·布鲁克斯（David Brooks）在《纽约时报》上发表的"现代天才观"一文中，清楚地表明了交易员在职业生涯初期需要耐心。布鲁克斯先生对现代天才的模型见解颇深。事实上，我们在任何方面都没先天优势，需要通过合理地锻炼来使自己擅长某种技术。他写道："把天才和普通人区分开的最重要因素绝对不是先天的光环。甚至在国际象棋界，人们普遍用来预估前途的智商也与能否成功关联不大，有目的性的不断实践才是解决问题的关键。精英都曾在各自的领域中花费了更多时间进行过严格地训练。"人们都不是生而知之，而你也不是天生的交易员（在此，对之前那位自称交易融入血液中的面试候选人表示抱歉）。

泰格·伍兹（Tiger Woods）也不是生来就伟大，他只是拥有一位能不断督促他坚持锻炼心智和体能的父亲。在一系列的名望和财富背后，这是他每天的练习时间表：

6 : 00　起床后 90 分钟举重

7 : 30　早餐

9 : 00 ~ 11 : 00　落点击球练习

11 : 00 ~ 11 : 30　入洞练习

11 : 30 ~ 12 : 30　打 9 洞

12 : 30 ~ 13 : 00　午餐

13 : 00 ~ 15 : 00　落点击球练习

15 : 00 ~ 16 : 00　做小型比赛功课

16 : 00 ~ 17 : 00　打 9 洞

17 : 00 ~ 17 : 30　落点击球练习

17 : 30 ~ 18 : 00　入洞练习

如果这还不能说明你不可能在交易第一天就成为一名伟大交易员

的话，我们看一看由马尔科姆·格拉德威尔（Malcolm Gladwell）所著的《异类》（*Outliers*），这是一本让人翻阅后爱不释手的书。格拉德威尔从成功者中研究出了共同点，他发现每一位成功者在成功前都为了他们的技能付出超过 10 000 小时的学习或练习。微软创始人比尔·盖茨、高尔夫球大师泰格·伍兹、甲壳虫乐队以及英特尔创始人比尔·乔伊（Bill Joy），他们都是经历了非同寻常的磨砺后才取得相应的成功。格拉德威尔对此解释："努力才是那些成功人士真正在做的事情。"

杰奥夫·科尔文（Geoff Colvin）在《哪来的天才》（*Talent is Overrated*）里写道："勤学苦练加上不断自我反思是成功必经之路。强化训练是路上的重要一环。"

再看一下《一万小时天才理论》（*The Talent Code*）一书，我的朋友丹尼尔·科伊尔（Daniel Coyle）在书里写道："伟大不是生而具来的，而是后天培养的。"以上这些都是你想成为成功交易员必须具备耐心的证据。2007 年女子网球世界排名前十名中有一半是俄罗斯运动员，其中三人来自斯巴达克网球俱乐部，那是一家连采暖系统正常工作都会让人觉得幸运的简陋俱乐部。她们的秘密是什么？答案是扎实的技术练习、定期的自我反馈以及不断弥补自身缺点。在斯巴达克俱乐部，富有激情的教练像砌砖一样训练学生。运动员从 5 岁开始接受训练，当我们在四大满贯赛事的场地上见到她们时，她们已经至少练了 10 年。如果你想在某一领域成为专家，那么你需要不断练习。

如果你不爱体育，那也不要紧。我们用交易的例子来说明这件事，毕竟这是一本关于交易的书。在埃德温·勒菲弗（Edwin Lefevre）的《股票大作手回忆录》（*Reminiscences of a Stock Operator*）一书中有这样一段话："在游戏中，多年的学习和锻炼可以让交易员在市场出现与预期相符的情形时马上给出相应对策。"所以，我认为你作为一名交易员也应该去不断练习。

进步第一，赚钱第二

梭罗说过："我所知道的最鼓舞人心的事实便是，一个有能力的男人通过不懈的努力来完善自己的生活。"作为一名新手交易员，你可能会对通过损益表来判断自己的表现颇感兴趣。它就像你的交易计分板，你始终很难忽略它的存在：赚 300 美元、亏 700 美元、赚 1 500 美元，这个计分板从来不会停止反馈。

帮自己一个忙，找点东西挡住你的损益表，因为在你的交易生涯初期这个东西一点都不重要。很多先进的交易软件都包含隐藏损益表的选项。如果你的交易软件做不到，那就用老套的办法找一个胶带把它挡住。我可是很认真地告诉你，去找一些胶带，然后把它贴在损益表的显示区域的地方。你当前的目标是：进步第一，赚钱第二。你只需专注于如何让自己每天进步一些。

我给你讲一位前同事的故事。

曾几何时，SMB 资本最优秀的交易员被认为是懦夫。他曾犹豫而不敢买进飞涨中的互联网股票。在一些特定的交易情况下，他因胆小而不敢加仓。但你总会发现他在与更优秀的交易员聊天，他总会在别人不去考虑的事情上花些时间。我还记得关于他的一些小事，比如在电脑上贴一层防护膜以便让自己更专心；他开始像做市商一样在自己的股票上用大仓位做一些差价；他会在交易日志上写下大量笔记；他开始慢慢地把手伸进大亨们正在交易的股票；他开始在别人操控不了的股票上加仓。很快，他就成了公司中的佼佼者。

你每天的目标只是让自己进步，把每个交易日都当成市场给你制造的进步机会。努力过，你就会发现每天都有变得更优秀的机会。请专注于这个过程。

"垒墙"式训练打牢根基

我知道很多散户都是在家里交易，不是每个人都需要一个指导员或交易公司专属席位。但我要从交易专家的角度给广大散户一些建议。斯蒂恩博格博士在博客上写过：

> 我从来不会在脑海中对此产生疑问，如果我要做全职交易（清楚自己的现有交易水平），要么就去加入一家期货交易公司，要么自己在线上或线下找几个志趣相投的交易者创立一家交易公司。

美国前国务卿希拉里·克林顿（Hillary Clinton）说："养育一个孩子要倾一村之力。"我觉得培养一个交易员也是如此。你需要能提升自身价值的社交环境。

如果你不说出来，指导员和交易伙伴就不会知道你在哪些方面有疑惑，因为他们无法读取你的大脑。因此在交易时你一旦有不理解的地方，记得马上发问。你只有在搞清楚前一个概念后才能消化和理解下一个概念。这就像一砖一瓦盖房子，一块完整的砖才能支持得住下一块砖。如果其中有一块砖很脆弱，那么整面墙就会有倒塌的危险。

交易员无法跳过"垒墙"的过程。就像先迈出一只脚后才能跟进另外一只，交易员一定要先掌握好一项技能，再去考虑下一项。

当我给新手交易员讲课时，我会告诉他们对我而言这不是一个锻炼演讲能力的机会（虽然我的演讲能力还不错）。对于学生而言，这是一个互动学习的机会。我欢迎他们提问题，只有这样我才能教得更清楚。经过深思后提出的问题也会帮助班里其他人获得学习经验。

在这个充斥着交易博客、论坛、元宇宙（Meta）、电子邮件、黑莓即时通讯等媒介的年代，你可以在任何领域内找到专家，他们可能也会友善地回答你的问题。我和斯蒂恩博格博士的相识，是因为我曾给他发过电子邮件请教问题，随后我们又互通了电话，直到后来发展成更进一步的私人友谊。

如果没有这些新科技，我也许永远无法见到通用电气的传奇人物杰克·韦尔奇（Jack Welch）。他曾经在推特（Twitter）上告诉我，他夫妻二人将要在 92Y 街做一个演讲。在得知这个消息后，我马上买了演讲门票。我因此和韦尔奇夫妇共度了一个愉快的晚上。如果我不用推特，就没有那次与他们见面的机会，也不会听到他讲述如何成功运营一家公司。

运用现代科技手段，我们可以结识过去不可能有机会结识的人，与各行业的专家互动。我曾对一个交易日产生了一些疑问，于是我找到了 Afraid to Trade 博客作者科里·罗森布鲁姆，他很快解答了我的疑问。而我每天也会面对很多新手交易员提出的问题，我也会为他们一一作出解答。你的学习历程将决定你的成就。总有一些事情你不懂，这很正常，但不要在遇到无法理解的课程或理论时，就想直接跳过去。你有权要求指导员为你解惑，请一定多多提问。

分享自己的交易观点，与别人互利互惠

在社交聚会上，难免会有人只想谈论与自己职业有关的话题。每当交易员聚集在一起时，他们都倾向于热情四溢地讲自己的故事，那么话题自然大多数是关于交易，而不是酒吧或餐馆里正在播放的球赛。在这种时候，无论是正式，还是非正式的行业聚会，你都应该谈起自己的交易策略。当你和其他交易员谈话时，可以注意多交换一些有关股票的信息：圈子里的其他人发现了什么？你的委托单对方是业内行家还是做市者？你是如何在一只股票上获得最高收益的？有什么别人注意到了而你却忽略的地方？尤其注意要跟大家分享一些你留意到的走势，因为在你给出自己的观点后，你可能会收到十倍的反馈建议。对于你来说，这是在与大家互利互惠。

有一天"老 G"、乔和我一直交易高通（QCOM），收盘后，我比平时更早地跳上了通往非商业区的地铁，因为那天公司组织大家去看 3D 电影《阿凡达》。在路上我偶然听见另外一家交易公司的几位新手交易员在交谈，不过我发现他们的交谈言之无物。

这三位 20 出头的交易员一路上一直在开玩笑。他们为什么不讨论 QCOM 的走势或者关于纽交所中小板市场和纳斯达克的卖家突然撤掉大笔委托单的话题？"老 G"在 QCOM 这笔交易赚够之后喊道："这可是一笔 3 000 美元的交易。"然后他坐了下来，开始回放交易录像，以便让自己能在下次遇到同样情况时再次赚钱。乔也加入进来一起研究这个交易策略。

这些新手交易员有没有讨论卡特彼勒（CAT）在 53.50 美元开始的下跌？他们有没有讨论当 51.25 美元处筑成双底后股票就一直涨到

收盘？他们有没有讨论 AAPL 今天疯狂的走势？曾有一刻，我们认为它可能会涨到 225 美元；而另一刻，我们又觉得可以在 195 美元处买到它。有些时候，随便几千股可能就足以把苹果的股价拉高 50 美分。我在微博上写道："如果你想知道今天大盘为何如此，当看到股价跳来跳去又难以成交的 AAPL 时你就全明白了。"

收盘前的反弹是怎么回事？为什么 SPY 在收盘时没能冲过 109 点。NewiPad 发布会如何影响苹果股价？财政部长盖特纳发难以及总统的演讲意味着什么？丰田召回事件产生了什么影响？史蒂夫在早会上强调《华尔街日报》首页上提到的"牛鞭效应"产生效果了吗？美联储决定不调整利率会产生什么结果？明天应该交易哪些股票？

当一个交易日结束后，在有其他公司的职业交易员给你们当听众的情况下，这 30 分钟的地铁行程你们想聊些什么？

如果你与其他交易员谈论交易，你会从中学到很多东西。刚收盘是讨论交易的最佳时机，因为此时你的头脑对于走势的印象仍然很深。倾听别人讨论自己的交易，你也许会从中多学会一种自己将来可能会用到方法；你可以多掌握一些自己忽略掉的重要价位信息；你可以听到一些适合明日交易的股票；你可以通过交换信息，获得针对同一只股票的不同观点。

这几位年轻人礼貌又聪明，同时还很有上进心。他们在一家很不错的交易公司工作，我由衷祝愿他们的未来越走越好。但是他们应该仔细想想如何去安排搭乘地铁的这段时间以及讨论什么样的话题。本来有很多可以让自己进步的事情可做，他们却选择去聊公司里其他交易员赚了多少钱。我很惊讶于他们竟然对别人赚了多少钱这种事情知道得如此清楚。

你的人生价值取决于你做过什么，而不是赚了多少钱、坐头等舱还是商务舱、父母是谁、住在哪里，或者你的女朋友有多火辣。**如果你的目标是成为一名精英交易员，那么你的时间就是非常宝贵的商品。**这是你所能拥有的最贵重的商品，你必须好好加以利用。全身心投入你的热情去关心一些能让自己变得更优秀的事。与同事一起讨论工作也是方法之一。

顺便一提，SMB 资本的交易员都很喜欢《阿凡达》，电影的视觉效果非常棒，算是一部让人难忘的电影。我本想跟你讲一讲为什么公司里只有"动能博士"会对电影失望，但是我觉得这种事情更适合写到博客中，而不是书里。互联网给我们带来的好处之一就是很多优秀的交易博客。

你可以在这些博客上留言，或者与博主实时对话。去推特上关注你崇拜的交易员，读他们的状态，在下面留言。

知名记者巴里·里奥茨（Barry Riholtz）曾经在一期采访中对来自 WallStreetCheatSheet 网站的达米安·霍夫曼（Damien Hoffman）说："我喜欢华尔街的一个原因是这里的人会很慷慨地把时间和经验分享给你。"这是一个可以和精英建立师徒关系的平台，你不需要在高盛工作就能获取与优秀交易员交谈的机会。

重复一遍，多去聊一些与交易有关的话题。

制作学习日程表，1 次交易获得 10 倍经验

从事交易，你不需要每周工作 100 小时，至少对我来说不是，显然也不应该是。我认为交易员的工作性质非常接近于职业运动员。你

必须休息，而且你的工作状态每天都有所不同。交易和体育都是通过比赛表现决定结果。

就像运动明星一样，干得好的交易员都会得到非常丰厚的回报。在交易日结束后，交易员必须休息充电，因为下一场比赛要求你精神饱满、思维敏锐。至于每周需要干上 100 小时的工作，就去让那些投行人士、律师、分析师去做吧。

记录、复盘、讨论、回顾、练习

交易员需要不断提高自身的交易技巧。作为一名交易员，工作无非是来到公司，坐下，然后交易。如果能在一个交易日收获 10 倍经验，你会对此感兴趣吗？

创建一个工作日程表可以帮助你实现这个目标。我们从格拉德威尔和杰奥夫·科尔文这些杰出的作者那里可以知道，成功需要你付出与之相对应的努力。交易员可以通过制作一个这样的计划表来促使自己进步，也能通过模拟交易让自己更出色。交易员可以用如下方式进行模拟交易：

◎ 记录详细的交易笔记；

◎ 在脑海中复盘交易；

◎ 与其他交易员讨论交易；

◎ 与其他人一起观看交易录像；

◎ 在交易模拟器上进行练习（SMB 资本有名为"秘密计划 X"的模拟器来重现当时的价格变化）。

这些模拟方式可以让你事半功倍。单板滑雪传奇人物肖恩·怀特（Shaun White）曾在参加温哥华冬奥会比赛前用模拟的方式训练，并表示自己一天的经历就像压缩了几年的训练。下面是一个交易案例，你可以看到交易员如何让自己事半功倍。

在过去的某个交易日，丰田公司爆发了一次重大危机。据报道，由于存在油门踏板和脚垫的危险隐患，丰田公司从 2009 年秋天开始召回了 530 万辆轿车，这其中包括很多主打款式。这则新闻引发了其股价跳空式下跌。当时我正在关注利盟国际（LXK），一位努力工作的新手交易员卡尔顿在交易大厅中喊出了丰田（TM）的机会。

他平静又坚定地喊道："看丰田，它在 75 美元下方。"

于是我入场交易 TM，因为 75 美元价位代表它同时跌破了日内低点和长期最低点。此时我们也收到了关于丰田汽车被大规模召回的突发新闻，史蒂夫说这可能导致 TM 跌破 70 美元。但从成交明细上看，TM 不会跌破 74.75 美元。尽管在出现新闻后 TM 跌至最低点，市场上依然有大量买家入场买入，为 TM 托市。最终，买家离场，我开始执行"交易并持仓"的做空策略。我跟上了它重挫 3 个点位的下跌，这次交易让我赚到了一笔不小的利润。

乍看起来，我在这笔交易中运用的是快进快出的方法。最好的交易时间出现在买家消失的 74.75 美元下方，这需要通过积累下来的解读成交明细的经验才能找到最佳收益风险比，然后入场。这种交易策略中还包含着多种不同的细微变化，需要通过不断练习才能掌握所有应对策略。模拟交易正是一种绝佳的联系方式。

一旦进场，新手交易员就会问："应该何时离场？"

交易员需要决断清仓的时机。也许是在下跌通道被打破时离场，也许是在第一波下跌到某个价位后清仓，也许是发现市场中出现大买家时离场。交易员需要通过不同的分时图（1分钟图和5分钟图）判断下跌的程度。交易员需要关注实时新闻，比如评级突然出现意料外的升高，或者出现一级银行托市，都可能对股价走势造成大逆转。一些交易员也许能泰然自若地在看见大量买家出现后进行清仓，这样他们才不会将这次高收益风险比的操作变成亏损离场。那么在当时整个市场的表现如何？

丰田是一家靠发行美国存托凭证而上市的国外股票，这会造成什么额外影响？整个汽车行业板块的表现如何？会不会因为大盘走强而压缩丰田的下跌空间？

对此次交易而言，这是一笔在重要技术支持下的做空交易。

如果你搭地铁来上班后，突然发现了这个策略并做成了这笔交易，那么这只是一次交易并积累到一次经验。按照这个速度，你可能每个星期才能见到一次类似的交易，需要花上很长时间才能掌握这种交易技巧。但通过学习日程表和模拟交易，你可以从这一次交易中吸取10倍经验，就像同一次交易已经做过10次一样。

我建议你在回家之前做完如下几件事：

◎ 在交易日志上做详细的记录=2倍经验；

◎ 和其他交易员讨论这次交易=3倍经验；

◎ 在脑海中复盘这次交易=4倍经验；

◎ 观看自己的交易录像=5倍经验；

◎ 在培训室里和其他人一起观看这次录像=6倍经验；

◎ 收盘后把这次交易画成思维导图=7倍经验；

◎ 在类似于"秘密计划 X"一样的交易模拟器上反复练习这
次交易 = 8 倍、9 倍、10 倍经验。

这就是如何通过制作学习日程表，在一次交易中获得 10 倍经验。
每天都做这样的训练，你可以在 6 个月内获得 3 年的交易经验。或者
你也可以选择一收盘就马上回家，打开 ESPN 体育频道、玩玩游戏、
跟朋友找个酒吧喝酒，让这一天的经验仅拥有一天的效果。

不要让昨天的亏损影响今天的发挥

所有交易员都有过不顺的日子，至今仍有些交易日让我倍感煎熬。
有几天我会直接回家，躺在长椅上看纽约扬基棒球队的比赛。一种失
败感和罪恶感会涌上我的心头，在那种时刻，我仿佛一名置身自己心
灵监狱中的囚犯。

稳定赢利的交易员可以在 80% ~ 90% 的交易日中赢利，这也意
味着仍然有 10% ~ 20% 的交易日会出现亏损。有些日子你会被迫停
止交易，这是无法避免的事实。"伺机而发"的好交易与错过好的交
易机会之间存在着明确的界限，尤其是当你的交易时间轴像我一样短
的情况下。对于日内交易而言，一秒钟就可能结束一切。我们经常讨
论几分之一秒内发生的事情，那可能代表着一次高收益风险比的入场
机会的全部。而总有那么一些交易日，你需要离开市场回家休息。

以前的我也曾经为一个亏钱的日子感到沮丧。我还记得自己曾躺
在长椅上，胃中感到一阵恶心，精神上极度自责："你怎么能这么愚蠢？
你配称自己为交易员吗？你应该停手了，没有人会在工作上比你做得

更糟糕。"通常，交易员在自我否定上的功夫无人能敌。

菲尔·迈克尔森（Phil Mickelson）是我最喜欢的高尔夫运动员之一。他在翼脚球场曾因在第 18 洞击球过于用力而错失冠军。后来他在媒体采访室中讲道："我真是个笨蛋，这让人无法相信。"我很清楚他当时的感觉，这是比赛刚结束后产生的最原始情绪。

但你必须继续前进。你得花上一点时间把这些情绪从自己身体里抽离，然后重新投入工作以让自己变得更出色。当你成为成熟的交易员后，你会发现失败的重要性，它们是一次次宝贵的学习机会。现在问问自己，要让自己更优秀，你应该做些什么？你如何从今天开始逐渐甩掉自己身上的缺点？

每一次亏损都可以让你成为一名更好的交易员。你要把这些艰难的时刻当成学习机会，而且要感谢市场为你提供了这个机会。

我经常给交易员打气："下午 4：00 之前，交易日都不算结束。"如果你在开盘时亏损，你需要做的事情就是一次次地做出"伺机而发"的交易，直到触及日内亏损额度上限。你不要收拾东西马上回家，也不要去抱怨、发脾气，或者感到内疚，因为市场根本不在乎。

我要给你讲一些往事，以便于你下次出现亏损时给你一些鼓励。我曾见过史蒂夫在不同场合多次亏损总额超过 10 万美元，随后才慢慢赚回来。昔日最好的日内交易员之一，我们叫他"镜头帝"（因为他很上镜），曾在一天之内亏损接近 100 000 美元。随后他找到了交易经理，说："我想我得打包回家了。"这位经理让他继续留下，然后逐步挽回这些亏损。这是一个很好的建议，"镜头帝"从亏损 100 000 美元一直做到收盘后赢利 65 000 美元。

再介绍一位我很喜欢的交易员，我们叫他"前锋"。他有 300 多磅重，在大学橄榄球队时是防守型前锋。前锋他在新泽西州的霍博肯市工作，他每周末都要去一家酒吧消遣，他知道我也喜欢在员工们辛苦的工作都结束后带他们去酒吧放松一下。

有一天，"前锋"在开盘时就亏了 1 200 美元。于是他一整天紧盯市场，到收盘时竟填平了账面亏损。我们在收盘后聊天时他讲："贝拉，下午 4 : 00 以前交易日都不算结束，对吗？"这是我喜欢听到的充满正能量的话。我看到了一颗强大的心脏，这是成为优秀交易员所必需的能力。一个交易日中，一位新人从刚开始亏损 100 美元做到赢利 200 美元，那时他才刚起步，就充分展示了自己所学的技巧。损益表有波动起伏不要紧，这名交易员有着从强行出局前慢慢争取利润的天赋，并借此体现出了自己的快速恢复能力。

快速恢复是一项高级技巧，值得我们重视。它总是让我想起美国开国元勋托马斯·潘恩（Thomas Paine）的名言："越艰难的战斗，得来的胜利才越显荣耀。太容易获得的事物会被我们看轻，每一件事物只有在彰显自身价值后才会被重视。"

亚当·古恩（Adam Guren）是这个行业中最优秀的年轻交易员之一，他曾是一名职业足球运动员，现在在纽约第一证券交易全球股票，2011 年，他入选《交易员月刊》的"30 名优秀交易员"榜单。在著名网站 wallstreetcheatsheet.com 对他的采访中，他说："作为一名新手，快速恢复的能力非常重要。你不会永远正确，尽管这对于很多新手交易员来讲有些难以接受。"

SAC 资本的御用交易心理分析师阿里·基辅（Ari Kiev）博士也是著名的神经病学专家。他和史蒂夫·科恩在《交易常赢》（*Trade to Win*）一书中写道："交易为大众提供了选择超级明星的舞台。市场中的从业者可以通过一项明显优势把自己和其他行业区分开，那就是坚韧的精神和情感。就像那些专注、冷静、紧随计划的运动员一样，交易大师们在这个高风险、强竞争的舞台上，拥有使自己脱离恐惧、贪婪、自卑和其他造成巨大损失的情感因素及保护自己利润的法宝。"

记住，快速恢复不仅是一项高级技巧，也是一项重要能力。

艰难的一天结束后，交易员必须像"终结者"马里安诺·李维拉那样，在为扬基队救球失误后，李维拉不会像疯狂的球迷一样沉迷于痛苦中，而是选择忘记。第二天再见到他就好像之前那次救球失误从未发生过一样。抛球、接球，他依然可以做得像从前一样好。这和你理应成为一名优秀的交易员是一个道理，二者都要求你拥有类似于闭关修炼者的心智，然后伺机而发。

不要让昨天的亏损影响到今天的发挥。如果我们能做到每次交易都"伺机而发"，那么昨天的亏损就不会对今天产生任何影响。回到工作岗位之后，在下一个工作日中要有着"今天一定会很好"的心态。这正是稳定赢利的交易员所做的事情，也是你的目标。

每天都要消除自己的错误

爱因斯坦对疯狂的定义是重复做同样的事情，却期待不同的结果。作为尚在摸索中的交易者，你必须注意哪些交易方式对自己有效，并且继续做出更多这样的交易。但同时，你必须不断改正自己的错误。在每天收盘后，你要在交易日志中列出对自己无效的交易策略，然后毫不犹豫地剔除它们。

PK 是一位从公司创建初期就加入我们的交易员，我从他身上看见了这条原则的重要性。能把他招至麾下，我们感到很幸运。PK 曾是一名做市商，他希望能转型从事电子交易。通常来说，前纽交所的场内交易员、销售交易员，或者是对冲基金交易员都不适应转型做电子交易，因为他们对入场时机把握不准，但是 PK 却学得很快。

PK 是转型交易员中学得最快的人，也是一个很完美的男人。他很帅，拥有着一头金发和年轻的面庞。他非常聪明，毕业于罗彻斯理工学院，在大学时曾是一位优秀的网球运动员。

每周,PK 都在进步。有一天,我问他为什么会进步神速,他回答道："我每天都在不断地消除自己的错误。"我本来是在期待一些更复杂的答案，PK 却用简单又智慧的回答提醒了我。PK 最终因帮妻子照顾家族生意而离开了公司，我们从那以后便失去了联系。

现在我也向你提供一个简单的方法，帮助你提高交易水平。无论你现在处于什么水平，请把你的交易日志放在办公桌旁，在日志的中央画一条竖线。左边部分写出对不适合自己的交易策略，或者无效的开盘策略、交易规则等；在右边记下那些对自己有效的交易策略。在今后尽量多用右边的交易策略，而左边的则要全部避免。例如，有一些摸索中的交易员从一开始就开出最大仓位，而不是先用小筹码交易，等到确认自己可以加仓之后才增大资金量。这种行为必须杜绝。

某个交易日，我们有一位很优秀的新手交易员在交易富国银行。他看到了一个通过解读成交明细学来的交易机会。这只股票当时正处于下跌趋势中，而他在 20 美分的价位上开了多仓。可问题是，他一进场就是 2 000 股。于是我们的交易经理"老 G"把他叫停。"老 G"告诉他当你看见形势向你期望的方向改变时，可以先尝试只买 600 股，或者一手。当你看见 30 美分的价位得到有力支撑后，那么你再追加

600 股。当这时如果 SPY 也在上行，那么你可以再加另外一手。如果 33 美分的卖家随着股价一起上移，你可以再加另外一手。只在更多的指标都在自己预期内的时候才持有最大仓位，但是你不应该一开始就一次性买入 2 000 股。

大多数人都会参加工作，可能工作表现也很不错。到了年终评估，老板会在评估中对他们的表现赞许有加。老板会称赞员工努力工作的态度，并肯定他们为公司所创造的价值。然后老板会讲出一些类似这样的话："如果你能更主动积极一些的话，你的表现将会更好。"这可能是谈话中唯一吹毛求疵的地方，然后他还是会以"你干得很好，公司少不了你"这类的内容来结尾。

在评估结束后，员工回家跟爱人共进晚餐。他们之间的对话会从这次评估开始，这位员工会说："我有事情要告诉你，我那个混账老板竟然抱怨我不积极。明天开始我要用更积极的表现来回击他。"

如果这位员工真的是公司的核心员工，那么他的爱人要做的就是表现出很吃惊的样子，随后再加上一句："亲爱的，他就是个混蛋。"

于是这名员工会以更积极的态度回到工作岗位，以示对老板的不屑。既然员工整体情况看来不错，公司就不再对他的工作指手画脚。

交易世界就完全不同了。让我来隆重地为你介绍所有交易员共同的老板：市场。市场有很多自己事先就安排好的评估标准。首先，你的表现不是按年度评估，而是在每次交易后都会直接评估。**如果你做错事，市场绝对不会等到年底才让你知道，它会马上用亏损回敬你（谢谢市场！）。如果你选择不改进自己的表现，市场会到你的银行账户中把你的钱拿走，简单、诚实，而又坚定。**

除了经纪人的操作失误以外，你根本没有能上诉的渠道。你不能找到市场，然后说："现在我知道你是认真的了，可以把钱还给我吗？"市场会在不顾及你感受的情况下拿走你的钱，并警示你它会拿走更多。

做交易最大的回报就是你必须学会改变。你必须消除错误，且马上消除。稳定赢利的交易员视亏损为学习机会。

在 2001 年的高尔夫球 PGA 锦标赛中，菲尔·迈克尔森由于在第16 洞的果岭上花了三杆才把球打进洞而痛失冠军，他在此后便加强训练自己的果岭推杆技术。菲尔还特地聘请了带来强化教程的戴夫·佩尔兹（Dave Pelz），此后他很快就赢得了另外 3 个冠军。知道自己需要在哪方面努力是一种能力。总有些事情需要你不断进步。你永远不会做到最好，只能做到更好，并且你应该找到机会使自己变得更好。

市场才是交易员的幕后老板

再重申一次，市场才是你的老板，它不会去尊敬那些不尊敬它的人。如果你还没为工作做好准备，就会受到惩罚。如果你缺乏自律性，就会被训斥。市场会剔除那些不配参与到这个游戏中的人。

想听一些不尊重市场的日内交易例子吗？如果你均摊成本买入，你就是不尊重市场。均摊成本意味着在你本应该止损的价格上做出相反的操作，同时仓位增大一倍；如果你无法在先前决定好的离场价格以市价清仓，你就是不尊敬市场；如果因为和自己的期望不符，便无视市场价格的变动，你就是不尊敬市场。以上这些行为都会招致市场严厉的惩罚。

如果你像我们一样活跃地交易，这说明你正在跟世界上最滑头的人竞争。他们中大多数人都从常春藤盟校毕业，而有的人还曾是一级运动员，并且比你有更多的资金和经验。他们可能比你掌握更多信息，还能得到一批分析师和满心期待着能成为交易员的后台员工的支持。他们坐在会议室的红木桌前，享受着公司提供的午餐，一起讨论如何抢走你的钱。如果你不能全神贯注，你就是不尊敬市场。

到底谁告诉过你可以 9 : 20 才来上班，而后坐在交易席位上随便浏览些网站，再看看自己的删选系统就认为自己能够打败那些人？

著名经济学家凯恩斯（Keynes）说："市场的价格有时是不合理的，但在市场价格变得合理以前，你可能早就破产了。"这句话出现在 20 世纪初，到今天仍然是真理。总是会有几次价格变化会让你说出："到底发生了什么？这种走势简直荒唐。"你会看到股票在一个你认为疯狂的价位交易，而且它可能已经陷入了疯狂。

但是你需要学会在这些不合理的走势中生存，不然你可能只因为一次疯狂就爆仓。在你的交易生涯中，你可能会遇见几千次高收益风险比的机会，但一次重注失败会让你万劫不复。为什么要让自己的职业生涯和激情被一笔交易轻易毁掉？认为自己无所不知，或者一定能战胜市场的想法都是对市场的不敬。

明星交易员跌落神坛

有一个在交易界流传已久的故事。布莱恩·亨特（Brian Hunter）曾是不凋花（Amaranth）的明星交易员。不凋花是一家多策略型对冲基金，他在 21 世纪初曾是全世界最优秀的对冲基金之一。这位 32 岁的加拿大牛仔亨特在 2006 年的天然气市场豪赚 20 亿美元。当年在市场上没有比亨特更大的天然气玩家。

但是在那之后，新一代的超级大玩家随即诞生，他就是休斯敦

Centaurus Energy 公司的交易员约翰·阿诺德（John Arnold）。

亨特是一位有着优秀交易记录的超级明星，曾多年赚到高于 8 位数的薪水。甚至在离开雇主德意志银行多年后，他跟德意志银行还有一起没打完的官司，貌似后者还欠他几百万美元。他的确非常优秀，以至于不凋花允许他在距离公司本部康涅狄格 3 200 千米以外的加拿大卡尔加里的老家进行交易。

亨特的财富迅速蒸发（见图 4.3），在 2006 年 8 月的几个星期内便从赢利 20 亿美元很快亏损 66 亿美元。他做出了能源交易圈子中的"寡妇交易"（The Widowmaker）：以均摊成本买入了更多高风险、高波动的看多头寸。而在这次交易中，亨特的对手正是约翰·阿诺德。

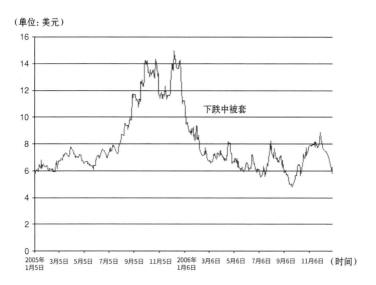

图 4.3　天然气价格（2005—2006 年）

在那个美国弱飓风的季节，天然气价格出人意料从 15 美元高位以恐怖的自由落体的方式掉到了 4 美元下方。不凋花的资产从 100 亿美元直接亏损得只剩下不到 45 亿美元。政府在那次事件之后很快就对不凋花的总部展开了调查。约翰·阿诺德最终在那一年为自己赚取了 15 亿美元。

还记得亨特自己有几十亿美元来保护他的头寸吗？不过即使口袋里的资产依然雄厚，他还是被强行清仓。亨特的经纪商是摩根大通做出了让事情变得更加糟糕的举动。银行要求他拿出更多的抵押资产支持自己的头寸，只有抵押资产没有到位时，他的信用才会被注销。而摩根大通的能源交易部门跳过这道程序，直接从亨特手中夺走了仓位，并强行清仓，彻底让他错过了接下来几周的天然气价格反弹。

无论你是在家，还是在交易公司，如果你的资产不能达到几十亿美元，那么你将无法承受这样的行情波动。

向下买，向下买，挥泪斩仓！

我要讲一个自己的故事，它涉及史蒂夫、我还有一只让我们曾郁闷不已的股票，以至于此后当"老 G"看到这只股票出现机会时也不敢提示我，因为他担心我会想起令人难过的往事。我需要通过做一些工作，才能回忆起当天的事情真相，因为我的大脑已经潜意识地屏蔽掉了这段回忆。

这对于我和史蒂夫来说是有生以来最糟的交易日，那天我们被市场痛击。每当我想重新了解当时的交易过程时，就会感到无比沮丧，因为亏损巨大。

某个交易日，媒体曝出英特尔和美光科技强强联手进入闪迪（SNDK）的领域抢地盘的消息。当时，闪迪在行业内的地位无法撼动，我和史蒂夫不认为他们给闪迪带来真正的威胁。次日 SNDK 跳空下跌，而对于我们来讲，这是一只具有抢反弹潜力的股票。市场在集合竞价时错误地消化了这条新闻，所以我们可能因此做多，并跟随市场在收复跳空部分后获利。

那天，SNDK 大幅跳空下跌，股票在 54 美元附近开盘（见图 4.4）。当时，在那个价位也有很多其他买家，于是我们坚持做多。SNDK 继续下行，于是我们市价止损。虽后又出现了更多买家，我们再次进场做多，但是 SNDK 继续下行，我们再次止损。我们陷入做多和止损的死循环中。

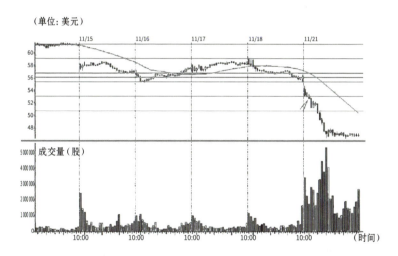

图 4.4 　SNDK 股价日内走势图（2005 年 11 月 15 日—11 月 21 日）

事实上，我们这样重复亏损的次数要比我写出来的要多。我们应该在五次亏损后一路顺着它的下跌趋势做，因为它在大幅低开后只是一路下行而已，日内从未出现过任何反弹行情。史蒂夫亏了很多钱，以至于他接到了一位大人物的电话特地关心他的账户安全。我在这里就不把亏损数字拿出来讲了，我亏的钱也比史蒂夫少不了多少。

我有很多机会可以均摊成本，但是我没有这样做。那一天我已经惨败，我做到了保证自身安全，为了下一个交易日好好活着做准备。如果我当时采取均摊成本的方法，事实证明我一定会爆仓。如图 4.4 所示，SNDK 从来就没反弹过。它几乎是在当天的最低价收盘（史蒂夫在底部斩仓）。

这个故事更让人痛苦的地方是，不到两个月，SNDK 的股价比我们斩仓的价格高了 30 多个点位（见图 4.5）。我们是日内交易员，所以我们并没通过持有头寸过夜来抓住这波行情。

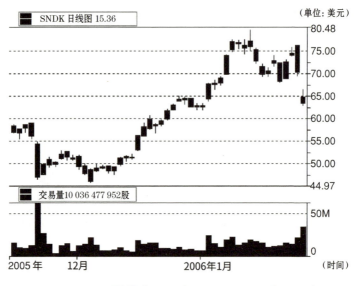

图 4.5　SNDK 股价（2005 年 12 月—2006 年 1 月）

可以做估值预测，但不能无视市场走势

相比于赚钱，有一些人宁愿选择用正确的方法做事情。这些人不会因为回忆起"在结束疯狂前就能让你破产的市场"而感到痛苦。十

年前，我遇到一位聪明的交易员，大家都叫他"废话兄"。这个家伙懂得一切与市场有关的知识，他是个痴迷于研究基本面、市盈率和市场理论的迂腐知识分子。如果你不清楚这些概念，我保证他一定会想办法让你搞懂。"废话兄"来自欧洲。

在互联网泡沫期间，"废话兄"到处说雅虎股价被高估了50美元，然后股票冲到了高于他估值500美元的价格。废话兄提醒说博通（BRCM）正处于超买状态，但是随后股价翻了10倍。他说亚马逊会在几年之内破产，事实上我非常喜欢自己1个月前刚从亚马逊网站上买来的Kindle。在整个的互联网泡沫阶段，"废话兄"都试图做空。好吧，如果你爱听八卦，我会告诉你"废话兄"已经退出交易圈了。

做估值预测可以，但是股票价格和市场走势对于我们这样的交易员来说才更重要。如果你极度痴迷于一种交易观点，但市场走向跟你的倾向性相反，那么你最好不要做这笔交易。除非你想终止自己的交易生涯，否则我不推荐无视市场走势的估值预测。

有一个周六，我们在复习交易录像，一位平时非常努力的新手交易员突然问道："贝拉，在这里均摊成本可以吗？"听到后我马上暂停了录像。

我用法官落锤一样的态度回答他："请不要再问我这样的问题，日内交易员绝对不可以均摊成本。我曾经试过，这样做你有85%的机会获利。可一旦出现另外15%的情况，你就彻底完了。这些亏损会远超过你在85%的获利交易中的赢利总和。这种行为从数学上看根本行不通。我也曾经在市场只在一个区间内震荡时做出过尝试，按理说这个交易方法应该管用，不过我还是建议你忘了它，试图掌握均摊技巧的想法只会浪费你的精力。"然后我们继续观看交易录像。

所以，你必须为每次交易都做好"可能发生任何事"的准备。记住我在 SNDK 上的惨痛经历，如果一只股票在你设置的离场点附近被大量交易，请做好防御措施。出乎意料的事情总会发生，你必须尊敬市场，为了今后的交易机会，你要好好活下来。

关键时刻，基本技巧却能救命

在起步阶段，你必须掌握一些基本交易技巧。如果你不先学会交易麦当劳（MCD）和 BAC 这类股票的支撑位技巧，那么你也无法去交易 7 万股斯凯孚（SKF）。你要先学会建立一些"如果……就……"的交易逻辑来掌握某种交易技巧。支撑位交易技巧中包含多种变化，而不仅是以唯一形态存在的。交易也绝不是让你找到一个价位买入并持有，情况远比想象的复杂。正因如此，才会有交易指导员、这本书和我的存在。

看一下我在某天交易太阳信托（STI）的情况。之前 STI 的买价一直保持在 16 美元上方并且从未跌破这个价位（见图 4.6）。这是一个非常容易赢利的交易机会，16 美元是支撑位。我们买入后一直持有，直到上升通道被打破。同一天 MCD 跌到了 60 美元的支撑位。

"小马哥"曾在头一天 CNBC 的 FastMoneyHalfTimeReport 节目中给出了这个价位。回来后他告诉我们，主持人米歇尔·卡鲁索—卡布雷拉（Michelle Caruso-Cabrera）对我们的预测表示非常震惊。我们在 60 美元处买入了 MCD，但是股价跌破了支撑位（见图 4.7），于是我止损离场。随后买家马上出现并把买价提高到 60 美元，我便再度入场买进 2 000 股。

图 4.6 STI 股价（2009 年 6 月 4 日）

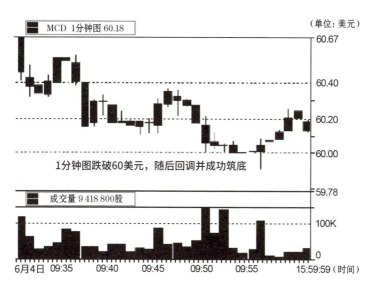

图 4.7 MCD 股价（2009 年 6 月 4 日）

同天，"可交易股"维萨（V）的阻力位是70美元。V来到了这个价位，随后它在这个价位停留一段时间后又跌落到70美元下方（见图4.8）。我在70美元买入，并在股票跌落到70美元下方止损离场。我意识到买家会先撤离到低价位，然后再回到70美元的价位上。买家不会像MCD一样马上回到70美元的买入价，他们会从69.85的低位开始买进，然后慢慢把V拉升到70美元。于是我做出调整策略：当买家逢低进货时，我在69.85美元处买进，然后一直持有到71美元附近，因为在那里V的走势开始变弱。我在这只股票上又赚了一笔。

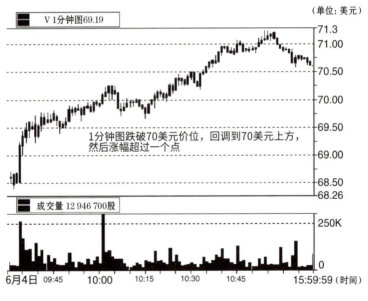

图4.8　V股价（2009年6月4日）

以上交易发生在同一个交易日，而且都属于支撑位交易技巧。MCD、V和STI各自表现出了不同的后期变化。多数交易员可以在STI上赢利，一部分人可以在MCD上赢利，但是只有少数人可以从

V 的交易上赢利。坐在我右边交易席位上的亚历山大跟我开玩笑说：
"贝拉，还有谁会比你强吗？"其实我还有很多类似"如果……就……"
的交易逻辑来应对各种不同的变化。

对于 STI 来说，我的"如果……就……"交易逻辑代表着：如果
16 美元处有大量买家排队等待被交易，我就会买入并持有。如果跌破
16 美元，我就离场。

对于 MCD 来说，我的"如果……就……"交易逻辑代表着：如
果跌破 60 美元，我就离场。如果买家自动重新出现，这就说明刚才
的下跌是为了洗掉其他买家，那么我会重新买入。对于 V 来说，我的"如
果……就……"交易逻辑代表着：如果买家在下跌中纷纷离场，我就
会跟着逢低进货，然后一直持有直到上升通道被打破。

以上只是众多市场交易方式中的一种。我有一本很厚的交易手记，
我会不断向其中加入更多交易技巧。事实上我正在考虑写下一本书，
书的名字就叫《日内交易员战术手册》。但市场在不断变化，例如以
上三种支撑位交易中，市场也会要求我做出相应调整。如果大盘走势
很弱，那么我需要看见更多买家加入，以证明这个交易策略有利可图；
如果大盘走势很强，我会在判断出股票将走强后迅速买入。

我会根据特定时期市场的表现来决定使用哪种交易技巧。从 2009
年春天我着手写这本书以来，支撑位交易为我创造了不少利润。当时
大盘整体上涨，于是我更多专注于支撑位交易和"买回调"等交易技巧。
如果市场的表现像 2008 年秋天一样，我将不会做出任何支撑位交易，
因为我会严格遵守自己的趋势交易原则。如果大盘走势大多数时间内
在一个特定区间波动，我会更多地使用"潮退战术"在适当时机阻击
趋势。我可以熟练运用这些交易技巧，而且我认为每一项都是你可以

理解的。它们不包含任何复杂的数学公式，只是"如果……就……"的交易逻辑。事实上，这些交易的理论基础来自对获利概率的统计和风险管理系统。我不想装作全知全能，但是我知道这些交易技巧对我来说非常实用。

在 SMB 资本对新人的培训结束后，我们会为培训生总结出能够创造高获利概率的交易。我们要求他们建立"如果……就……"交易逻辑，而新手交易员要根据自身风格做出适当调整。**当市场形势产生变化时，交易员必须再次对这些策略做出相应调整**。稳定获利的交易员知道如何去适应市场，但当你刚起步时，必须掌握这些基本交易。成为一名稳定获利的交易员不代表你必须掌握复杂无比的新交易技巧。我认识的交易员用以上技巧交易了十多年，至今依然在获利。

手快赚钱，手慢亏钱

大多数交易员都在从事电子交易。我们不是在纽交所的交易大厅里喊价，也从来不做期货实物交割，更不会给经纪人打电话让他们替我们交易。所有的交易都通过鼠标和键盘来执行，因此我们必须把自己的手指头训练得足够快。

很多昔日纽交所的场内交易员、对冲基金交易员或者大型金融机构的交易员都无法成功转型为电子交易员的重要原因之一，就是他们缺乏迅速执行委托操作的能力。在我们的世界中，你不可以像他们一样等到价格跌到某重要价位后再采取行动。如果你这样做，你的做空交易将无法拿到一个好价格。

你需要每天勤加训练执行力，并为自己找到合适的训练方法。我们的交易员在培训期间每天都会花上15分钟提高自己操作键盘的速度。快速操作对于日内交易员来说是个优势，我们可以迅速又便捷地从做多转换到做空。

由于全球金融市场的电子化程度越来越高，因此所有交易员都应该提高操作速度。大型基金要花几个星期才能平掉几百万股的仓位，而你却可以敲一下键盘就离场，甚至能做到在不到一秒钟的时间里就转换交易策略。你要清楚这是你的优势，优秀的日内交易员会最大限度地发挥自己的优势，以对抗市场中更有实力的玩家。

我和史蒂夫曾坐在一位依靠拖动鼠标去点击下单的交易员旁边。我曾在CNBC的节目中看到有人吹嘘说，自己能在接受采访的同时控制双手去操作鼠标和键盘下委托单。对于像我们这样活跃的日内交易员来说，这种行为无异于自杀。这就像让科比穿上50磅重的夹克衫去打比赛，然后我们再看看他的表现如何。

这位固执的交易员有时会跟我们交易相同的股票。有一天，我们所有人都在交易MON。它出现了行情,股价正在重要的日内价位附近。如果股价跌落到这个价位以下我们就做空，如果股价涨到这个价位上方我们就做多。MON当时正处于上升通道，但是这个价位表现出了极强的阻力，于是我们短线做空。从数据来看，在阻力位产生了巨大的成交量来抑制股价继续攀升。我们所有人都参与做空，我做空，史蒂夫做空，"鼠标手"也做空。

价格还在继续上涨，史蒂夫清仓并做多3 000股，我也清仓后做多2 000股,但"鼠标手"还在做空，并咒骂委托单没有成交。事实上，他的键盘已经坏了，只剩下为数不多的几个字母可用。老式交易员会告诉你，如果你不想好好地保护自己的键盘，就把它彻底敲碎。现在要么把你键盘上的垃圾清理走，它们对你的交易没有任何帮助；要么就赶紧拿着你脆弱的键盘去其他地方，因为你会一直制造噪声打扰其他人交易。

我和史蒂夫曾不止这一次在"鼠标手"无法成交的价位上赢利。当时我们每人至少可以买入 5 000 股，因为市场有这么大的容量，而"鼠标手"动作慢。MON 在涨了 50 美分后，我们出货。在这次交易中，史蒂夫赚了 1 500 美元，我赚了 1 000 美元，"鼠标手"亏了 1 000 美元。

我们都采用同一种交易技巧，但是快手可以赚钱而慢手只能亏钱。

就在一星期之前，我还坐在一群刚从大学毕业的前运动员中间，每个人都交易同一只股票。如果说我能拿到某个价格的股票而他们做不到只有一个原因，那就是我可以更迅速地敲击键盘，我会对这些手慢家伙摇头做出否定回答："小伙子们，我已经 39 岁了，你们怎么比我进场还慢呢？"你的操作速度没有其他事物能取而代之。

高度专注，不放过任何一次赢利机会

史蒂夫是个坚韧的家伙。如果你第一次见到他，你会觉得他像是个从沃顿商学院毕业的才子。他非常聪明，同时又会像泰格·伍兹那样努力。他会努力把亏掉的钱赚回来。只要还没达到自己的日内资金最大亏损额，他还是会在当天剩余的时间内全力以赴。糟糕的开盘意味着多了一次打翻身仗的机会，有时你需要强行把他从交易席位上拉走才能阻止他继续战斗。

史蒂夫的导师是一位业内老前辈，他曾对史蒂夫说："我从没见过一个人像你一样如此适合坐在交易大厅中。"无论疾病还是健康、疲劳还是精神抖擞，史蒂夫每天都在努力赚每一美分。你知道我曾多少次听见他在收盘之后才说要去吃午饭吗？每天他同时关注 10 只不同的股票，不放过任何一次赢利机会。他可以跟你讲出近两个星期以内的所有重要价位。

就像纽约洋基队的"安打王"德瑞克·基特（Derek Jeter）一样，你无法通过观察他的表情举止来判断当时的比赛局势。这就是我所谓的专注力。2008 年秋天，我们看到任何一次股票价格变动都有进场交易的可能。当时"动能博士"入职不到 6 个月，每个交易日结束，他看起来都像刚经历了一场战争。

这位年仅 23 岁的小伙子会在整个交易日中保持高度专注，直到收盘后才发现自己已经累到只能瘫坐在交易席位上。这才是市场所要求的专注程度。

负面情绪导致低水平亏损

贝拉："我注意到你无法控制自己的情绪。"

某个名声很差的交易员："是的，不过我正在努力变好。"

贝拉："不要紧，我们来为此做点事情。在接下来的 3 天里，把每一件让你发火的事情都写进交易日志。然后把所有的记录拿给我看，然后我们来一起讨论一下。"

某个名声很差的交易员："今天我告诉自己不要因为任何事情而感到沮丧，我觉得自己进步很大。"

贝拉："你要想办法控制情绪。这不是个艰巨任务，大多数交易员都曾在这方面吃过苦头，也下过功夫。"

像上面这种对话到底发生过多少次，我早就记不清了，只要我们入场交易，市场的波动都会让我们情绪起伏。日内交易员遇到困难的频率要比其他交易员高很多。我们交易的次数越多，犯下的错误就越多。如果一次亏损就会刺激到你，那么这将会对你接下来的交易产生巨大影响，这也是很低级的失误。

情绪化思维会导致你无法清晰地思考。你生气、受挫或者失望时，都会做出与平时不同的决定，随之而来的必然是亏损。你会做出无法反映出真实水平的交易。与我对话的那位从常春藤盟校毕业，本应该拥有更好交易成绩的交易员在过了几天之后把他的记录交给了我。

这是一份典型的清单，其中之一记录了他曾在一次交易中由于超出计划的亏损而愤怒不已。

我让他做如下的放松练习（以下内容从简）：

找一个安静的地方，多做几次深呼吸直到自己冷静下来。想象一下刚才没能及时按照计划离场的交易场景，越详细越好。然后总结出情绪化可能带来的后果，比如，"如果我继续让这次交易干扰我，就会漏掉接下来很多容易操作的机会"。然后再次深呼吸，把整个调整过程反复多做几次。

我建议你多读些斯蒂恩博格博士所写的有关交易心理和情感控制的博客文章，那些真知灼见非常有用。我在学习他的交易心理学之后，便在推特上总结道："TraderFeed是个非常不错的博客。每当我读过@steenbab后，我都想以一句'谢谢阅读'作为结尾，然后关闭自己的交易博客。"

控制情绪对于开发自己的交易潜能来说非常重要，SMB 资本很多交易员每天都要花上 15 分钟做放松练习。总有一天你将不再受到情绪的干扰，这可能需要花上几个星期的时间重复练习，但花点时间让你的交易成绩变得更优秀绝对值得。前文提到的"老 G"从"我要辞职"做到交易经理，最终成为合伙人，从这件事中你应该能看出控制情绪的重要性。

我们就是要做好这份世界上最好的工作

貌似本章讲述的方法实践起来都很有难度。就像罗斯福总统曾鼓励说："对于世界上任何一件事来说，如果它不能让你付出努力，就不值得去做。"好消息是你可以掌控这一切，这是让你做出一件很了不起的事的机会。

很多日内交易员都能在不同市场上斩获成功。无论是 1999 年还是 2002 年，日内交易员都能够从容获利。大多数人都倒在了 2008 年，但是对于日内交易员来说，这是自 2000 年以来最好的机会。对于那年的优异成绩，克什纳交易公司的安迪·克什纳表现得很低调："你应该对自己说过的这些话当心。其他人都正处于痛苦中，你最好是在别人都亏钱的时候有一点负罪感。"作为拥有高明交易技巧的回报，**就是我们可以在任何市场赚钱。**

我们就是要做好这份世界上最好的工作。

现在让我们来看一些以前失败过的交易员以及他们失败的原因。这些人给我们带来了很多有趣的故事和惨痛的教训。

第5章 | 向失败要利润

交易员失败的5个原因

> 我们错上加错，只是因为想避免损失，因为不愿意承认自己犯了错。只要继续坚持我们原有的计划，我们就会让自己产生幻觉，觉得我们没有做错什么事。
>
> 《逆向投资心理学》作者　汉诺·贝克

你正和伙伴在酒吧喝酒，而你的目光始终无法离开一位美丽的女顾客。你自信地走近她，准备近距离接触这位可爱的女士。

在一系列寒暄之后，她问道："你是做什么工作的？"

你笑了，在停顿一下后，你用乔治·克鲁尼式的目光看了她一眼，很酷地回答："我是一名交易员。"

她撩了一下头发，认真地抿了抿嘴唇，然后开始把注意力聚到你身上："真的吗？"

当晚，你最少可以拿到这位女士的电话号码，而她的个人信息你早已经通过闲谈了如指掌。不过，交易行业的失败率非常高，很多交易员因为各种不必要的缘由半途而废。我已经说过，这些都是本不该发生的事。我会在本章里跟你分享一些曾与我共事的交易员的经历，他们当中一部分人在交易道路上一败涂地，还有一部分人本来就不应该选择成为交易员。这些故事会帮助交易员以及未来可能成为交易员的人避免那些明显的常见错误。

这些人失败的原因包括：不尊重市场，舍不得割肉离场，认为自己的判断必然正确，不现实的学习时间框架，用投资者而不是交易员的思维思考，以及对交易缺乏热爱。

以上原因当中，最后一条表面上看起来荒谬，但的确有很多不热爱交易的家伙加入了这个行业，并占据了一个交易席位。他们选择成为交易员的原因只是想拥有交易员的社会声誉（就像本章开头的情景一样，我本人也曾遇到过很多次这样的情形）。交易只适合于那些既有自律能力，又能持续地把精力投入到事业中的人。这个行业只对那些愿意为长期旅程做准备的精英敞开大门，从他们身上你才能学习到作为交易员应具备的素质。

原因 1：没有仔细倾听市场

很多新手交易员自认为知道如何在职业生涯初期迈出第一步。如果像"华尔街瘾君子"吉姆·克莱默（Jim Cramer）那样的人靠随便发脾气和 50% 蒙对的概率就能上电视，凭什么我不能？接下来我将以竞技体育为例对此做出解释。

我喜爱高尔夫球，因此我也经常在电视上观看高尔夫球比赛，尽管慢节奏的电视节目让很多人打瞌睡。当然，我不但在电视上看比赛，也希望我能成为一名职业高尔夫球运动员。因为高尔夫球而看电视，我经常会在晚间电视节目上看到克拉默发表对股市的看法。

我在公司中常常听到这样的话："我要是能早点听到这个消息就

好了。"但是引用这句话的目的只是为了让你摆脱这种无谓的痛苦。

你面前有两个选择：要么你花掉交易生涯的前 6 个月，却学不到有用的知识，因为你听不进去正确的劝告。要么就从正规方式开始做起，6 个月后你将拥有在以后职业生涯中，于任何地方、任何市场都能赚钱的交易技能。如果你没能做出正确的选择，你可能收获的只是挫折、失败和一个亏损的账户。不要成为少数在职业生涯初期就亏掉很多钱的交易员，然后使情况变得越来越糟，从而始终学不到终身受益的交易技巧。

接下来，我给你讲一些交易员的故事，这样你就可以不必再经历他们走过的弯路。这样，你将有机会超越 95% 想成为交易员的人。

我曾经为培训生写过一份重要的课件，题目叫作"成为最好的交易员"。如果你有幸能加入一家可靠的交易公司，请永远记住第一条准则：仔细倾听。再多提醒你一条：**在交易生涯起步阶段，无论你以前读过什么书，看过什么样的走势图，拥有什么样的交易历史或者怎样的获利经历，现在必须当作自己什么都不懂。记住，你需要边听边学。**T3 唯实首席信息官依万·拉撒路（Evan Lazarus）教育他的员工从"默认自己无知"开始。现阶段，你还不知道应该学习什么知识，而且你也不懂这些知识。市场是所有人的老板，它会惩罚那些不听话的人。老交易员都遵从市场这位老板制定的规则，而先使自己稳定赢利。

在交易公司，听课能力和交易表现通常有直接的正相关关系。SMB 资本最优秀的 5 位新手交易员都是在培训期间听讲最认真的人。在当年培养我进入这个行业的交易公司，最好的交易员也是那些如饥似渴地吸收别人经验的人。现在 SMB 资本听课最认真的人是"动能博士"，他可以复述出我在两个星期以前讲过的内容。在和"动能博士"

交谈后，我感到非常震惊，不知他到底是如何学会这项技能的？"动能博士"可以理解并复述我在几个星期前讲过的一个非常复杂的概念。考虑到他拥有如此出色的学习能力，成长为一名可靠的交易员也就不足为奇了。

怎样成为最会听讲的交易员？

首先，先成为公司中听课最认真的人。我最喜欢的政治连续剧是克里斯·马修斯（Chris Matthews）写的《硬球》（*HardBall*）。最近马修斯先生在他的新书《生活是一场战役》（*Life's a Campaign*）中为如何听讲提了一些建议：

> 在牛津大学读书时，比尔·克林顿（Bill Clinton）因受女孩子欢迎而知名。曾有一位罗氏奖学金得主在与别人争夺梦中情人时败下阵来，于是他找到了克林顿寻求帮助。作为一位来自阿肯色州的"把妹"专家，克林顿对向他求助的人说："你尝试过仔细倾听她讲话吗？"

马修斯还在书中提道：

> 克林顿在学习上也应用了同样的战术。塔瓦是乔治城大学的学生，他极其善于理解教授想法。他预测考题的能力使同学们敬佩不已，这全归功于他在课堂上的认真听讲，他的确领会了教授最重视哪些知识点。我经常这样教我的孩子：仔细去听教授本人最想传授给你们的知识点。

如果对克林顿的学习方法和"把妹"技巧做个相似的比较，那就是市场就是我们的教授。交易公司的指导员告诉你在过去的 10 年中，市场这位教授讲过哪些内容，所以交易员不应该自大地要求公司把目光都聚集在自己身上。尽管他们在用公司的钱交易，因此公司的确有格外关注他们的理由。我个人很重视认真听我讲课的新手交易员，我会对他们讲过去 12 年我从市场中习得的经验。我会对他们说，如果不注意听讲，他们失败的概率将会大大提高。

我在培训这件事情上绝不会掉以轻心，我会给没抓住重点的人进一步讲清楚：市场有自己的规则。资深交易员曾花费很多时间，也承受了很多痛苦来学习和掌握这些规则。我无数次告诉新手交易员，"如果不遵从市场的规则，市场就会把手伸到你的口袋中把钱掏走，并且永远不会还给你"。

再优秀的交易员也要听市场的话

如果你还是不相信我的结论，那么请看下面这个故事。曾经有一位我很喜欢的交易员，我们叫他"情圣"，你可以想象一下电影《全职浪子》(Swingers)的男主角。我真的很喜欢他，其他人也都喜欢他。我也十分重视他，以至于现在我还对他离去的那晚记忆犹新。他是 SMB 资本创建以来第一位由于失败而离开的交易员。

我知道"情圣"跟"老 G"关系密切。我们曾一起参加在曼哈顿上东城举行的圣帕特里克节，正巧当时我的母校康涅狄格大学校队也正在奥尔巴尼参加大学生联赛。对于一群男性交易员来讲，当时的气氛实在是太好了：校友、啤酒、烤翅，还有酒吧里的女孩子。"情圣"带来了他的女朋友和她的姐姐——前佛罗里达州小姐。

这位前佛罗里达州小姐当天显然对"老 G"很感兴趣。看起来他们产生了化学反应,于是"情圣"安排他们四个人共进晚餐。但"老 G"在喝了差不多一打啤酒后似乎有点忘乎所以,他在晚餐期间提到自己有女朋友。当这些话脱口而出时,"情圣"用审视罪犯的眼神用力地瞪了一下"老 G"。从"情圣"的表情上能够看出他当时的心里话是:"我刚帮你搞定前佛罗里达小姐,你就是这样来感谢我吗?我才不管你是不是公司的交易经理,这么好的一次高收益风险比的机会让你全搞砸了。"令人难过的是,"老 G"再也没能见到那位女士,因为在那之后不久,"情圣"就离开了公司。

为什么像"情圣"这样既热爱这家公司,还能约出模特的人却最终会在交易之路上失败?这件事情的根本原因就是他根本不听我们的劝告,更准确地讲,他不听市场的话。在一次关于风险控制的会议上,我们讨论了关于重仓做空的危险性。尤其是我们重点提到了互联网媒体公司旅游族(TZOO)。

我强烈建议大家不要碰 TZOO,因为这只股票的未补抛空差额(Short Interest)实在太大了,竟然达到了 62%!当股票面临巨大的抛售压力时,焦急的做市商和投机取巧的多头会倾向于从始至终做出无预警的逼空。股票可能经常出现先暴涨再下跌,然后再上涨、上涨、上涨,最后垂直跳水。在这种情况下,股票的走势对于新手交易员来说太危险了,它既难以被读懂,更无法被预测。

会议结束后不到 3 分钟,我坐在交易席位上观察大家的操盘情况。"情圣"是我的风险控制屏幕上出现最大额度亏损的交易员。我点击查看他的仓位,这位受到前佛罗里达州小姐欣赏的交易员正做多 800 股 TZOO!难道我刚才没说要离这只股票远点吗?此刻他正遭遇两个点位的亏损，而且没有任何的反弹迹象。很明显，他犯了不该犯的错误，这成了"情圣"在 SMB 资本的最后一笔交易。

如果你想发掘自己的潜能，就要努力成为你所在交易公司或者交易圈子中最善于倾听的人。多去听取老交易员的经验，倾听那些市场曾给过其他人的经验和教训。

高智商、高学历的"小聪明"被市场暴揍

我再讲一个每家公司的每位培训指导员都曾经历过的故事。在这些故事中，可能人名、日期和地址不同，但结果和原因却如出一辙。总有非常聪明的新手交易员听不进去那些对他们有用的知识和经验。

我培训过一位非常聪明的交易员，但是他似乎听不懂别人的告诫。回头仔细想想就知道，不是因为他听不懂，而是他根本就不想听。让我们叫这位新手"小聪明"。准确地说，他既不听老交易员的话，也不听交易经理的话，甚至连我和史蒂夫的话也不听。

如果我发现哪位新手交易员不听话，我会找他进行一次绝对不会有愉快结尾的私人谈话。在谈话中，我会像运动员的教练一样直接指出他们的缺点。虽然在面试时我很喜欢他们，但如果有人跟不上培训进度，我也会果断让他们打包走人。

"小聪明"的背景条件非常好。他的 SAT 数学成绩是 800 分，毕业于美国东北部一家顶级文科学校。作为前大学运动员，他有一份很有竞争力的简历。有趣的是，他在将近一年的时间里以职业 21 点玩家的身份为生。

在讲述"小聪明"的失败案例之前，我有必要介绍一下通常新手交易员如何在一家交易公司开始他们的职业生涯。在刚入行阶段，会

有一位指导员督促他们的进度。这位指导员在每天收盘之后都会回顾新手交易员的交易记录，检查他们是否选对了股票、有无过量交易，能否很好地追踪趋势、控制亏损，以及提一些与交易相关的其他问题。每天收盘后，新手交易员都需要填写一份包括以上内容的当日总结。

这些新手交易员必须从一开始就培养良好的交易习惯，并专注于个人提升。**在起步阶段亏点钱没什么大不了，但不可以在某些基础原则上犯错。**无论是棒球、篮球还是高尔夫球，扎实的基本功永远是运动员取得成功的重要基石。而在交易的游戏中，新手交易员则必须遵守公司制定的几条基本原则。

举个例子，紧紧握住超过止损价的股票而不离场，或者起步阶段用过大的资金量交易都是让人无法容忍的错误。如果指导员发现谁犯下了这样的错误，一定会对他做出相应的惩罚。"小聪明"犯的错误就是当股价落到止损点下方时依然不离场。他的惩罚是什么？回去做模拟交易！在交易大厅里，没有比重回模拟一天更让人感到耻辱的事情了，这比被减少交易资金量还要丢人。但 SMB 资本的原则是：牛仔们在学会骑牛前必须先学会骑马，这一点没有商量余地。

作为日内交易员，我们与机构交易员相比所具有的优势是可以立即退出亏损的头寸。每次交易前，我们必须制订止损计划。新手交易员需要从一手股票做起，尽管这对于交易员而言回报颇低，但是一手股票对于公司来讲风险也低。如果这样也能触及日内最大亏损额度，这便说明他们无法再为自己止损失败找到任何借口，哪怕是面对成交量再低的股票，一手也不算什么。

相比而言，大型机构交易员也许手中握有 100 万股的仓位。他们需要花上一段相对较长的时间才能清理掉所有头寸，而不是点一下鼠标就可以做到（最活跃的日内交易员通常设置快捷键交易，比点鼠标还要快），因此他们的亏损额可能也非常大。而日内交易员的交易量要比他们少得多，所以，以市价止损离场的损失也不会太大。事实上，优秀的日内交易员可以把本应巨额亏损的头寸控制在每股 1 美分的损失，所以我们必须好好开发利用我们的优势。一旦股价达到止损点，我们必须离场。

指导员告诉"小聪明"，不要让头寸亏损超过 20 美分，但"小聪明"并没有把劝告当回事。当情况越来越严重时，我与他进行过一次私人谈话。尽管我和史蒂夫已经在培训期间强调止损的重要性，当我们向新手交易员讲述这条原则时，我经常提高音量问他们："当股票达到你的止损点时你怎么做？"他们同时迅速回答："马上离场！"然后我也大声地告诉他们："说得对，你必须马上离场！"

在我和"小聪明"谈话期间，他还是对这项基本原则表示不服气。

> 我问他："你明白为什么这项原则如此重要吗？"
>
> "小聪明"回答："我并不确信这是一种有效的交易方法。"

我没听错吗？难道他只做了几天交易就能突然变成知晓什么是有效交易办法的专家？我咬了咬嘴唇，忍住了想说的话，然后耐心讨论接下来的交易。

"小聪明"在支撑位买入，很好，这正是我们在培训课程中所教授的。但支撑位被击穿后股价继续下行，这时你唯一能做的就是马上离场。我把这条道理向小聪明重复了一遍，但他的回答是："但你怎么知道股价真的会继续下行？"当时我就知道，他根本没有好好听我讲，因为这个问题我在培训时讲过不下 50 遍。

我还是耐着性子又解释了一遍："你买入它的原因是它在支撑位站稳了脚步。一旦它支撑位被击穿，你已经没有任何理由留在这个交易中，所以必须离场。此时你无法确定股价是否还会下跌，但这已经与我们无关了。我们按照概率交易，我们会在拥有 60% ~ 70% 胜率的情况下入场，并且获利额度可以达到亏损的 5 倍。当股价走势与我们的期望不符时，我们就离场，这次交易就此宣告结束。我们做的不是为了向市场证明自己正确而赔钱赚吆喝的生意，所以当股价跌破支撑位后，你除了离场外没有任何选择。继续持有这只股票是在赌博，SMB 资本不做这样的生意。"

我真的对"小聪明"很失望。他是班级里最聪明的学生，却是交易表现最差的一个。难道他不认为事情本不应该如此吗？我告诉他，他至今仍质疑基本交易原则的可行性，这表明他在培训时根本没听讲。在漫长的职业生涯中，虽然有很多机会去证明原则是否正确，但是在起步阶段，最重要的事情只是去运用所学的知识进行交易而已。"小聪明"答应我今后将努力做得更好。

几星期之后，史蒂夫又把"小聪明"找到办公室讨论一次错误交易。当时我本来有事要找史蒂夫，于是在不知道他们正在交谈的情况下进入了史蒂夫的办公室。我在旁边闲坐了一会儿，很快注意到"小聪明"经常在他们谈话的过程中打断史蒂夫，而且打断通常发生在史蒂夫讲出自己的观点时。最终，在"小聪明"再次打断史蒂夫的时候，我也生气地打断了他："你为什么总是打断史蒂夫的话？我从法学院毕业，我可以告诉你，当法官要说话时我们必须马上停止讲话。所以当史蒂夫说话时，不要干扰他，听就好。"

很显然，"小聪明"也看出了我的火气，因为我看到他把这种不尊重他人的态度延伸到了交易中。如果自营交易公司的交易员不尊敬合伙人和资金支持者，那么他同样也不会尊敬市场。既然不尊敬市场，市场也绝对不会以礼相待。在电影《低俗小说》（*Pulp Fiction*）中朱尔斯·温菲尔德（Jules Winnfield）说过一段难忘的话：

> 正义之路被暴虐之恶人包围，以慈悲与善意为名引导弱者。通过黑暗之路的人有福了，因为他照应同伴、寻回迷途羔羊。那些胆敢残害荼毒我同伴之人，我将向他们大施报复。到时他们就知道，我的名字是耶和华。

一个月后，"小聪明"的指导员因为他继续犯同样错误，而再次找到我。他的交易亏损越来越多了。在亏损的同时，"小聪明"给他的指导员和史蒂夫写了封关于不认可基本交易原则的电子邮件。什么？不但交易了两个月没有创造任何利润，现在反而还要质疑我们的经验？这的确是在考验我的耐心，难道我不得不用圣雄甘地般的仁慈去面对这位"无所不知"先生吗？

那封邮件也引起了史蒂夫的重视。对于"小聪明"的理论，史蒂夫给我写了一封简单的邮件："如果他讲的话有道理，那为什么他还是班级中最难创造利润的人？"我建议再找"小聪明"谈一次，这次让他的指导员也加入进来。这次见面着实让我吃惊不小，指导员对我讲了"小聪明"的交易方式。"小聪明"不仅没能及时对亏损的头寸止损，他甚至加码均摊成本。他正在走向更大的失败。指导员虽然多次强调止损的重要性，但"小聪明"仍然不会按要求去做。

　　"小聪明"用和几个月以前一模一样的话对我们做出了回答："我只是不认可离场是有效的交易策略。既然股价可能还会涨回来，为什么还要认亏出局？"指导员气得直翻白眼，他对这样重复多次的情景而感到不耐烦。要不是考虑到会被警察逮捕，我现在真想打开窗户把"小聪明"扔出去。对于这种人，我们的努力还有什么意义？

　　我对他解释过上百次认亏离场的原因。指导员也不断地补充强调我们的观点，这是无可辩驳的事实。

　　我说："你自己可以想明白这个问题。你这样聪明，总有一天一定可以，不过你可能要花上数年的时间。我教给你的交易原则是市场当年教给我的。史蒂夫和我从没有坐在办公室里突发奇想：'我们编一些套利的原则好像不错，那就找一群人来用我们的钱按我们的原则做吧。'你可以挑战我们的经验，但是结果会证明我们的理论是正确的。我不是因为自负才让你必须遵守我们的原则，事实上我完全不用在意你是否想听。因为等你吃亏之后，自然会知道我们是对的。"

　　在这次对话结束时，我对"小聪明"说："你非常聪明，你的个人条件要比大多数交易员好得多。我期待看到你的进步。"

　　几天之后，这位新手交易员就给我发了一封辞职邮件。令人深思的是，他说自己不想再亏掉公司更多的钱。我感到既惊讶又失望，因为我们已经做好了像个傻子一样一直帮助他的准备。"小聪明"的智商很高，以至于我认为他不应该在交易之路上折戟。

　　在交易这行里，你可能无法单靠自身的领悟力就能找到最终的正确答案。有时新手交易员很难理解这一点。我认为这就是"小聪明"的问题所在。"小聪明"本不应该在这里跌倒，他的离开给我带来了一些烦恼。因为对于我们双方来说，这是一次不该产生的浪费。

原因 2：不够真心热爱，怎能全身投入？

我正在办公室中面试一位渴望成功的候选人。他直视着我的眼睛并号称："我将会比你公司中的任何人都努力。"我揉了揉眼睛，对这种经常见到的场景仍感到一丝不适，但我也不想把这份怀疑表现出来。事实就是，所有人在面试中都提到过这句话，所有人。

在交易公司的面试中，"我将会比你公司中的任何人都努力"是最常见的承诺。除了"我上班永远不要工钱"以外，雇主听不到比这更动听的句子了。（友情提示：这可能会违反劳动法。但是你知道，我现在不是在岗的律师。）哪位老板不想要一位努力的员工？但是当他们一旦开始工作时，我们依靠常识也可以总结得出，不可能每个人都是最努力的，但努力的人一定会很快得到赏识。

基于我的描述，你会想到交易员和职业运动员的发展路径确实非常相像，他们都是在赛季结束后为了下个赛季更出色的技术统计和更高的薪酬而每天训练 6～8 小时。举例来说，在交易公司，交易员观看整个交易日的交易录像、保留详细的交易记录，为每天的开盘积极筹划，认真地总结自己的工作，在周末一起回顾交易记录。没错，当大多数人在看球喝酒的时候，这些人在回顾交易记录。我们经常能听到"一分耕耘，一分收获"的典故，交易也不例外。交易员清楚当开盘的钟声响起时，自己的表现将取决于前期的准备。一些不努力的新手交易员之所以不愿付出，只因为他们不热爱交易。

有些老师会对不用功的学生感到沮丧。最能鼓舞老师们心情的事，莫过于一天结束后能看到自己的付出有所收获。

很少人在亲自接触交易之前，就能够明白交易到底是一种什么样的工作。交易公司可以在面试的时候让候选人切身体会一个典型交易日的全貌；公司里的交易员可以通过电话会议对面试者解释一天中发生过哪些事情。但是除非你自己参与过实盘交易，否则你将无法通过模拟知晓职业交易的全貌。面试时，候选人不需要详细阐述交易员的工作内容，一些人也不知道公司需要在他们身上付出多少努力。新手交易员从 8：00 到 18：00 都一直在接受严格训练。他们会学到很多知识，在每天培训结束后，大多数培训生已经透支了他们的全部精力。

就像本章刚开始时所介绍的那样，有些人只是想拥有一个交易员的名号而已，这样会使他们看起来很酷。他们仿佛已经看见自己出现在《交易员月刊》的封面上，手挽模特，背后停着他的私人飞机；仿佛看到昔日的朋友向自己投来崇敬的目光。一些培训生仿佛已经看到自己将过上富有交易员的生活。这个梦想理论上可以实现，但是除非你愿意为之付出相应代价，否则它将永远不会发生。

有些人只想获利，却不想努力。在这个行业，每天都会有大量的功课等着你来做。当交易日结束以后，你的眼睛会倍感疲劳。在盯了一周电脑屏幕之后，整个周末你的眼睛都会酸痛异常；为了找到交易机会，长期频繁敲击键盘会令你的手腕经常抽痛。我经常不得不停下工作，靠放松手腕来减轻疼痛感。每到周五收盘之后，那种感觉像连续经历过 4 门司法考试一样。

有些人不想在收盘之后复习交易录像，有些人不想在收盘后回顾当天的交易，因为这都需要花费很多时间和精力。每天收盘之后都有很多事情要做，如果你不真心热爱交易，你就不会主动去把这些工作做完。问题是，如果你不把这些市场要求你做的事情做完，你基本上不会成功。

你是努力的人，但不是努力的交易员

下面是另一个交易员的故事，这个故事再次强调了一个人如果不热爱交易到底有多难成功。他是前大学篮球运动员。考虑到他的特征，我给他取了个外号叫"刽子手"。"刽子手"从一个文科名校毕业。他在面试中可以一直保持镇定，对于他而言控制个人情感不是问题。我很喜欢他。他曾经跟我和史蒂夫做出保证会努力工作，为了支持他的言论，他还用自己在大学篮球队的进步来举例。"刽子手"曾从一位要被刷掉的新人最后成长到队中的主力，我被他这段经历所折服。

"刽子手"在培训阶段一切进展顺利。公司上下每个人都十分清楚，不努力的新人会被我剔除。我们有一位叫"小 G"的交易员非常热衷于猜哪一位新人会最先被解雇（尽管我们以在市场中交易为生，但偶尔也喜欢搞点副业）。有时"小 G"会向我套点内幕情报，不过我从没告诉过他。

我还记得有一次"刽子手"在路过我的办公室时，问对他的工作是否满意。我觉得有点奇怪，因为如果他们的工作进度没达到要求，我们会在第一时间告知他们，所以此前从没有新手交易员主动找我询问是否满意。

当他开始实盘交易后，"刽子手"在第一周的交易成绩有些不尽如人意。更糟糕的是，他在这一周内每天都以亏损告终。第一个月结束后，"刽子手"只有一天赢利，其余时间都在亏损。月底时"刽子手"再次来访，在获得这样的交易成绩后，他确实需要跟我进行一次谈话。我对他这么快就想给自己下定论感到惊讶。我跟他的指导员一起花了30 分钟对他解释了解雇员工的流程和标准。他对这件事表现得十分感兴趣，因为他正在从中寻找自己可能被解雇的线索。

除非新手交易员犯下让人无法接受的错误，否则没有人会在 4 个月内就被解雇。交易成绩不理想并不能构成解雇的理由。但"刽子手"已经在公司上班 11 周，唯一发起的话题就是问我对他的工作是否满意。如果说"刽子手"那个年龄段的人需要定期收到关于自己表现的反馈，那么我应该谢谢他的妈妈从没给我打过电话。他从来没有问过我如何让自己取得更大进步，也没问过任何具体和交易有关的问题，只是在对话中找寻有关自己处境的线索。

通过"刽子手"的表现来看，我认为他在 SMB 资本工作的时间不会太久。我们的交易员在收盘后都要复习交易录像，但"刽子手"下班后急着回家。交易员在开盘前要做一系列的准备工作。他们会在 7：45 来到办公室，但是"刽子手"通常 8：30 才到公司。不过我们默认一些人会在家里做准备工作，所以 8：30 到公司也不能算迟到。

我们在早会前专门为新手交易员准备了一个特殊培训，以确保他们知道如何选择可交易股。每一位新手交易员都要详细阐述自己的交易观点，但是"刽子手"经常只是重复一遍别人讲过的话。我曾要求一位老交易员检查"刽子手"的交易日志，但是后者并没有保留任何交易日志。有一次，我发现他在交易席位上看 ESPN 的 NBA 主页。到了实盘交易的第二个月，他仍然只有一天赢利。我想如果我再培训 100 名交易员，"刽子手"的成绩一定还会垫底。事实上，我认为随便找一些没受过任何培训的人，也有超过 80% 的人可以在一个月内实现更多天的赢利。此外，"刽子手"有将近一半的交易日是由于接近当日限定的亏损额度而被迫停止交易。

公司安排老交易员去给"刽子手"讲一些交易观点，他会听，但是从来不追问更多问题。没有人见过他与其他成功交易员互动。在交易直播间里，我经常对交易员施压以增加他们的挑战欲。比方说，我要求交易员必须保留详细的交易日志，然后会在交易日志上做出评论："如果你没保留一份详细的交易日志，就不要装出一副正参与竞赛的样子。"还有时我会发现一些交易员比较懒散，便就在直播间对他们说："如果你不热爱交易，就去找一份其他工作。很多人想获得接受培训的机会，请让出你的位置。"

我们每个月的月底都会找每一位交易员进行面谈，当时我已经准备好告诉"刽子手"他的交易结果是所有人中最差的。但是面谈的日期还没到，我就收到了他的辞职信。天啊，他跟我说交易并不是他真正的兴趣所在。

"刽子手"是一个很和善的人，也很努力，他曾通过自己的努力成为大学校队的主力。我听说从 SMB 资本离开后，他找到了一份很好的工作。相信他找到自己的兴趣所在后，一定会获得成功。他热爱篮球，却不热爱交易。这也是为什么他能在一支篮球弱旅中不求名利地花了那么多时间。但是由于不热爱交易，他无法在交易员的道路上继续走下去了。任何一位导师都会对没有热情的学生感到无能为力。

原因 3：走势与预期相反，却不坚决离场

如果你能看到成功交易员的交易记录，你会发现他们的大多数都经常承受小额亏损。他们的交易结果经常掺杂着很多像 7 美分、5 美分、3 美分甚至 1 美分的亏损。大多数日内交易员不会有超过 30 美分以上的亏损。多数交易其实在进场后就能马上获利。

交易公司一定向交易员普及的一项基本原则就是当股票走势与预

期相反时，坚决以市价离场。做不到这一点的人一定会失败。

在入场交易之前，你必须制订止损离场计划。举个例子，2009 年春天，有一天我正在交易富国银行（WFC）。这只股票刚刚发布了利好消息，因此股票跳空高开，随后的一整天却一直低走下行。WFC 始终无法涨破 18.25 美元，说明这里可能潜伏着大量卖单。于是我选择了做空 WFC，如果它接下来涨到 18.30 美元，我会先离场，重新参考信息来评估这只股票，然后继续做下一次交易。事实上，它并没涨到过 18.30 美元，我当时在 17.60 美元处获利离场，因为在这个价位空方力量已经消失。在这次交易中，股价从没触及我的止损点。如果股价突破 18.30 美元，我会坚决离场。

像发射核弹一样时刻准备离场，却永远不卖

SMB 资本曾有一名来自中国香港的交易员，他的笑容让我们记忆深刻，所以我们叫他"笑笑"。他永远都面带微笑，这无形中给我们的交易大厅带来了很多正能量。"笑笑"热爱交易，而且他与美国棒球大联盟西雅图水手队的铃木一郎长得非常像。我至今依然能回忆起他坐在交易席位上在交易谷歌（GOOG）时脸上的笑容。"笑笑"有一个大毛病，就是无法在股票走势与预期相反时马上以市价离场。

"笑笑"喜欢交易 GOOG。GOOG 的成交量和波动幅度都比较大，谁会不喜欢它呢？当时 SMB 资本刚刚成立，我们给新手交易员足够的自主权让他们自己决定去交易哪只股票。其实回头看来这个决定是个大错误，但当时我们还在摸索阶段，换作今天我们绝对不会让一个新手交易员交易 GOOG。这只股票的走势极不规律，对于新手交易来说难以驾驭。当时"笑笑"在其他股票上的表现也不是很理想，所以

对于他个人和公司来讲，也许 GOOG 已经是最好选择。

"笑笑"也许是我曾共事过的最喜爱的十个人之一。我从没见过其他人会像他一样开心地坐在交易桌前。当年，这些"交易新贵"经常在收盘后一起出去找个地方喝东西，我曾听过"笑笑"讲了许多关于自己非常热爱交易的话。英语不是他的母语，就像演员艾迪·墨菲（Eddie Murphy）在《周六夜现场》里用蹩脚的英语讲"我觉得棒球不错"一样，"笑笑"说话时除了把棒球换成交易外，语气与艾迪·墨菲如出一辙。"笑笑"有时候跟我们的沟通会产生一点障碍，这也可能是"笑笑"经常对我们笑的原因，因为微笑可以掩盖沟通上的不足。

在跟"笑笑"喝酒时，他提到过自己在香港的时候曾是一名职业电影制作人，并参与制作过很多著名电影。他曾遗憾地推掉了《碟中谍Ⅲ》的工作，为此他只好说服自己具备参加制作这部大片的能力。他自豪地解释道："我只想做自己喜爱的事情，比如交易。"

我们教过"笑笑"当股价走势与预期相反时必须马上以市价离场。刚开始时，我们只是把这条简单的纪律告诉他："'笑笑'，当股票价格超过你的离场价位时，一定要马上离场。"

"笑笑"用力地点头答应。不久后我发现他建仓交易GOOG，我随即问他："你的离场价格是多少？"

他大声地回答我："385 美元，迈克。"

10 分钟后，我立刻注意到 GOOG 的成交价是 383 美元，然而"笑笑"在 4 个点位亏损的情况下并没有离场。我直接问他："'笑笑'，我记得你的离场价是 385 美元。"

"是的，我的确应该止损离场了。"他面带微笑地回答。

通常情况下，合伙人和交易经理不愿意在自己没有关注到的股票上强行命令交易员离场。我没有观察过 GOOG 如何跌到 383 美元，所以我也没办法决定在 383 美元到底是不是合适的止损价位。但是作为合伙人，我必须要求交易员严格遵循交易基本原则，也必须默认交易员每次入场交易都有着详细的离场计划。如果他们没遵循交易计划，我就得强制他们立刻离场。

　　于是我问"笑笑"："如果 GOOG 没有涨回去，你打算在什么价位离场？"

　　"笑笑"回答："贝拉，如果它再跌一点，我就马上止损离场。"

　　10 分钟后，GOOG 涨了 3 个点位后又跌了下去。我在风险管理系统中看到"笑笑"并没有在 GOOG 反弹时卖出，现在 GOOG 已经比 383 美元还低了。

　　"'笑笑'，GOOG 的股价现在是不是更低了？"

　　"是的，我本应该离场的。"

很显然，我对"笑笑"的告诫起不到任何效果。

史蒂夫为此专门陪"笑笑"做了一次练习。我们后来也尝试了很多办法，但始终无法让他在看到股价触及止损点时马上离场。"笑笑"在交易时没怎么亏钱，他交易 GOOG 的战绩很不错，赢利的比率可以达到 80%。可一旦股票走势与他的预期相反，"笑笑"总是横不下心扣动离场的扳机。结果就是，他经常会因为一次亏损而把过去几天的赢利全部返还给市场。

GOOG 已经跌破了"笑笑"的止损价，然而在之后的 4 小时内，他却一直持有着他看涨的头寸。我依稀记得那天"笑笑"就像黏在了屏幕前一样，他盯着 GOOG 每一次的价格变动，双手悬在键盘上随时准备在 GOOG 继续下跌时离场。当股价达到他的止损点时，"笑笑"却仍然在做多。他紧盯着屏幕，双手悬在键盘上却迟迟不采取行动，就像一名橄榄球中后卫的目光一直注视着四分卫的信号并做好了准备动作，却对迎面而来的快传毫无反应。

事实上，除非史蒂夫命令"笑笑"必须离场，或者收盘铃响（我们不允许交易员持有隔夜仓），否则"笑笑"不会主动对他的 GOOG 实行止损。那天直到收盘，"笑笑"仍然没有卖掉他的 GOOG。"笑笑"在收盘的总结会上胆怯地问："现在我应该怎么办？"

史蒂夫和我对此摇头不已，史蒂夫责备他道："当股票走势与你预期相反时，你就应该马上离场，或者至少应该在收盘前清仓。"我们现在持有敞口仓位（Open Position），而且在收盘后的市场内根本找不到合适的价格处理掉这些头寸。我和史蒂夫那几天没交易过 GOOG，我们本想找到最好的离场时机，但是我们根本无法确定现有价格是否真的值得卖出。

我依然可以描绘出当时"笑笑"坐在自己的交易席位上，就像时刻准备发射核弹一样为卖出 GOOG 做着准备。不过，他——永——远——都——不——会——卖！看起来他和伟大的巴菲特一样都做着只买不卖的生意。

对新手交易员来说，这是常见的心理问题，你必须努力克服它。有一家交易公司专门开设了训练课，以便让交易员养成及时离场的好习惯。这家公司检查新手交易员的每一笔交易，如果发现哪次交易的损失超过 20 美分，那么交易员必须为此做出合理解释。如果谁没有在股价到达离场价时马上离场，那么作为惩罚，他将会在下一个交易日被安排做模拟交易。我们对交易员也安排过类似的练习，以确保他们在实盘交易以后不会出现这样的问题。

如果这个问题依然困扰着你，你可以去做一些简单的模拟练习。先找一个安静的地方，做几个深呼吸，集中精神让呼吸流经自己的身体。最好在放松几分钟后才开始做模拟练习。具体来说，你可以先打开操作平台和成交提示音，假想已经买入一只股票，并已经制订好离场计划。想象着这只股票的走势开始和你的预期完全相反，然后你马上做出离场操作。再选另外一只股票，重复同样的过程。你通过这种练习，锻炼自己的思维方式，提高果断做出离场决定的能力。

话说回来，我很喜欢"笑笑"，只是交易这行不适合他。我听说他已经回到了香港，并把他的笑容带到了精彩的动作片中。

原因 4：对稳定赢利有不切实际的预期

我有一些好消息要告诉初出茅庐的交易员。刚开始交易的一段时间将是你人生中最低谷的时期。也许我讲得不对。不幸的是，有一些交易员长期以来的表现一直很差。在我刚开始从业的那几年，有一些曾经爆仓的交易员一直在试图证明自己只是需要一个新环境而已。他们就像赌鬼一样只是在浪费别人的钱。不过这种日子基本上已经一去不复返了。成为稳定赢利的交易员需要时间的积淀。交易公司会做出许多缩短你摸索过程的努力，但他们无法让这段时期彻底消失。

面试者通常会问交易公司的人力资源负责人一个问题："作为一名交易员，从起步到具备赢利能力平均需要多长时间？"很多面试者曾听说过大约 1 年的说法，还有人听说至少需要 2 年。我们发现最优秀的交易员实际上在 3 个月后就具备了稳定赢利的能力，但是对于大多数人来说，可能真的需要 1 年。从多数交易公司的平均数据来看，通常是 6 ～ 8 个月。

有些新手交易员的过渡期虽然比较长，但如果这些人真的很努力，而且每天都在进步，那么交易公司还是会留住他们。不得不说的是，的确很少有人从第一个月开始就能赢利。

在培训期间，你只是一个领不到多少工资的学徒。但作为回报，你已经学到了在今后的职业生涯中于任何地方任何市场里都赢利的交易技巧。你就像在打造自己的印钞机，但它需要时间去调校和修理。拿全美所有进入 NFL（国家橄榄球大联盟）的四分卫来做个对比，这些四分卫中有几个人可以在第一年就能进入全明星赛？有几个人在第一赛季就能取得巨大成功？我只能想到乔·弗拉科和本·罗特利斯伯格两个人，其他人甚至包括分别夺得过超级碗（NFL 年度冠军）在内的曼宁兄弟都需要先经历几年磨砺方能取得成功。

新手交易员和 NFL 的四分卫一样，都需要职业道路上的大量实战经验。教练组安排的体能训练和交易公司提供的培训都只能在一定程度上帮助你，你必须自己全身心地投入到竞赛中。你需要能够解读市场形态的能力以及找到适合自己的"如果……就……"逻辑。你要开始学习识别走势图，然后制定相应的交易策略。这些都要你积累实盘交易的经验。模拟交易虽然也可以帮你进步，却始终无法比拟刀光剑影的实战。

在大多数交易公司，成功的交易员无论做什么都能做得很出色。他们有抱负，对自己的要求很高，希望自己能成为最优秀的人才。他们在各自成长道路上于不同领域都取得过成功，因此在交易行业也不例外。当你刚接触交易时，你的内心可能会感到恐惧。我讲得再清楚点，如果你还没做好准备，你一定会搞砸自己的职业生涯。

这并不意味着你在实盘交易时亏掉很多钱。一个优秀的培训项目可以为你提供指向成功的交易策略，在起步时可以先实践最简单的交易策略。比如，新手交易员在实战的第一周，只可以做支撑位和阻力位交易；第二周，他们允许做突破类策略交易；再下一周，他们可以再做趋势类策略交易；在那之后，他们可以专注于巩固适合自己的交易策略，但是必须都要从一种最简单的交易策略起步。

很多新手交易员希望刚开始就能赚大钱。但是当交易成绩与期望相反时，他们的工作效率会受到严重影响。尤其在这种时候，他们可能会把注意力放在错误的事物上。有一些人增加了自己的交易筹码，希望通过这种做法把亏掉的钱赚回来。还有一些人由于自信心受到打击而开始不再努力做开盘前的准备工作，他们不想为赚不到钱的结局而付出额外努力。他们会做出一些成熟交易员不会去考虑的交易，然后导致账户亏损更多，从而使自己陷入更被动、更复杂的局面。

世上没有一条快速成功的捷径，等待你的只有一条让你正确开始职业生涯的道路。在刚起步的时候，你必须专注于过程。你得先花上8～12个月让自己具备稳定赢利的能力。如果你不希望为此付出或者无法做到这一点，那么你就应该去找一份其他工作。有一些人忍不了这么长时间；有人从心理上抵制这段过程；还有人扛不住生活上的财务压力。如果你属于以上这些情况之一，那么也请你另外找一份更适合自己的工作，因为市场根本不会在意你的想法和财务状况。

我能告诉你的只是职业生涯前6个月的交易成绩就像季前赛成绩

一样无足轻重，比如我曾在交易初期的前 8 个月亏掉 36 000 美元。但是在这个阶段，你却为今后 20 年的职业生涯铺平了道路。你会认为 10 年后再回头看现在，前 6 个月的亏损还重要吗？起码于我而言不会。当你买房子的时候，你觉得会用到曾在前 6 个月亏掉的钱，还是 3 年后赚到的钱？人要为自己的未来着想。

成为一名稳定赢利的交易员这件事可能会是你一生中遇到过最艰难的任务。请重视这段经历，因为没有人能跳过这个阶段。你需要在 8 ~ 12 个月中通过不断努力才可以知道自己能否在这个行业立足。

急切追求成功，反而阻碍进步

2008 年，我们招了一位朝九晚五的上班族。"郝莱坞"这个昵称是公司中一位老交易员给他起的，可惜的是，最终留在公司里的只有这个传奇般的昵称而不是他本人。"郝莱坞"曾在一家金融机构工作，但是他想转型做交易。"郝莱坞"在交易生涯的前 8 个月中做得不错，获得过两次当月最佳，在起步阶段他就已经成为公司里最优秀的三个年轻交易员之一。

不仅在交易方面取得了一定程度上的成功，"郝莱坞"也有着超级好的女人缘。他很苗条，以至于你会认为他刻意控制饮食。有一天一位女摄影师来到 SMB 资本取景，她在离开前曾问过我："那个'郝莱坞'现在还是单身吗？"我回答她，"郝莱坞"有女朋友。摄影师看起来很失望，但是又对我说道："他很上相，如果有一天他跟女朋友分手，请让我知道。"

"郝莱坞"天赋异禀，早早就取得了不错的交易成绩。然而他对于自己的职业生涯有着不切实际的幻想。他曾在大型金融机构工作，在进入 SMB 资本之前年薪大概能达到 10 万美元。虽然现阶段收入不如以往，但是他在前 8 个月中的表现已经很优异了。很多交易员在第二年甚至直到第三年才能做到这种程度。这样短时间内就能具备这样的赢利能力，他的前途不可限量。

"郝莱坞"赚钱的那段日子里，这个世界正发生着翻天覆地的变化。各大投行的股价都像自由落体一样，很多银行的名字正从历史中消失，就连高盛都不得不调整商业模式。大多数金融机构都希望自己能在这场浩劫中存活下来，而那些公司中很多普通职员不是已经被裁员就是正担负着被裁员的风险，大家早已不再奢望高额奖金，只求自保。所以"郝莱坞"对丁自己当时来说已经有一个很好的职业起点，同时与华尔街上的其他同僚相比，他的日子也要舒服得多。

那时，"郝莱坞"遇到了一个女孩。我本不认为交易员的表现会受到女人的影响，但是这个女孩在安置家庭方面的决定的确严重地阻碍了"郝莱坞"的职业生涯。相比于纽约，她住的地方离费城更近，因此"郝莱坞"为了她搬出了纽约，他选择远程操控公司的平台做交易。可是离开办公室后，一切都变了。虽然他还能赚点小钱，成绩却大不如前。周围再也没有像"摇钱树""动能博士""快枪手"这样的年轻人督促他一同成长，他也看不到这些人如何赚钱。"郝莱坞"离开了唯一能让自己不断进步的工作环境。

很遗憾，突然有一天"郝莱坞"发了一封辞职信给我。他对自己缓慢的成长感到失望。他认为其他的职业也许更适合他。知道那时他也没有意识到，一切问题的根源就在于他为了女友搬离纽约。

我发动了"小马哥"去劝他。"小马哥"对于女人有着非凡的吸引力，而且他也无法理解为什么一位刚过 20 岁的年轻才俊会为了一个女孩而放弃自己的职业生涯。"小马哥"对"郝莱坞"讲述了继续留在纽约上班的优势。事实上,那次把"郝莱坞"拉回公司所讨论的话题全部围绕着女人,而不是交易。"小马哥"责备"郝莱坞"放弃了认识其他更多女孩子的机会,只不过"小马哥"的表达有些随意,他说:"你为什么放弃了钓到更多娘们儿的机会。"

"小马哥"在交易和其他投资上都赚过很多钱,而且他也喜欢和年轻人打成一片。年轻人会问他所有能想到的关于交易的问题。在酒吧里,年轻人都喜欢听"小马哥"讲述他的"想当年"。"小马哥"是一名非常优秀的交易员,他经常鼓励年轻人要好好把握机会,趁着年轻多赚钱,同时别忘了做自己喜欢的事。"小马哥"成功地把"郝莱坞"从悬崖边拉了回来。他告诉"郝莱坞"这只是起步,他认为"郝莱坞"在将来的日子中将会做得更好。"郝莱坞"同意重新回到公司,并且被分配到"小马哥"一组。但几个星期之后,"郝莱坞"再次申请辞职。这次我们再也想不出办法帮助他继续留在交易界了。

有时我和史蒂夫还会聊到"郝莱坞"。尤其是当行情好的时候,我常常会想如果"郝莱坞"还在这里工作,他一定会在这个时候赚到一大笔。我和史蒂夫都认为他有很大潜力,毫无疑问,如果"郝莱坞"能继续留在公司,他真的会很有前途。他很棒,但没有恒心。他希望尽早获取成功,对现实有着急切的期望。

我几乎在每个交易日都会想起"郝莱坞"。按理说他应该在本书第一章中像"动能博士"和"摇钱树"一样拥有关于自己成功故事的一节。他已经有了一个朗朗上口的昵称,也许会能成为公司中赢利能力最强的交易员。整个 SMB 资本上下,甚至包括那名女摄影师都很想念他。他既优秀又风趣,只不过把短期目标设得太高,高到不切实际。

很遗憾，史蒂夫、"小马哥"和我都没能成功说服他。

在本书出版时，我接到了"郝莱坞"的电话，他希望重回公司。

原因 5：相比赚钱，更想满足自负心理

很多交易者不愿意承认自己错了。他们会对某只股票怀有一种倾向性判断，一旦股票实际走势与自己的预期相反，他们便无法做出正常的判断。他们坚持股票会回到自己期望的走势轨迹上，并且拒绝止损离场。如前文所述，成功的交易员总是会迅速退出自己亏损的头寸，他们不会对市场中的任何一只股票做出掺杂着个人情绪的投资。

稳定获利的交易员只对能够做出正确的交易决策感兴趣，他们愿意接受自己无法控制事物发展的事实。持有与预期走势相反的头寸以坚持自己判断正确的做法真是糊涂至极。你的工作不是证明自己是正确的，也不是为了赚钱而赚钱。最好的交易公司会教新手交易员关注正确的交易。

"市长先生"不敢止损

公司刚成立时，SMB 资本曾有一位穿着华丽的交易员，我们叫他"市长先生"。他要么穿一套运动衫来上班，要么穿一身帅气的阿玛尼（Armani）西装，还要打领带，除此两种风格外再无其他。当时我就应该从着装上看出他的性格。令我印象深刻的是，他的运动衫是彪马（Puma）的高端款式，与迈克尔·乔丹出入亚特兰蒂斯酒店时穿的是同一款。当时 SMB 资本刚成立，我们对于着装方面没有要求。如今，我们不允许穿运动衫来上班，但也不想让交易员穿西装打领带来上班。

"市长先生"曾是一位优秀的期权交易员。他刚加入SMB资本时，我们看到他对于股票形势的判断非常准。他很无畏，可以做到耐心持有股票并在整段运动趋势中获利。

有一天刚开盘不久，"市长先生"就赚了4 000多美元。他让所有人都知道了这件事。"看我刚赚了4 000美元！"他对公司里最漂亮的女孩子大声说道。然后他找到史蒂夫，"我赚了4 000美元！"又找到"老G"，"我刚赚了4 000美元！"最后是我，"我赚了4 000美元！"现在我们通过这件事明白他内心里最渴求的是什么了。其实我们都为他感到开心，因为他有一个孩子在欧洲生活，孩子每个月都需要他支付生活开销。虽然"市长先生"平时爱吹牛炫耀，但他还是在公司内部传递了很多正能量。

尽量不离题太远，"市长先生"让我想起了自己当年从政时的第一任老板——康涅狄格州司法委员会主席理查德·图里萨诺（Richard D. Tulisano）先生。他常被人们称作"理查德国王"，因为康涅狄格州的所有法律条款都要经过他的同意才能生效。他经常带着我走访康涅狄格州首府哈特福德的一些破落街道上。无论走在哪里，人们都会认出他，本地居民会打开窗户跟他打招呼。理查德也会向他们回礼，对他们的家人嘘寒问暖。理查德认识几乎城里的每一个人。"市场先生"也是那种经常在马路上被人打招呼的类型，同时他自己也热爱交易。

"市长先生"对我们做出相关交易保证后，我们允许他在家里远程操控公司的交易系统。我们很高兴有一位成功的交易员能加入我们这个年轻的公司。但是有一天他在交易精密钻井公司（PDS）时，我们注意到他正持有一个严重亏损的头寸。史蒂夫给"市长先生"发了一封电子邮件提醒他注意仓位。"市长先生"解释道走势马上会发生转折，他对此很有信心。史蒂夫询问了他的离场计划，他回答如果再跌 50 美分一定止损离场。最终股价没有回调，而"市长先生"直到收盘时依然持有多头仓位。

史蒂夫打电话给"市长先生"让他清仓，但是"市长先生"预测明天会高开。史蒂夫要求他先清仓然后第二天早上再重新入场。"市长先生"最终照做了，但显然对我们表露出一定的不满情绪。第二天 PDS 的确高开了一些，因此"市长先生"给我们写了一封冗长的电子邮件，支持他坚持做多的观点，同时表达出对之前一天被强行要求清仓的失望。史蒂夫对他的回复是如果能在收盘前就离场，PDS 的卖出价格比第二天开盘要高。尽管有了这个小插曲，"市长先生"还是在做出纪律保证的情况下继续交易。后来，我们再一次发现他持有的 PDS 头寸出现大量浮亏，史蒂夫和我又听了一遍他废话连篇的解释，不过这一次史蒂夫让他按照自己的想法继续持仓。

第二天 PDS 低开，"市长先生"依然持有多头仓位。史蒂夫给他发邮件要求他止损离场，但"市长先生"请求继续持有，并对自己的观点给出了解释。史蒂夫询问了他最后的离场价位，"市长先生"也给出了相应回答。几小时以后，PDS 的股价根本没有回调，史蒂夫再次发电子邮件给坚持自己观点的"市长先生"。我和史蒂夫都没操作过 PDS，所以我们理解并尊重他的选择，但是作为一个年轻的公司，我们不能为了他冒太大风险。史蒂夫再一次询问了他的止损价格，"市长先生"再一次做出回复。

PDS 没有反弹，股价最终达到了他的止损价格，但"市长先生"没有离场。因此，史蒂夫选择无视他并亲自平掉他的仓位。不出意料，"市长先生"给我们发了一封表示愤怒的电子邮件。史蒂夫表示对这次损失我们也同样感到痛心疾首，但当下的价格变动和走势才是首要考虑的事情。虽然"市长先生"列出了很多支持这只股票的理论，但这些理由都不会比成交价已经低于止损价这个事实更重要。"市长先生"依然坚持自己的观点，并让我们好好关注接下来的几个交易日中PDS的表现。他对我们擅自清仓的行为感到失望，为此离开了公司。我们在他身上亏了一些钱，但我们再也不会高估他的交易水平了。

到头来，与赢利本身相比，其实"市长先生"只是更希望市场能够证明他在 PDS 上的观点正确。他这样做不是为了报复我们，只是想满足自己的自负心理。他无法接受市场的最终裁决。在交易时保持一种倾向性或许会对你有所帮助，可一旦股价走势和你的理论相悖，你必须毫不犹豫地离场。

不幸的是，我们再也无法知道"市长先生"作为一名交易员的职业生涯最终会走到哪里。如果你对这件事情的后续感兴趣，我会告诉你 PDS 在接下来的几个交易日内根本没有上涨。如果你对 PDS 接下来的走势根本不感兴趣，那么恭喜你，现在你已经开始用交易员的思维方式去考虑问题了。

时刻谨记：我们是交易员，不是投资者

我经常用开玩笑的语气提醒新手交易员："这个游戏叫交易，而不是投资。"我们不在乎 RIMM、AAPL 或是 GS 在未来两年的走势。从情感上讲，我们也希望这些股票可以越走越高（为了我们家里的私人投资账户）。但作为交易员，这些个人意愿与工作内容完全无关。

在我刚开始从交易中赚钱的时候，我曾骄傲地为自己的个人股

票账户挑选了一篮子最优秀的高科技公司。我买过阿卡迈科技公司（AKAM）、亚马逊（AMZN）、INTC、微软（MSFT）和博通（BRCM），而且我当时等到这些股票回落到重要的技术支撑位时才入场的。还记得我在 BRCM 上的买入价是 85 美元，当时认为自己捡到了大便宜。当时的我正处于极度的自我膨胀状态，满脑子想的都是以后如何数钱，但事后发现这笔投资是我一生中做过最错误的决定之一。

在互联网泡沫破灭的年代，我还不具备高水平的做空交易技巧。但是作为一名日内交易员，我从没在证券市场中蒙受过严重亏损。最严重的亏损发生在我作为投资人的私人股票账户中，而且亏损程度已经不仅是"资产缩水 10%"的问题，它真的是一笔让人痛苦不已的亏损。我利用金融杠杆买入股票，并且没为浮亏的股票设置止损价。我曾在某些股票上亏损 80% ~ 90% 的保证金。我曾认为自己有一个合理投资策略，那就是买入后持有，接着开始祈祷股价会慢慢好转。然而，这一切只不过是错误的买入决策而已。

2000 年和 2001 年互联网泡沫破灭时，我和很多投资者一样，甚至不敢看一眼私人投资账户的结算单。在那个年代，鸡尾酒会、晚餐或者健身房中最经常听到的一句话就是："我再也不想看自己的账户结算单了，太郁闷了。"当时我的心情早已跌落到谷底。

在那段日子里，人们最常聊的话题就是股票。在地铁上，你会发现有超过一半人在聊股票。如果让这些人知道你是一名交易员，他们便会默认你和吉姆·罗杰斯一样无所不知。

非职业交易者总想寻找下一只热门股。一位刚看完扬基队比赛的陌生人在地铁上问我："我应该买什么股票？"于是我告诉他，我持有了哪些股票。尽管我对他解释我只是一名日内交易员而不是财务顾问，但是这位纽约市民显然无法正确区分两者的不同。于是我讲出了有史以来我所说过最愚蠢的话："这些就是我持有的股票。虽然有一定风险，但是我还年轻，（傻话从这里开始）我可以承受住这种程度的亏损。"

当然，一个年轻人的确可以比一个退休老人承担更多风险。但是我还记得我当时说话时的心态，那时我根本不认为自己会亏损。这简直就是一句废话，就像在那些吹嘘得天花乱坠的金融广告下方，用细小到看不见的字体提示"股市有风险"。

为什么当时我会认为自己可以承受得起无法预见的损失，这根本不符合逻辑。我是个愚蠢又糟糕的投资者，沉溺于自己的美国梦中，然后跟风买入别人也在持有的股票。我不了解自己所承担的亏损风险以及大额度亏损所产生的后果。也许在那次投资上产生的亏损比我祖父一辈子的收入还要多，为什么我却认为这种结果可以接受？

于是我记住了这个毕生难忘的教训："我是一名交易员，不是投资者。"如果我没有受过专业投资培训，投资风险于我而言要远大于交易风险。我没研究过长线走势图，也从来没制定过长期投资策略。这个世界有很多可靠的职业投资人可以给你提供专业投资建议。在最近一次由美国银行系统崩溃造成的金融危机期间，我接到很多投资者向我征询投资建议的电话。大多数电话在道琼斯指数在 6 700 点左右时打来，随后道琼斯指数迅速反弹到 9 600 点，但是我一一告诉来电者，我并不是长线投资专家。

很多人都担心自己的养老金严重缩水。2008 年，很多人绝望地看着自己的养老金在眼前蒸发。当我挂掉电话的那一刻，我知道在电话的另一边很多人会埋怨我为什么不能给他们提供投资建议。他们认为对于一名交易员来说，给点投资建议简直是小菜一碟？术业有专攻，这就是我自从 2001 年以后就学会的道理。我的投资决策不会比普通投资者更高明。可一旦让我坐在交易大厅中看着走势图以及听到股票的突发新闻,那么在任何一个交易日我都有 90% 的赢利可能。这是我的交易技巧,我以此为生。

事实上,只要让我进入 2 楼的交易大厅,坐在交易席位上,即使不让我读财经新闻、关掉 CNBC、挡住走势图、限制我的交易资金,甚至把我从其他交易员身边彻底隔开,我依然可以通过交易生存下来。因为,我是一名交易员。

你的交易生涯可以有一个完美起步,也可以被毁得一塌糊涂。成功取决于你的学习方式。交易公司有非常多本不应该失败的人最终以失败收场,我希望你能从这些故事中吸取教训,走上正确的交易之路,你会发现自己原来也可以成为一名成功的交易员。

有很多失败的交易员和散户漫步在纽约市中心的主干道上,这些人原本都有机会成功,但是他们没有找到一条正确的交易道路,或者找到了之后没能锲而不舍地走下去。

第6章 | 为下一次交易而活

避开雷区，才能战胜市场

> 如果你对市场的走势判断失误，请承认错误，然后卖掉股票；股市上涨时，你可以从中赢利，股市下跌时，你同样可以；你不必在意是哪个市场，唯一需要关心的是市场价格走势。
>
> 《趋势交易》作者 迈克尔·W.卡沃尔

他现在三四十岁，已婚，有三个漂亮女儿；他拥有一家属于自己的私募基金，会定期从利润中提取一部分留给自己；他在纽约市中心有好几套公寓，并在美国其他地区也拥有商业地产；他在所有自己曾经想去的高尔夫球场都打过球；他带着老婆去斐济享受了整整一个月假期；他拥有一台属于自己的保时捷；他的交易账户中有许多可用资金；他经常被全国领先的财经媒体 CNBC 高价邀请做客；每天收盘后，新手交易员都涌向他的席位，希望能从他身上学一些交易知识；他所在的交易公司完全信任他，不会限制他的入场仓位；每天醒来他都会从事自己最热爱的事业——交易。那么他到底是谁？

他就是"小马哥"，SMB 资本的一位资深交易员。其实，你也可以是一位具有丰富经验的交易员，一个能为了以后获得更好的机会而提前做充分准备的人。

我最喜欢的一句交易格言就是"为了以后的机会好好活下来"。一句简单的话便能概括出市场怪杰的思维框架。如果你能找到一个让自己一直留在市场中的方法，那么你一定能等到好机会。只要你能做到一直留在这个游戏中，那么你将成为一名经验丰富的交易员。所以，首先你需要在这个游戏中生存下来，很多人做不到这一点。

在这一章中，我们要讨论一些新手交易员在职业生涯初期必须避开的陷阱，这其中包括：质疑交易行业、预测市场行为、被解雇以及急于求成。你会读到一些曾与我共事的交易员身上发生的故事（包括"小马哥"），我将用这些故事来强调你需要留意哪些陷阱。也许有一天你会突然发现，成为一名成功的交易员代表着一种荣耀。

要么退出残酷游戏，要么想尽办法留下来

有一位不到 24 岁的年轻人，坐在一位著名心理医师对面说："我对交易产生了恐惧。我不久前刚亏掉了全部资金的 80%，现在已经束手无策，实在不知道怎么办才好。"

他坐在心理医师的长椅前？这个人出了什么事情吗？你这个软弱的人，别做这些没用的事情，你应该重新回到市场里赚钱。虽然这个场景在交易界挺常见，但资深交易员不会经常谈论这种话题。那么这些市场中的老兵平日里的共同话题是什么？与其他职业交易员会面、做瑜伽、控制体重或者与烦人的女朋友分手吗？都不是，他们最喜欢讨论的话题是如何在这个竞争激烈的市场中生存下来。

当"小马哥"刚入行成为交易员时，他只能从公司拿到他创造的10% ～ 30% 赢利作为薪水。他的目标是建立一个属于自己的专业交易账户，这样他就可以保留全部由自己所创造的交易利润。为了实现这个目标，"小马哥"至少要为自己先赚够 25 万美元。不过仅仅 25 万

美元还是不够，他还需要以 12% 的年利率再借 25 万美元才能让自己的账户中有足够的资金做交易。这样算下来，他至少要先赚 100 万美元才能开一个属于自己的交易账户。当他达到以上目标以后，他只需要按交易量交一些佣金，其他赢利全部归自己。

"小马哥"还是做到了，他为自己赚足了建立个人交易账户的资金，对于一个不到 24 岁的年轻人来说这是一个了不起的成就。可是就在这时，市场却突然展现出残酷的一面。在"小马哥"开始用自有资金做交易的三个月内，他亏掉了近 20 万美元，这代表着他几乎亏掉了所有属于他的钱。市场以海啸般的速度残暴地席卷了他的交易账户，等他意识过来的时候，他的口袋中只剩下了最后的 5 万美元。

大多数交易员都会在这种情况下感到绝望。但"小马哥"却从痛苦中走了出来。他找到了一位著名的运动心理学家来帮他解决惧怕交易的心理问题。"小马哥"曾一度不敢交易，但交易员聚在一起从来不会想到去谈论像"心理诊疗"这种事情，真的对"小马哥"产生了显著的积极效果。10 年后，"小马哥"依然从事着交易事业。

这位知名的运动心理学家用训练运动员的技巧增强了"小马哥"的交易执行力。直到今天，"小马哥"仍然保持着当年养成的好习惯：按时记录并改良交易日志；为每一次入场交易都制订一套交易计划，严格遵守；制定长远目标并努力去超越它；研究并找到自己最喜欢的交易策略。

在交易的游戏中，市场要求你为它做出改变。市场通常会悄无声息地、以迅雷不及掩耳的速度把你击倒，它会冷酷地俯视着躺在地上血肉模糊的你，你可能会因为害怕再被痛击而不敢站起来。要么你就像很多曾经的同事那样认输退出比赛，要么你就找到一条继续留在比赛中的方法。如果你能为了未来而留在比赛中，那么总有一天大量的机会会接踵而至。

我要给你讲一个"小马哥"经常对新手交易员讲的一个发生在他身边的故事。与他同期的一位拉法耶特学院的毕业生来到了合伙人的办公室请求辞职。他声称："市场中已经没有机会了，我们这种交易方式再也赚不到钱。"当时是 1998 年 9 月，互联网泡沫正要被吹起，它为市场中的参与者下了一场豪爽的"钱雨"。那一年"小马哥"赚到了超过 100 万美元，而那位名校毕业生却从交易公司辞职后去接管了他父亲的塑料生意。

我们无法控制市场，只能改变自己

于我而言，最艰难的交易场景出现在当市场中有着强势又极不寻常的多方或者空方时。在从事交易 12 年后，我看过足够多的交易录像来帮助自己判断在一个交易日内某只股票大致在什么价位交易。在 98% 的交易日里，我甚至可以感觉到股价的交易走势精确到美分。当股票在合理价位交易时，我不会入场。作为日内交易员，我利用短期市场的无效性做交易。当我认为股价太低，我要么就平掉做空仓位，要么就开始做多。当我认为一只股票已经处于严重超买状态，我要么就卖出已持有的仓位，要么就根据日内趋势做空。听起来很简单，对吗？高抛低吸，这难道不是我们进入市场后就应该学到的第一课吗？

但有时一些金融机构仅仅根据市场中的恐慌下委托单，执行这些交易的交易员在这种时刻将毫无战术。这些胆小鬼们只会愤怒地喊："卖，卖，卖！"而不分青红皂白地把股价继续压低。如果你看过经典电影《颠倒乾坤》，一定会记得兰道夫和莫蒂默面对因持有上亿美元浮亏的冷冻浓缩橙汁多头仓位而晕倒的交易员时的场景。

我的交易方式之一就是当股价严重偏离自身价值后，在它开始回归的过程中建仓，这种交易方式叫"潮退"（Fade Trade）。你要知道，我在过去的 12 年中每天都要多花上 6 个半小时来观察日内走势。我的专业知识涵盖了判断股价的日内走势范围，我的训练使我具备了像伍兹把球精准地击入球洞中一样的专业素养。我经常会遇见无法做出正确判断、无法像我们一样看到交易机会的交易员。他们经常在错误的价位进出市场。

但问题是，这些人很可能拥有比我多得多的资金来影响市场走势。我认亏出局是因为股价触及了我的止损点。在这笔交易结束后，恐慌渐渐退去，股价最终还是要再度回归到合理价位，但此时我的手中已经没有了仓位。事实上，我亏钱有时是因为其他人并没有做好他们自己的工作。这听起来挺沮丧的，但是这种事每天都发生。

我从不预测市场。我会对走势有一个倾向性判断，但如果这个判断与成交明细相违背，我便不入场。马克·道格拉斯（Mark Douglas）在《自律的交易者》（The Disciplined Trader）一书中写道："如果你相信市场很可能走出牛市或者熊市，那么在市场肯定你的想法前，请不要轻易出手。"

如果我在做多的时候突然遇见了一股超级强势的做空力量，那么我在股价达到止损点时一定会卖出离场。我绝对不会因为强势卖家是个傻瓜而继续持有仓位。在过去几年中，如果我不执行止损，早就爆仓好几次了。一旦股价达到我的止损点，我一定马上以市价离场。我要为了以后的机会而好好活下来。

著名经济学家凯恩斯说过:"市场价格有时是不合理的,但在市场价格变得合理以前,你可能已经破产了。"尽管凯恩斯去世已久,但还有很多像悲观经济学家加里·希林(Gary Shilling)和他的弟子丹尼斯·加特曼(Dennis Gartman)这样的人依然借用着他的名言。我无法决定股价,而且市场根本不在意我认为合理股价到底是多少。经常会有新手交易员错误地相信交易的本质是预测市场,或者无脑地自认为他们的 1 000 股(甚至更少)会改变市场走势。

这场游戏的名字是交易,而不是预测

我们曾拥有一位非常聪明的交易员,他的名字叫克兰比。克兰比热爱市场,但是他却痴迷于预测市场在接下来 6 个月的走势。这既不是他的老本行,也与 SMB 资本的业务无关。举个例子,克兰比会问我对于接下来 6 个月中石油价格走势的看法,我会回答:"没看法。"克兰比用异样的眼光看着我,好像这种问题我应该知道答案。我能感觉到他心里在想:一家交易公司的合伙人怎么可能对未来 6 个月的石油价格走势没想法?

克兰比每天都会用不同的方式问我类似问题。

他问我:"你觉得石油价格在这个夏天结束的时候会达到每桶 60 美元吗?"

我只能回答:"我不知道。"

克兰比把他的闲暇时间全部都拿来搜集各类报告,以预测石油价格的变动。作为一名短线交易员,即使你找到了市场、股票或者一个行业的正确走势，你仍然需要拥有交易技巧才能抓住价格变动带来的机会。如果你把时间和精力浪费在预测远期市场走势上，那只会让你的工作面目全非，你需要做的事情是强化交易技巧。你是一名交易员，不需要把你自己锻炼得像一名分析师。

交易员需要坐下来客观地分析市场提供的数据，而很多交易员却愿意把自己的主观倾向强加到市场行情上。2009 年 8 月，我看到很多交易员因此折戟。他们认为 AIG 的股价应该不断下跌，因为这家公司正面临着支付巨额赔偿金的危机。可是在这个过程中，他们由于主观情感只看到支持下跌的理论依据，从而忽略了大笔买单和明显的日内上涨趋势。因此，他们不但没能抓住 AIG 从 14 美元到 50 美元的大涨，反而由于遭到逼空而一败涂地。

克兰比最终离开了公司，因为他作为一名交易员始终无法赚到钱。交易员于 2007 年和 2008 年中在石油上制造出了大量的交易机会。我们根据走势做出看多或者看空的判断，没有一名交易员会问我对于未来 6 个月中走势的观点。诚实地讲，我真的不知道，而且也不在乎。我们得去忙着赚钱，这场游戏的名字是交易，而不是预测。

市场根本不在乎你的看法

日内交易员不去预测市场未来的走势，这种工作还是留给对冲基金经理去做吧。如果我是一个愤青作家，我会在后面加一句："没错，就是那些在 2008 年亏掉 40% 的对冲基金。"日内交易员只对当日波动幅度最大的股票感兴趣。我们通过自己的专业技巧赚钱。

电视纪录片《华尔街的战士们》中有一幕场景把这个问题描述得十分到位。随着转换镜头，场景变成一批新培训生正围绕在我的桌子周围讨论实际成交价的重要性。我对他们讲述了一个基础的交易观点：
"金融寡头可以决定股价，我却不能。高盛不会给我打电话并询问我
对于一只股票走势的看法。没有人在意我怎么想。"能明白这个事实
对于新手交易员来说非常重要。

斯蒂恩博格博士在一篇博客中写道：

> 市场走势与你的经济和政治观点无关。我们要根据市场情
> 形做出交易决定，而不是根据你心中那些虚无缥缈的幻想。

没有人会在意你对股票价格的看法。

在一次对 WallStreetCheatSheet 公司的宏观经济分析师巴里·里瑟
茨（Barry Ritholtz）的采访中，他对于浮亏中的仓位讲述了自己的观点：

> 当你发现事情明显与预期不符时，直接离场，就对了。这
> 就是说，你需要卖掉你的股票，然后把资金转移到其他地方去。
> 千万别恋上你的仓位。基金经理比尔·米勒曾经保持成功多年。
> 但是他的模型告诉他一旦股价偏离了估值，那么价格越低时越
> 应该买入。他根据这种理论操作房地美，最终一败涂地。

既然别人不在意你对于股票的看法，那么你也不要把这种看法太
当回事，只管好好地做交易即可。仔细观察价格变化，如果股票走势
支持你看多，那么就应该买入；如果股票走势告诉你，方向错了，那
么请马上离场。很多新手交易员理解不了这一点，所以他们无法坚持
到市场为大家提供最好时机的那天。

我曾收到一封热衷于交易的年轻人的电子邮件。他还没毕业，就已经交易过很多不同的金融产品，我期待着他能够来公司面试。当我们对一位候选人感兴趣时，我们会发给他几道开放性问答题。我想就这位年轻人的其中一道问题的答案展开讨论，这有助于清楚地描述日内交易员的一项优势：无论自己的预测准确与否，日内交易员总是可以赚钱。

问题：请讲述一个真实经历来说明你具有耐心。

答案：我想用一段发生在自己身上的交易经历来阐述我的自控力。我认为大宗商品价格不断上涨的原因中包含着大量的投机因素。当石油价格为每桶 136 美元时，我认为它的超买现象严重，现货市场可能在不久后出现急跌。由于美元和石油走势相反，我便入场做多美元。石油价格继续上涨到了每桶 145 美元，我坚持认为石油价格会出现下挫，所以没有对做多美元的仓位清仓。不久，石油价格果然大幅下挫，美元也因此强势上涨。我在石油价格跌到每桶 120 美元时对美元获利了结。这个例子展示了我在状况不利于自己时所表现出的耐心。

作为日内交易员，我们没有必要对自己预测的准确度负责。"老 G"曾在博客中展示了自己刚好在石油价格最高点卖出（这也是美元的入场点）。其实史蒂夫也在把握股票顶部和底部的才华方面表现得天赋异禀。"老 G"指出，他一定要从市场价格波动中找到足够的理论支持以后才入场。这才是要点。

日内交易员每天都可以找到很多正确的市场预测观点，但是我们的收入却来自自己的交易技巧而不是预测。在你强化了自己的交易技巧后，能否真的在价格最高点卖出根本不重要，重要的只是你在操作的产品一直保持活跃的成交量。

看看"老 G"的损益表，我发现一个月 20 个交易日中他至少有 17 天在赚钱。对于他来讲，亏损是小概率事件。但最近"老 G"出现了一次连续 3 天的亏损，气得他直敲桌子。史蒂夫让他去度假，他需要调整一下，别让情绪影响了交易成绩。

交易技巧给了我们稳定赢利的能力。现在 CNBC 上有很多聪明人又开始预测油价会回到每桶 100 美元，甚至是 200 美元上方。我认为那些预测油价在每桶 100 美元左右的说法更有说服力，但诚实地讲，我真的不知道油价走势，也不打算装作知道。我只知道，如果油价能突破每桶 200 美元，我一定可以赚更多钱。

预测的事情还是留给别人去做吧，我选择利用对市场的理解，在这段走势中找到属于自己的赢利机会。

坚定信念，信心比黄金更珍贵

总有一些事情是新手交易员无法直接学会的。比如你必须像纽约大都市棒球队的铁杆球迷一样坚持自己的信念，你必须坚信自己会变得很优秀。我通常不轻易谈论其他跟交易相关的却又无形的事物，因为我一直强调交易的两个重要核心是提高交易技巧和遵守交易纪律。那么坚定信念又是什么意思？这与提高交易技巧有什么关系？

当你处于交易生涯起步阶段时，市场会让你的交易数据看起来很糟糕，让你觉得自己无法在这个行业中立足。刚开始三个月，你的损益表上呈现的可能大多数都是亏损。面对这种结果，你很容易气馁。也许你会因此受到影响，并在接下来三个月中也是输多赚少，然后你感到自己越来越不适合这个游戏了。如果你无法坚定信念，你也许会用这份数据作为自己无法成为成功交易员的证据。

你的交易系统在初期也许无法帮你赢利，但是你依然有成为一名稳定赢利交易员的可能。当市场发生变化时，你需要对这套交易系统做出一点改良。如果你不做出任何措施便根据亏损的交易结果而动摇了自己的信念，那么你就会因此丧失信心，并质疑在努力改良交易策略后是否真的能赚到钱。这种不自信会影响你接下来的每一次交易。**如果你无法坚定信念，你现在的交易成果就会替你做出"我会失败"的结论。**

失去信心后的思维模式会变成："无论何种交易策略，市场都会让我不情愿地离场。如果我刚开一个仓位，市场会试图把我踢出场外。"如果你的信心不强，就可能没法严格执行既定策略，你可能会因市场威胁而屈服，然后认亏离场。

此外，如果你的仓位处于赢利状态，你很容易早早就获利了结。一旦你这样做，你便牺牲了继续获取更多利润的机会。另一种可能是，你持仓太久，由于担心赚少了而错失计划内的最佳离场机会，于是利润在股票走势反转后被吞噬。

总之，市场需要你坚定信念。也许你可以在全国最顶尖的交易公司中做交易，但如果你不相信自己可以取得成功，那么你就无法成功；如果你不能认可自己是一名优秀的交易员，那么你也将永远无法成为一名成功的交易员；如果你从未拥有成功的信心，那么你将无法在市场中存活到机会降临的那一天。

一夜浮亏 1 400 万美元，能否重拾信心？

我坐在办公桌前，身后的墙上挂着德瑞克·基特在老扬基运动场的照片，读起面前的这份简历。我得知这位紧张的候选人毕业于常春藤盟校，硕士学位，还曾经是一名信用衍生品交易员，我暂且叫她CDT（信用衍生品交易员的英文首字母缩写）。她打了一个鼻环。在她回答了几个问题后，我很快就把她归类到比我聪明又时髦的那类人。

我还记得那次面试，除了其中一个问题外，她在其他方面都很讨我喜欢。她非常聪明，既有天赋又热爱交易。对于她和这份工作，我却产生了一些顾虑。大多数优秀的交易员会在拿到这份职位后马上与交易公司签雇佣合同。我希望自己看到的犹豫只是因为她在仔细检查合同条款，但她的确给了我一种感觉：她不确信自己是否可以在交易员这条道路上取得成功。

CDT 曾经历过什么？有一天，她刚到公司，突然发现自己的头寸浮亏 1 400 万美元却无法离场。SMB 资本绝对会在一名交易员亏损 1 400 万美元前早早地辞退他。金融市场没有能让她对冲头寸的地方，所以她无论选择继续持有或者以市价离场事实上都毫无价值。她所效力的这家银行裁掉了她所在部门的一大批人，因此 CDT 选择加入SMB 资本。

在纽约交易员论坛上，我曾遇到一位拜访过多家交易公司的女士，并与她探讨了一些关于女性交易员的问题。我曾统计过，女性在交易员群体中所占的比例不超过 5%，而申请交易员职位的女性也不多。在我们收到的简历中，女性的比例不超过 2%。其实我希望更多女性能申请做交易员，虽然交易领域一直是男人的舞台，但是依然有很多成功女性交易员的故事为人们称道。

我刚入行时，身边曾坐着一位杰出的女性交易员。她赚了很多钱，在城郊买了一套房子，享受着每天种种花、打打网球的生活，如今已经处于半退休状态。

我曾在推特和 StockTwits 社区上发起关于为什么女性少有申请交易职位的话题。StockTwits 社区受人尊敬的用户 AnneMarie2006 给出了答案。AnneMarie2006 是一位女性交易员，她同时也是 SMB 资本的老朋友，我们每个交易员都会读她的博客文章。她说：

> 交易包含着许多不确定因素。这种不能给人以安全感的职业与女性的主要心理需求相违背。此外，交易需要你经常面对自己的错误并与之抗争，但女性朋友一生都在逃避这种事。

可惜的是，交易公司里的很多男性交易员也需要注意自己的行为举止。很多公司领导不得不经常提醒交易员："把你桌面上的火辣壁纸撤换掉。""把夜总会的会员卡收起来。"或者"注意你的言行。"要知道，交易公司可不是瘴气熏天的锅炉房。

作为合伙人，我感觉 CDT 虽然各个方面都很优秀，但不自信这一点可能给她的职业带来消极影响。史蒂夫告诉我，我在这件事情上多虑了，CDT 是一位不可多得的人才。CDT 听话地完成了所有课程。无论在培训期间还是进入实盘交易后，她都是每天最晚离开的人。她每天都为市场做足了充分准备，并且全身心投入。CDT 经常问我和其他资深交易员一些很有想法的问题。不出意料，她的交易结果是班级里最好的，但极度不自信始终是她的一个致命弱点。

CDT 第一天开始实盘交易，开盘前，她问我："我还没准备好做实盘交易，我可能需要更多时间做更充分的准备。"让我讲得更清楚一些，她根本不必担心，因为她的交易资金由公司出。就算让她提早几天做实盘交易，也不会亏掉她的钱。事实上她早就准备好了，我甚至可以说，她的培训成绩是零瑕疵。这也是我第二次明显感受到她的犹豫不决。

造成这种情况的原因可能要归结于她的经历。她曾在顶尖投行找到了一份很棒的工作，之后却被遗憾地裁员。为了能在这样的工作岗位上继续奋斗，CDT 在一生中都很努力。她选择了正确的学校读书，拿到了优异成绩，入职后又可以完全融入公司文化中。可她所交易的产品竟然在一夜之内亏损了 1 400 万美元。

交易公司合伙人经常遇到这类事情。有一些人心存质疑，我们的工作就在这些想法影响到交易员操作之前把它们清理掉。于是，在接下来的座谈中我对她讲："你已经掌握了做好这份工作的全部方法。如果你质疑自己的离场交易策略，那么这很正常，因为我也经常出现这种问题。对于我们而言，最重要的是问正确的问题、思考正确的事情，在这一点上你已经做得很好了。你只差几次获利了结的经验，经过几个月的锻炼之后，你一定会取得长足进步。你现在只需要去思考自己的交易策略，相信自己，你很棒。"

还有一个你会对 CDT 产生好感的原因：她可以包容其他交易员对她的调侃。有一次，一名交易员对她说了些不知分寸的话，我责备那名交易员说："你不应该说这样的话。"但 CDT 说："算了，贝拉，我听过更过分的话。"然后她回复那名交易员一句更越线的玩笑。其实交易员都喜欢这种氛围，我不会多管公司里男女之间的事情。

交易公司合伙人经常要对新手交易员讲一些能帮助他们树立信心

的话语。毕竟我们中的大部分人既是交易员，又要做交易培训师。有一位表现不错的交易员曾在连续两个月内每天都需要我给他打气。我鼓励他说："你早晚会成为公司里最优秀的交易员。"一旦他开始听进去我所讲的话，我就会停止，因为我发现在那之后他的确有所进步。我还曾反复对一名交易员说："你一定会变得很优秀。"这名新手交易员每个月都亏损，但我还是让他相信自己一定会成功。最终，他真的成为一名值得信赖的交易员。因此，我对 CDT 说的这些话其实并不是真的只针对她，帮助交易员树立自信也是我的工作。

CDT 在 SMB 资本工作的最后一个月也依然保持赢利，对于一位新手交易员来说，这份成绩真的很不错。某天清早，她说想找我聊聊。从交易成绩到星期五公司的免费比萨，交易员向来与我无话不谈。有一次，我和一名交易员谈了 30 分钟，却从头到尾只聊了奶酪和烤炉的事情。由于谈话可能涉及任何事，所以我当时也对接下来所要发生的事情一无所知。

CDT 哽咽着告诉我，她想离开公司。她再次得到了一份无法拒绝的工作，她不想错过这次机会。我一时不知道该说什么好。我告诉她，她将毫无疑问地成为一名稳定赢利的优秀交易员。她很难过，认为我一定会对她的决定感到失望。从个人角度来讲，我希望每个人都能过上自己最向往的生活。我不想让她对自己的决定感到为难，于是我尽快地结束了那次谈话。

CDT 的离开让整个公司都伤感不已，同时她也葬送了自己的交易天赋，她具备成为精英交易员的潜力。尽管我曾努力鼓舞她，但她始终不够自信。如果你无法在这个游戏中继续生存，你将永远等不到那次最好机会的降临。

自毁前程的 3 位交易员

如果一家交易公司发现新手交易员跟不上公司的进度，主管便会找他谈话。比如说，主管会对交易员讲，他仍然不够努力，或者需要更专心地听讲。我觉得自己可以打破说"努力"和"听讲"这两个词频率的纪录。主管会给他们一次改正的机会，并告诉他们公司对员工的期望。如果他们屡教不改，那么公司会要求他们走人。

模拟交易不及格，别想实盘交易

在最近一期培训班中，有两位培训生在还没接触实盘就被解雇了。这是一份数千人梦寐以求的工作，而他们却只干了不到五个星期。我真不知道他们是否珍惜过这份工作。其中一位被解雇的原因是，他不愿意完成公司安排给他的任务。首先，他经常迟到。SMB 资本是一家斗志旺盛的公司，迟到是绝对不允许的。他以前是房屋贷款经纪人，并且在过去三年里一直是他们公司的最佳销售员。他毕业于本州的一所大学，SAT 数学成绩为 800 分。他在自己的简历中写道："学习主动性强，适合于团队合作的工作环境；对自己的数学能力非常自信（我姑且算我们的工作性质与数学能力高度相关）；对于职业发展有着现实的预期，并且愿意为此投入全部精力。"不管怎样，起码在纸面上看起来他还是很靠谱的。

参考 NBA 球星阿伦·艾弗森（Allen Iverson）的简写后，我也把这名前房屋贷款经纪人称为 AI。艾弗森曾对媒体和球迷表示他对训练丝毫不感兴趣，而我们的 AI 平时也极少找资深交易员或者合伙人询问与交易有关的问题。他在复习交易录像时注意力也不够集中。如果在模拟交易中出现大量亏损，可能是因为你没认真听讲；如果在模拟交易时均摊成本，那么你肯定没认真听讲；如果你同时交易多只股票，那也是没认真听课的表现；如果你选择了错误的股票，那么你就没好好做前期准备工作。你的成绩不会说谎，它会准确地反映出你在培训期间的努力程度。

有三位老交易员分别找我反映过 AI 的进度不尽如人意。我找来了我最信任的查理帮忙看一下 AI 的情况，查理回来后对我说的第一句话是"不大好"。虽然我希望他能描述得更详细一点，不过这已经足够让我找 AI 坐下来好好谈一谈，并告诉他我所听到的事情了。我提醒他，他的工作质量与预期不符，优秀的交易员不应该只达到这种水平。我又给了他一次机会，让他在接下来一周中改进自己的工作。如果他的模拟成绩还是无法提高，我们将不会批准他去交易实盘。

然而，AI 却用自我妄想的方式跟我周旋说，他自己一定会在实盘交易时表现得比模拟更好，并声称实盘交易才能让他更加专心致志。他对我说，由于他在校成绩一般，所以无法在类似于课堂的地方保持专注。AI 对我讲这些话只是希望我能允许他进行实盘交易，他天真地认为这些废话会让我回心转意，然后把我们的钱交给他管理。如果这个人无法在培训时认真听讲，那么他怎么可能认真对待公司的钱。怎么会在实盘中有更好的发挥？所有培训生收到的第一份文件都是在介绍平时训练的重要性。是的，我说的就是模拟练习。培训成绩会直接显示到每个人的交易结果中。我们也在课堂上讲过，从第 26 个交易日开始的实盘交易将与你的平日训练成绩密切相关，但 AI 显然没把我们的提示当回事。

我对预测一名交易员能否取得成功不感兴趣，这是史蒂夫在做的事情。我知道那些平日里就很努力的人一定会继续努力下去；而平日里不努力的人，我也不想猜测他们是否会在某一天突然开始努力。AI显然认为我们应该先给他实盘交易的权利，然后他再做出改变，但问题是我们为什么要给他这个机会？

那次谈话中还出现了一个更不愉快的插曲。AI 提道："我觉得公司一开始就不喜欢我。"你发现我们不喜欢你？是你自己选择了迟到、偷懒，不仔细阅读培训材料，是你自己选择了在班级同学面前不知所以而丢脸。你现在竟然跟我说自己成绩不好是因为我们不喜欢你？

如我在前文所说，被交易公司选中是一次难得的机会，因为你曾从数千人中脱颖而出。如果你能得到这份职位，这说明交易公司真的很喜欢你，或许会带你走上成功的捷径。合伙人的时间很宝贵，他们没有足够时间和精力照顾更多的候选人。如果 AI 被解雇，就说明我们把本应花在别人身上的时间和精力浪费掉了。我手中有许多候选人，而且由于 SMB 资本的培训项目知名度越来越高，公司邮箱几乎被简历撑爆了。我非常希望我们的交易员取得成功，也极其厌恶无谓地浪费时间。

我们让 AI 在接下来一周中去改正自己的错误。不过后来我还是听到一些公司核心成员对我讲，他在语音讨论时的态度很不认真。如果有核心成员向合伙人打小报告，那我可就得留心听了，虽然有时小报告的内容只是像在交易时唱歌或者讲废话这类琐事，不过我有多种途径了解 AI 的培训情况，毕竟我最关心的还是他的成绩。于是我再次找他谈了一次话。AI 当然希望听到我能允许他做实盘交易，可我认为他的工作依然不尽如人意，拒绝了他的请求。

我感觉当时就像在跟外星人讲话，AI 怎么样都不明白，公司绝对不相信培训成绩不佳的人在实盘交易后会突然变得优秀。SMB 资本始终强调以坚持不懈地努力，逐步提高交易技巧。培训成绩和前期准备决定了实盘交易成绩。如果谁想在没做好准备工作前就接触实战，那么 SMB 资本无法迎合他的意愿。

我建议 AI 离开 SMB 资本。由于曾接受过培训，又拥有不错的数学成绩，AI 说不定会在其他的交易公司谋得一个职位。AI 又开始说着那些由于我们不喜欢他，才造成了今天这种局面的废话。我对他说："如果公司给你造成了这种错觉，那么我们表示抱歉。你曾有两个月的时间来证明自己可以成为我们中的一员，但是却没有做到。"

自诩无所不知，却不重视基本功

在新一届培训班第一天开课的两个小时后，一位昵称"万事通"的新手交易员要求找我谈谈。我与这个人早在一年前就见过，当时他还没有做好进入这行的准备。过去的几个月中，他用自己的账户做过一些交易。"万事通"是那种在面试中一眼就能辨认出的对交易富有激情的人。第二次见面时，他看起来已经为进入交易行业做足了准备。

我们的培训内容从基础开始。第一天的课程主要介绍了成交价这一简单又重要的概念。成交价是指股票最近一次达成交易的价格，包括是以买入价成交和以卖出价成交。这是我们教给新手交易员解读成交明细的第一个基本指标。

开盘后，我回去操作自己的交易，并让新手交易员讨论成交价等概念。他们可以通过手中的模拟器和音频看到我的即时交易以及听到我的相关讲解。如果我发现哪些事情对于培训生很重要，便会马上提出来。我对这些培训生所讲的都是交易中最基础的概念。培训第一天，这些新手需要做的事情只是观看交易直播并听我讲解而已。然后我安排了 30 分钟的材料阅读时间，并让大家分成小组对材料进行讨论。我知道你现在心里可能会想：这不是跟我小学一年级的课堂或者家教指导时的授课方式差不多嘛？的确，不过别急，培训课程以后会变得越来越有趣。毕竟这只是第一天，你才入职几个小时而已。

小组讨论时，我们不像传统的美国公司那样先进行一个破冰活动。我们会把新手交易员带到一间会议室，然后让他们对"成功金字塔"展开讨论。我知道这听起来一点也不酷，但我认为这是很好的方式。我在白板上画出一个空心金字塔，让他们以小组的形式来考虑，交易员取得成功的重要因素有哪些。随后我离开房间，我让他们自己选出一名组长去把白板上的空心金字塔填好，然后来通知我。这是个不错的练习，它既可以让新手交易员互相熟悉，也为他们创造了第一次团队合作的经验。尽管他们还没有任何交易经验，但他们会尽最大努力去考虑一名交易员需要具备哪些素质。最后，当我们一起揭示正确答案时，他们会将自己深思熟虑后得出的答案记得更牢。事实证明，我们的新手交易员很喜欢这堂练习课。

大约 10 分钟后，我听见了敲门声，进来的是"万事通"，我问道："这么快就把答案做好了吗？"他说只是想私聊一会，并且不希望等到小组讨论后再讲。尽管史蒂夫预料到了新手交易员会制造一些事端，但我认为他也不会想到事情会来得这么快。

"万事通"讲道："我对和年轻人一起讨论这种练习不感兴趣。"连午饭时间都没到，"万事通"就开始抱怨我设计的培训课程了。我真想告诉他这是史蒂夫和我花了两年的时间设计出来的课程内容，可他却在几小时内就厌烦了。他解释说自己交易时从来没注意过每笔成交价的变化，并感觉这是在浪费时间，做无用功。我承认他的确是班级中年龄最长的。通常来说我们喜欢招聘应届毕业生，不过有时也会招募一些热爱交易的职场人士。"万事通"又讲了一些对于我们开盘前做准备的观点，他认为我们似乎对不相关的事情考虑太多。他想在每次做交易时达到"入场就知道怎么赚钱"的程度。

在我开始吐槽之前，我得说本来我还是挺喜欢"万事通"的，毕竟我们从几千人中选择了他。我欣赏他敢于转行做交易的勇气，但是我们无法培训一名不想听课的学生。想象一下，如果你加入海军，在兵营中的第一天就对教官说"我不喜欢用这种方式叠被子"或者"我不喜欢你装卸来复枪的方式"甚至是"我不明白为什么要晒我们的鞋子"，想象一下会产生什么样的结果，这就是我当时对"万事通"不尊重公司课程设置的感觉。

我对他解释道，我们的工作是传授知识，新手交易员的工作是学习知识。我们目前不打算对第一天的课程内容做出任何修改。如果几年以后你成为一名稳定赢利的交易员，并且希望对我们的培训提一些建设性意见，那么我将非常欢迎。但是第一天就质疑课程内容只能说明你只是不想好好听课。当然，这些话我是用平和的语气对他讲的。

这位新手交易员还不清楚自己说的话到底有多不靠谱，能尽早了解这一点会对他有好处，不过他根本没有这种自知之明。我知道自己在刚踏入这行的前 8 个月内绝对不会做出这种事，而且我经常听到资深交易员们承认直到工作 3 ~ 5 年后才明白当年自己在做什么。

现在我清楚了有些人从学习解读成交明细起就遇到了麻烦，这就有些棘手了，因为下一阶段的进程将会快到让你目不暇接。你是否记得小时候被小伙伴蒙上眼睛又转了很多圈后，突然睁开眼睛感到一阵晕眩，这才是一名新手交易员现阶段应有的感觉。

我是一名耐心的传道者，但是有那么几件事我始终无法忍受。一名刚入职的新手交易员自认为无所不知，并对培训项目评头论足的表现十分荒唐。我对质疑基本概念的行为感到不可理喻，实际上当时我在心里对自己说："这种事还有什么可讨论的，赶快让那个蠢货从我办公室离开。"

但是我冷静而耐心又跟他解释了一次，没有人敢说对自己持有的仓位有100%的信心。我提醒他交易是一项概率游戏，有时甚至资深交易员都无法理解成交价的意义。我们要做的是找到收益风险比达到5∶1，胜率在60%～70%的交易策略。我无法控制市场的走向，我们只能做到该入场时入场，然后拭目以待。

尽管我对"万事通"解释了交易的本质，他还是不停地问这问那。我能感觉到这个人有一些心理上的问题，但是我真的没有时间协助他慢慢解决。其实他不具备成为一名成功交易员的自信，这才是他质疑我们授课内容的根本原因。

我把史蒂夫找到我的办公室。并对"万事通"打赌说如果我告诉史蒂夫他的想法，史蒂夫的第一反应一定是哈哈大笑。我没有藐视"万事通"的意思，只是想让他明白自己的行为很荒唐。我让"万事通"自己对史蒂夫讲述了事情原委，果不其然史蒂夫大笑了起来，并直接对他说："那么你认为我们应该怎么教？"这种讲话方式可能有些简单粗暴，但当时谈话的氛围其实很融洽。史蒂夫礼貌地让他先去散个步，然后再决定是否继续参加培训。我告诉史蒂夫不要再理会"万事通"，他只会浪费我们的时间。我已经不想和这位自诩无所不知，但其实又什么都不懂的"万事通"一起工作了。

多次迟到被警告，依旧我行我素

在 2009 年的第一期培训班中，有一位优秀的纽约大学毕业生，我们叫他"迟来大师"。当时他只是公司的优秀备选人之一，但是他很有毅力，在想尽了各种办法后终于如愿进入了交易行业。他的数学能力非常不错，而且性格兼具冷静与热情。我们决定给他一次机会，本着可以改造他的缺点的想法招募了他。

第一天上班，"迟来大师"就来迟了，并且在第四天再次迟到。像对其他少数迟到的交易员一样，我跟他讲公司不允许迟到，这意味着对班级中其他同学的不尊重。我把他和交易大厅负责人"执行者"一起叫到了办公室后讲道："你的同学们不希望你迟到，而且迟到也是一种不尊重市场的表现。你每天都必须在开盘前做好准备，迟到会导致你准备不充分。不尊重市场会让你承蒙损失。如果我是一位咖啡馆经理，那么我可能会允许员工迟到。可是我们这是交易公司，我们在与世界上最优秀的人竞争，这和 NFL 橄榄球联赛一样激烈。"

到了第六天，"迟来大师"竟然又迟到了。这次我在早会后让"老 G"和"迟来大师"一起留了下来。我叫上"老 G"是因为我需要让他知道以后遇见同样的问题时应该如何处理，毕竟总有一天他也会像我一样对别人讲出同样的话。我向"迟来大师"解释说："如果你不能按时出席，可能错失建仓的最佳时机；如果你不尊重市场，你将承受巨大损失；如果你不尊重同学，士气就会受到影响；我们已经给过你一次机会，现在请你打包走人。"

"迟来大师"求情说保证这种事情不再发生，但我还是解雇了他。我对他讲这件事没有商量的余地，我们很喜欢他，他很有才华，但他没有珍惜这次机会。我只能祝他在接下来的职业生涯中好运。

急于求成，反而错过真正的机会

你终于被一家交易公司录取，这是你大学时期梦想的职位。你急着向公司展示自己的能力，证明自己不是泛泛之辈，而是明日新星。你希望从第一天开始就成为大家谈论的焦点：老板招了你，真是捡了个大便宜。你认为自己是天才，你想打败市场。

好吧，有自信值得鼓励，公司喜欢自信的员工。但客观地讲，你在入行初期通常要先挣扎上一段时间，而我们能给你的最好建议也无非是"从匍匐前行开始慢慢做起"。你的目标应该是每天进步一些，如果你在起步时冲得太快，那么你可能由于体力不支而无法到达终点，见不到最好的市场机会来临的那一天。让我们来看几个例子。

390 分钟进行 250 次进出场交易

曾有一位坐在我旁边的交易员犯下了起步时过于急躁的错误。我叫他"博尔特"，因为他就像短跑运动员尤塞恩·博尔特（Usain Bolt）一样起步飞快。"博尔特"对市场充满激情。在第一天做实盘交易的时候，他标记了 10 只不同股票的重要价位。一位资深交易员对此评论道："为什么他会标记这么多不同价位？他才刚刚起步，为什么以为自己已经什么都懂了？""博尔特"毕业于卡耐基梅隆大学，曾在一家一级银行工作，他希望转入交易行业。

我对"博尔特"的评价是："这个孩子有很大的上升空间。"没错，跟篮球教练胡比·布朗（Hubie Brown）在 NBA 选秀时说的一样。我喜欢"博尔特"，而且发现他有巨大的潜力尚待开发。他能给人们带来积极的能量，我们在一起时可以大声说笑，而且我们都热爱交易。

他在实盘交易的第一天，一共成交了 50 000 股，而我们当时给他的每次进场额度仅为 100 股。简单算一下，你就会发现这意味着他一天内总计做了 250 次进出场交易，而这一切仅仅发生在一个 390 分钟的交易日内。我真怀疑他这样做会不会把自己的键盘敲着火了。幸好 SMB 资本从经纪人手里拿到的佣金价格不错，否则可能因为支付巨额交易费而倒闭了。

我们的规矩是除非合伙人专门通知出现了特定情况，否则一名新手交易员一天内的成交量不许超过 10 000 股。于是史蒂夫真诚地告诫了"博尔特"要减少交易次数，"博尔特"答应后便回到了座位上。你知道在接下来的一天中发生了什么事情吗？这次他变本加厉地交易了 60 000 股。史蒂夫跟"博尔特"的谈话没起到任何效果，这次该我试试了。我把"博尔特"带进了会议室并告诉他："你如果继续以这种心态去做一名交易员，一定会失败的。"

你觉得他会听不懂我在说什么吗。失败？他毕业于全美最优秀的学校之一，又非常了解市场动态，而且清楚所有重要的交易价位。他很有才华，我们之间都清楚他要比我聪明许多。我解释道："游戏规则不是我定的，市场制定了自己的规则。在起步阶段，你必须放慢自己的脚步并专注于每天都取得一些进步。如果你不这样做，你可能在自己成为优秀交易员前就被市场清洗出局。"他点头表示认同，然后回到了交易席位上，为下一个交易日做准备。

"博尔特"没把我的话放在心上，第三天他又交易总计 65 000 股。我们曾连续两天让他减少交易量，而他却越做越多，并终于出现了严重亏损。他标记了很多重要价位，但是因急于求成而随便入场交易，他无法分开市场给出的信号和噪声。与其他培训生一样，"博尔特"

长大后，从没在任何重要的事情上经历过失败，甚至我和史蒂夫也不希望他失败。我们喜欢他的野心，但如果他不懂得应该以何种方式走过这条道路，他将无法取得成功。

交易是一项关于数字和概率的游戏。我们有意在交易日的中间时段尽量控制交易次数，因为从统计数据上看来，这段时间我们的胜率最低；我们在职业生涯刚起步时都要做少量交易，因为这个阶段我们的胜率也是最低的；我们注重新手交易员起步的过程，因为这可以让他们在交易日志中记录下更好的交易策略。每一名交易员必须清楚自己的交易风格以及哪些交易策略的胜率更高。

作为一名交易培训师，我有时的确在某些方面无法控制交易员。我们已经对"博尔特"的入场资金量、日内最高亏损额度、日成交量等方面给出了明确限制。我们曾经找他谈过许多次话，但"博尔特"仍然无法控制自己想马上变成顶级交易员的情绪。因此，我们的公司规定在他身上根本不管用。

在两个月的观察期过后，我跟史蒂夫讲是时候让"博尔特"打包走人了。我们已经没有任何留下他的理由。如果他不能遵循事物的发展规律，试着放慢脚步，他将永远不会取得成功。"博尔特"平静地接受了我们的决定。

这件事伤感的地方在于，当"博尔特"再次走在纽约金融中心的主街上时，作为日内交易的失败经历也将如影随形。他几个月来的交易表现为这个本不该出现的结果提供了太多强力的支持，然而事实并不像结果一样直接，他只是在起步阶段无法掌控自己，早早地给自己施加了太多压力。在重新审视自己之前，"博尔特"将永远无法知道自己的交易水平在未来可以达到什么程度，他本不该止步于此。

期权交易员妄想立刻炒股赚钱

在 SMB 资本成立初期，公司里还有一位"博尔特二世"，他是一位从其他公司转来的有经验的交易员。我叫他"期权疯子"，"期权疯子"是一位有着良好交易记录的期权交易员。我们当时曾认为他可以成为我们中的一员。

"期权疯子"在实盘交易的第一天就赚了 1 500 多美元。由于他有交易经验，所有我们没有让他参加新人培训。我和史蒂夫检查他的交易记录，发现他的操盘简直一塌糊涂。他对自己亏损的头寸均摊成本，然后在下跌趋势中遇到刚巧反弹 2 个点位时卖掉。他那天能以赢利告终简直是个奇迹，因为反弹之后股票马上就又跌了 5 个点位。

史蒂夫和我把他叫到了会议室。史蒂夫指出了他在基本原则上犯的错误，"期权疯子"却用嘲弄的语气说道："哥儿们，我清楚自己在做什么。我刚赚了 1 500 美元。"我真想把这段对话描述得更绘声绘色一点，"期权疯子"是我们招募过的人中最混账的一个，也是我在交易界见过的最让人讨厌的人。你能想象出他到底让我感觉有多不舒服，我们招聘他是一个严重的错误，他真算得上是"万人烦"。

史蒂夫说他犯下的错误总有一天要自尝恶果，"期权疯子"笑着回答说："我以前在交易期权上赚了不少钱。我不知道为什么你们会担心我在股票上无法赢利。不过还是多谢你们宝贵的建议。"我感觉"期权疯子"认为我们只是在鸡蛋里挑骨头，他想从我们的"废话"中早点解脱。

第二天，他果然亏了一大笔。我们的风险管理系统那天恰好出了毛病，所以当他达到日内亏损额度上限时，系统没能及时做出提示。史蒂夫和我那天都忙着做各自的交易，没有注意"期权疯子"。事后，我把"期权疯子"叫到办公室，然后告诉他，我们之间的雇佣关系到此为止。我言不由衷地对他讲，希望他能在以后的工作中取得成功。但我心里想的是，像他这样无知又自大的人根本不配碰别人的钱。

公司内一位昵称"前锋"的交易员最喜欢说的一句话是："要么做大，要么回家。"虽然这句话很励志，但我很清楚一名交易员应该在什么时候做大。交易员增加筹码意味着他必须真的看到了机会。你需要先把自己的事情做好，再来谈做大的事情。如果你还没做好充分准备就增加筹码，那么我只能让你回家，而且不会再把你找回来。

唯一能被接受的失败原因是什么？

本章列举的案例讲述的都是交易员如何自毁前程，其实除了自毁前程，有些人在交易方面可能真的没有天分。是的，他们无论如何努力也无法成为优秀的交易员。这些年来，我培训过这样的人，也听说过这样的故事。这些新手交易员很用功，完成了我安排给他们的所有任务，可是他们依然无法成功。成为一名成功的交易员就像申请参加某些俱乐部一样，你有可能会被拒之门外。与我在本章中其他小节总结出的情况不同，这是唯一可以让人接受的失败原因。

在前文的案例中，大多数交易员的失败方式并不体面。他们失败的原因包括不努力、急于求成，或者不听劝导。有些人正处于亏损中，他们其实可以做得更好；有些人只差更合理的调教；有些人一旦拥有了更好的指导便能大幅提高交易成绩；有些人只差再从某些技巧上取得一点进步，交易水平就能实现质的飞跃；有很多失败的人本不应该失败；有些人在没有用尽全力前就停下了脚步。但是还有一种人，他们真的只是没有交易的天分而已。

没有短线交易的天分并不丢人

乔·纳马斯（Joe Namath）是一位自大的前纽约喷气机橄榄球队四分卫，他曾预测自己的球队将会赢得超级碗。我们也曾与一位拥有与纳马斯一样自信的交易员一起工作，所以我们也叫他"纳马斯"。每个季度，我们都不得不与"纳马斯"一起回顾他的工作情况。他一直在亏损，连我也不知道为什么要让他继续坐在交易席位上。我们希望"纳马斯"的情况能有所好转，但这只是希望而已。我们本来应该在六个月内就解雇他，从始至终我们都没有从他身上发现任何可能成功的迹象。

"纳马斯"从不迟到，每次都按时参加我们的交易录像回顾。我们曾经减少过他的入场筹码，但他还是会坚持不懈地来到公司做交易。

最令我诧异的是，"纳马斯"从来不会为自己无法取得成功而感到焦虑。他不是 SMB 资本人缘最好的人，却表现得有点自恋。诚实地讲，我个人不是很喜欢他。如果你拥有篮球巨星拉里·伯德（Larry Bird）的投篮水准或是迈克尔·乔丹予取予求的得分能力，那么你可以有自恋的资本。但是毫无能力的自信只是一种无知。"纳马斯"当然不是公司里最用功的人，但是也能完成全部该做的工作。努力纵然会对工作有所帮助，但我认为他的问题不是出在工作态度上。

我们在每个季度末都会找"纳马斯"谈话，鼓励他努力追赶其他交易员。他认可我们所讲述的事实，却经常想在我讲话时打断我。不只是对我，他也经常打断其他人讲话。比如，有一天我们在讨论选股问题，我说是否能选择正确的股票会从根本上决定你的交易表现。如果你能选到一只日内价格波动大的股票，你的赢利可能就会大大增加。没等我把话讲完，"纳马斯"便坐在一边开始打岔，并用一种看起来很权威的语气跟着说："是的，我们要交易更好的股票才行。"他把话说得好像我是在替他阐述观点，是他发现了所有人的弱点。所以我之前说过，他很难讨人喜欢。

"纳马斯"曾经表露出一些可能成功的迹象。有时他还是稍有赢利的，尤其当市场向单方向移动时，他的赢利就会很稳定。事实上，在最容易交易的市场上，他还经常能登上公司的荣誉榜。很多不合格的交易员从没展现出自己的赢利能力，但"纳马斯"也不属于这类人。

"纳马斯"在每次谈话后都会声称："我知道自己一定会成为一名优秀的交易员。"他看起来并不在乎自己长期亏损的事实。他有充分的信心认为自己早晚能够扭转局面。事实上，我认为"纳马斯"对于自己赚钱能力的信心，甚至要比我对自己的信心还要足。但是我保持了12年的赢利，而他自从迈入交易员队伍以来账户总额还是负数。我不明白他的自信心来自何处。

我们仍然让"纳马斯"多交易了几个季度，结果他还是无法赢利。2008年12月，公司遇到了前所未有的困难，我们决定通过裁员来缓解当时的形势。"纳马斯"在裁员名单中名列榜首，我们无法让他继续在公司里耗下去了。

"纳马斯"一共在SMB资本交易了18个月，这期间他从来没有稳定赢利。总体算下来，他还亏掉公司不少钱。我无法抱怨，因为他的确按照我们的要求和进度完成了所有的学习内容。

在"纳马斯"离开之前，我对他讲："不要把这段工作当成一次失败的经历。成为职业交易员需要勇气，这可能是一个人一生中需要面对的最艰难的任务之一。我们用自己的方式做短线交易，这只是交易界中在特定时间段里的某一种风格而已。因此，在SMB资本的这段时间内没取得成功，并不意味着你在其他时间或者运用其他的交易方式也无法取得成功。交易可以让你更深入了解自己，我坚信这段时间的经历能给你留下珍贵的人生回忆。你已经掌握了一些很有价值的交易技巧，这会对你以后的交易之路有所帮助。"

"纳马斯"接受了我们的决定，并发了一封邮件表示感谢："我知道自己早晚会成为一名成功的交易员。"他依然不在意之前的连续亏损，而且也没受到这次辞退的影响，这种想法对他来讲也许是件好事，但 SMB 资本只是一家用自己的方式专注于短线交易的公司，我们无法跟他一起取得成功，也许我们不是为他"量身定制"的公司。

在成为交易员的路上，失败不丢人。如果你热爱交易，那么从未做出尝试才是真正最丢人的事情。不亲身踏入这个行业，你的所有策略和想法都只能算臆想。抓住一次尝试的机会，即使失败了，你以后也会走得更好，也许下一次你就会取得成功。这段自我发现的经历是无价的，其中积累的经验和教训会与你终生相伴。因为自己不够优秀而失败的人也是值得尊敬的，因为这是唯一可以被接受的失败方式。

第三部分
高胜率技巧实战总结

即使是世界上最优秀的交易员，如果选错股，也会被市场教训，如何找到"可交易股"？

SMB 资本选股标准是什么？哪些股票会进入他们的"禁买名单"？

分析走势图和解读成交明细各有什么优劣？为什么短线作手通过解读成交明细会更快找到最佳收益风险比？

交易高手会小仓位入场，再慢慢加大仓位，他们追求利润最大化还会使用哪些策略？

第7章 | 如何寻找"可交易股"？

选对股票决定最终交易成绩

> 随时关注一只股票所承受的买进压力及其相应的风险水平，你基本就能判断应在何时出手这只股票。只要能做到这一点，你就很少会在错误的时间抛出股票。

《巴菲特的选股真经》作者　路易斯·纳维里尔

选股会直接影响你的交易成绩。

很多新手交易员既不清楚什么样的股票相对容易操作，也不知道如何找到一只容易操作的好股票。他们常常误认为市场上没有机会，从而浪费了很多的时间。

在本章中，除了为你解释"可交易股"的定义外，我还会告诉你 SMB 资本如何操作这类股票，并举出一些实例来论证我们必须交易这类股票的原因。

我再重申一次：选股会直接影响你的交易成绩。即使你是世界上最优秀的交易员，但如果你选择的股票既没有显著价格变化也没有成交量，那么你一样无法稳定赢利。

早些年我曾认识一个交易员只操作股价在 5 美元以下的股票，他曾有一年赚了 1 800 万美元，然而在第二年就亏了 2 000 万美元。

日内交易员必须竭尽全力地提高自己的时间和购买力的利用率。

我们不奢求自己也能拥有像某些大投行给交易员开设的每人

5 000 万美元的交易账户（如果在血淋淋的 2008 年金融危机以后这类交易账户还存在的话），所以我们必须在现有资金量的条件下，去找到那些走势与我们预期相符的股票。

Ⓐ 交易导师解惑

<h2 style="text-align:center">"可交易股"的具体特征</h2>

我从一名叫作查克的交易员那里收到过很多类似下文的电子邮件：

迈克你好，

首先我想为你在 StockTwits 上对我的不断鼓励表示感谢。

我的问题是：尽管我每天都会回顾白天的图表，还是不知道如何找到正确的股票，请给我提供一些建议。谢谢！

首先，我不记得何时鼓励过他。我无法像七届环法自行车赛冠军阿姆斯特朗那样能给每个人带来希望，但我还是感谢他说的话。其次，我的确经常收到这类问题。最后，我这样回复他：

选股的方法有很多，但最好的选择永远是找到"可交易股"。"可交易股"应具备如下特征（排名不分先后）：

◎ 刚发布过新闻；

◎ 开盘前股价波动超过 3%；

◎ 每天成交量在 100 万股以上；

◎ 日内可以达到 3 个点位以上的波动；

◎ 可以找到明确的阻力位或支撑位，价格变化由真实的参与者推动。

选择"可交易股"的原因

2009 年 8 月，我曾收到数百封来自正身处艰难时期的交易员的电子邮件。我的答复是："你们选错了股票。"我定期也会收到很多来自成绩不佳的资深交易员的电子邮件。我的答复是："你们选错了股票。"总有一些交易员找到我，说自己经常在被市场清洗出局后，才发现股价再次按照自己预期的方向发展。你猜我会如何作答？没错，还是"你们选错了股票"。

日内交易员有多种不同的交易策略，但是所有人都必须选择为自己提供最多交易机会的股票。我们以成败论英雄，如果你因为找不到"可交易股"而浪费太多交易机会，那么你的交易系统则需要进一步完善，否则无法赚钱。

我们选择"可交易股"的原因如下：

◎ 提高我们的资金利用率；

◎ 提供更高的日内收益风险比；

◎ 有不断加仓的机会；

◎ 允许我们更稳定地执行交易策略以及遵守纪律；

◎ 帮助我们对抗程序化交易；

◎ 为我们提供展示交易技巧的机会；

◎ 帮助新手交易员更迅速地成长。

我用一只手就数得过来哪几只股票在最近三年内出现过符合以上全部条件，但因为交易员没能及时发现这些股票，从而错过了交易这些股票获利的机会。

　　有些交易员操作一篮子股票，但是我们不会这样做；有些人专门交易开放式基金；有些人开发了选择股票的过滤器；有些人通过股指期货把整个市场当成一个整体做交易；还有来自大投行的交易员，他们可能选择交易黄金、石油或者整个高科技行业。世界上有很多赚钱的方式，而且不止一种正确的方式。很多自营交易公司的策略都非常成功，但请记住，我们是资金量有限的日内交易员。

　　此外，我还希望能跟随着市场潮流。我的职业生涯都在锻炼交易技能，因此我希望有机会捕捉到更大猎物，我会积极地去寻找任何有剧烈波动的股票。

　　有一次，《交易员月刊》在大标题中为我和史蒂夫起了"选股探测器"的外号。成为职业交易员以来，总有一些早晨我需要准备操作没碰过的股票。不论该股是什么行业或者什么趋势，只要它是"可交易股"，我就可以从它身上赚到钱。

　　可惜的是，我知道很多人始终不想放弃自己辛辛苦苦选出来的一篮子股票。他们在挣扎的同时又抱怨如今的市场已经不像从前那样到处是机会。我再重申一遍，在过去的三年中，市场不提供机会的日子屈指可数。你不需要跌宕起伏的大盘，你只需要"可交易股"。

寻找收益风险比 5：1、胜率高达 60% 的机会

Ⓐ 交易导师解惑

适合日内交易的好股票的特征

　　我从一位叫山姆的交易员那里收到电子邮件：

贝拉，

适合日内交易的好股票有什么特征？

这个问题的答案正是我每天讲给公司新手听，我的回复：

一只适合日内交易的好股票能为你提供较高的收益风险比。它可以让你发现股价接下来应该上涨还是下跌，还可以在你轻松地以限价成交后便马上按着你预期走势前进。这些股票的趋势不但容易判断，还会经常给你提供赢利机会。

适合日内交易的股票可以在一个交易日中多次提供收益风险比达到5∶1的机会，也就是说赢利的可能是亏损的5倍，而普通股票的收益风险比可能只有1∶1。有时，某些股票从表面上看可能有很高的收益风险比，但当它们的走势与你的预期相反时，你却发现自己无法抽身离场。之所以会出现这种结果并不是因为你反应太慢，而是因为你低估了交易这类股票的风险。简单地说，你要选择"可交易股"去交易。

从全局上来看，由于"可交易股"可以多次提供高收益风险比的赢利机会，当我们针对这些股票制定多种交易策略时，胜率也将达到60%以上。如我之前所说，如果针对"可交易股"制定策略的收益风险比是5∶1，那么它就一定是5∶1，而其他股票却可能在交易时出现意想不到的滑移价差。[①]

举例说明，如果你在30美元的价位买入摩根大通（JPM）并预设止损价为29.85美元，但你确定自己能在29.85美元附

---

① Slippage，实际买价高于（多头方向）或实际卖价低于（空头方向）交易者预期水平的差额。

近顺利离场吗？事实上，也许你得以 29.50 美元的市价卖出。
当你在交易 JPM 的时候本来认为自己可以在股价跌至 29.84 美
元处离场，而最终却因为无法脱身而不得不以 29.50 美元清仓，
那么 JPM 就不是一只适合日内交易的好股票。"可交易股"能
为你提供良好的流动性，以确保你不会因滑移价差而蒙受额外
损失。

再次声明：选股会直接影响你的交易成绩。即使你是全世
界最优秀的交易员，你也无法从一只价格根本不会变化的股票
身上赚钱。

关注那些没有股价波动的股票只会浪费你的时间，我通常会寻找
日内最少波动 3 ~ 5 个点位的股票来交易。比如我在 2009 年初的一
个交易日选择了永利（WYNN），当天 WYNN 的股价先从 23 美元跌
到 21 美元，然后从 21 美元涨回 23 美元，接下来再从 23 美元回到 21
美元，最后从 21 美元涨到 22.50 美元（见图 7.1）。WYNN 在一个交
易日内总共移动了 7.5 个点位，这才是能为我们带来赢利的股票。

我又于第二天在开盘时交易福斯（FLS）。FLS 的股价在上午
11:00 以前从 50 美元涨到 53 美元，然后从 53 美元回落到 51.50 美元，
随后再从 51.50 美元涨回 53 美元（见图 7.2）。你看，还没到午饭时间，
FLS 就波动了 8 个点位。

现在我不但要找到波动剧烈的股票，还要知道它们的走势。有时
一只股票可以日内波动 50 个点位，却从没提供过高收益风险比。有
的股票即使日内波动很大也会让人感觉到无从下手，比如百度（BIDU）
和 GOOG 这两只股票对于新人来说就很难做出正确的判断，我已经禁

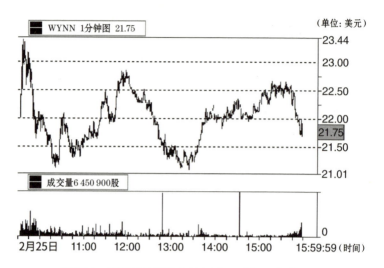

图 7.1　WYNN 股价（2009 年 2 月 25 日）

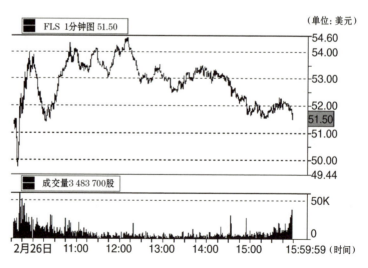

图 7.2　FLS 股价（2009 年 2 月 26 日）

止所有的新手交易员接触这两只股票。同类股票还包括 POT 和芝加哥
商品交易所（CME），因为新手交易员一旦判断出错，这类股票引发
的亏损会把他们前期的赢利吞噬殆尽。

有些股票很容易解读，比如 WYNN 和 FLS 在 2009 年 2 月下旬就
非常容易赚钱。我喜欢这样的股票，因为我基本可以确定它们的走势，
而 GS 的走势就让人难以捉摸。在那段时期，就算是一位研究 GS 的
专家告诉我这只股票接下来的行情，我可能依然会亏损。如果我避开
GS 而交易其他股票，那么我的胜率可能达到 90%。可一旦交易 GS，
我必亏无疑。对于日内交易来说，选股的重要性不言而喻。

最后，我还需要找到能顺利成交的股票，包括那些真正能在顶部
或者底部出现成交的股票。有一些股票以 50 美分为单位移动，但是
每当你想在底部买入时，却发现自己的买单根本无法成交。当你想在
顶部卖出时，你会发现买家不打算按照你的卖出价买入。如果你总是
不能以自己想要的价格成交，你的实际收益风险比会受到很大影响。
这样的股票虽然不停地波动，但你却找不到十拿九稳的机会入场。

相比之下，"可交易股"却是日内交易中不可多得的好股票，每
当我操作这些股票时，我都可以很好地控制自己的表现。如果我专注
于自己的交易策略，我就可以等来很多次收益风险比为 5∶1，同时胜
率高达 60% 的机会。我不会去碰那些可能导致亏损的股票，只会寻找
那些交易机会俯拾即是的"可交易股"。

如果你想多了解一些"可交易股"，那么就让我们看一看负责在
SMB 资本早会时挑选股票的史蒂夫是怎么做的。2009 年春天，某天
下班回家的路上史蒂夫跟我炫耀在早会时讨论出的结果。由于听了另
一位交易员分析出的 10.80 美元为重要价位的建议，史蒂夫在开盘后

马上入场买入 3 000 股 MGM，蒙受了轻微浮亏。股票在波动下跌一个点位后马上出现回调，史蒂夫最终在这次交易上获利。这就是操作"可交易股"的好处。

直到 2007 年次贷危机爆发时，我还从未听说过美国国家金融服务公司（CFC）和该公司的橙色皮肤 CEO 捷洛·莫兹洛 (Angelo Mozilo)。直到本书截稿时，这位 CEO 身上仍然背着官司。

然而在不考虑这家公司业绩本身的情况下，我和"老 G"发生了如下对话。

> 老 G："贝拉，你以前交易过 CFC 嘛？"
>
> 贝拉："从没交易过。"
>
> 老 G："你今天准备交易它吗？"
>
> 贝拉："是的。"
>
> 老 G："史蒂夫，你以前交易过这只股票吗？"
>
> 史蒂夫："没有交易过。"
>
> 老 G："有没有人曾经交易过 CFC？"
>
> 安静……
>
> 老 G："我们应该交易这只股票吗？"
>
> 贝拉："是的，它现在是'可交易股'，我们将做好准备。"

既然股票达到了我的要求，无论我之前是否了解它的走势，都会选择去交易它。除了我们规定不许交易融券未补差额过高的股票，以及日均成交量少于 60 万股的股票。

"可交易股"应该是交易员的最优选择，也是交易员的决定性选择。

你可以在它身上应用任何交易策略，包括移动平均线（MA）、指数平滑异同平均线（MACD）或者斐波纳契折返①等。你可能会问："你一直在强调'可交易股'容易操作，可是它到底有多容易？"就算有时你发现机会后因胆小而不敢入场，或者一开盘就蒙受损失，甚至错过20%可以赢利的交易，你依然可以在当天赢利。

之所以会出现这种情况，是因为你在这只股票上犯错误的边际成本非常小。在风险被降低的同时，赢利的可能性却大大提高。这都要归功于"可交易股"的特征。

交易波动剧烈的股票

我和史蒂夫并非长期以来都在操作"可交易股"。在本书第12章我会提到，我们当年是受环境所迫才找到了"可交易股"的交易策略。在2003年，我们之前赖以为生的交易策略开始无法赢利。在那个年代，我和史蒂夫肩并肩坐在闻名全球的网络金融交易商ETrade的交易大厅里做交易，如今ETrade的交易大厅已经关门，这个故事一言难尽。那时我们只是无名小卒，所以我们有大量的个人空余时间。我们每天16：05就回家，周末也不用工作。在那段时间里，我们只是两个想在互联网泡沫刚开始被吹起时找到赚钱方法的菜鸟。

我们意识到，如果想继续赚钱，我们必须比20世纪90年代末的自己更聪明。我们发现如果选对了股票，市场还是会提供给交易员大把的赢利机会。因此，我们便开始在每天早上更小心地选择股票。我们当时只选择交易半导体、高科技和互联网板块的股票，因为它们在

---

① Fibonacci Level，一种研判事物发展趋势的技术分析方法，用于判断支持位和阻力位，得名于斐波那契数列。斐波那契回调所根据的理论是，当趋势向一个方向变动时，其向相反方向的回调会在可预测的水平受阻，然后趋势即恢复原本方向运行。

当时毫无疑问是波动最大的股票。如今看来那些股票具体是什么名字已经不重要，那时的交易就像把手中的飞镖随机投向刻有"半导体""高科技"和"互联网"的镖盘上一样。但是如今我们可以操作任何一只有新闻热点或者处于剧烈波动状态的股票。我们可以利用自己的交易技巧抓住走势，其他人却可能会因为操作速度慢或者无法做空等因素而无法抓住这些机会。

我和史蒂夫放弃了投资互联网泡沫的机会，也放弃了本应赚到手的更多利润，但我们却因此研发出了能再次实现长期赢利的交易策略。我们建立了一套选股系统，这套系统是我们日后创立 SMB 资本的重要资产。本章将主要围绕这套选股系统展开讨论。

行规：从不问回报率？

我曾提到，多数自营交易公司的交易员不太可能拥有一个 5 000万美元级别的交易账户。这对于公司合伙人来说或许也是件好事，否则当我在检查新手交易员的成交记录时会倍感压力。

但是大多数像 SMB 资本这样的交易公司都在尽最大努力让自己的资金利用率达到最大化。

通常来讲，一个新手交易员的初始购买力约为 10 万美元。包括交易公司合伙人的钱和经纪商提供的融资杠杆。杠杆会让风险和收益同时扩大，但由于我们多为短线交易，这样可以最大程度减少亏损。一个优秀的交易员可以掌控 80 万美元的资金，而只有那些明星交易员才可以拥有 100 万美元以上的额度。

很少有人能够想到日内交易员的投资回报率到底有多高，我不打算在这里给具体数值，因为大部分人都不相信。上一次我在回答这个问题时只收到了一道异样的眼光加上一句"这怎么可能?"。我可以理解对于外行人来说我们的投资回报率近乎疯狂,但是请记住我们不是私募基金,我们不会购买一家公司的大部分股权,然后等上几年再卖掉。私募基金的内部收益率公式中的利率和回报与我们所用的参数完全不同。或许对冲基金公司会对这些数据感兴趣,但我并不在意它们意味着什么。

我是交易员,确切地说是日内交易员,不是投资人。一位优秀的交易员可以用 25 万美元的购买力,在除去跟公司按比例分成后每年赚回家 50 万美元。这种事情在第一次听到时会让人觉得疯狂,我现在请来同样对此产生过质疑,现任公司的交易经理兼总工程师"老 G"解答这个问题。

如果你真的想知道日内交易员的赢利能力,那么你就不能再用投资回报率作为参数来衡量这个职业。如果询问一名日内交易员的投资回报率,只会换来一次白眼再加上一句类似于嘲笑你外行的回答。

2008 年年底,"老 G"收到了一封来自他的博客读者的电子邮件,邮件中询问了他在那一年的年化收益率如何。其实我们经常会在面试中遇到面试者询问我们的年化收益率。"老 G"每天都在 Meta 和一些博客上看到有交易员把自己在某只股票上的收益率贴出来炫耀。我们既不是私募基金,也不是传统意义上的对冲基金,所以我们不通过投资回报率评估表现。

让我们看看"老 G"是怎么说的:

> 作为一名日内交易员,我们每天要做很多次交易。在某些剧烈波动的交易日中,我甚至可以在一天内做出 250 ~ 300 次

交易。对于我而言，把仓位盈亏的细微变化转化成百分比的做法意义不大。

简单地说，自营交易公司的交易员都各自拥有一个账户。每天收盘后，你的盈亏结果会被计算进这个账户中。到了月底，交易员账户中的赢利就是他们的当月薪水，如果出现亏损，则会被自动转移到下个月。在这种情况下，我们的运作比较像老式对冲基金。除非把以前亏损的窟窿补完，否则无法领到薪水。每一个交易日开始时你的购买力都是相同的，它只取决于你的经验和交易技巧，与你前一天的表现无关。

正如我所说，收益率的常规计算在这件事上行不通。比如交易员 A 有 1 万美元的保证金并通过融资拿到了 100 000 美元的购买力，然后交易员 A 在一个不错的交易日中赚到了 3 000 美元（这是一个非常合理的成绩），他在那天就创造了 3% 的总利润并帮助自己的账户增加了 30% 的赢利。如果这种情况在连续持续很多天后交易员 A 一共赚到了 50 000 美元，那么他便为他的购买力创造了 50% 的利润，并使自己的初始资金翻了 5 倍。到了月底，交易员 A 领到自己 50 000 美元的薪水支票，同时他的账户在被清零后开始重新计算第二个月的收益。把连续几个月的赢利放在一起后你会看到一个惊人的年化收益率，但是这个数字真的很有意义吗？

因此，用来评估交易员表现最有力的数据是净收益。但是，一天、一周甚至一个月的表现都无法代表着你的整个交易生涯，我们还有很多其他方面的依据来衡量自己的表现。我们只对交易员的成长感兴趣，比如如何适应市场变化、修正不足以及提升交易技巧。过多地关注我们的结果只会造成不必要的困扰。我们的目标是努力学习、认真交易，并把所有的精力都投入到自我提升中，这样一来，交易结果自然会随之齐头并进。

对于日内交易员来说，回报百分比不是用来评估表现的参考依据。当我到 SMB 资本面试时，我自己也不清楚这一点。我还记得贝拉在我问出这个问题后翻了翻眼睛，我当时还在想是不是由于我太注意细节而造成了误会。

由于我们操作"可交易股"，所以"老 G"说的每天 200 ～ 300 次交易其实一点也不夸张，因为我们可以用很少的购买力就锁定大笔赢利。"可交易股"为我们提供了更多机会，高波动性决定了我们只需要短暂持有即可。

别人不赚钱的时候，我们为何能赚钱？

2009 年 8 月，斯蒂恩博格博士在博客上发布了一篇文章，讨论了日内交易机会越来越少的话题，题目是：为什么美股日内交易将受到更多限制？ SMB 资本的交易员会定期拜读斯蒂恩博格博士的博客，因此在第二天开盘前我就收到了两封与那篇博文相关的电子邮件。他们说读过那篇博文之后对自己的前途有些担忧，其语气就像公司不久后就会散伙或者不得不整体搬去香港一样。但这恰恰佐证"可交易股"的能量。

斯蒂恩博格博士说得没错，华尔街上的日内交易员已经开始无法赢利了。大型机构的交易员赚不到钱，大多数对冲基金的交易员也赚不到钱。但可惜的是，我们却能。

对于那些交易策略需要依靠市场剧烈波动才能赚钱的人来说，这的确是一个辛苦的月份，同时那些只交易一篮子股票和某些行业的人日子也不好过，但是对于 SMB 资本的交易员而言，2009 年 8 月却是那一年中最好的时光，因为那时我们只操作"可交易股"。

行情低迷如何造就"黄金周"？

从历史数据来看，市场在每年的 8 月份的确没什么行情。我在 StockTwits 上也表达过同样观点，我甚至曾在博客上建议"大家抓紧去度假"。我认为那个 8 月的最后一周和 9 月份第一周是一年中最好的休息时间。

史蒂夫在博客上写过很多关于"可交易股"的优秀文章。作为日内交易员，我们的哲学是先找到合适的股票，然后再用自己最擅长的交易技巧操作这些股票。这种交易策略的优点在于，市场为"可交易股"提供了丰富的交易机会，在过去三年中，没有良好交易机会的日子屈指可数。2009 年 8 月的最后一周本应该是市场最安静的一周，却成了当年的"黄金周"。

你没有听错，我们的确在 2009 年 8 月的最后一周迎来了大丰收。那原本是个交易淡季，市场本不该有什么变化。每个人都去度假了，交易员都在做着与交易不相关的事情。年轻的交易员跑到汉普顿（纽约长岛富人区）去勾搭模特，父亲抓紧时间陪伴孩子。人们都在享受着各自的生活，没有交易员会在那个时候做交易。

但我们做了，而且大赚了一笔。操作"可交易股"的一个巨大的好处就是你只需要找到一只这样的股票就足够了。此外，如果这只股票的"可交易状态"能多持续几天就更好了。2009 年 8 月的那个星期里，我们发现了 AIG（见图 7.3）。这是倒数第二周的周三收盘前 20 分钟时发现的成果。

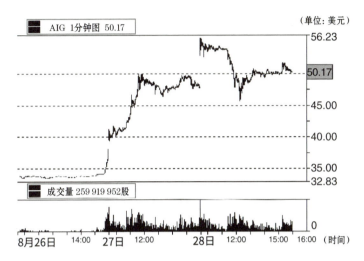

图 7.3　AIG 股价（2009 年 8 月 26—28 日）

我曾在一个棒球频道听到过一句个人非常认同的言论："每次来到球场上，你都会学到一些新知识。"2009 年 8 月我曾在扬基队的球场看到一位一口气连续吃了 4 个热狗的男人，不知道这算不算新知识，但它刷新了我的认知。尤其在那个夏天我的确在市场上看到了大量前所未见而且难忘的交易机会。

我原计划把 8 月最后一周从周二到周五的时间预留出来处理与合伙人的合作事宜，但 AIG 的表现却在提示我们，这是一次绝佳的赢利机会，于是我决定改变计划，把精力重新投入到交易中。由于形势实在太有诱惑力，"老 G"也取消了周五的消遣行程。

交易员就像职业篮球运动员一样，一生中一定会经历几次辉煌的时刻。总有那么几天能让你赚出整个星期的利润，总有那么几个星期能让你赚出整个月的利润，也总有那么几个月能让赚出整年的利润。2009 年 8 月就是能让你在一个月内创造一年利润的月份。如果你错过了它，你就错过了一年中最佳的收获季节。当机会如潮水般涌来时，你必须推掉旅行计划，然后面对市场张开怀抱。

做交易需要时刻保持视野开阔，对意料之外的事也要提前做好充分的准备。就算 11 年来每个 8 月的市场都风平浪静，也不能说明在第 12 年的 8 月份不会出现巨大转折。当人们高估了自己的经验，又低估了未知领域时，"黑天鹅"事件便会发生。对于大多数人来说，2009 年的 8 月就是一起"黑天鹅"事件。

2009 年 9 月，我在劳动节①的前一天拜访了一家优秀的交易公司。这家公司的一位交易经理对交易员讲："现在这段时期不利于交易，不要随便入场。"这些交易员采用的是交易一篮子股票的方式，他们等待市场为自己提供有利的综合价位时才会入场。对这些交易员来说，公共假日前的这个交易日中貌似没有什么赢利机会。

我给史蒂夫打电话想问问 SMB 资本现在处于什么状态，可是史蒂夫没有接，而是回复了一条短信："不好意思我在交易，AIG 现在有一波好行情，我们正在它身上捞金。"就在同一时刻，一家著名交易公司的高管告诉自己的交易员不要入场，而 SMB 资本的合伙人却由于眼前的机会而不能接听我的电话。对于我们来说没有机会的市场很少见，因为我们专注于寻找"可交易股"。

2009 年夏天，我曾在家里远程控制公司的电脑处理一些事务。我打开了风险管理系统想检查一下交易员的工作情况，随后我看到他们已经把注意视线从 AIG 转移到杠杆基金上了。我马上给"老 G"发了

---

① 美国的劳动节为每年9月1日到9月3日。

一封电子邮件："让大家回头再看看 AIG，它的机会又来了！"那天史蒂夫每隔 5 分钟就提醒大家注意一下 AIG，而 AIG 也不负众望，再次具备了"可交易股"的特征。

AIG 在当天开盘的时候股价波动很小，因此很多交易员转身去寻找其他机会。但他们应该再耐心一些，机会一定会回到 AIG 上。虽然我们可以从指数基金上赚钱，但这点赢利与过去几个星期交易 AIG 的成绩相比实在是九牛一毛。

看准时机"重拳出击"

我曾经最喜欢的口头语是"重拳出击"（Load The Boat），因为在我刚出道的那个年代，大家都在找涨势最猛的科技股然后重仓持有到收盘。我们当年讲"重拳出击"就是用尽自己所能动用的所有仓位入场交易。

"老 G"喜欢说："如果这只股票一直保持在支撑位上方交易，我便希望能把自己所有的钱压在它的身上。"听到这句话时我有点吃惊，想对"老 G"说我们是在做交易而不是在玩电子游戏机。不过"老 G"抓住了交易的精髓，因为总会有一些机会允许你去强势操作。而在这些时间里，"可交易股"能为日内交易员们带来最高的收益风险比。

找到"可交易股"后，我们会先观察委托单的交易情况，然后再寻找最佳的入场点。我们想看到买方和卖方在激烈的近距离交火后哪方能够胜出。谁赢得胜利都可以，我们只希望能看见一场惨烈的战争。2009 年 8 月，我们在 AIG 的身上运用的就是这样的交易策略。

当时 AIG 在一段价格区间内交易，股价既没有跌破 40.80 美元也没能涨过 41.50 美元。在前一个交易日收盘前 AIG 的成交量巨大，不

到 20 分钟就上涨了超过 5 个点位。第二天 AIG 跳空高开，然后轻微
回调到长期支撑位 40 美元处。随后 40.80 美元出现了更多支撑，并且
阻力位定格在 41.50 美元处（见图 7.4）。

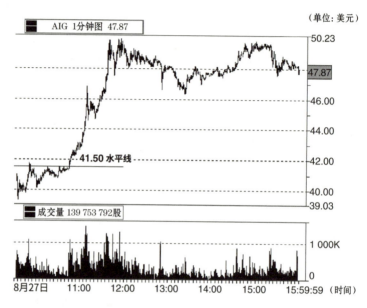

图 7.4　AIG 股价（2009 年 8 月 27 日）

　　经验告诉我们，由于 AIG 的新闻持续曝出，每个人对它的价值
都有自己的看法。它的成交量非常大，而且融券未补比也很高，因此
AIG 有很大的单方向移动空间。可见鬼的是，TheStreet.com 擅自杜撰
了我的观点并发表："SMB 资本合伙人迈克·贝拉菲奥雷表示 AIG 的
新 CEO 遇到了很多麻烦事。相信投资者们都希望看到董事长格林伯
格能够出手相助。"我并没有说过这种话，但不管怎样，AIG 眼下正
是"可交易股"，并且有很大的价格波动空间。

　　当 AIG 突破 41.50 美元并在这个日内支撑位站稳后，我重拳出击。

买家最终赢得了胜利，同时我在它身上实现了几个点位的赢利。在这笔交易中，AIG 保持在 41.50 美元的上方时，我入场的收益风险比就变得非常可观。可惜 TheStreet.com 并没有报道我真正说过的一句话："真是赚翻了！"

如何将每月赢利时间提高到 95%？

下面让我们来看看史蒂夫对"可交易股"将如何提高你的稳定赢利能力所给出的解释。SMB 资本主要交易"可交易股"，我们的交易员都学会了如何挑选这类股票。在每天公司早会时，我们会找出当天最棒的"可交易股"。

我在过去几年的面试中，会和交易员谈到这个类似哲学的问题。但是很多人看起来并没有了解这个原理的重要性，我准备在此对它做出一些解释。你稳定赢利的能力需要由高胜率来支持。如果你问一位成功的职业交易员一个月有多少天赢利，他会告诉你 80%～90% 的时间都在赢利，我通常能达到 95%。为什么职业交易员会有这样高的胜率？如下三点是令他们走向成功的基本原因：

◎ 他们锻炼出了能轻松、高效、自由进出市场的交易技巧；

◎ 他们找到了高收益风险比的交易策略；

◎ 他们操作着正确的股票。

"可交易股"就属于第三点中所提到的正确的股票。由于这种股票要比普通的股票有更多的参与者和成交量，因此它有如下优势：

1. 流动性的增加将让你在进场、离场时承担更小的无法成交的风险；

2. 它会创造出更大的价格波动，这样你会有更多机会找到高收益风险比的交易策略；

3. 大量人为的委托单会冲淡程序化交易的订单，这样一来股票的走势会更明晰。

如果让我找到一只"可交易股"，那么我将有 95% 的可能性从它身上获利。比如 2008 年 12 月的一个星期五，我们在公司早会时发现了 RIMM 是"可交易股"。当天 22 名交易员中的 19 人在这只股票上取得了赢利。也许我会连续做出三四笔亏损的交易，但是到了收盘后，由于在一个交易日出现了非常多的可赢利交易机会，我将理所当然地以赢利告终。我再举个例子，那时我在交易 MON 和 AAPL（见图 7.5）。

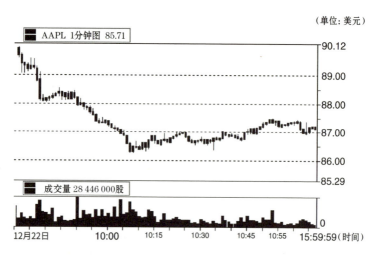

图 7.5　AAPL 股价（2008 年 12 月 22 日）

这两只股票当时都属于"可交易股",这让我当时没有任何难度地从它们身上赢利。对于选股我再多说一点。有时候我们找不到符合全部条件的"可交易股",那么这时我们会选择交易 ETF 或者其他方向性和趋势特征都很强的股票,因为它们具有强波动性的潜质。但是不管怎样,"可交易股"永远是我的第一选择。

财报季,紧盯新闻热点

史蒂夫在 SMB 资本的博客上写了不少关于"可交易股"的文章。在财报发布高峰的时节,我们每天都可以找到很多"可交易股"。交易员应该每天关注其中不超过 3 只股票,因为在这两三只股票中获得的收益通常要比同时操作多只股票更可观。

在 2009 年 4 月的财报高峰期到来前,史蒂夫几乎每天都在交易 FAZ。但是他此前已经很明确地通知了全体交易员一旦财报高峰来临,大家应该马上把注意力转移到那些有新闻的股票上。交易员技术水平上的优势可以在这些股票上体现得淋漓尽致。随着更多人参与和成交量的不断增长,那些有新闻、高流动性、剧烈波动并提供高收益风险比的股票将很容易被筛选出来。

在那个 4 月里,史蒂夫可以连续 7 天找到"可交易股"。他在那段日子里即使最"失意"的一天也可以收入 3 000 美元以上。史蒂夫的成功与自身娴熟的交易技巧是分不开的,但选股在这份成绩单中也扮演着重要的角色。他在那段时间交易过的股票有:RIMM、AAPL、GS、摩根士丹利(MS)、AMZN、QCOM 以及美国运通公司(AXP)。图 7.6 是 QCOM 财报发布以后的走势图,即使是新手交易员也同样可以在股价突破 42.60 ~ 43.00 美元的阻力带之后入场赚钱。

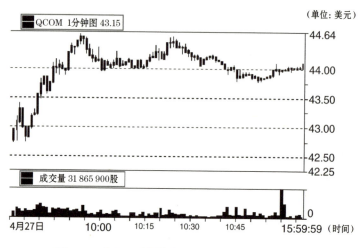

图 7.6　QCOM 股价（2009 年 4 月 27 日）

反例故事：买错股，纪律和技巧竟失灵

我们来看两个反例故事：接下来我详细介绍"纪律先生"和"万人迷"。这些鲜活的事例证明选对股票对交易员的成功很重要。

被反复提醒仍在错误的股票上不回头

我认识一位非常自律的交易员，他很擅长追踪上涨趋势。除了市场中的表现，他还有一个特点：身上连一盎司的脂肪都没有。在过去两年中，我没见过他在午饭时食用沙拉以外的任何食物。他可以找到日内持续上涨的股票，然后耐心地随着涨势获利，直到市场已经证明该股耗尽了全部动力。我管这位老交易员叫"纪律先生"，他就像一位优秀骑手一样驾驭着自己的股票。

在某些行情中，他的交易成绩非常优异。但是当次贷危机来临后，大多数交易员都转去交易像 CFC 和安巴克金融集团（ABK）这类每天下跌 8 ~ 10 个点位的金融股。我们不断地做多、做空、做多再做空，根据市场情况调整我们的仓位并持续获利，可是他依然只去找那些可能上涨的股票。

"纪律先生"在亏钱的同时，又不得不眼睁睁地看着新人的交易成绩开始以极快的速度超越他。当时他刚结婚不久，我能感觉到他近期的不稳定发挥已经影响到了他的生活质量。但是这个人实在是顽固不化，他对转型操作"可交易股"的建议置若罔闻。他对"可交易股"的走势不感兴趣的原因是认为这种股票的价格飘忽不定。我告诉"纪律先生"，我相信他是一位可靠的交易员，如果他愿意做出尝试，那么他一定会成功转换自己的思维。"纪律先生"是个不错的交易员，可惜听不进去别人的劝告。相比于赚钱，他只是更希望市场能证明他的理论是正确的。他宁愿频频碰壁，也很少采纳其他交易员的意见。

"纪律先生"的艰难时期还在继续，我认为有必要再一次找他好好谈谈。当时我们还是一家年轻的公司，我们需要像他这样年长又富有经验的交易员来成为公司领袖。他是 SMB 资本在那个年代所拥有的最优秀的交易员之一。要实现赢利，他需要做的就只是转身去交易那些波动更大的股票而已。可这个人实在顽固不化，就像面对着明星防守球员，却始终认定自己可以把球投入篮筐，结果却是投篮，被封盖，再投篮，再次被封盖。如果我是那位明星防守球员，我倒是喜欢跟这样的家伙一起比赛，可不幸的是，这个人是我队友。

"纪律先生"竟然认为"可交易股"的走势变化太快、难以捉摸，我真的无法理解他这种想法。对我来说，我希望比赛在紧要关头时球权能在自己手里；我希望自己的交易技巧可以在市场中发挥功效；我希望去交易那些难度较高但充斥着大量机会的股票。作为交易员，我为了这样的交易日而存在。我向交易之神祈祷每天都能看到股票有着次贷危机时的波动率。

在次贷危机来临之前，我既没注意过也没交易过 CFC 和 ABK。我承认当时自己只大概知道次贷危机是怎么一回事。我既不知道其他庄家如何操作，也不清楚这些公司的基本面。直到自己准备交易这些股票那天，我才回顾了一下它们的历史走势图。

我是一名交易员，而不是那些为大众创作研究报告的分析师。我会去找那些动荡的股票做交易。一旦给我交易员所需要的所有信息（技术价位、新闻、日均成交量、融券未补比率、日均波动区间），我就会勇敢地去交易它们。交易日结束后，我早已经快速地掌握了这些股票的特性。虽然刚开始接触这些新股的时候可能会感觉到一点陌生，想象一下你正在飞机上准备跳伞，你只能相信你的降落伞能顺利打开，但是我依然会毫不犹豫地入场。如果它们真的产生了剧烈波动，我就会从它们身上赢利。

在与"纪律先生"进行第二次谈话时，我重点强调了这些观点，但是他根本听不进去。我自认为做了一次很精彩的演讲，虽然我无法像肯尼迪总统那样讲一些"你愿意为这个国家如何效力"的励志话语，但是我相信自己的观点很有说服力。不过"纪律先生"实在不是一个愿意从别人那里虚心学习经验的人，他只愿意活在自己的世界里。我已经尽了自己最大的努力让"纪律先生"理解我的观点，但在我"激情四射的演讲"过后，他只是说了声"谢谢"，便离开了办公室。

我在帮助"纪律先生"拯救他的职业生涯，但他却认为我只是激情四射地在做演讲。我为他提供了一个机会，这可以使他避免跟满桌子文件打 20 年交道，或者不断地给那些根本不愿意和你交谈的人打电话推销理财产品。我在帮助他留在交易舞台上，这个舞台会让人感觉每天都是新的，你的心脏会因为自己加大仓位而兴奋。如果能让我一直身处交易游戏中，我宁愿把头发染成灰色；只要有行情，我甚至不介意入场交易那些濒临倒闭的公司。

我想这也是为什么我至今还能身处交易行业，而"纪律先生"却不得不离开的原因。他认为自己的时代已经过去，并且不愿意让自己为市场做出任何改变。**市场不会给那些顽固不化的人任何回报，它才不会顾及你希望股票走势如何。你必须要适应市场，去做那些市场希望你做的事情。**对于市场来说，唯一不变的就是变化。

"纪律先生"的离职对于 SMB 资本来说是一个不小的损失。在他离开的当晚，我喝了好几杯伏特加。不过新手交易员的到来很快就填补了交易席位的空缺，老交易员也在孜孜不倦地进步着。最重要的是，SMB 资本的工作氛围焕然一新。我们有一个更年轻而富有激情的队伍冲向了次贷危机的旋涡中，他们的才华和自信将使他们从"可交易股"身上大有斩获。

5 个月积极引导，终于不再迷恋黄金股

在接下来这个案例中，"可交易股"彻底挽救了"万人迷"的职业生涯。"万人迷"在被一家享誉业内的日内交易公司解雇后来到 SMB 资本。他曾坐在华尔街最优秀的一批交易员中间，我相信他的脑海中早已储备了大量的赢利所需的交易技巧。只要把他再次放到交易前线，他的技巧一定可以派上用场。

"万人迷"曾是他们那期培训班中人缘最好的学员，这个昵称也

因此而来。他也是除了我母亲外唯一管我叫"迈克尔"的人。当他在操作"可交易股"时，如果股价突然产生大幅波动，你会听见他敲桌子并大喊"噢！"。这句"噢！"的声音听起来明显来出自一位平时安静又讲不好英文的人。好笑的是，他既聪明又讨人喜欢，可是来美国这么多年后英文水平依旧不怎么样。每次在"万人迷"喊出他独特的"噢！"后都会引起全公司的哄堂大笑。

更有趣的是，每次当"万人迷"赚钱后，他都会像酒吧里跳街舞的人一样前后扭动自己的脑袋。"万人迷"刚进入 SMB 资本时的成绩非常优异。那时黄金类股票正处于可交易状态，他的交易成绩可以位列公司三甲。当时我甚至想不通他的前任公司到底出于什么原因放这样优秀的人才离开。

但是不久后，"万人迷"的交易缺点便暴露了出来。就像一阵出乎意料的飓风席卷了你正准备去度假的海滩一样，"万人迷"开始在接下来的几个月中频频失利。他从表现最优秀的交易员突然变成了成绩最差的交易员。我和"老 G"检查了他的交易记录，发现他依然每天都在交易黄金类股票，可是这个板块早已不再处于可交易状态。

我给"万人迷"发了一封电子邮件，告诉他不要继续迷恋黄金股，当务之急是要把精力放到其他更容易操作的股票上。不过他在收到邮件后并没有听从我的劝告，依然交易着他的黄金股，也依然在市场中挣扎。因此，我决定对他采取强行干预。我把他叫到办公室，先肯定他的趋势交易技巧，随后我又对他解释一旦黄金股不再是"可交易股"，那么他的技战术将在市场中无法体现出任何优势。"万人迷"坐在那里仔细听我把话讲完，然后用一句"谢谢你，迈克尔"结束了谈话。我认为他彻底领会了我的意图。

可事实让人大跌眼镜。"万人迷"继续交易着他的黄金股，就像看到了那些末日阴谋论者正声嘶力竭地想把手中的现金兑换成黄金等实物资产一样。他始终无法摆脱低迷的交易表现，我到底应该怎么做才能让他迷途知返？

在继续讲"万人迷"之前我再插一个小故事。我曾经坐在一位黄金股交易员的旁边，他是坚定的美国"亡国论"分子。他口中的话题和大理论一套接着一套，比如罗马帝国的兴衰与情色紧密相关。这名交易员曾给银行打电话问道："如果你们破产，我存在你们那的金条还安全吗？"他希望在美元变成废纸的末日之际收到自己的实货金条，但是既然银行已经破产，他又怎么能确定金条还安全呢？

现在我们把目光重新投回到"万人迷"身上。我调换了他的座位，把"万人迷"安排到公司的后排，这样他便被公司中喜欢用趋势交易技巧操作 FAS 的交易员们所包围。

经过那次调整之后，"万人迷"果然停止继续亏损，但是他的交易结果还是没达到我的期望。于是我找到公司里最擅长趋势交易的交易员，让他跟"万人迷"好好交流一下。随后我又给这位交易员发了一封电子邮件，我在邮件中告诉他一定要劝说"万人迷"把精力投入到"可交易股"身上，并协助"万人迷"最大限度地开发他的趋势交易策略，务必做好老师的本分。

这个方法最终产生了效果，不久后"万人迷"开始关注像 AIG 和 CFC 这样的"可交易股"。他再次回到了优秀交易员排行榜上，并把自己的名字长期留在了榜单前列。我们花了 5 个月的时间才让他懂得"可交易股"的重要性，不过不管怎样，我很高兴见到这种皆大欢喜的结局。

用"可交易股"对抗程序化交易

2008 年 7 月，我收到了一位名叫卡特的期货交易员的信息。他对日内"黑匣子"（程序化交易）很感兴趣。我从卡特那里听到了大多数期货交易员的心声，一些人认为"黑匣子"会破坏交易规则，总有一天会把交易员赶出市场。我也曾收到某位胆小鬼匿名发来的邮件，他说他本不想跟我讨论这种幼稚问题，但对我仍用人来做交易表示质疑，问我是不是活在石器时代。

总有些人认为黑匣子会逼得日内交易员走上末路，但于我而言，这种说辞只是为自己低迷的表现找借口。我在 2001 年股价开始以小数计价和 2006 年市场刚步入混合交易时都听过类似的说法。以下是我对于"黑匣子"的观点，同时也进一步说明了为什么你要操作"可交易股"。以下是我的一些想法。

在过去五年中我经常听到这种言论，但我始终可以保持稳定赢利。SMB 资本刚刚在 2009 年 8 月经历了公司史上最辉煌的时期。

"黑匣子"会使日内交易情况变得更复杂。

你需要更仔细地选择股票。这样你就仍然拥有很多机会把个人优势应用到交易中。利用趋势交易技巧操作"可交易股"就是很好的例子。但如果你不认真选择股票，那么"黑匣子"将夺走你的钱。

"黑匣子"的失败概率比交易员要高。

很多"黑匣子"是由没有交易经验的程序员编写的，因此它们从诞生那天就注定要失败。如果让这些金融工程师穿上红马甲进入交易大厅，他们将紧张得不知所措。你无法只通过看数字变化就能成为有赢利能力的交易员。历史已经一次又一次地证明了人脑必然胜过机器。"黑匣子"单纯地按照历史数据做交易，不见得能够对现在的市场做出正确判断。

你必须辨认出不同程序化代码的逻辑，这样你就可以源源不断地从它们身上赚钱。但是这需要经验、指导以及不断练习。

我见过很多被市场摧毁的"黑匣子"，我也确定这样的事情还会在未来不断发生。最让人失望的"黑匣子"莫过于"新低逼空程序"。事实上，这样的"黑匣子"有一个最致命缺陷，它违反了交易的基本原则（弱势股可能根本不反弹）。当一只股票突破日内最低价时，很多交易员会顺着趋势入场加入空方阵营。这个程序会先买入交易员的空单，再把股价推高，这样一来股价会因为交易员的被迫清仓而被再次推向一个更高点。可问题是，这种程序也应用在了 2008 年夏季末股价如自由落体般的房利美（FNM）和雷曼兄弟（LEH）身上。这些股票曾一度被技术性砸盘，不仅日内交易员逢低做空，就连那些大型机构都在清理仓位。因此这类"黑匣子"很快就因巨亏被市场淘汰。我们应该尊重并了解"黑匣子"，而不应该对它产生恐惧。

任何能制造出一个持续赢利的"黑匣子"的人都是天才。

"黑匣子"不得不视情况而打开和关闭，就像我们看见某些价位上的委托单不断地下单和撤销一样。今天有效的"黑匣子"不代表明天依然有效，也正是由于这个原因，它们永远无法支配市场。而具备发散性思维的交易员却总能判断出可以为自己带来交易优势的入场时机。市场总是在变化，没有一种程序可以把所有变量都考虑在内。因此，"黑匣子"无法把交易员从市场中驱逐出去。

"黑匣子"正变得越来越流行，我对编写出能持续赢利的"黑匣子"的人表示敬佩。我的确知道一家交易公司只靠几个"黑匣子"就能取得丰厚赢利，财富是他们应得的回报。但没有任何"黑匣子"可以打败经过严格训练和培训的交易员。市场中的不确定因素太多，我只在能够发挥自己优势的时候才入场交易。如果我发现一只股票被多个"黑匣子"所控制，我将会把精力放在其他股票身上。公司里曾有人跟我开玩笑，说我本身就是一个"人类智能型黑匣子"。

与黑匣子对抗，有时的确让人头痛。有一些程序是专门为了对付日内交易员而开发的。举个例子，当我们发现 SPY 突然大涨时，我们可能入场跟着做多 AIG。由于预测到了短线交易员会采取这样的行动，"黑匣子"就会吃掉所有的多单并把股价继续压低。假设交易员 A 的买入价为 35.05 美元，交易员 B 的买入价是 35.06 美元，交易员 C 是 35.07 美元，交易员 D 是 35.08 美元。"黑匣子"可能会成为吞掉所有短线交易员多单的对手方，由于这个过程中只有短线交易员参与抬高股价，市场上根本没有其他机构参与者跟进买入 AIG，所以 AIG 由于缺少其他参与者而无法继续上涨。随后 AIG 轻微下挫，交易员 A 在 35.00 美元止损，亏损 5 美分，交易员 B 选择在 34.95 美元认亏离场，交易员 C 在亏损更多的 34.90 美元离场，交易员 D 只好在 34.85 美元处平仓。交易员原本正确的交易却只收获了亏损的结果。

以上过程就是"黑匣子"从短线交易员的手中抢钱的典型案例。

有很多程序化策略都是专门为那些我称之为"手抖的短线交易员"而准备的（交易员们只会对手中处于浮盈状态的仓位长期持有），于是，日内交易员感觉很沮丧，他们会说："我无法打败这些倒霉的程序。"但这是事实吗？在没有真实玩家和成交量的情况下，这个结论也许正确，而在众多玩家和机构参与的股票上，你就可以打败"黑匣子"，"可交易股"就是这种股票。

如果现在 AIG 是"可交易股"，那么让我们重新看一下上面的例子。我们在看到 SPY 突然大涨后入场做多 AIG。让我们再用一次上文相同的交易员和入场价位，假设交易员 A 买入价为 35.05 美元，交易员 B 的买入价是 35.06 美元，交易员 C 是 35.07 美元，交易员 D 是 35.08 美元。"黑匣子"认为买家全部由短线日内交易员组成后，吞掉了全部多单，随后向下做空。交易员还会再经历一次亏损吗？不，这次不一样。

请记住，有很多真实市场参与者在操作"可交易股"。通常来讲，当 SPY 上涨时，大量买单会涌入市场冲垮"黑匣子"。假设我们不打算长线持有头寸，交易员 A 会在 35.85 美元卖出，交易员 B 可以在 35.93 美元卖出，交易员 C 在 35.94 美元卖出，然后交易员 D 的卖出价是 35.97 美元，大家都大赚了一笔！现在谁才是真正的赢家？

当我们发现"可交易股"走势强的时候，股价就有再涨一步的可能性。程序化交易无法把我们和更多真实买家都清洗出场。这就是另一个我们要专注于"可交易股"的原因。现实中的教训要比刚才的例子惨痛得多。作为一名日内交易员，你会抱怨那些讨厌"黑匣子"抢走了你的钱。如果你把它们当成肉食动物，那么你就是猎物，你需要时刻保持警惕，避免成为它们的午餐。

但现在你面前有两个选择。你可以抱怨，也可以抗争。抗争前你需要搞清楚如何让"黑匣子"为你所用，比如搭上逼空程序化的顺风车，你也可以成为捕食者。同时你还要去寻找"黑匣子"无法发挥作用的时机和那些可以战胜它的股票。作为交易员，你可以花上几个月的时间来找出市场中那些应用"黑匣子"的公司；也可以列出自己被他们猎杀的例子，然后在茶余饭后与朋友们抱怨；你甚至可以写一本书咒骂在市场中作弊的人，但这对你有任何好处吗？你会把自己亏掉的钱赚回来吗？

正如我所说的，选择权掌握在你的手中。市场是一个让你解决问题的地方，"黑匣子"虽然使市场短期走势难以被识别，可是它们绝对做不到让市场走势无法识别。"黑匣子"只是让市场变得更复杂，但市场再复杂，你也总会找到能够应用你的优势的入场时机。在我刚入行时，纳斯达克被做市商操控。除了因操纵股价而接受天价罚单外，做市商的日常工作其实跟日内交易员差不多，只不过他们不需要支付那些我们不得不花费的佣金而已。即使在这种情况下，我们还是能在每千股30美元佣金、公司拿走大部分利润以及系统时常瘫痪的情况下从市场中赚取一定数额的财富。

在任何行业、时间和地点，永远存在着困难和不公。**我们需要做的是过滤市场中的噪声，但是我们绝对不会去做，同时也是所有交易员们都不要去做的事情，就是给自己找借口。**既然可以自由进出市场，我就可以找到发挥自己交易优势的入场点。如果其他公司的"黑匣子"操作精英想吞掉我的资金并把我赶出市场，那么我一定不会让他们得逞。他们的确曾经抢过我的钱，这种事情无法永远避免，但我可以决定如何回击。在我拥有交易优势时，我能确保自己不被清洗出场。虽然"黑匣子"会对我的某些交易策略产生影响，但我依然拥有更多可以赚钱的优势策略。那些在我身上叮过几个小脓包的虫子完全不足以决定我的健康状况。

抱怨"黑匣子"没有任何意义，它只是科技进步的产物，今天我们之所以能活跃地进出于市场，也要得力于科技进步。我希望能在未来拥有更多机会进入其他国家的资本市场，这同样也需要科技的鼎力支持。SMB 资本也有能力制造"黑匣子"，只是我们自己主动选择放弃而已。

操作"可交易股"会让你突飞猛进

"可交易股"身上的交易机会可以为新手交易员带来巨大好处。与其他工作一样，在缺乏经验的起步时期，交易员见过的市场形态越多就对自己越有好处。由于 2008 年秋 SPY 波动率高得离谱，新手交易员最大的收获就是在短时间内见识了大量的市场形态。也正是由于这个原因，我曾在第 1 章提过的"摇钱树"和"动能博士"才可以在职业生涯初期就大获成功。高波动率的市场会在一个交易日中走出平时五个交易日所包含的形态。在这种情况下，新手交易员的交易水平便可以在短时间内突飞猛进。

"可交易股"对于交易员来说也是同样的道理。对于波动率高的股票，你会在它们身上见到更多不同的市场形态，从而比那些交易一篮子股票的交易员获得更多经验。所以说，操作"可交易股"会加速你的学习进程。

我会经常在公司里说："这不是一只好股票，它无法真实体现我们的交易技巧。"虽然我经常用半开玩笑的语气说这句话，但是我对待这件事情的态度是非常严肃的。我已经掌握了多种交易技巧，可以做多，也可以做空。（在 20 世纪 90 年代末，我所在的交易公司不教我们如何做空。）我已经撰写了一本包含多种赢利策略的交易手册。

如果一只股票走出一波强势行情，我将像享用感恩节火鸡一样享用这份盛宴。我可以通过解读成交明细找到让我具备交易优势的日内交易机会。也许是做多，也许是做空。可能是中长线交易，也可能是快进快出。如果一只股票一动不动地停在那里，我则无法运用自己之前准备的一切交易策略。"小马哥"曾讲过："我的保时捷和在汉普顿的公寓与这样的股票无关。"

选对股，从它身上赚走每一分钱

我们通常可以看到"可交易股"的新闻，可能是正面的，也可能是负面的。我喜欢听到的新闻包括净利润高于预期、销售额高于预期和股票增发。我在开盘前会检查所有价格浮动超过 3% 的股票身上是否发生新闻。"可交易股"在开盘前也依然能保持"可交易状态"。此外，那些接近重要阻力位和支撑位的股票也在我的考虑范围之内。我经常设想一个简单的情境：如果我就是一家对冲基金，现在有一个交易员给我打电话问我是否对这只股票感兴趣，我会怎样回答？如果我的答案是肯定的，那么这只股票就是"可交易股"。

如果我们在开盘前选对了股票，就会把注意力放在这只股票上。如果它的表现真的像预期一样出色，我们可能连续操作这只股票长达三天，并努力从它身上赚走每一分钱。我们可以对它做空、做多、减仓、加仓、超短线持有，或者整天握有同一个头寸，这才是交易。

我们会在开盘前认真选定要交易的股票，从交易笔记和图表上找到重要的价位，然后把可能发生的情况全部考虑进去。通常，我们也许并不熟悉当天早上选出的"可交易股"，所以我们必须在交易前做足准备。还记得第 5 章中出现的"刽子手"吗，没有做好准备工作，那就准备失败吧。需要准备的数据包括：日均成交量、融券未补差额、重要的支撑位和阻力位、日均波动率等。在经过整个早晨的准备工作后，我们会决定哪些股票最适合当日交易。

当市场风平浪静的时候，我们会用公司的过滤器来选择股票，有时也会请 TradeIdeas 公司来帮助我们。TradeIdeas 公司非常高效，有一次我在开盘后写了一篇关于应该如何操作 V 的交易策略，TradeIdeas 的老板大卫·阿法雷特（David Afariet）在读过我的博客后马上就为这个交易策略制作了一个过滤器并把链接附在了读者留言中。

你可能会问："我如何确保自己操作的就是'可交易股'？"在每天开盘之前，每一位 SMB 资本的交易员都要递交一份包含自己所有交易思路的报告。公司中的每一位交易员都可以阅读这份内部文件。史蒂夫会阅读每一份报告，然后从中选出最优秀的一份。在 8：30 开始的早会中，史蒂夫会通知大家哪些股票最适合当天交易。史蒂夫随后还会对大家讲述自己对于这些股票的分析数据和观点。提供交易这只股票建议的交易员会给整个公司列举日交易量、重要价位、新闻和股票开盘前动态等情况。我们还在每天 12：30 开一次午会，讨论"可交易股"从下午到收盘前的交易事宜。因此，在早会和午会后，SMB 的交易员都能够以全副武装的姿态奔赴战场。我们会为接下来的战斗做好最充分的准备。

如果由于某些新闻在早会之后发布而产生了新的"可交易股"，

那么得到消息的交易员将会马上通知身边其他人。如果我们的交易系统提示某只股票达到了重要的交易价位，我们也会大声喊出来通知其他人。但是通常来说，我们在一天中只专注一两只股票，然后从他们身上竭力赚取利润。

资深交易员非常看重选股，我们心中都很清楚，选股将直接影响交易员的交易成绩。解读成交明细是新手交易员必须学习的基本技能，但是很少有人能在这方面达到炉火纯青的境界，直到他们读到下一章。

第8章 | 解读成交明细
成倍翻升赢利的绝技

成交量丈量力量，我们将多空双方的力量（或努力）与战果（价格上的得与失）进行比较，以确定是哪一方占优，以此来鉴别出那些已经蓄势待发的变化所发出的相关信号。

《威科夫量价分析图解》作者　戴维·H.魏斯

我见过很多新入行的日内交易员认为交易只是学习技术分析、图表分析，然后入场交易而已。以下是我听他们讲过的话：

从走势图中我可以看到所有自己需要的信息。

—— 一位业余交易员

解读成交明细无法帮助我赚钱。

—— 一位误导人的交易员

我不懂如何解读成交明细。

—— 一位为自己找借口的新手交易员

解读成交明细这种事情最终将会从市场中绝迹。

—— 一位认为无法击败量化交易而退出的老交易员

投机家才去解读自己的成交明细，这种策略只对那些整天像嗑过药一样的活跃交易员管用。

—— 一个轻视日内交易、把正确性看得比赚钱重要的人

> 我需要找到那些握住仓位就能赚钱的策略。
>
> —— 另一位误导人的非日内交易员

一些人不懂得解读成交明细的方法，还有一些人甚至不知道为什么要解读成交明细，因为他们不知道解读成交明细可以使自己的赢利能力成倍翻升。

交易有多种方式，就像高尔夫球手使用多支不同的球杆一样，而那些无法解读成交明细的人相当于手里只有一支球杆，却要应对不同的击球环境。解读成交明细对你来说非常重要，这项本领可以为你带来其他交易者一直以来苦苦寻找，却无处可觅的交易优势。交易员可以通过仔细观察成交明细中某个重要时刻的买入价、卖出价和成交价，从而帮助自己在下一次见到同样情景时做出胜率更高的判断。我所谓的成交明细在业内有个别称，叫作"二级报价"（Level 2）。成交价可以告诉我们股票在某一时刻比较倾向于买入价还是卖出价。你无法总能预测对股票的走势方向，但是通过成交明细找到线索，可以让你判断正确的概率超过 70%。

当年我的第一任雇主每个月都会为成绩优异的交易员举行派对，顺便也借此增进同事之间的情谊。当然，这是公司在每个月从交易员身上获取几百万美元的利润后，给予大家的一点回馈。我和史蒂夫来到了位于纽约市"小意大利"（Little Italy）①的一家名字叫 SPQR 的餐厅，公司安排的"畅吃畅饮派对"就在这里举行。

你知道交易员在会议室看见免费比萨后的样子吗？他们简直就像

① 纽约市曼哈顿下城的一片街区，曾经住有大量的意大利人，今天仍有意大利商店和餐馆。

饿狼般一拥而上。你会觉得难道这些交易员真的买不起几块钱的比萨和可乐吗？不管怎样，在吃饱了意大利面并与这些20多岁的阔绰交易员聊过天后，我便等待着公司公布本月的最佳交易员名单。

我在心中凭直觉默默地猜了几个名字。公布顺序从第十名开始，最后是第一名：

"第十名是本月收益21.2万美元的……"尽管这个人是前十名的常客，可我还是读不好他的俄语名字。

"第九名是本月收益23.5万美元的……"我没见过这个人，但是听说他的确很厉害。

"第八名，史蒂夫·斯班瑟……"

史蒂夫·斯班瑟？怎么听起来跟我好朋友的名字一样，难道公司里有两个史蒂夫·斯班瑟？

就在这时，坐在我身边的史蒂夫从座位上站了起来，随后走到台前站进了光荣的队伍中。我竟然不知道他上个月赚了这么多钱。我们从7岁开始一起玩沙子，结果他上个月赚了20多万美元。他所取得的成绩简直和我童年时认识的史蒂夫判若两人。要知道，那时互联网泡沫时代还没有来临。

在1998—2000年的互联网泡沫期间，你至少要月赚50万美元才能排进前十名。在那个年代，公司的假日派对都在华尔道夫饭店的豪华礼堂举行，如今看来这也是比较奢侈的。为了奖励自己，史蒂夫花了2万美元买了一台50寸的第一代等离子电视机，这还是折扣价，如今说不定你只要花800美元就能在沃尔玛买到一台。"小马哥"为自己买了一台保时捷和几套公寓。这是非常非常明智的决定，在互联网泡沫破灭后，他又搭上了房地产泡沫的顺风车。

那时没有即时图表，每个人都靠解读成交明细进行自我提升。我们看不到现场直播的 CNBC 新闻，其实我已经想不起来当时身边是否有一台电视机。有趣的是，史蒂夫曾在一次与公司高层谈话时要求安装一台电视机专门用来播放 CNBC 新闻。有时市场会不知何故走出一波行情，我们通常都是事后才知道哪些公司身上发生了哪些新闻。可惜的是，史蒂夫的建议最终也没有得到明确答复。

史蒂夫对此的反应是："看不到新闻其实无所谓，我们只管顺着趋势操作就好。"后来，我们不需要知道具体新闻内容就可以做出正确的交易，因为我们积累了大量解读成交明细的经验，我们掌握了如何应对各种情况。虽然如今信息渠道十分发达，但我们的这项本领一直发挥着重要作用。

"小马哥"曾经因为创立自己的对冲基金以及探索债券市场的缘故离开过股票交易行业几年。虽然距离他操作股票时隔已久，但是回归以后的第一个月，他仍然比公司里任何一个交易员赚钱都多。原因很简单，他始终没有丢掉解读成交明细的本领。斯蒂恩博格博士曾在他的博客上讨论过这项本领。作为交易心理学的教父，他写道：

> 我的经验告诉我，是否拥有理解委托单成交状况的本领，是把昔日老一代成功日内交易员和那些只能看懂走势图和技术指标的新手区分开的重要因素。

我自己也属于老一代交易员，不过我不知道斯蒂恩博格博士为什么要提醒我已经老了。其实像我这样的老一代交易员很愿意教导新人如何解读成交明细，以及告诉他们这样做的好处。这些年来，我经常失望地听到新手交易员讲："我只想把注意力放在走势图上，我不知道看成交明细有什么用。"

经过五个星期的培训，交易员开始接触实盘，从这时开始他们便进入了我们培训项目的第二阶段——交易员进阶。我和史蒂夫会在他们实盘交易后的第六个交易日再把大家聚集在一起，先是强调各方面重点，然后回答他们操作实盘后心中产生的疑问。一位很有潜力的培训生提出在交易 MS 时自己运用移动止损①时遇到的问题。移动止损？我可从来没教过学生们运用移动止损，他是从其他业余交易书籍中学到的吗？这是个不好的信号，我认为他一定是在解读交易明细时遇到了问题，他希望通过尝试移动止损掩盖自己的缺点。只有同时操作多只股票的资深交易员才可以考虑运用移动止损提高效率，新手交易员还是得用限价单。他想跳过这段学习曲线，于是我建议他在解读成交明细上多下功夫，然后通过成交明细找到合适的卖出价再手动卖出。老一代交易员都是从这里开始做起的。

在我看来，交易员不学习解读成交明细的行为，就像篮球运动员不练习空位投篮一样，必然会在以后比赛中错过轻松得分的机会。我们的新手交易员替我找到了一个更形象的类比，他的比喻是：不学习解读成交明细就像业余高尔夫球手在任何情况下都坚持用铁杆打球，因为他根本没学会如何使用推杆。

史上最伟大的交易员之一，史蒂夫·科恩在《商业周刊》上的一篇名为《大隐于市的华尔街明星交易员》的文章中写道："我今天所有的收获都得益于早年解读成交明细的经验。"杰西·利弗莫尔（Jesse

---

① TrailingStop，又称追踪止损，就是追随最新价格设置一定点数的止损，只随汇价朝仓位的有利方向变动而触发，是在进入获利阶段时设置的指令。

Livermore）在《股票大作手回忆录》中写道："在股市的战场上，成交明细就是你的望远镜，七成情况下你会用到它。"

A 交易导师解惑

解读成交明细是一个慢慢学习的过程

我在博客上第一次贴出有关解读成交明细的文章之后，从读者那里收到了大量问题。

来自查德：

你可以再详细点解释"解读成交明细"的意思吗？我应该注意每一笔成交状态吗？你是否可以举例说明我们最应该注意哪些要点？长期以来我一直在留意股票的成交状态，并且我相信自己在这方面已经有所收获，但是我不确定这是否是你所指的"解读成交明细"。

来自约翰：

也许我问了个外行的问题，但你说的"解读成交明细"是观察委托单流的变化情况吗？这和"二级报价"是同一回事吗？

来自网友 invNin：

由于缺乏指导材料，我认为解读成交明细需要一定的技巧才行。由于不知道自己的问题出在哪里，很可能我们只是在看一遍数字在屏幕上跳动后便草草收场。我在读你的博客时，不是十分理解解读成交明细的真正含义。

来自另一位约翰：

请问你在解读成交明细时有专门的软件吗？

我还收到过一封这样的邮件：

迈克你好，

我有一些关于解读成交明细的问题，我相信同样的问题你可能已经回答过别人很多遍了。

让我先介绍一下背景。我曾在华尔街的金融机构做了 16 年销售（也许这是我转行做交易的劣势），如今我成立公司，并把公司的研究报告卖给券商。我雇用了最好的交易员，即使我不能够真正理解他们的操盘手法，但依然会让他们放手去做，因为我知道如何管理他们。我近期开始专注于日内交易。我成功地阻止自己按照基本面分析和直觉做出交易决策，与此同时我也开始学习如何分析走势图。

但我发现自己在解读成交明细时遇到了问题，我不知道如何运用这项本领提高交易成绩。我有时看纳斯达克的二级报价，那种"知道它很有用却无法使自己提高"的感觉让我很沮丧。请帮帮我，告诉我应该怎样做。

虽然我不能在博客上向所有人解释明白如何解读成交明细，但我还是决定统一回答这些问题。以下是我回复内容：

来自著名金融网站 thestreet.com 的艾伦·法利曾写道："交易员必须通过长期观察和经验积累才能理解自己应该如何解读成交明细。"解读成交明细包含很多不确定的变量和知识点，一些模棱两可的总结很容易让人们产生误解。

记住我们的目的是通过解读成交明细获取经验，养成自己对交易的本能判断，刚开始会很难，但不要轻言放弃，这是一个慢慢学习的过程。

讲句题外话，我们在公司网站上推出了解读成交明细的课程。由于事务缠身，我只能请"老 G"帮我拟定一份课程大纲。他最终确定了 15 章讲义和 30 多个视频案例。经过一系列讨论后，我们决定向大纲中再添加更多章节和视频案例以确保课程的全面性。为了让教程达到更好效果，"老 G"牺牲了无数个夜晚和周末，把自己锁在办公室里剪辑视频。他最终出色地完成了任务。

成交明细让我们找准买卖点

在 2009 年 6 月期的培训班（这是 2008 年到 2009 年期间最优秀的一届培训班）中，我们正在回顾一只移动缓慢的股票的交易状况（至少对我来说它很慢）。在我突然喊出一声"买"后发生了如下对话。

贝拉："你为什么不在这里买入？"

培训生："我不确定这里是买入点。贝拉，为什么要买入？"

贝拉："由于它正处于强势的上升通道，你应该做好准备。你需要一个大盘强势而这只股票出现轻微回调的时刻，在这个案例中它就是买入信号。"

培训生："能说得具体点吗？"

  贝拉："现在股票已经不再成交于买入价。它刚刚连续吃掉了95美分、90美分、85美分等整数价位的买单，而83美分处它无法继续前行，就在这里买入！"

  我对他们指出83美分处与其他成交价有何不同。录像显示在接下来的3分钟内股价上涨了50美分。

  我并不是随意编造一个买入机会，我也不确定股票接下来的走势如何。但是我在回顾录像时通过解读成交明细得知自己应在这里建仓，因为它可以给我提供一个超过60%胜率的高收益风险比的交易机会。这种交易每次出现的时候我们一定都会入场。

乔布斯的健康与多空争夺战

  这里有一个如何通过解读成交明细找到最佳入场点的实例。2008年年底，市场上充斥着很多苹果公司CEO乔布斯健康状况的传闻。在2008年的苹果世界开发商会议上，很多人都注意到了他骨瘦如柴的身躯和憔悴的精神状态。乔布斯是这个时代最伟大的CEO之一，如果他身患重病，这将会对苹果公司的股价造成怎样的影响？我曾经有关于这类案例的记载，很多人会在这种时刻对企业领导者的病情投机做空。虽然很多投机者对于乔布斯健康状况的评论太缺乏人情味，但他的身体状况的确会严重影响AAPL的走势。作为一名交易员，我不得不承认我们的工作也存在着不阳光的一面。

  苹果公司坚称乔布斯的健康情况是"个人问题"。2009年1月5日，苹果公司在官网上公布消息，称乔布斯已经连续几个月处于荷尔蒙失调的状态。9天后，一家股票资讯网站又登出了如下信息：

苹果公司 CEO 乔布斯因病离职休息到 6 月底

最新消息：苹果公司 CEO 乔布斯于今日给公司全体员工发了一封邮件："同事们，我相信你们所有人都在公司内网中看见了一些关于我个人的信息。很不幸，我的健康问题不但影响了自己和家人，同时也分散了每一位员工的精力。从上个星期我才得知，我的健康问题要比想象中麻烦得多。为了让自己专心处理病情，同时也为了让大家能更专心工作，我决定从即日起离职休息直到 6 月底。我已经安排蒂姆·库克负责公司的运营事宜，我相信大家将会出色地和苹果一起继续前进。作为 CEO，我依然保留对公司重大决议的决策权。董事会已经全票通过了这个方案。"（股票停盘）

这是个很伤感的新闻，我的第一反应是希望他能够身体健康。我承认这位最懂得创新的 CEO 的健康状况一度让我分神，但我知道自己现在必须要把精力放在 AAPL 身上。股票由于新闻的缘故暂时停盘，我在停盘期间仔细地总结了 AAPL 的交易策略。我考虑了开盘后 AAPL 走势所有可能出现的情况。AAPL 重要的支撑位是否会因跳空低开而错过？如果大幅低开，股价随后还会反弹吗？重新开盘后，恐慌的卖家会表现出怎样的情绪？我考虑了很多可能性，并仔细记下了 AAPL 最重要的技术支撑位。当 AAPL 再次开盘后，股票的成交状态将不停地向你展示投机机会，做多和做空都有大赚一笔的可能。

让我们以 AAPL 为例来看一下如何通过解读成交明细来判断股票走势。AAPL 在 78 美元处（尾数）复盘，这比停盘前的 85 美元低了

7个点位。成交明细无声地对我们讲述了接下来要发生的故事："我马上就要下跌了，快做空我，马上就做空我！"结果怎样？ AAPL持续报出78美元，且不断被测试但从未移动。我的电脑屏幕上，它数次翻绿（美股线图，绿色指上涨，红色指下跌），意味着报价未离开过78美元。我们把这种情况叫作"空方保卫战"（A Held Offer）。这一切发生在即时新闻跳空低开7个点位后，当天纳斯达克的聚光灯照在苹果身上，78美元无法被突破就意味着这是一个应该做空的交易。

随后，空方不断向77美元进攻，多方明显力不从心。成交明细对我说："我还想继续下跌，你不准备再多做空一些吗？"突破77美元后，空方和在78美元处的表现如出一辙。空方主力坚守住77美元后，开始攻向76.50美元。这时成交明细又告诉我："我还在下跌，赶紧趁现在抓住我！"

貌似交易之神突然改变了想法，纳斯达克大盘的空方力量开始大撤退。"别再跟着我了，我现在要离场。"在76.50美元处，我耳边仿佛响起空方的告诫，此时战况已经与刚才截然不同，坚守阵地不断做空的大卖家随即消失。他们已经尽自己所能推动了一波下跌行情。不过从现在开始，他们已经离开，不能率领空方继续前进了。这意味着什么？ AAPL很可能要发起一波涨势，于是我反手做多。AAPL涨回到80.25美元时，再次遇到了新阻力，但这时我们几乎赚到了4个点位，甚至更多。当你仔细揣摩成交明细时，你会发现股票可以对你讲述它的想法。如果你愿意打开思路学习这项本领，你将会在交易时比普通人更具备优势。

从刚才的案例看来，它免费为你提供了一次做空1.5个点位和反弹近4个点位的交易机会。成交明细可以明确地告诉你支配股票走势的空方出现和离场时机，在他们消失以后，AAPL 便稳步上涨。于是拥有解读成交明细本领的交易员在这次交易中能够轻松获利。

以交易员的思维考虑问题

解读成交明细并不总是件容易事，但你会经常找到一些容易获利的简单操作。这个过程可以使你找到很多为自己所用的交易策略。

布朗·布拉德（Brown Brad）和我是校友，而且他是一位痴迷投资的橄榄球运动员。他在 SMB 资本实习的最后一天曾找我讨论新思国际（SYNA）。SYNA 在前一个交易日收盘于 37 美元附近，当天差劲的财报导致它跳空低开 19%。在经过几个月的培训后，布拉德的已经走向了正轨。他认为 28.50 美元是一个不错的反弹位置。事实上他此时的观点已达到专业水准，于是我让他独立思考，因为我的工作是训练交易员正确地思考问题，而不是将我的想法强加给他们。因此我对他说："作为常春藤盟校的毕业生，你把所学的知识都当废品卖掉了吗？这只股票大幅跳空，你的 28.50 美元阻力位也许只是螳臂当车。"

于是，我和布拉德展开讨论。首先，我对于他把 28.50 美元看作阻力位表示欣慰，这证明了他用心做了准备工作。这个价位的确是重要的技术支撑，但是我提醒他还有很多其他因素需要考虑。比如"当股票一直在略高于 28.50 美元的上方交易时你该怎么办？出现背离时你还入场做多吗？当市场中出现大卖家导致股价跌破 28.50 美元时你又该怎么办，做空吗？"我对他提问了一系列 SYNA 可能发生的状况，我希望他能为每一种情形都准备一个"如果……就……"交易策略。我希望他能让自己的思维更开阔，而不是因为确认偏差（Confirmation

Bias）①而泥足深陷。在结束布拉德的故事前，我再一次提醒你：检查自己的确认偏差非常重要。通过解读交易明细可以帮助你用理性思维战胜确认偏差。

用理性思维战胜确认偏差

2009 年 7 月 24 日，在我操作未来前景大好的网上零售商亚马逊（AMZN）时，遇到了确认偏差。我认为确认偏差是市场中先入为主且符合你的预期的信息。在内心深处，把错误的观点当作正确的，而不是能赚钱的。当确认偏差完全侵占了你的大脑，你就会高估所有与你的预期一致的信息，忽略了所有与信条相悖的信息。@steenbab 和 @thekirkreport 曾在博客上讨论过确认偏差的害处。现在，我就来分享一些，我如何恶战那次被称为"交易员噩梦"的 AMZN 交易。那次的确是一场恶战！

史蒂夫在前一天晚上写了一篇如何为第二天交易 AMZN 做准备的博客。在 AMZN 公布财报以后，88.80 美元是盘后交易中最重要的价位。对于我们这些日内交易员而言，这是个极佳的做空点。带着这种想法，我们以此为开盘后最重要的阻力位（见图 8.1）。按照我们的常规做法，史蒂夫把这个重要的阻力位告诉了所有人。

你猜那天发生了什么事情？ AMZN 暴涨到 88.80 美元后，马上丧失了上涨动力。难道史蒂夫能预测未来吗？由于我们事先准备好在这个重要价位入场，于是我打算开一个稍长的日内空单。除非有迹象表明我应该平仓，否则我将把做空进行到底。

在盘后交易中，AMZN 在巨额成交量的推动下，从 88.80 美元一

---

① 指投资者过分地关注支持自己结论的信息，忽视不支持自己结论的信息。

路下探到 85.85 美元。这是我们在准备工作中标记出的另一重要价位。由于我手中已经持有空仓，并且深信 85 美元是下一个终点，买方必将被打击得四处逃窜。这正是我的确认偏差。

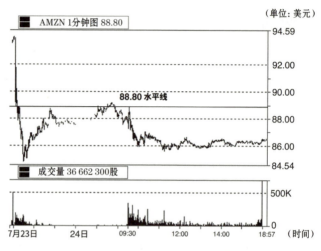

图 8.1　AMZN 盘后交易（2009 年 7 月 24 日）

在 87.40 美元处，不断涌现的买方显示出了支撑力量。当时我的确认偏差战胜了理性思考，心里想的是："这些买家都是笨蛋吗？"考虑到曾经在确认偏差上吃过大亏，我及时纠正了行为。我必须客观地对待每一次交易，于是我把自己从主观情绪中解脱出来并结合成交情况和图表一起判断。在见到不断出现的买家后，我平掉了 AMZN 的部分仓位，并提前锁定小额利润。如果股价能向下突破 87.40 美元，我将继续追加空仓。但对于当下的情况而言，我的交易策略告诉我必须平掉 2/3 仓位。最终，靠着解读成交明细所积累的经验和对局势的判断，我得以从确认偏差中抽身，并做出一个高水平的交易决策。

后来，AMZN 的确向下突破了 87.40 美元，我再次入场做空和已平掉仓位相同数量的 AMZN。但在这次交易中，我做到完全控制自己，因为我意识到自己受到了确认偏差的影响。我需要正确地倾听市场的声音，先离场然后再进场做空才是一次合理的操作。如果 AMZN 在 87.40 美元处反转趋势，那么我依然可以获利。如果 AMZN 继续下跌，那么我将会获利更多。因此，我们要把确认偏差从大脑中驳离出去。随后，AMZN 跌到 86 美元。确认偏差让我相信 AMZN 会跌到 85 美元，但当时我的心中再次响起了一个声音："这些 86 美元处的买家都是笨蛋吗？"事实上，AMZN 后来根本就没跌破 86 美元，我再次平掉了 2/3 仓位，这又是一个正确的选择。

我还有一次成功克服确认偏差的案例。那次，我在推特上偶然看见 @downtowntrader 在讨论 HGSI（人类基因组科学公司）的交易策略。此前我已经设定了 15 美元是 HGSI 的重要价位，我的结论是如果它无法在 15 美元上方站稳，那么它可能无力反弹。但是在读到其他人的买入意见后，我又回顾了一下 HGSI 的成交明细。在 14.70 美元处，我看见卖单始终无法被清空，成交明细告诉我这并不是一个股票走牛的信号，于是我没有买入。但基于分析别人观点的考虑，我把 HGSI 保留在了关注名单中，并最终在收盘前找到了一次买入机会，并获利。这也是一个曾经与确认偏差自我抗争并取得胜利的实例。

每个人都在跟自己的确认偏差抗争，如果你无法战胜它，交易业绩就会大打折扣。先解读成交明细，再通过 StockTwits 这类媒体或者是身边的同事多获取一些意见。如果你坐在一群优秀的交易员身边，那么一定要仔细倾听大家的想法。这不意味着你要模仿他们的交易风格，但是这样做可以帮助你更多获取不同的解读视角。在同一只股票上，曾经有很多次我的意见和史蒂夫的意见完全相反，但这不代表我必须得对自己的仓位做出调整，它只会为这只股票带来不同的参考意见，有时会帮你克服确认偏差。

我们再看一下布朗·布拉德与我交谈那天所发生的故事。开盘前，SYNA 向下突破 28.50 美元的支撑位，卖方把股价死死地压在了 28.50 美元下方。成交明细再次对我们说："我现在走势很弱，快抓住在这里做空我的机会，马上做空！"我入场做空，布朗·布拉德在一旁观察。我忘记了公司是否明确规定实习生只能在开盘以后入场交易。按理说我们应该阻止新人参加集合竞价，只有资深交易员才能在这段时间内交易。在开盘看到卖方站稳了脚跟后，我选择继续持有空单。由于听取了成交明细的意见，尽管买方不断入场，但股价却在短时间内直落到 26 美元。这次我通过做空大赚了一笔。

如果布拉德能保持这个良好的习惯，他在不久的将来必将成为一名了不起的交易员。无论前期准备、选股还是寻找重要价位，他由于仔细地分析成交明细，才能够做到把每一件事情都做得十分出色。

我有一个梦想。当然，它与马丁·路德·金的梦想不同，也不及对冲基金经理比尔·阿克曼（Bill Ackman）的梦想。我其实有一个"贝拉梦"，那是一个关于解读成交明细的梦想。

我希望有一天 SMB 资本的交易员能找到我（哪怕是像布拉德这样的实习生），真切地对我讲："谢谢你教给了我解读成交明细的本领。我刚刚市价卖出了一只走弱的股票，避免 5 个点位的亏损。"

我可能每天都会听见交易员喊出："我离场太早了！"长期以来，交易员只抱怨因提前离场而少赚了钱，却从没因及时离场避免大笔损失而大呼庆幸。此外，我也从没听到任何人对我讲，他刚好在股票暴跌前以市价卖出从而挽救了一次损失，从来没有过。

反转！开盘预亏 20 个点到收盘赢利 5 个点

下面是"老 G"从一次 20 个点位亏损的交易中提前脱身的案例。在 2009 年 7 月公布财报后，第一太阳能（FSLR）走出了一波大行情，股价从 175 美元直接涨到 187 美元（见图 8.2）。

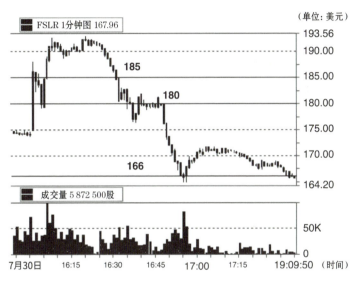

图 8.2　FSLR 股价（2009 年 7 月 30 日）

在这个过程中，股价有一次回调到 180 美元。在 FSLR 下探到 179 美元之前，大量买家再次现身，以迅雷不及掩耳之势把股价推高到了 190 美元。我们考虑针对这波趋势找一个好的回调位置再次进场做多。"老 G"和我都认为 185 美元是一个不错的买点，史蒂夫也认同我们的观点。

但是随后市场形势急转直下，187 美元处现身一位大卖家，在卖出价稳住了阵脚。史蒂夫认为这里距离 185 美元处还有 2 个点位，所以在 185 美元处买入可能依然是一个正确的决定。由于大卖家不断压低股价，FSLR 开始一步步下挫。这位卖家在 185.25 美元处丝毫没有要离场的意思，因此 185 美元买入已经不再是一个好的价位。史蒂夫没有进场，但"老 G"却坚持买入。

当 185 美元支撑位被击穿后，不到 60 秒，跌落到 180 美元。"老 G"出价 184.75 美元止损，失败；再次出价以 184.25 美元卖出，再次失败。当时屏幕上显示成交价附近没有买家，市场就像对着他大喊："卖掉，'老 G'快卖！"最终"老 G"吞掉了 181 美元处的买入价才得以离场。你猜后来怎样？股价一路狂泻到 166 美元。"老 G"卖得好，正确的决定挽救了一次灾难性损失，但他真的从来都没感谢过我。

成交明细告诉"老 G"，从 187 美元把股价压低到 185.25 美元的大卖家预示着：如果 185 美元支撑不住，那么在这个价位下方将潜伏着巨大风险。当股价向下突破重要支撑位，同时自己试图在 184.75 美元和 184.25 美元离场却以失败告终时，"老 G"便意识到自己正处于十分危险的境地。FSLR 的走弱表明"老 G"唯一的选择就是尽可能迅速离场以减少损失，他的确做到了。

顺便一提，"老 G"后来再次于 166 美元处入场并抓住了一次 5 个点位的上涨，当天他在这只股票身上的最终的战绩是赢利。这体现了一名优秀交易员的意志力。

苦战高频程序化交易

2009 年夏天，媒体上掀起了关于高频程序化交易的口水战。高频交易是由远比手动下单快速的电脑根据程序代码自动完成的。有一家刚成立 6 个月的公司在业内著名博客 ZeroHedge 上展示了他们公司利用超级计算机的不公平优势产生的获利。

由于 ZeroHedge 太过出名，以至于市场中真正的老大美国证券交易委员会派出了国会议员查尔斯·舒默（Charles Schumer）出面禁止高频交易干扰市场。这些高频委托单被从市场中驱逐出去，这是交易博客的一个里程碑式的胜利。

高频程序化交易在近些年来给日内交易员带来了巨大烦恼，尤其对于那些宣称解读成交明细无用的人们，因为他们无论如何也找不到对抗这些程序的方法。诚实地讲，高频程序化让交易变得难度更大，但是它们也只能做到使难度变得更大，却无法彻底击败交易员，至少它对我的影响不大。

在把这本书的手稿寄出后，我马上给《股票、期货与期权》杂志社写了一篇关于这个话题的文章。金融工程师制作出高频程序用来对付像我们这样的日内交易员，他们通过迫使我们止损而获利。我曾经在博客上讨论过一种我命名为"新低逼空程序"，"老 G"管它叫"笨博士不懂交易程序"。我觉得这两个名字都描述得十分到位，而且你可以很容易就知道如何打败它。

快速破解"新低逼空程序"

最近我写了一篇讨论"新低逼空程序"的文章。当股价创下当日新低时，程序化交易会自动将交易员的委托空单全部买入。这种程序默认当股价达到日内最低点时，只有少数来自日内交易员的成交量会促使股价继续创下新低。它们买入这些创下新低的空单，然后通过推高股价迫使只承受低风险的短线交易员不得不止损。这种程序使开发者曾在很多做空新低的交易员身上赚过一些小钱。我们来讨论一下为什么这种潜伏于技术支撑下方的程序不管用，它们早晚都会被市场清洗出游戏。

我要告诉研发出这种程序的金融工程师一个事实：你正在毁掉自己的公司。这种程序在过去、现在和将来都不会管用。你最好把你的程序和周五免费比萨的包装盒一起丢到垃圾桶里去。我说得再清楚点，本节内容只针对这一种买入重要技术支撑下方的程序，我对于那些开发出稳定获利程序的金融工程师怀有无限敬佩之情。

第一，我们只花极短的时间就可以破解掉这种"新低逼空程序"。第二，你最好不要打重要支撑位下方的主意。如果大型机构刚好也在这时抛掉手中上百万股，那么你可能会瞬间持有 20 万股浮亏股票。像 SAC 资本或者普莱斯基金（T.Rowe Price）这种公司可以轻松把股价压低 5 个点位，这时你怎么办？当股价低于某个重要价位后，市场将很可能出现恐慌性抛售。我不知道那些数学天才脑子里在想什么，难道这是从程序化训练营里学来的思路吗？为了赚点小钱，他们难道根本不担心违反市场中最基本的交易原则吗？

你们这样的公司在次贷危机时难道没亏够钱吗？这样的程序会使你的公司元气大伤，因为你买了很多处于弱势的股票，同时很多拥有这些股票的交易员正急着平掉自己的多头（想想 CFC 的案例）。对于那些躺在家里让程序自己运行的人来说，他们在 CFC 创新低时买入，因为他们知道是短线交易员把股价推向新低。程序买下了这些股票然后把股价推高，希望借此让短线交易员止损买回。但这根本不管用，大型机构的委托单涌进了市场。当程序试图把股价推高时，金融机构的大笔抛售横扫了程序的买入价并把股价再次压到更低的位置。因此，这些程序在承受巨额损失后不得不立刻止损离场。到时公司会自动关掉你的程序。

我相信无论是你还是你的朋友，或者其他像你这样的金融工程师，一定曾在金融股身上栽过大跟头。如果你曾在这些屡创新低的金融股身上打开过你的程序，我不相信你能在 GS、美林（MER）、LEH、BAC 或者 AIG 这样的股票身上赚到一分钱。我知道有一些交易员由于无法击败程序化交易而被迫离开短线交易圈，其实他们缺少的只是抗争到底的信念以及更多的努力而已。SMB 资本会教给员工如何对抗程序化交易。就个人而言，这些想从交易员身上赚一点快钱的程序不会对我的交易造成任何影响。不过我的确为那些不考虑风险就敢在技术支撑下方买入的行为而担心，为那些不尊敬市场基本规则的策略而担心，也为这些金融工程师而担心。

对于前面提到的金融工程师，我知道你有着良好的数学背景。但是缺乏交易技巧的数学能力不会被市场所认同。"新低逼空程序"在市场中只会像小虫一样被杀虫剂轻松驱散。你就像篮球队中拖后腿的球员一样，每次投篮都会把球直接丢出底线。你以球队失利为代价换取了一些分数，却认为自己打了一场不错的比赛。你应该赶紧研发出一种新的程序，否则市场会毫不犹豫地把你的钱包掏空。

也许我的讲话方式有些粗鲁，但我正是想用粗鲁的方式表达我的观点。本节内容在博客上发表时，史蒂夫担心引起一些人的强烈不满，但是我告诉他只管回去边吃核桃味麦片边看周末的《时代周刊》就好，不必担心我。我就是想在网络社区上发起一场讨论，我也确信这篇文章会被很多有影响力的博主转发。

既然程序化交易让操作和解读成交明细变得更复杂，作为交易员，我们必须要调整自己去适应这种市场。"新低逼空程序"虽然有点讨厌，却是最容易对付的一种。我得承认我们将面对很多难度更高的程序的挑战，我们的策略也将随着这些程序化交易做出适当的调整。

截杀亚马逊

2009 年 7 月 24 日，我们发现了一个破解高频程序化交易的案例。当 AMZN 在 86.60 美元交易时,@smbcapital 发表发布了一条推特 :"如果你想看高频程序化交易是如何操纵股价的,请关注 AMZN 在 86.60 美元附近的表现。"在这个价位附近,股价主要受高频程序化交易主导。我无法判断 AMZN 最终将上涨还是下跌,图表分析的结论在此时也并不可靠。

我曾有几次认为自己读懂了股票走势，并在 86.60 美元附近做了几次交易，可是结果却大失所望。我在 86.60 美元处短线做空，却以 25 美分的亏损离场。我的入场价和离场价也不是我最希望的价格，因为高频程序化交易所导致的低流动性让我拿不到想要的价格。

我在 86.60 美元上方做多也以小额亏损告终。现在我终于发现了这只股票的交易模式。短线的做空做多都会亏损，并且亏损额度会比平日略高。

现在我面临着一个抉择。我可以继续装作能够马上战胜这些高难度的程序，然后反复在这里跟它抗争。但是不出意外的话，我将把当日所得的利润都还给市场。或者我可以选择另外一条路，我在推特上讲道："由于高频程序的操纵，86.60 美元处不是一个好战场。我们应该耐心等待，直到看见趋势来临，而不要现在急着入场。"我等待 AMZN 自己选择一个方向。在 86.40 美元处，我再次可以做出正确的判断，AMZN 的趋势是下行。于是我入场做空，最终在 85.90 美元处获利了结。

高频程序化交易让交易变得更复杂，我们的交易策略需要在特定情况下避开它们，比如 AMZN 案例中的 86.60 美元处。但交易毕竟还是交易，我们看到强势的股票就入场做多，看见弱势的股票就做空，这永远不会错。高频程序化交易的确有时会把我们洗出场外，它会让我们无法在最合适的价位入场。没有高频程序化交易，世界会更美好，但是既然它存在于市场中，并且只会随着时间推移而慢慢壮大，那么我们就应该学会如何适应它。

作为交易员，我们应该通过交易技巧把高频程序化交易的影响控制到最小。当高频程序化交易压制住我们的入场优势时，我们可以选择观望。就像你去一家餐厅后发现他们有宰客行为，那么你可以选择永远不再光顾一样，对于高频程序化交易，如果你选择不交易，那么它们就无法从你的手中赚钱。

这不意味着设计程序的金融工程师不需要做出改变，很多证据表明他们也要不断地创新，操纵市场将变得举步维艰。我们理应看见一种正常的交易状态，市场理应给优秀的交易员回报，而不是那些拥有不公平优势的人。即使这样，我们依然能和高频程序化交易抗争。

当市场刚转为以 1/16 或美分计价时，我就听说过日内交易员的时代已经结束了；当混合市场的概念刚被引入时，我听说这是压死我们的最后一根稻草；当高频程序化交易开始操纵市场时，我听到有人说这必将导致交易员退出历史舞台。的确有一些交易员被这种突如其来的变化赶出了场外，但优秀交易员都选择了适应市场，他们通过自我调整找到了新的赢利模式。高频程序化交易不会毁掉我们，它不过是市场中需要我们去克服的千百项挑战中的一项而已。

我愿意看到高频程序也做出一些改变。如果它们选择不变，我将最终适应并击败它们。周六我坐在办公室里，为了星期一的交易而分析图表、寻找策略。SPY 在天量成交下收盘在 96.10，我非常喜欢这样的市场，它为我们提供了大量的交易机会。我是一名交易员，即使在有高频程序化交易的情况下，我也能找到赚钱的办法（见图 8.3）。

图 8.3　AMZN 股价（2009 年 7 月 24 日）

程序化交易不会自动退出市场，我们的工作就是从它们身上找到赚钱的机会和策略。我们不会抱怨，也不会——列举交易世界中的不公平现象。首先，这种不公平的事件实在太多；其次，抱怨也不会让我们多赚到一分钱。我们通过选择正确交易策略、提高交易水平（比如解读成交明细）和适应市场来赢利。交易是一份辛苦的工作，面对程序交易也属于我们工作内容的一部分。

挖掘成交明细的 "水痕"

大作手利弗莫尔说，股票市场只有一个方向，不是熊也不是牛，而是正确的方向。当我们解读成交明细时，我们要确定在某特定价位的买家和卖家哪一方更强势。我们会仔细观察委托单的成交情况，还会等待我们称之为 "据守买价"（Held Bid）和 "据守卖价"（Held Offer）的机会出现。它们的特征是在某一特定价位通过成交量放大而形成的重要日内支撑位。让我们来看一些定义。

巨量买单潜伏在 "据守买价" 背后

"据守买价" 是指全体买家在这个价位上比理论预期多买入了 5 ~ 10 倍的股票量。股票下跌到某一价位后我们看到在这个买入价有 5 000 股挂单等待成交，事实上屏幕显示在买入价连续成交了 50 000 股后，股价依然没有下跌，这就是 "据守买价"。它通常说明在这个价位的背后隐藏着巨量买单。造成这种情况的原因可能是某位买家的确有很大的仓位需要买进。虽然我们不能 100% 确定这位买家真的有大量买入需求，但是这条信息对于我们来说是大买家存在的可能性。如果我发现 "据守买价" 经常出现，我们通常会做多。

寻找重要日内价位

通常在发现某个价位出现巨大成交量后，我就有可能做出一些高赢利的交易操作。通过观察股票的交易情况，我发现反方向操作 5 000 股就会让股价产生比以往大得多的波动。如果在某价位上（或者这个价位周围）成交过 250 000 股，同时这件事发生在 "可交易股"

身上，那么我将对这笔交易很感兴趣。这个价格这就是重要日内价位。

那么先找到重要日内价位再做交易，结果会如何？如果股价保持在这个价位之上，同时发现"据守买价"，那么我将做多。如果股价在这个价位之下，同时遇到"据守卖价"，那么我将做空。我可能在交易日内持有这笔交易长达几个小时，而不是做几分钟的短线操作。我们预期股价会远离这个价位。这里曾经发生惨烈的混战，而当战争结束后，股价会转移到一个新战场。这段距离可以让我赚取好几个点位的利润，因此我选择持有一会儿。

解读成交明细的一个重要作用就是可以让你找到日内成交量最高时的价格。除非价格发生过巨幅波动，否则你很难在图表上发现哪个价位出现了不寻常的成交总量。请记住，走势图是一项滞后指标，而成交明细对于重要日内价位则是一项先行指标。这会让你打开思路，公正地看待买方和卖方的力量。

所以当我看见"据守买价"时我会做多，通常这只股票会在日内产生一波上涨行情（除非股价也刚好接近重要的技术阻力），在看见"据守卖价"时做空，通常这只股票会在日内产生一波下跌行情（除非股价也接近重要的技术支撑）。更确切地说，市场中还是会出现很多不按照这种理想走势交易的特例，这属于进阶技巧。

在股票交易的世界中，通常人们对上涨持有确认偏差，因为很多对冲基金和养老基金都需要建立仓位。像普莱斯基金这类公司会在商业广告中误导你，他们试图告诉你从股市中赚钱的办法应该是买入并中长期持有。不要让那些主流财经媒体和那些急着吸金的资产管理经理影响你的想法，训练有素的交易员绝对不会受此影响。我做多仓位的持有时间通常不超过5小时，而不是5年。

每一笔交易都要把所有情况考虑在内

2009 年春天，日内交易员成功地抓住了一次 RIMM 精彩的开盘。我们运用前一个交易日的日内支撑价位做参考从而抓住了极佳的多头入场点。这次做多也是从解读成交明细中得来的机会。

RIMM 在星期五下午暴涨超过了 20%。虽然股价突破 60 美元后回落，但是 RIMM 的涨势着实让人印象深刻。58.50 美元成了盘中最有力的支撑位。这个价位只在整个大盘走弱时被短暂地突破过，58.50 美元支撑下方的下探行情更像是要把多方洗出场外。即使股价暂时跌破 58.50 美元，RIMM 在整个星期五从未出现在低于 58.31 美元的价位上。RIMM 在回到 58.50 美元的支撑位后，便一口气飙升至 60 美元才出现一次回调。

在回顾了星期五的成交明细后，我们发现 60 美元处是阻力位，58.50 美元和 58.31 美元处为支撑位。星期一早上由于大盘以弱势开盘，RIMM 开在了 58.50 美元下方，并一度成交在 58.31 美元以下，因此我选择做空。我注意到 58.25 美元和 58.20 美元处存在着大量买单。如果 RIMM 真的走弱，那么它将迅速地跌落到 58.31 美元以下。可是事实并非如此，58.20 美元和 58.25 美元处都潜伏着诸多买家。尤其是 58.20 美元，在出现了巨大的成交量后，RIMM 渐渐稳住了阵脚（见图 8.4 和图 8.5 ）。

这笔交易要求一定的技术水平。RIMM 的股价此时低于 58.31 美元的支撑位，通常来讲我们不会在重要支撑位下方买入，但此时突然出现的巨量买家揭示了 RIMM 在短期内的走势将非常强劲。因此我反转仓位，由做空转为做多。RIMM 之所以低开是由于整个大盘走弱，

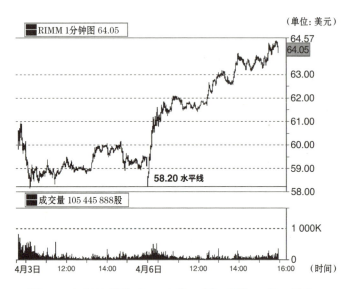

图 8.4 RIMM 股价（2009 年 4 月 3 日和 4 月 6 日）

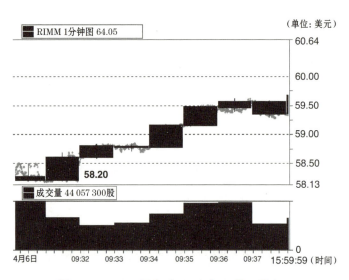

图 8.5 RIMM 开盘（2009 年 4 月 6 日）

58.20 美元处的巨量支撑说明底部很可能就出现在这里。

这就是一个非常好的例子，它告诉了你在交易起步阶段学会解读成交明细的重要性。学会了这项技能，你便知道 RIMM 在 58.31 美元下方成交并不是一次真正突破。我没有盲目地在支撑位下方杀空并寄希望于股价一路下挫。这种想法不是真正的交易，这叫作天真，或者叫作顽固不化，交易没有想象那么简单。

每一笔交易，我们都应该打开思路，把所有可能发生的情况考虑在内。我们要不断地评估自己建错方向的仓位。支撑位下方出现了大量买单，而且新支撑买入价就在支撑位下方不远处。短暂跌破支撑位只会让我们暂时相信股价走出了一波突破行情，因此我最终选择做多。更要记住，RIMM 在星期五的走势极为强劲，通常在趋势的驱动下，第二个交易日，股价很可能继续上扬。

与此同时，RIMM 也是一只比较容易读懂的股票。黑莓是美国最顶尖的五家高科技公司之一，我们当中很多人都在用很棒的黑莓手机，所以交易员们在操作 RIMM 时不会出现对公司一无所知的情况。行业领先地位、人性化产品加上正向的新闻，以上原因导致了大银行、对冲基金以及散户等不同投资者都想大量买入 RIMM。因此，SMB 资本的交易员也从它身上分了一杯羹。

60 美元是前一交易日的重要阻力位，因此我会在 60 美元处适当减仓。由于当天 60 美元没能产生很大的阻力效果，于是我重新入场补回多头仓位。我在 62.75 美元附近遇到阻力而再次减仓，随后在股价突破 62.75 美元后再度加仓。我持有多头仓位一直到收盘，并最终在收盘前以 64 美元清仓。在 RIMM 的整个上涨过程中，没有任何迹象表明股价已经达到顶部。

低风险条件下，重仓入场

解读成交明细不仅可以让你掌握从图表上学不来的交易策略，还能指导你选择最好的重仓入场时机。每个人都想最佳时机重仓入场，这也是为什么大家相聚到交易行业的原因。我曾经听见一名新手交易员喊道："如果 ARCA 能在 75 美分站稳，我将满仓入场。"当时她还在学习阶段。解读成交明细可以让你在把风险控制在低水平的同时找到重仓入场点，想知道怎样做到吗？

2009 年夏天，我有一次操作 AIG，当时很多交易员都在这只股票身上栽了跟头。事实上，当我第一次出现在 StockTwit 的电视节目上时，我就跟大家讨论了自己如何交易 AIG。在那次直播期间，观众们可以直接在推特上把问题发送给 @smbcapital，我尽量为大家一一解答。和这些热爱交易的观众们一起聊天很有趣，不过看见公司里的交易员们都能在 2009 年 8 月大有斩获更令人高兴。

在 2009 年 8 月里，AIG、房产股和 ETF 都是我们捞金的重点目标。AIG 一度给我们提供了绝佳的"买入并持仓"机会，我们在解读成交明细时找到了重要线索和入场点。

AIG 在开盘后迅速跌落到 25 美元，随后便在 24.90 美元和 25.10 美元的区间内震荡。它曾一度看起来要突破区间上沿，但这只是一次假突破；然后它又看起来要突破区间下沿，事实证明这还是假突破。那些编写高频交易程序的金融工程师又打算把手伸到我们口袋中。

当天在开盘时我曾因假突破的操作而亏了些钱，因为有高频程序交易在扰乱市场。但不到 16:00 收盘，整个交易日就不算结束，我还有很多时间把钱赚回来。股价持续在 25 美元上下浮动了很久。

AIG 最终突破了日内重要阻力位 25.30 美元，并随着成交量放大一路高歌冲到了 25.75 美元。用"老 G"的话说，"派对时间到了。"AIG 在 25.75 美元再次遇到阻力，但这只是在为了下一次的上涨积蓄力量。我们可以明显地看见它的走势非常强劲，上升通道中出现少许回调是正常现象。焦急的买家正在等待卖家的出现。这种情况下，很难有人会以市价卖出从而让你的买入单成交。一个强烈的牛市信号告诉我 AIG 很快会爬到更高的价格。

最终 AIG 在 25.75 美元处站稳了脚步（见图 8.6）。但是如果仔细观察买入价，你将看到很多买家在 25.75 美元处牢牢地控制住了局势。虽然有人卖出以成交这些买入单，但是买入价不但没有下挫反而稳步上升。这再一次说明了在这个价位的买家要比卖家强势得多，股价貌似马上又要继续上扬。如果买入价在成交后无法守住 25.75 美元，这说明 AIG 还没准备好迎接一波大牛行情，那么"老 G"口中的派对时刻还没有到来。但是事实情况却是买入价不但稳固地守住 25.75 美元，同时还不断上移，派对时刻真的到来了吗？

幸运的是，对于"老 G"和公司其他交易员来说，那的确可以称之为派对时刻。AIG 像坐直升机一样一口气冲到了 29 美元，这可是你一定不能错过的交易机会。我们不仅可以在这笔交易中加仓，同时也会因为把止损价放在反转点 25.75 美元下方，从而大大降低了风险。此外，25.75 美元上方的大量买单是我决定入场的风向标。

由于对自己解读成交明细的能力非常自信，我知道此时正是最好的入场点。股票在这个价位的下跌空间非常小，是个不可多得的"重拳出击"的好时机。对于日内交易员来说，这是个梭哈摊牌时刻，正确做法应该是在 25.75 处采取"买入并持仓"战术。

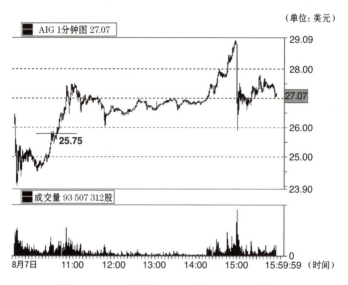

图 8.6　AIG 股价（2009 年 8 月 7 日）

　　虽然我在看见走势图和成交明细的双重肯定情况下满仓入场，但是为了安全起见，我一定要看见 25.75 美元上方继续有买家入场后才做出这笔交易。当市场发出第一次信号时我先买入了 3 手，这样我控制住了自己的风险。如果买入价跌破 25.75 美元，那么我将先止损 2 手再随机应变。

　　考虑到自己正处于重仓状态，以防万一，我把止盈价设置得距离成交价格很近，这样我就不必为市场波动而感到担心。

　　AIG 迅速上涨，它每一秒钟都在为我创造利润，这一切都要归功于正确地解读了成交明细。如果我只看走势图，我可能会在 25.75 美元处买入，然后在 25.50 美元以下的价位被市场清洗出场。

　　但是我选择了等待买入价在重要价位上方站稳后才入场，因此我不但没有被洗出场外，反而拿到了一个很好的价格，并且在这个过程中没有出现任何浮亏。这才是一名交易员心中理想的交易机会，我牢牢地抓住了它。

图表分析是艺术而不是科学

SMB 资本隔壁公司有一个培训生不想学习解读成交明细的本领。他只对走势图感兴趣，那些悲伤的红色和光荣的绿色让他感觉非常刺激。对于他来说，走势图从来不会说谎。但他的这种做法不叫作交易，交易是当你在有统计优势时入场建仓，他这种做法只能叫作赌博。和很多新手交易员一样，他认为自己可以读懂走势图，，听到市场没有说出口的话，但事实上他连如何看走势图都不是十分清楚，最终结果只能是失败。

Ⓐ 交易导师解惑

重视实际成交状态，不被假突破干扰

我在观看 NBA 总决赛的那天晚上收到了一封电子邮件。邮件是这样写的。

嗨，贝拉：

我看到你今早在开盘时以 32 美元买入了美国石油基金（USO）。但是当 USO 跌破 32 美元时，你却告诉另外一位交易 USO 的人自己没有马上离场，因为你想等到卖出价在 32 美元下方形成强阻力后才考虑离场。

换作平常，一旦它跌破 32 美元，你将马上离场。请问这次你决定多观察一段时间的原因是什么？因为你通过成交明细

确定 32 美元是十分重要的支撑位，因此才不会在价格第一次
跌破阻力位时就离场吗？

我的回答：我昨天曾数次在 32 美元处买入 USO。USO 近
期的走势显示出 32 美元是个重要的支撑位。当 USO 上涨了
30 美分并减速后，我卖出了一半的仓位。随后当 USO 回到 32
美元处，我又买回了卖出的仓位。我想你的问题是后来当买入
价掉到 31.98 美元时我为什么没有离场。

通常来讲，我会把止损区间收缩得很窄。我在 32 美元处
做多的原因是由于它是一个重要的支撑位。但是我为什么在
价格跌破 32 美元后还不离场呢？这是个好问题。我的离场计
划是在见到 32 美元或者 31.95 美元的卖出价稳住了阵脚后才
止损离场。股票经常会在假装跌破支撑位后冲高，我不想被
这样的假突破赶出游戏。此外，我对 USO 的期望是一次大涨。
在前一个交易日，USO 数次从 32 美元反弹，高度已经触及
32.80 美元甚至 33 美元。从日内表现看来，32.50 美元处存在
着一定阻力，因此我对获利的期望至少是 50 美分，也许能达
到 80 美分甚至 1 美元。如果我选择在 31.94 美元处止损，那
么我的收益风险比仍然远高于 5 : 1。

但是这笔交易还存在着一个问题，这也是我经常在公司里
提醒交易员的一点：不要迷恋图表。实际成交状态要远比走势
图重要得多。你应该综合运用自己的交易技巧和图表分析能力。
既然我没有在股价跌破 32 美元前见到强力卖家，那么我就不
会离场，但在看见卖家出现的情况下，我将会迅速离场。

通过解读成交明细找到入场点要比看走势图做决定要简单得多。其实，我所认识的那些看走势图做判断的交易员，都需要先学会从成交明细中找到交易时机。有些优秀的交易员可能会说近期的赢利不是来自观察"二级报价"，因为对解读成交明细掌握得太熟练，他们在入场时甚至可能意识不到自己的决策来自哪些经验。

"老 G"在每个星期五的 StockTwits 直播节目中都会和大家讨论一些自己的观点。在他出镜以后，我听说很多 StockTwits 社区中的年轻女士开始打听"老 G"的来历。

"老 G"用 BBT 的牛市图做了案例分析。在 26.50 ~ 27.00 美元，你有很多机会选择离场（见图 8.7）。"老 G"在 26.50 美元处选择入场的原因是他发现买方在这里站稳了脚跟。他从图表上看出了上涨趋势，并结合解读成交明细的能力找到了最佳入场点。如果他选择在 27 美元进场，那么这笔交易的收益风险比将完全不同。如果他在 26.80 美元处入场做多，他将很有可能提前被震荡出局。但是在确定 26.50 美元的买方力量后才入场，这使得"老 G"成功地以重仓抓住了一波上涨行情。还会有人比"老 G"做得更好吗？

图表分析是艺术而不是科学。通常一个人要花费数年时间才能成为优秀的图表分析师。我认识一位钟情于解读图表的交易员，但我实在不敢恭维他的赢利能力。由于我们经常在网上探讨交易，我可以确定他根本没理解成交明细为交易员带来的好处。他只沉迷于走势图中，却连最基本的成交明细概念都搞不懂。他的交易生涯最终惨淡收场。

我还认识一位交易员，他在一年中不断地讲："我实在不知道该如何解读成交明细，快速变化的数字让我厘不清头绪，我实在感觉无从下手。"结果他最终也因失败而离开了这个行业。

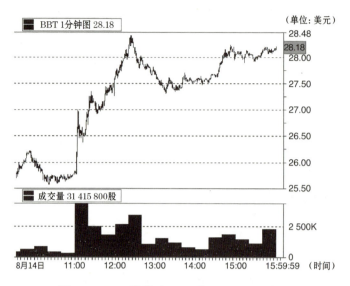

图 8.7　BBT 股价（2009 年 8 月 14 日）

　　我不理解为什么会有人只对走势图情有独钟。对短线交易员来说，还有很多诸如成交价、市场动态等信息比走势图更有帮助。对于中长线交易员来说，解读成交明细可以帮助他们找到更好的入场点。如果在每一笔交易中都能找到更好的入场点，那么长此以往，这些交易员将会受益匪浅。交易员更可以通过抓住最佳入场点以增加交易胜率以及控制交易风险，他们也因此将在整个职业生涯中多赚一大笔钱。加里·史密斯（Gary B. Smith）在《我如何以交易为生》（*How I Trade for a Living*）一书中对于走势图给出了一些很有趣的观点：

　　　　走势图对我来说不是很重要。它们会告诉我过去曾发生过什么，但是对预测未来的用处不大。那些钟爱于走势图的人应该清楚图表的意义不是为了预测，它顶多能为接下来发生的事

情提供一些线索。无论怎样，不看图表对于我的交易来说影响
不大。比如 1985 年春天，那时我彻底脱离了图表，结果我的
交易没有受到丝毫影响。

《新金融怪杰》(*The New Market Wizards*) 的作者杰克·施瓦格
(Jack Schwager) 在书中提到威廉姆·克哈特 (William Eckhardt) 曾
说过："在 90% 的时间里，从图表上看到的交易机会不管用。"如果
你能充分理解股票的成交明细，那么你从第一天开始就有赢利的可能。
其实这件事很简单。当我们发现一只股票处于上升通道并发现"据守
买价"时，是否说明此时应该做多？不，事情没这么简单，但是这足
够说明此时做多的胜率会很高。当你发现一个重要的日内阻力价位被
突破时你继续做多，这件事情的确不是很难。如果在第一天实战时就
使用这种交易策略，你会有很大的概率以赢利结束这个交易日。

但我还是要提醒你，不能彻底忽略图表的作用，毕竟我们一直在
使用它们。但是如果只通过分析图表就开始职业生涯，你的未来将举
步维艰。世界上的确有很多了不起的图表分析师，但是请记住，他们
的钱袋子比你的包更鼓，所以他们承担损失的能力要比你强很多。而
且你要清楚，他们通常是经过多年历练、见过几十万种走势图后才习
得了这样一身本领。

当我看见那些独爱走势图的人，我会对他们说："SMB 资本最优
秀的交易员都能掌握解读成交明细的本领。你看'老 G''摇钱树''动
能博士''小马哥''叶励志''胆小鬼''高富帅''小 G''快枪手'
和罗伊，如果你不能掌握这项本领，你永远追赶不上这些人。你的抉
择掌握在自己手中。"

有一些老交易员认为自己越来越看重图表分析。他们从解读成交明细开始慢慢转型去判断走势图，但是他们在交易中依然运用着当年从成交明细中获得的经验。由于过度专注于分析图表，他们渐渐低估了解读成交明细的重要性。但是他们依然会在交易状态不利于自己的情况下马上离场，这一切都要归功于解读成交明细打下的基本功。

我在运用技术分析时，一旦发现成交状态不支持技术理论，就会立即离场。如果价格无法在重要的技术支撑位站稳，我能根据成交价和卖出价的变化及时做出正确判断，所以才能够及时离场。有时我很难用语言表述我做出相应判断的依据，但是每次遇到这样的情况时脑中就会出现相应的策略，这正是解读成交明细多年来总结出的经验，养成了本能的判断。

我们经常会带着面试候选人到公司里参加回顾交易录像的会议。曾有一位把整个职业生涯都贡献给高盛的 IT 男来到公司和我们一起回顾交易录像。有时我会在某一时刻突然喊出对某只股票接下来的走势判断。

下课以后，这名 IT 男找我聊天。

IT 男："迈克，那天你自己操作 BBT 了吗？"

贝拉："没有。"

IT 男："那么你是如何知道这只股票将要上涨还是下跌？当交易时，你总是能做出相关预测。"

贝拉："因为我能理解股票的成交状态。"

他用十分怀疑的眼光看着我。

IT 男："你刚才做出的那些预测竟然全部都正确。"

贝拉："我的确对这只股票的盘感很好。"

IT 男："这太不可思议了，你是怎么做到的？"

　　如果你在职业生涯的初期表现不佳，并且至今仍然不具备解读成交明细的能力，请不要灰心。就当帮我一个忙，把你过去的成交记录丢进碎纸机，然后重新开始你的交易之路。**只看图表的做法就像把自己的一只手绑在背后，它将给你的起步阶段带来巨大阻力。**去学习如何解读成交明细，否则你就漏掉了一项不得不掌握的本领。

　　记住，优秀的交易员都擅长解读成交明细，他们同样也掌握了很多使自己损益表看起来更漂亮的小技巧，我称之为"优化"（Scoring）。我们将在接下来的第 9 章里讨论"优化"的概念。

第9章 | 如何让每一笔交易利润最大化？

不安于现状，持续优化交易策略

> 高资本回报率对竞争对手的吸引力，就如同花粉对蜜蜂的诱惑一样不可抗拒。而这正是资本的本质——永无止境地去寻找能带来更高回报的财富天堂。
>
> 《巴菲特的护城河》作者　帕特·多尔西

每月拿回家一定数额的支票后，有一些交易员开始安于现状。不过这种事情不会发生在 SMB 资本的任何一位交易员身上。你应该从每次交易中找到再多拿一些利润的方法。我把这个过程叫作"优化"。

简单来说，优化是一种实现利益最大化的本领。

职业高尔夫球手经常说："我本来打出了一杆好球，却没能得到最满意的结果。"这种事对我来说算不上一个问题，因为我连一杆好球都打不出，更谈不上最佳结果。

篮球评论员也一样，他们把射手和得分手的概念区别得很清楚。作为一名职业交易员，也许整个月内你一直在做出正确的交易，但是你的收益依然达不到最佳效果。

你能保证自己已经处于最佳交易状态了吗？我可以提供一些细节帮助你优化自己的交易表现。你和一位水平相当的同事相邻，都坐在交易席位前，你们做了同样准备、发现了同样机会，你们面对相同的客观情况，但是到了月末你却发现他的损益表要比你的优秀很多。

经济学家用拉丁文表示这种"其他条件均同"（Ceteris Paribus）的概念。我们现在讨论一些能帮助你在月末收到最大面额支票的办法，看一看交易员如何实现自我"优化"。

设置日内最大亏损额

首先，为自己设置一个日内最大亏损额度是重中之重。总有几个交易日，你的交易策略会被市场伤得体无完肤。大多数交易员每年交易48～50周，每周5个交易日。你觉得交易员有可能使自己在每一个交易日都保持上佳表现吗？作为一名有十几年交易经验的交易员，我可以直接告诉你，不可能。

交易员的工作性质和职业运动员相似，我们都是以整个职业生涯的表现论成败。说得更通俗一点，那就是要么取胜，要么回家。

"在我的整个职业生涯中，我投篮不中超过9 000次，输过300多场比赛。有26次被赋予最后绝杀的机会却失手。我的生命中充满着失败，但这恰恰也是我能够最终成功的原因。"就像迈克尔·乔丹也有状态萎靡的夜晚一样，交易员在市场中也会有不顺心的日子。篮球教练会把表现不佳的球员换下场，因为与其让他们继续在场上比赛，倒不如换到场边休息。你需要一个能把自己换到场外休息的交易系统，而设置日内最大亏损额度就是最好答案。

当你刚开始交易时，可以把日内最大亏损额度设置为当日纯收益的一半。如果在一个不错的交易日当中你赚到了1 000美元，那么当在下半场交易中亏掉500美元后，你就应该选择停手。如果你已经拥有丰富的交易经验，你可以尝试着把日内亏损额度设置为最佳交易日收益的一半。但是无论如何，即使最有经验的交易员也会为自己设置一个止损额度。

经过多年磨炼，我已经成为一名可以稳定赢利的交易员。但是在2008年秋天，我也经历了惨痛的溃败。那些不断反转的股价就像我的克星，使我在那段时期蒙受了大额亏损。你最好选择有亏损额度提示功能的操作软件，我们用的是 LightSpeed。

在那个不堪回首的交易日发生前，我们已经从另外一种交易软件转为使用 LightSpeed 有 12 个月的时间了。那天我曾试图向市场发送一些委托单，但是这些委托单始终无法生效。于是便发生了如下一幕：

贝拉："有其他人也无法顺利地下委托单吗？"

史蒂夫："我没问题。"

老 G："我也一切正常，贝拉。"

贝拉："我竟然无法下委托单。"

执行者（交易大厅负责人）："你是不是达到了日内亏损额度上限？"

贝拉："可是我根本不知道自己的上限是多少。"

于是我给 LightSpeed 的客服人员打了电话。原因果然和预期一样，我的亏损额度达到了日内上限，但是我自己却浑然不知。一年来我第一次知道原来 LightSpeed 还有在亏损额度达到上限后自动锁机的功能。但我可是一名具有稳定赢利能力的交易员，于是我要求客服人员帮我增加额度，对方说要我们公司的交易经理亲自向他们提交申请。

让我们的经理提交申请？这一刻我脑海中出现了三种回应方式，

其中包括两种不合时宜的回答，比如对他说："我可是个交易界名人，老子有的是钱。你赶紧把我的额度提上来。"最终我当然选择了最稳妥的方案。

> 贝拉："可我就是经理啊。"
>
> LightSpeed 客服："您就是经理吗？我不知道。"
>
> 贝拉："我想知道为何有时我的身份会被公司忽略掉。"

这位客气的年轻人最终成功地帮我提高了亏损额度上限（事实上我的确登记了交易经理的身份）。我得感谢这段小插曲，事实上我那笔没下出去的委托单也终将以亏损了结，LightSpeed 让我成功地把那个交易日的亏损额度控制在最佳交易日收益的一半。

史蒂夫常会接近日内交易亏损额度上限。像在高中篮球队时那样，我们之间互相拟定了一个暗号，每当我对史蒂夫喊这个暗号时，就表示他已经接近额度上限。我发挥了自己的全部创意想到的暗号就是"斯班瑟先生"。每当史蒂夫听到我说"斯班瑟先生"时，他就会平掉自己的仓位，然后在那个交易日的剩余时间里待在场外观察交易。这种方案每个月都可以帮他省下几千美元。所以，连最优秀的交易员"斯班瑟先生"都为自己设置了损失额度上限，那么你也应该这样做。

日中时段：小单砸出大波浪

我把一天内的交易按照不同时间段区别对待：开盘、日中和收盘。斯蒂恩博格博士曾对我们的"动能博士"说："应该运用完全不同的交易方式来应对不同时间段。"我就通常在自己历史统计数据中最赚钱的时间段内,用更重的仓位去交易更多次数。

我最擅长在开盘交易,那时我的赢利能力最强。数据统计也证实了这一点。大约在开盘后的 1 小时内,我倾向于多次重仓交易;统计数据还显示出我在日中时段的交易表现最差,因此我会减仓并且把止损区间设置得很窄,在这个时间段内,我只关注那些收益风险比高的交易,并把交易次数尽可能降低;在收盘阶段,股票通常表现出明显的方向性,所以我一般在交易日的最后一小时内紧密关注那些上涨或下跌趋势强的股票。我会用比日中时段更重的仓位,但是绝对不会超过开盘时段。

如上所述,日中时段(11:00 ~ 15:00)于我而言是难度最大、利润最少的时段。我相信自己不是特例,因为市场在这个时段内变化很慢,成交量和流动性也是三个时段内最低的。一小笔委托单就可以让市场价格的变化超出你的预期。

日中时段还存在着更多让你无法判断的奇怪走势,比如突发新闻会让你无法像常规那样计算收益风险比。

优秀的交易员会标记出自己赢利最高的时刻,然后尽量把自己的操作调整到这个时间段内。当然,日中交易也有很多高收益风险比的机会,但多数情况下我会把这段时间用于为高成交量的收盘阶段选股。如果日中阶段也是你发挥最不理想的时间段,那么如下是你应该考虑做出调整和注意的事项:

◎ 提高你在这个时间段内的注意力;

◎ 把仓位控制在日内最低;

◎ 等待最好的入场点；

◎ 尽早获利了结；

◎ 绝对不可以向下均摊成本；

◎ 为这个时段分配一个较低的亏损额度；

◎ 这是一天中最危险的时段，小量的委托单也可以导致市场
　产生巨大变化；

◎ 遵守交易纪律；

◎ 有时最好的交易就是根本不做交易；

◎ 股票会在收益风险比较低的情况下引诱你入场；

◎ 最重要的是，为了收盘阶段多收集一些信息，关注那些股
　票的交易情况。

你应该寻找一些交易想法，经常登录资讯网站关注实时经济新闻，多和身边的交易员交流观点，努力找到重要的阻力位和支撑位后为它们设定交易提示。

新手交易员经常会在日中时段操作过于频繁，我们在公司内部也发现了同样的问题。因此，我们也制定了相关规定以约束他们的行为。日中时段大多是多空对峙时期，应该主要用来确定交易策略，以及为收盘时段收集更多有用的信息。

如果你在日中时段交易过多，那么你很可能无法使自己的赢利最大化，反而更容易在这个阶段吐回开盘阶段的收益。因此，你月底的薪水将无法反映出自己真实的交易水平。你应该只在对自己有利的时段内多次重仓交易，而在其他时段努力避免亏损，事实上减少亏损完全等同于增加收益。

能稳定赚钱后再考虑增加筹码

每个人都认识几位赚过大钱的交易员，那些新手交易员受传奇故事的耳濡目染，觉得自己也能成为其中一员，带着七位数的薪水回家。这些新人会为自己编造一些理论，以此鞭策自己。然而可笑的是，这些编造出来的理论根本站不住脚。

"我需要学习如何承受痛苦"，这个想法来自 SMB 资本的一名外号叫"前锋"的交易员。他曾对此深信不疑，这让"小马哥"和其他资深交易员都倍感头痛。事实上，交易员做出的大多数操作应该是立即见效的。有些新手交易员手握浮亏的仓位不止损，因为他们错误地认为这种痛苦的感觉可以为自己带来进步。但是一旦股票跌破你的止损价，那么它能给你带来的就只有更高的亏损概率而已。

T3 唯实的马克·斯柏林（Marc Sperling）是华尔街最优秀的交易员之一，他曾在 2009 年夏天来到 SMB 资本做过讲座。马克是交易员的楷模，在我们这个交易员圈子里，他的年收入是最高的几位之一。马克表示成功需要时间的沉淀，这段过程是每个人都无法跨越的。他在刚进入这行时努力保持每天赢利，他要求自己脱离心理安逸区，每天都取得一点进步。

新手交易员误以为亏损 5 000 美元是拥有赢利 5 000 美元能力的必要条件，但这不是事实。赢利 5 000 美元的前提是能学会每天赚500 美元，达成目标后再努力日赚 800 美元。中国有一句古话："不积跬步，无以至千里。"说的就是这个道理。而在职业生涯的初期就一天亏损 5 000 美元，除了能教会你不负责任外再无其他。

我很奇怪，那些无法月赚 10 000 美元的交易员，却不认为日赚

700美元是个成功的起步。我们来算一下，姑且算20个交易日内中的17个达到每天700美元，总收益为11 900美元。其余3个交易日亏损500美元，总计当月赢利10 400美元。对于新手交易员来说，这个成绩可以说非常不错。很多交易员本来有能力做到这一点，却由于太看重结果而忽略了积累的过程。你的目标应该是首先取得进步，再尽可能让利益最大化。当你还在摸索阶段时，不要让自己的亏损额度超出自身赢利水平。

我在SMB资本经常看到这一现象。我知道一位新手交易员具备不错的赢利能力，他每个星期都会有两天的成绩非常不错，我相信他总有一天能成为稳定赢利的交易员。但是在剩余的交易日里，每当他出现亏损，他就会越亏越多，最后以严重亏损而告终。如果能把其中一个亏损日变成零收益日，他的薪水也会大幅提高的。

"老G"每个月都能做到20个交易日中至少有17个交易日赢利。这才是达成目标的正确方式。扪心自问今天的你可以做到17/20的赢利吗？先达成这个目标，再考虑从第二个月起慢慢增加筹码。切记，心急吃不了热豆腐。

控制仓位，控制风险

有一种被人们神话过的说法，那就是你必须用重仓位才能获取可观利润。在可观的收益风险比的情况下，你可以加仓，但是你必须具备能够掌控重仓位的能力。用普通仓位依然可以赚很多钱，尤其是当遇到活跃的股票时。你可以用小仓位在活跃的股票身上通过不断入场、离场斩获可观利润。同理，你用重仓位交易活跃的股票可能导致你出现巨额亏损。你应该先锻炼自己的交易技巧，慢慢地累积自己的账面赢利，然后才考虑加仓。

Ⓐ 交易导师解惑

可以重仓交易，但绝不能一上手就重仓

迈克：

请问像你这样能够稳定赢利的交易员，在重仓入场后是否会对交易策略产生影响。比如当你交易 AAPL 时，如果你平时的交易仓位为 2 000 股，在突然增加 3.5 倍至 7 000 股后，你还可以像平时一样轻松地执行交易策略吗？请问在什么情况下，你会因为重仓风险考虑转变交易策略？

我思索一番后，做了如下回复：

你可以重仓交易，但不见得能对它们掌控自如。事实只能证明你的表现将无法像轻仓交易一样。作为交易员，你应该只在某些特定的交易中加仓。我再重申一次，不积跬步，无以至千里，绝对不能一下子就从 1 000 股直接跳到 5 000 股。不要萌生任何对自己的盲目崇拜。史蒂夫·科恩也不是在进入行业第一天就开始影响市场的。

在我决定改变交易仓位前，我首先要考虑的是当自己判断错误时离场的情况。切记，交易员在入场前一定要问自己一个问题："我的交易亏损区间是多大？"我经常可以在微小亏损的情况下把自己手中的 1 000 股抛出。极少数情况下，我在 AAPL 的同样价位可以一次性抛出 5 000 股。到了那个时候，

我的交易状况也已经截然不同。我重申一次，我们基于收益风险比为 5:1 的条件入场。如果我的额外仓位无法在这一比例内交易，那么大多数情况下我无法加仓。同理，我手中的 1 000 股要远比 5 000 股灵活得多。如果 5 000 股的仓位导致我的离场策略存在偏差，那么我会在入场前仔细权衡这个因素。

此外，当你加仓后，心理因素将成为你最大的对手。西弗吉尼亚大学的约内尔·斯特劳（Jonell Strough）曾在《心理科学》（*Journal of Psychological Science*）中强调了沉没成本[①]，你会因此对自己的投资产生更低水准的决策。你可能在自己处于赢利状态时选择离场，放弃一部分本应获得的利润。我的一位同事"高富帅"也告诉我，他长期以来一直不断付出努力与自己的心理因素对抗，因为这是每一位交易员在加仓时都要面临的问题。你需要更多这方面的模拟练习，比如每天花上 5 分钟模拟自己遇见各种情况时的做法（越详细越好），把自己潜在的弱点暴露出来，然后再战胜它。不出几个月，你将会摆脱这个问题。阿里·基辅博士把这件事描述成从山顶向下滑雪，虽然途中会失去一点平衡，但你最终一定能顺利抵达山脚。

关于仓位和风险，风险承受能力不同的人对仓位理解也不同。2009 年秋天，我和"高富帅"就这个话题进行过一次谈话：

---

① Sunk Cost，由于过去的决策已经发生了，而不能由现在或将来的任何决策改变的成本。

贝拉："今天出了什么状况？"

高富帅："我希望加仓一倍，但如何处理多出的仓位？"

贝拉："好问题，你不可能在所有的交易中无视仓位情况。
加仓一倍意味着你应该在入场拥有更多选择。有时你的额外
仓位中的一部分将无法控制在同样的收益风险比中。"

2008 年，一位实习生问老交易员，为什么公司不批准所有人都拥
有 10 万股的日交易额度。艾伦·法利（Alan Farley）回答得很好："资
深交易员控制风险，新手交易员追逐利润。"那位实习生最终没能够
继续留在交易行业。

我见过很多人在错误的交易建立了过大的仓位。我的电子邮箱里
装满了这类读者讲述自己故事的来信。他们失落地坐在电脑前敲下这
几行字的原因，正是由于受到了不明智操作的影响。加仓是双刃剑，
他可能从两个不同方向影响你的交易成绩。

可以好强，但不要盲目攀比

经常跟其他交易员做比较将对你造成负面影响。大多数成功的交
易员都是好强的人，他们渴望能成为公司里最棒的交易员。但那些不
注意自我提升，一心只想跟其他交易员比成绩的行为不值得提倡。

在华尔街的商业史中，成功的公司是从竞争中脱颖而出的。可一
旦公司或个人萌生了一些不切实际的想法，那么他们的结局通常都不
是很好。比如雷曼兄弟和美林公司，它们一度想变成高盛那样的企业，
结局如何众所周知。这种事情在不同的时间和地点演绎过无数次。

如果你也有攀比的想法，那么我想问你几个问题。你如何确定拿来跟自己比较的交易员和你处于同一水平？因为你们是邻座吗？但这不代表你们的产出能力也相近。有的交易员会默认在同一家公司接受了同样的培训后，自己就应该比公司里的其他人强。他们可能会错过你所发现的机会；他们可能不会像你一样果断入场；他们也可能不如你专注。你是在为了自己而战斗，你的表现也由你自己决定，与其他人做比较不能解决你的任何问题。

交易员应有的态度应该是这样的：

> 史蒂夫："你看起来快要成为公司里最优秀的交易员了。"
>
> 叶励志："是吗？"
>
> 史蒂夫："你没注意到吗？"
>
> 叶励志："我不是自私，我的确没注意过别人的表现如何。"

就算你一天赚了 2 000 美元，你成了自己同水平中赢利最高的人，但是这依然不能说明那就是你最成功的一天。如果你能把每笔交易都做到最好，抓住了所有市场给你提供的机会，那或许才是你最成功的一天。周围的人成绩如何，跟你有什么关系？除非那个人马上要把公司的钱亏光，导致你再没有可用资金交易了。

打开思路，趋势与预期相反照样赢利

如果你对一只股票的走势有着严重的主观倾向性，那么当它的走势与你的预期相反时，你还能赚到钱吗？答案是：当然能。你需要做的只是思路更开阔一些。这种事情每个星期都在我和史蒂夫身上发生。我们已经做了十多年的交易，尽管一直以来我们每天都尽力收集开盘前的信息，但是最终还是得根据市场当下的走势不断做出调整。

比如某天我们倾向于做空联邦快递（FDX），但是它却整天都处在上涨，最后我们依然从它身上赚到了不少钱。这也是为什么我们的工作内容叫作交易，而不是投资。思路开阔的意思就是，"我的想法错了不要紧，赚钱就好"。一旦你能冲破自身认识的局限，那么成为可以稳定赢利的交易员将指日可待。

交易员都是既聪明又好胜的人，让他们承认自己的判断错误是件不容易的事情，马上就做出与预期相反的交易更是难上加难。我再次引用传奇交易员杰西·利弗莫尔经常讲的一句格言提醒你："股票市场只有一个方向，不是熊也不是牛，而是正确的方向。"这件事说起来容易做起来难，所以请确保自己在交易时站在正确的方向上。

做多和做空都赚钱的技巧

2009 年 6 月的一个星期五，RMBS 处于"可交易状态"，我们在股价抵达阻力位 17.80 美元之前靠近低点买入做多而赚了不少钱。17.80 美元是个重要的技术价位，RMBS 之前曾从这个价位开始暴跌（见图 9.1）。对于那个周五和接下来的周一来说，17.80 美元处是重要反转点。我们通过交易技巧在做多和做空时都赚到了钱。

交易可不仅仅是找到重要价位然后直接入场这样简单，否则你也不需要读这本书。高超的交易技巧可以使交易员把产生实际效果的价格和破位价格区别开来。

我们把分析走势图的能力和解读成交明细的能力结合运用，再加上我们的短线日内交易基本原则，这样一来我们就可以判断出哪些重要价位真的能产生应有的效果。举例来说，我们认为 RMBS 的 17.80 美元阻力位不会被突破，原因如下：

◎ 在 17.80 美元附近出现了大量卖单；

◎ 走势图上看，17.80 美元处形成了双顶；

◎ 长线走势图显示 17.80 美元处是重要的阻力位；

◎ 买家的表现不像在 17.75 美元处那样强势；

◎ 股价在第一次尝试突破 17.80 美元时，公司的新闻不足以造成剧烈波动。

图 9.1　RMBS 股价（2009 年 1—6 月）

因此我选择在股价达到 17.80 美元之前做多，而史蒂夫通过做空抓住了一波 50 美分的利润。到了周一，我们已经通过成交明细看出 RMBS 存在强势的上涨动能。周五的回调幅度很小，RMBS 于周一再次回到了 17.80 美元的阻力位。这个价位附近的买家表现非常强势，在 17.80 美元的买入价站稳脚步后，我们入场做多（见图 9.2）。当 17.85 美元的买价也变得坚固后，我们增加了多头仓位。随后我们看到 17.90 美元的买价也坚如磐石，于是继续做多。RMBS 最终上涨了 1 个点位才停下来。

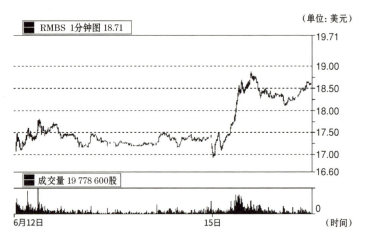

图 9.2 RMBS 股价（2009 年 6 月 12—15 日）

我们不只通过走势图做出交易决策，同时也观察委托单成交状态，加上基本面分析和周五的新闻一起权衡股价表现。这样我们便在不同的交易日在 RMBS 身上分别用做多和做空的办法实现了赢利。

我的态度很明确，要想成为一名合格的日内交易员，一定要通过解读成交明细来学习如何交易，而且我之前讲到的在任何市场中都能赢利的交易技巧，也是一名优秀交易员所必须掌握的本领。**交易技巧不只是看走势图或打电话下委托单，它是一种允许你在任何预期下都能赢利的技能。**

我今天该如何赚钱？

在 2008 年 10 月 13 日的早会中，史蒂夫强调了 MS 将是他当天关注的焦点。史蒂夫说："我期待着看见开盘后 MS 出现回调，然后跟住它一整天的上涨势头。"这是一个非常不错的建议。上周五，史蒂夫就已经提示了 MS 值得重点关注。他给出的另一个宝贵建议就是，MS 有潜力在该交易日达到 18 美元的价位。史蒂夫曾在周五做空 MS，然后在周一做多 MS，两天的交易结果都是赢利丰厚。在我们的建议下，"老 G"也根据这个策略赚到了钱。

我教导交易员要打开思路考虑问题，顺势而为。SMB 资本出来的交易员在上涨和下跌中都能赚到钱。当年我还是一个学徒的时候，身边根本没有 CNBC 可以看。我们不根据走势图做出交易判断，也没有即时新闻告诉我们股票身上发生了什么事情。我视股票自身的趋势做出交易决策。SMB 资本中的交易员说不定能对德瑞克·基特的击球数据脱口而出，但是如果你问他们 eBay 的市盈率，他们也许会一脸茫然。

显然，如今的时代已经变了，大多数公司都会提供走势图、即时新闻以及音像等辅助工具，但客观地说，如果你移走我的走势图，关掉电视和新闻，我依然可以赚钱。我是一名交易员，如果股票当天走强，我会跟上大部队赢利；如果股票当天走弱，我依然会以获利而告终。

我不在意股票当日的走势，星期五从 18 美元做空到 17.50 美元，和星期一从 18.71 美元做多到 19.21 美元，于我而言没有区别。新手交易员入职后最该做的就是不要装作自己对市场走势拥有良好的感觉。通常来讲，听过新闻就能判断市场走势的感觉需要至少 3 年的时间来培养。交易员需要先仔细观察股票的表现再入场交易，当它走强时找机会做多，走弱时找机会做空。

你的工作就是耐心等待机会，然后伺机而发，绝对不要对市场妄加预测。CNBC 不会请你在他们的采访中给出你对市场的预测。不要把你的倾向性带到交易屏幕前，交易席位是为了交易员而设，他们是一群无论市场涨跌都有能力赚钱的人。交易员考虑的唯一问题只是：我今天应该如何赚钱?

正手做多，反手做空

2009 年夏天，我们的实习生克丽斯滕请求史蒂夫每天都在推特上给出一些交易观点。这样一来，这些观点就可以出现在 StockTwits 社区上并被其他感兴趣的交易员看到。6 月 19 日那天，史蒂夫告诉她将在 138 美元处做空 AAPL，止损价设在 138.15 美元。当天 AAPL 曾于 138 美元处突破失败后出现大幅回落，所以史蒂夫用 15 美分的风险搏 1 美元的收益。

在他入场做空 15 分钟后，AAPL 的买入价稳定守住了 138.10 美元，于是史蒂夫平掉了空头仓位转身做多。史蒂夫有些不大愿意每天下午在推特上指导实习生，因为他发现并不是所有"粉"过他的人都能像职业交易员一样掌握好在反转点入场的尺度。动量技术分析专家布莱恩·香农也把这个因素告知了他的所有粉丝。像史蒂夫和香农这样的交易员的思路非常开阔，他们可以无视自己所交易的股票的方向而实现赢利。比如当 AAPL 超过 138.10 美元后，成交状态显示股价可能继续攀高，因此史蒂夫选择做多。当时史蒂夫还考虑到其他因素，比如当时 AAPL 突破了下跌通道并且在下午再创新高等。

在史蒂夫做多的几分钟后，AAPL 涨到了 138.50 美元，这是前两个星期内非常重要的反转点。史蒂夫在这里抛掉了多头仓转而做空。

随后他又看到卖出价很难坚守在 138.50 美元，他于是再次平掉了空头仓转身做多，并抓住了接下来的第二波涨势。这波涨势非常迅猛，股价放量上涨，所有证据都表明，大买家认为早上的日内最高点 139.13 美元下方都是被严重低估的区域。AAPL 在盘后交易到 139.75 美元时史蒂夫还依然手握着 1 000 股，我们都在 AAPL 上大赚了一笔。更有意思的是，如果史蒂夫不先在 138 美元参与做空，那么他很有可能错过整波上涨行情。由于他在做空后紧密地关注了交易状态，这给了他充分信心在止损价以外反身做空。因此，1 600 股的 15 美分亏损换来了他 2 000 股的 1.5 美元赢利。换作我的话，我也愿意做出这样的交易。

交易不是做好预测，然后固执地根据自己的倾向性操作。它需要你把思路打开，通过迅速消化市场提供的信息做出交易决策。本文中 AAPL 在 138.10 美元处的表现就是一个极佳的例子。

找到一只股票的阿门角

阿门角①通常是高尔夫球大师赛中最难也最刺激的球洞。在 2009 年 4 月 9 日，18.25 美元处就是 WFC 的阿门角。当 WFC 处于日内下跌通道时，在这个价位下方做空非常容易；当 WFC 处于这个价位以上时，日内的上升通道也清晰可见。我们一起来看看这个例子。

日内交易员一定要打开思路考虑问题，WFC 本身的走位对我来说至关重要。当 WFC 处于下跌通道时，我就寻找做空的机会。我在它处于明显的下跌通道时，在 19 美元做空，随后又在它跌破低位的 18.50 美元补仓继续做空。当股价跌到 18.25 美元，我看到了大量卖单，

---

① 阿门角（Amen Corner），奥古斯塔国家高尔夫球场标准场的11、12、13洞，被认为是世界上最难的球洞，在这里要祈祷主的帮助使得球平安打过。

于是我又进了一些空仓。但是 17.50 美元形势急转直下，卖出价以极少见的速度飞快后撤，到了 17.60 美元，我发现它停下来脚步并且不再有下跌的意思，我在这里平掉了自己的空仓。

不久后 WFC 再一次到达了 18 美元，我便再一次做空，但是这一次股票在 18 美元处显示出一股支撑力量，因此我马上转身做多。当股价轻松地突破了 18.25 美元阻力位后，我再次增加了多头仓。在当天剩余时间内，我时而买回调，时而倒卖差价，保持活跃的同时，主力仓位一直坚定做多。

在这次交易中，我表现出了应有的思维活跃性。当 WFC 走弱时我就做空，当 WFC 走强时我就做多。如果你对追踪趋势方面的技术分析感兴趣，那么我向你推荐布莱恩·香农的书。当天在这笔 WFC 操作中，我所运用的就是来自他的理论。说句题外话，虽然交易就是交易，但我竟然萌生了自己所穿的衬衫给我带来了好运气的想法。

新手交易员必须学会如何变通。此外，还有一项除了交易公司以外的其他任何地方都不会教给你的技能，我会在下一节告诉你。

震荡出局是你的蜜糖还是砒霜？

有稳定赢利能力的交易员在被震荡出局后会马上准备在机会再次出现时立即入场，相比之下，普通交易员会抱怨自己从一次好机会中被震荡出局，而糟糕的交易员对于这次不该出现的亏损则会久久难以释怀。以下是我和一位新手交易员关于豪士科（OSK）的一次对话。

交易员："贝拉，麻烦你看看 OSK。我在 18.80 美元上方

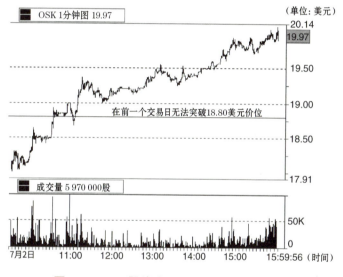

做多，随后 OSK 涨到了 19 美元。但它出现了一次急跌，因此我在 18.67 美元的底部止损出局（见图 9.3）。好好的一笔交易竟然以亏损告终。"

贝拉："当它再次回到 19 美元时你再度入场了吗？"

交易员："没，我没对它继续操作。"

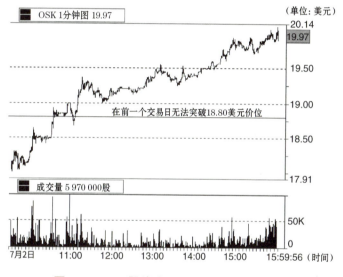

图 9.3　OSK 股价（2009 年 7 月 2 日）

　　交易以亏损告终，可那又怎么样呢？你是想显示自己的与众不同，还是期望我或者市场对你产生同情心？你不应该这样考虑问题，优秀的交易员会在止损位止损，但是他们会在股价返回 19 美元上方后再度入场，甚至可能建立更大仓位。他们虽然由于震荡而止损离场，但依然能够在随后抓住 1 整个点位的上涨行情。如果你曾一直努力优化自己的表现，你就知道这是一次先亏 250 美元后赚 2 000 美元的交易机会。这种机会是优秀交易员的蜜糖，却是糟糕交易员的砒霜。

如果不能掌控交易，说明还有很大优化空间

作为日内交易员，你深知在趋势刚要爆发时，及时站对方向的重要性。当然这件事说起来容易做起来难，我在这里总结出如下原因。如果你能真正理解股票产生趋势的因素，那么你就有可能在正确时间入场。这样一来，当股票的走势与你的预期相反时，你也可以轻松脱身。杰西·利弗莫尔曾建议说："买到价格便宜的股票并不重要，重要的是你能在正确的时间买入。"

事实上，交易员的每笔交易都像在买入便宜的期权。当我发现一只股票处于某个趋势中，就会找到一个好价位入场。通常在入场后，我马上就可以找到令赢利不断攀升的催化剂。因此，这等同于我为自己买入了即将上涨的期权。如果股票不按照预想的走势迅速变化，我将暂时离场观望。我有时会利用额外仓位做小额投机，但是如果股价出现飞奔，我的核心仓位会让我大赚一笔。如果情况没按照预想发展，我将会在得到一点利润或者支付了一点佣金后速速离场。

高尔夫球手总是谈论如何控制球路，或者控制挥杆的方向和距离。我是一名交易员，我需要控制好交易。我希望看见促使股价飞升的因素后，在能够得到充分保护的环境下重仓入场。找到这些因素可以让我有更多机会出手，并且能控制风险、增强稳定性，以及降低心理压力。你可以掌控自己的交易吗？如果不能，说明你有很大的优化空间。

当股票处于上升通道时，为了做多我们最喜欢看到"据守买价"。当买入价被大量吞吃却不下跌时，我们就称这个价格为"据守买价"。当股票走势不强时，买家会选择以更便宜的价格买入，因此买入价会下跌。当我们看到股票在上升通道中存在"据守买价"，就应该加仓

做多并期望股价马上就会上扬。"据守买价"在大部分时间里都代表了潜在的巨大买单，这其中包括短线做空后希望在此平掉错误空头仓位的卖家。我们期望卖家清仓和买家追高而推动股票上涨。

除了"据守买价"外，上升通道中还包含着大量其他因素。不同时期的因素也随之各异。只有真正搞清楚价格变化的原因，我们才会在可控风险的情况下加仓，因为理解问题产生的原因会帮助我们更好地控制风险。

另外一种判断趋势的指标是成交量突然成倍增加。图 9.4 是 V 的走势图，图中显示在 58.93 美元附近突然成交了 400 万股。出现这种情况后，V 随即迅速下跌。我也在看到放量下跌后入场跟进做空，并不断随着下跌补加空仓，直到 V 达到了 58 美元处的支撑位。这是一笔成功的交易，分析市场因素帮助我在正确的方向上扩大了仓位。

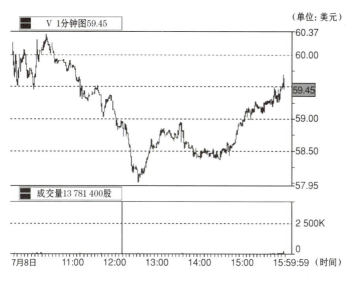

图 9.4　V 股价（2009 年 7 月 8 日）

交易逻辑："如果……就……"

我做出的每一笔交易都有完善的"如果……就……"交易逻辑。无论是追随市场趋势做多还是做空都是如此。此外我还为每笔交易可能存在的变化制定了"如果……就……"交易逻辑，因为有关支撑位和阻力位的交易技巧都有不止 10 种。趋势交易通常会产生许多不同的结果，我在入场前要把不同情况都考虑在内。在发现交易机会后，我才可以胸有成竹地入场操作。

我再举一个自己在交易 MOS 时的例子（见图 9.5）。48 美元处是支撑位，于是我做多。如果 48 美元被突破，那么我就会马上离场，但如果我看到 48 美元下方产生了同样的支撑效果，我将再度入场做多。47.95 美元就是这样一个位置，我在这里看到了"据守买价"，于是我再度入场。随后 MOS 稳步攀升，我也因此小赚了一笔。更重要的是，我在入场前就定好了相应的"如果……就……"逻辑，赢利只是因为我遵循着自己的交易纪律。

很多新手交易员试图在变幻的走势中找到一个交易策略。对于活跃的日内交易员来说，"可交易股"的变动速度太快，我们常常没有时间考虑如何操作剧烈波动的股票，所以要在入场前做好决定。

"如果……就……"的逻辑因人而异。每个人对于信息的理解不同，有些人反应快，有些人能承受更大风险，有些人拥有更多经验，不同交易员的时间框架也不尽相同。但是于我而言，我会在入场前考虑到各种因素，甚至包括极其少见的情形。因此，即使我选择的股票的走势与期望相悖，我也绝对不会对此感到惊讶。作为交易员，我所要做的事情就是对行情做出反应。

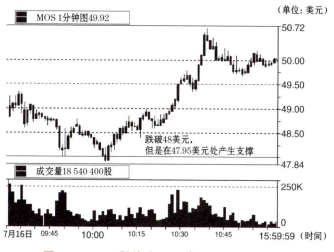

图 9.5　MOS 股价（2009 年 7 月 16 日）

　　建立"如果……就……"的逻辑可以帮助你提高赢利的稳定性。我从一位大学在校生那里收到过一封令人沮丧的电子邮件。他在和教授经过一个半小时的讨论后，得出日内交易无异于赌博的结论。当然，如果你没有建立自己的"如果……就……"逻辑，也许这真的很像赌博。我在这里引用一句巴菲特的名言："风险通常是由于不清楚自己的处境而形成的。""如果……就……"逻辑会让你的交易风格和成绩都变得更加稳定，届时你的成绩将不再单纯地依赖于几笔大额赢利。如果你运用有效的"如果……就……"逻辑，并活跃地在市场中交易，你就相当于拥有了属于自己的赢利"黑匣子"。

　　由于"如果……就……"逻辑的重要性极高，而我并没有在培训中过分强调这一点，因此 SMB 资本的远程培训总监罗伊·戴维斯对我提出了批评。罗伊以"如果……就……"为话题给培训生做了一次激情四射的演讲。谢天谢地，罗伊的判断是正确的。

在学生们对"如果……就……"逻辑的认识大大提高后，我和罗伊马上就从他们的交易成绩中看到了显著效果。

在罗伊的演讲一开始，他就声明了培训期间首先必须完成的任务就是建立自己的"如果……就……"交易逻辑。如果没把详细的交易策略以"如果……就……"的形式上交给指导员，那么培训生将被禁止参加实盘交易。不仅如此，指导员也要审阅培训生的策略，并在和交易经理讨论通过后才允许培训生实盘交易。每个星期结束后，培训生需要根据市场状况改良自己的交易计划，随后再次拿给指导员审阅。我知道这听起来很烦，但他们必须完成。

我们总是在思考、调整和改良自己每一种交易策略的"如果……就……"逻辑。在彻底梳理清楚交易逻辑之前，任何人都不会轻易地入场交易。就像罗伊所说，细节决定成败。

"如果……就……"逻辑

所有交易员都要有自己的交易逻辑，我在此为新手交易员举一些例子。为了展现其真实性，以下句型结构不会那么标准，但这些都是有经验的日内交易员们的原话。

◎ 如果股价达到 30 美元，且在大量买家现身后股价站稳在 30 美元上方，我就做多；

◎ 如果股价站稳在 30 美元，同时这个价位伴随着高成交量，我就会选择"交易并持仓"战术；

◎ 如果股价站稳在 30 美元，我就会思考谁是大买家；

◎ 如果股价站稳 30 美元，并出现短暂回调，随后出现大卖家并且大买家后撤，我就会马上卖掉手中的仓位；

◎ 如果 30 美元股价站稳并出现短暂回调，同时大买家和大卖家的距离非常接近，我就持仓观望；

◎ 如果股价站稳 30 美元，大卖家出现后撤，我就会考虑加仓；

◎ 如果股价站稳 30 美元，大买家又继续逼高并在更高处站稳脚步，我就增加多头仓位；

◎ 如果在出现巨大成交量后股价依然站稳 30 美元，那么除非我有明确的卖出原因，否则不要卖出；

◎ 如果在普通成交量下股价在 30 美元站稳，我就会在涨势减速后平掉多头仓位；

◎ 如果股价跌破 30 美元，我就立刻止损离场；

◎ 如果股价伴随着巨大成交量跌破 30 美元，我不但会平掉多头仓位，还会考虑转身做空；

◎ 如果股价在 30 美元以上就做多，30 美元以下就做空；

◎ 如果 30 美元在稳定住以后被向下击穿，那么股价很可能加快走低步伐；

◎ 如果 30 美元在稳定住以后被空方击穿，但是卖家却没有强势地继续向 30 美元下方跟进，同时大量买家出现在 29.99 美元、29.98 美元甚至 29.97 美元附近，那么就等大买家反扑或者撤退后再做出决定；

◎ 如果 30 美元在稳定住以后被空方击穿，但是在 3 美分的波动区间内出现足够市价离场的买单，同时 29.96 美元存在着大买单做支撑，那么可以在少许浮亏的情况下视买家随后的行动再做决定；

◎ 如果 30 美元在稳定后被空方击穿，29.97 美元以上的支撑力不强，试图收复 30 美元未果，我选择在 30 美元处做空；

◎ 如果 30 美元处被突破后迅速下跌到 29.90 美元，在这个过程中来不及止损离场，但此时 29.90 美元存在大买单，那么我就可以视情况把止损价定在 29.97 美元，情况有两种：①从 29.97 美元处开始急跌，没能在 29.95 美元处逃离；②如果在 29.90 美元处，买家依然无力提供支撑，买入价在继续后撤或者难以提供离场保护，那么直接按照 29.90 美元市价卖出；

◎ 如果股价跌破 30 美元后在 29.90 美元处出现"据守买价"，那么就在 29.90 美元的支撑位重新进场做多；

◎ 如果股价跌破 30 美元后无法下探 29.93 美元，我就在这里重新买入。如果 30 美元再次站稳脚步,我就继续追加仓位；

◎ 如果补加了第二个仓位，把补加的仓位作为趋势策略，把初始仓位作为支撑策略；

◎ 如果买家在 30 美元处站稳脚步，同时卖家在 30.03 美元处安营扎寨，随后买家回撤，我就先止损离场；

◎ 如果随后 30 美元下方再次出现"据守买价"，同时卖家提高出价，那么我将重新入场做多；

◎ 如果股价跌破 30 美元后买家重新把股价推回原位并稳住阵脚，我就再次入场做多；

◎ 如果 30 美元处出现"据守买价"，随后先下撤后恢复原位，同时卖出价依然停留在 30.07 美元上方，那么我就会在 29.98 美元或者更好的价位买入进场；

◎ 如果 30 美元处出现"据守买价"，在拿不到 30.01 美元的情况下可以试着去拿 30.02 美元；

◎ 如果 30 美元处出现"据守买价"，而且 30.01 美元、30.02 美元、
30.03 美元都没有买到，同时卖家出价在 30.10 美元处，考
虑如下情况：①成交量越大，买高位越保险；②收益风险
5:1；③如果 30 美元处的买家使我认为股价将涨到 30.50 美
元，那么我也可以考虑在 30.10 美元的高位买入；

◎ 如果 30 美元处出现"据守买价"，卖家出价在 30.05 美元，
我出价 30.01 美元后便有其他买家加入 30.01 美元阵营，说
明这是一个股价走强的信号；

◎ 如果 30 美元处出现"据守买价"，卖家出价在 30.05 美元处，
我出价 30.01 美元后便有其他买家迅速出价 30.02 美元，说
明这是股价走强的信号；

◎ 最好的交易结果是，一旦注意到 30 美元处有大成交量支撑，
我入场做多，一直持仓到看见卖出理由的那一刻才离场。

重复使用最适合自己的交易策略

在最近一次 StockTwits 上的直播中，我曾斩钉截铁地告诉大家：
"交易员如果想进步，必须知道哪些交易策略最适合自己，然后再用
更大筹码做更多次这样的操作。"我知道这听起来很容易，但是并没
有多少交易员真能做到这一点。在本节，我要加上一些自己的个人感
情色彩来讲述这件事。

除非出现最适合自己的机会，否则无论我当时的观点如何，也绝
对不会在任何时间、任何市场、任何情况下重仓交易。我知道哪些策

略最适合自己,而且我也知道自己等待的是什么样的机会。我不会过分看重走势图,因为这样可能因蒙蔽自己而错过最佳交易机会。与得州扑克不同,我不需要在每个回合都参与,我可以等待最适合自己的时机到来时再出手。

到了月底,在看到交易成绩单后,便知道自己是否已经尽了全力。我会把整个月的精力都投入到最适合自己的交易策略中去。了解什么样的策略适合自己需要时间和经验的积累。虽然不是每个月都能取得辉煌的成绩,但我还能做些什么呢?我熟悉自己的优势,用自己的资金承担与之相对应的风险,毕竟这些策略从统计学和历史角度上看都是最适合我的。这就是我优化自己交易成绩的方法。

下面是我最喜爱的交易之一。安进(AMGN)跳空高开,随后没有出现明显回调。60.50美元是重要的日内阻力位(见图9.6)。股价最终突破了这个价位,于是我入场做多3手。

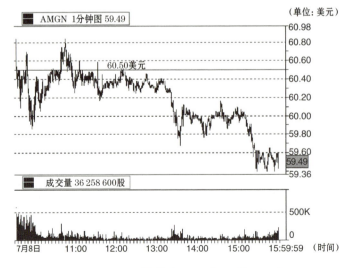

图9.6　AMGN股价(2009年7月8日)

当我发现 AMGN 在这个价位上方支撑无力时，就先卖掉了一手；当我发现它在 60.80 美元丧失了前进动力时，便再卖掉一手；但是我始终留了一手仓位，除非我真的看见不得不卖掉它的重要原因，否则我将选择继续持有（我对于"交易并持仓"策略有着详细的离场标准）。

我在前两笔交易中赚了些小钱，但是在第三笔交易中出现了亏损。我只能保持每一次交易都做到"伺机而发"，却无法控制其最终结果，交易 AMGN 的案例就很好地解释了这一点。我了解这只股票，我用自己最喜欢的交易策略入场，但 AMGN 后期的走势却没有按照我的期望发展，不过这根本不影响我在这笔交易中赚到一些小钱。我的工作是去找到统计数据中那些高赢利策略，并找机会执行。如果我能在一个月中做出很多这样的操作，那么月底的成绩一定差不了。

制订买入就暴跌的应急方案

我们都会遇到刚买入就急跌的情况。碰到这种情况本身并不要紧，但是有些人会让这种糟糕的情况给自己造成持续影响，他们不懂得如何处理。

曾有一位好胜心极强的交易员找我谈话，他对因这种情况而产生的亏损表示抱歉。我笑了，回想起自己一生中到底遇见过多少次这样的情况，其中又有多少次认为自己的职业生涯可能就此终结。有时我甚至会在回家后躺在长椅上，思考自己是否还适合成为一名交易员。在 12 年的交易生涯中，这样的情形我至少每年会遇到两次。这是一个健康的过程，我们只不过还欠缺遇到特殊情况时的应急方案而已，我不想它对我产生任何负面影响。这些难受的感觉和失败的经历让我有了急切提高自己的想法，它会迫使我对自己提高要求。就像职业运动一样，要么进步，要么回家。

所以对于这位交易员，我建议他在接下来的一周中只把握住自己最有信心的交易机会就好，减少高风险交易的仓位，争取在当月扭亏为盈。我希望他不要太在意这件事。随后这位交易员就回到自己的交易席位努力赚钱弥补亏损。我对于这种事情的发生一点都不惊讶，毕竟12年的交易经验已经铸造了我克服这类困难的强大内心。

另外一位聪明的交易员也遇到了这种情况，于是我们围绕着减少入场仓位、紧随最佳交易策略等方面讨论了相关解决办法，希望他能尽快赢利、重树信心。开盘时我通过风险控制系统发现他在交易刚发布财报的JPM时动用了较大仓位，于是立即来到他的席位前，以篮球教练要求球员的态度让他把手中的仓位减半。我提示他如果想把亏损的钱赚回来，他必须减少自己的仓位、紧随自己最拿手的交易策略，然后把注意力放在当日赢利上。重回正轨需要一些技巧，让大额亏损过度影响自己会导致整个季度甚至整年的低迷。

显然，在2009年6月期间，交易员的成绩不如2009年春天那样理想，因为那时我曾收到很多来自其他公司的电子邮件和电话对我讲述他们身边发生的事情。有时一年之中只有3～4个利润丰厚的月份，而在其他时间里你只能在市场中谋求生存以支付家庭开销。但是通常也恰恰是在这些月份中，交易员产生巨亏从而给自己的账户留下一个难以填补的窟窿。

出现这种情况的原因是他们无法适应市场节奏的变换。他们在平静的市场中使用了过大仓位；他们认为上个月有效的策略在当月也一定会赚到钱；他们对当月的表现有不切实际的期望；他们没等自己最熟悉的机会来临就进场。这种操作方法必将为自己的损益表中留下一笔难以弥补的债务。

2009 年 1 月是一段黄金时期。我和史蒂夫曾经讨论为什么交易员会在这段时期感到痛苦不堪。为此一位著名的交易员朋友提供了一个答案：由于 2008 年秋天的金融危机让很多交易员在精神上遭受打击，这使 2009 年年初变成了使他们恢复信心的过渡阶段。他的答案挺有意思，我也发现很多交易员由于缺乏信心，导致他们无法以一颗平常心对接下来出现的交易机会做出正确判断，他们也因此没有抓住许多本来可以赚钱的机会。

你需要时常做一些自我提示，提醒自己是一名优秀的交易员，并有能力从市场中赚到钱。你应该回归到那些最适合自己的交易策略中，尽管你的仓位和获利都会比以前少，但它却能把你带回赢利状态。请在这段时间里用你最好的交易策略不断累积财富和信心。

如果你在过去具备赢利能力，你只需要做出少许调整；如果你是新手交易员，你应该只做自己能力范围内的事。市场一定还会出现满地黄金的那天。

猎豹的启示：不是谁都能以交易为生

2009 年 1 月 15 日，我曾与一位公司的交易员进行过一次有趣的谈话。这位交易员经常来到我的办公室里找我谈论交易问题。他是一位来自美国中西部的年轻人，既聪明又有好胜心。他那时正处于低谷，虽然在 2008 年 10 月时曾取得过不错的成绩，但是接下来的两个月中他却蒙受了大额亏损。在那段时期，我曾听到过不少类似故事。

有一位朋友告诉我，在我们所认识的最优秀的 10 位交易员中，有一个人在一个月内把整年的利润全都亏光了。正巧在那天早餐时，很多紧张的年轻人跟我聊到各自公司近期的表现。他们提到自己所在公司中，很多人近期都处于亏损状态。我听说甚至连很多最优秀的交易公司都采取了限制措施以防止交易员的亏损幅度进一步扩大。在那个月中，我正在享受一场饕餮盛宴，而华尔街上最优秀的交易员却找我诉苦表示交易难做。在那段时期，我还在与两位实力派交易员的闲谈中得知，他们已经开始担心公司会不会因为他们的亏损炒掉自己。事实上在 SMB 资本，这种月份对于很多交易员来说也是一种挑战。

就个人而言，我没有成绩太差的月份。我已经经历过许多不同的市场，我为自己建立的交易系统可以让我在任何市场环境下获利。在那个交易员闻之色变的月份中，我也依然保持赢利。我也会对这些年轻的交易员给出自己推心置腹的建议：你需要更多的交易经验，见识更多不同的交易环境，做出适当调整，从基础做起一步步实现赢利。

SMB 资本的一位聪明的新手交易员乔曾经也遇到过这样的麻烦，但是他为自己列出了当月的策略清单并按此约束自己。然而这样做还有一个问题，就是这个清单中所包含的部分策略连乔自己都不能熟练地运用。我查看了一下他的交易策略，发现其中有很多连我也从来没用过的技术指标。我告诉他，当你看到走势弱的股票时就考虑做空，根据不同价位特征找到高收益风险比的入场点，不必为了赚钱而把交易的本质搞得太复杂。

很多交易员曾在 2008 年 10 月和 11 月取得了不错的战绩。据我所知，华尔街上的每一名交易员都在 12 月取得了丰硕成果。优秀的交易员能在正确的时间做出必要的调整，或许这些调整只是举手之劳，但这会帮助他们享受一个更长久、更繁荣的职业生涯。

新手交易员起步时遇到的困难经常能引起我的兴趣。这些问题的解决方案其实非常简单，那就是回归基础。哪些交易策略最适合你？列一个清单，在接下来的一周中只等待能实践你的交易策略的机会，发现机会后用小仓位不断地尝试。还有哪些股票的走势更适合你的风格？对于 SMB 资本的交易员来说，答案是"可交易股"。你也应该确保自己正在交易这些股票。

"小马哥"曾经就这个话题发给我一封电子邮件：

> 猎豹是非洲平原上速度最快的动物，虽然它能追得上任何猎物，但是它始终选择捕杀那些年轻、弱小或者生病的对象。一旦确认目标，它便会用极高的效率和专注力攻击对方。这是捕猎的唯一方式，我们职业交易员也应该效仿。

低谷是交易员成长过程中不可或缺的一部分，但从低谷中走出来并不容易。你是否曾经想过为什么只有少数人能够以交易为生？这个行业就像一个高级高尔夫球俱乐部，不是谁都可以有加入的机会。如果你想在这个圈子内存活下来，就必须要遵守它的规则。一段时期内表现不佳的交易员大部分都是因为不遵守规则所致，俱乐部也不欢迎这样的人，所以它会扣除你的会员积分。这是你作为会员必须承担的后果，但如果你能遵守规则，你仍然可以保留自己的会员身份。

因此，如果你处于低谷，不要慌张。这份工作最好的一面是你的历史表现不会在今天对你造成影响。从明天开始，你依然有机会使自己在当月剩余的每一个交易日中都以赢利告终，在月底拿到一份不错的薪水，从而为你整个季度，甚至整年的表现提供能量。你需要通过不断地提高技巧使自己进步，然后日复一日地坚持下来。如果下一次你在遇到低谷期时能及时回归基础，你的策略清单会逐渐变长。

在我起步时，我的交易账户曾在 6 个月的时间里一度亏损 36 000 美元。但是 12 年过后，我还在做着交易，那么我也可以算一只猎豹吗？作为日内交易员，我们通过勤奋练习使自己进步。

第四部分
交易员跑赢市场之道

新手常认为跟着明星交易员学习是进步的最佳捷径，但更聪明的做法是找到最优秀的交易导师，这两者有什么不同？

SMB 资本的风险控制系统是什么？他们除了传授交易技巧，还有什么压箱底的绝招？

自动化交易时代，市场还需要短线交易员吗？交易员该如何顺应时代趋势？

我们如何才能坦然面对瞬息万变的市场，难关面前，依然能够找到新的策略，练就一身在任何市场中都衣食无忧的本领？

第10章 | 在优秀公司，成长为下一个明日之星

交易员为何需要培训与帮助？

> 投资收益与投机收益之和等于股票市场总收益。尽管投机收益在绝大多数10年期内均对总收益产生了较大影响，但从长期来看，却几乎没有任何影响。
>
> **《投资稳赚》作者　约翰·博格**

2008 年于纽约举行的国际交易员大会上，一位穿着考究的老先生在我发表讲话之后找到了我。他问道："加入自营交易公司的好处有哪些？是因为你们可以提供更高的购买力吗？"这位老先生解释说他用自己的私人账户做交易，并毫不迟疑地提到自己的成绩很不错。他的问题中包含着："我会从像你这样的交易员身上获得任何帮助吗？"我喜欢这个态度。

当时时间有限，于是我简短地答道："我们的确能提供更多资金，但更重要的是，我们可以让交易员之间互相交流思想，并请拥有十几年经验的指导员为他们提供帮助。"后来，这段对话让我思考良久，我希望能知道这位老先生的名字并有朝一日再次见到他。我认为当时这位老先生对我的回答并不满意，因此为了这位穿着考究的老交易员，我写下了这一章。

本章的话题主要涉及 SMB 资本如何培训内部交易员。我们会一起讨论为什么新手交易员需要回顾自己的交易记录、控制自己的情绪，

以及更重要的他们为何需要指导员的帮助和支持。不仅限于以上几条，我还会在后文加入更多具体内容。

交易直播间：回顾是增加经验的最好方法

交易员和运动员一样，需要通过回顾大量录像提高自己的竞技水平。优秀的运动员和球队都会主动观看录像，观察自己在哪些方面做得怎么样，并从中找到进步的办法。新英格兰爱国者橄榄球队教练比尔·贝利奇克（Bill Belichick）曾率队在过去的十年间夺得三次超级碗。他经常带领全队一起看比赛录像，一看就是 12 个小时，中间只靠吃掉整张比萨、喝掉 2 升苏打水来稍作休息。由于贝利奇克做事事无巨细，他的球队被认为是联盟中纪律性最强、准备最充分的球队。有一次他问随队三获超级碗的四分卫伊莱·曼宁（Eli Manning）准备如何花掉自己的高薪时，曼宁表示自己想买一套高清家庭影院。

很少有交易公司会像我们一样在交易结束后复习交易录像。虽然他们有自己的评估交易员的方式，但我依然认为 SMB 资本在这方面算是一个标杆。SMB 资本拥有三个用来回顾录像的交易直播间：一个专注于基础，一个专注于进阶，一个为资深交易员开设。

当我们回顾交易录像时，我会在通过成交明细发现重要的交易机会后给出我的观点。如果我从成交明细中发现大买家（如今我们可以直接在电脑上看到实时的成交明细，而不是像过去那样必须先打印到纸上再阅读），就会提醒新手交易员，知识日积月累，他们便会更好地按照市场趋势进行交易。我还会指出哪些交易员的操作过于强势，并让他们分析为什么这种做法无法获得最佳收益风险比。但是就像贝利奇克一样，我知道交易员最需要的是自我提高。从他们的交易录像中我可以得知谁会在哪些方面犯错误，而他们也可以参考其他同事如何运用类似的交易策略。

SMB 资本开设交易直播间的首要目的是教导交易员如何思考。我会对他们的操作进行随机提问，询问他们"为什么此时要做多或者做空""为什么用这种仓位""随后在哪里准备加仓等问题"。我当年在法学院学到的语言能力在这时终于体现出了价值，不过"快枪手"却管这个过程叫作"虐待交易员"。但我坚持认为新手交易员必须了解稳定赢利的交易员的思维方式，即使这种训练过程被看成"虐待"也无所谓。我是一名交易培训教练，我的工作就是教会他们如何交易。交易员的成长过程中需要批判性的建议，这是不可或缺的一环。

交易策略要随着时间的变化而调整。一年前、一个月前，甚至一天前的策略在今天未必依然适用。换个角度讲，明天有效的交易策略也可能与今天只存在略微不同。可一旦你学会了思考，就会知道如何根据市场做出调整，虽然这件事不那么容易。

和很多交易公司一样，SMB 资本也拥有自己的风险控制系统。我可以在任何时间看到交易员的敞口仓位。因为这事关我和史蒂夫的钱，以及很多交易员的职业生涯，所以我们无论如何也要拥有一套风险控制系统。

由于我就是公司合伙人，公司的风险控制系统也要由我亲自把关。我在自己做交易的同时还要看到其他交易员如何交易，以确保他们不会在基本原则上犯错误。如果某位交易员在强势的市场中做空，我请他停止与趋势对抗；如果某位交易员无法妥善处理手中的仓位，我会告诉他把注意力放在其他股票身上；如果有时我在某些情况下错过提示他们的机会，那也不要紧，收盘后指导员会检查新人的交易情况，把错误报告给我。但是大多数时间内，我都会在一起复习交易录像的时候找出他们的不足。有时交易员犯下的可不仅仅是小错误，我们必须防微杜渐。"小G"和"高富帅"的经历可以证明风险管理的重要性。

慎用扫单快捷键

"小G"是SMB资本里最讨人喜欢的交易员之一。他的交易从没出现过大额亏损。即使最近他开始频繁亏钱，但数额都不算太大。对他而言，每个交易日都是阳光普照，但他也是公司中请假次数最多的人，所以会比其他人少吸收一些阳光的养分。

"小G"由于到达拉斯观看橄榄球比赛而错过了一个交易日；不久后他因为发现巴哈马的度假促销而错过了2008年收获最大的一天；"小G"对于穿着很讲究，他曾经为了买手工制作的高级衬衫去中国住了两个星期；他还有一次为纽约车展请了8天假，我很纳闷什么样的车展会持续8天。

他身上还发生过一次让整个公司都难以忘怀的尴尬事件。我和史蒂夫曾被一家兄弟公司邀请参加一个假日活动，这家公司允许我们额外多带几位交易员。我们叫上了"小G"，可是事实证明这是个严重错误。"小G"当天跟那家公司的一位合伙人的妻子走得过于亲近了。

在取笑过他之后我想说，"小G"非常热爱自己的工作。也许除了史蒂夫之外，他是全公司里最热爱市场的人。只要他没在巴哈马、得克萨斯、远东或者车展度假，他便一直是公司里最努力的人之一。

"小G"的交易席位紧挨着史蒂夫。如果我在前文中没提到过的话，那么我现在要告诉你史蒂夫是个非常棒的老师。坐在他旁边的感觉就像你不需要支付 2 500 美元就能够坐在纽约扬基队主场的主席台位置一样。史蒂夫不会错过一天中的任何一次机会,同时又可以详细对"小G"解释每一笔交易,他总是让自己周围的人不要错过趋势。

2008 年 12 月,"小 G"进入了交易困难时期,于是我们一起回顾了他的交易记录。由于他在几个月前的表现不错,所以现在的低迷让人略感意外。在看过一系列成交明细之后,我们马上明白了为什么他会陷入低谷:他过多地运用扫单入场,而不是以限价拿到更好的价格。

扫单意味着要为市价支付额外价差,这部分价差是由你自己设定的。如果股票的卖出价是 30 美元,扫单将从 30 美元起按照你所需求的仓位买入,直到达到你设定的价差处停止。举例来说,如果你设置的价差是 4 美分,那么你的扫单指令会从 30 美元开始买入。如果 30 美元无法达到仓位的要求,系统将自动继续买入 30.01 美元;如果 30.01 美元也拿不到预期仓位,系统将自动继续上移到 30.02 美元买入;同理,30.02 美元拿不到它会去买 30.03 美元;30.03 美元拿不到它就会去买 30.04 美元。

你也可以设置同样的卖出指令。如果现在买入价为 29.90 美元,你的指令将首先试图以 29.90 美元卖出,然后是 29.89 美元、29.88 美元、29.87 美元,直到 29.86 美元。当然如果你能在 29.90 美元吃进足够仓位,那么这个过程将到此为止。扫单快捷键会从你所需的价位开始计算 4 美分的空间,并在这个区间内试图用最好的价格满足委托单的要求。在快速变化的市场中,扫单快捷键对我们的操作很重要。

我们看了"小 G"交易 AAPL 的成交明细。他找到了重要的支撑位,当时 AAPL 也的确围绕着这个支撑位上下浮动。"小 G"做好了交易双边的准备,AAPL 在这个价位之上反弹就做多,在这个价位之下跌破支撑位就做空。但是我们注意到在一次快速交易的过程中，他由于使用扫单而白白多花了170美元，他原本可以通过在买入价和卖出价排队拿到想要的仓位并节约成本。在买入价排队的意思是你使用"限价指令"把委托单放在买入价处等待卖家主动成交。举例来说，如果你使用"限价指令"把委托单排在75美元，那么你的委托单只有在出现75美元的卖单时才会成交；同理，卖出价排队也是一样。如果你限价卖出75.50美元，那么只有在有买家愿意主动以75.50美元买入时才会成交。

因此原本能在75美元买到的AAPL，"小G"却用扫单以75.07美元成交。原本能在75.05美元卖掉，他却用以74.93才卖光手中的股票。虽然170美元对于"小G"的水平来说不算什么，但是不断地重复这种交易会导致很多价差从手中白白流走。就在回顾录像的时间内，我们就发现了三笔这样的交易。作为活跃的日内交易员，我们每个月的成交量可以达到200万股。简单地算一下，每股只要节约1美分，整个月下来就能拿到额外的2万美元。

在我们指出他的缺陷后，他便马上开始在这方面下功夫。首先，他删掉了自己的扫单快捷键，并决定在接下来的几周中只用限价单锻炼自己。这样做无异于在没有后备降落伞的情况下从飞机上跳下，正常来说你应该在锻炼自己的同时依然用扫单保证自己在特殊市场中的安全。"小G"的方法虽然极端，但是不管怎样，他的确在那之后取得了不小的进步。

另一位通过解读成交明细而取得进步的交易员是"小G"的好朋友"高富帅"。这两个人站在一起很不协调。"小G"矮壮结实、棕色皮肤，着装中散发出新一代年轻人的活力；而"高富帅"拥有运动员的高挑体态、皮肤白皙并且穿着整齐得体。他们两个都住在东部的一所单身公寓里,关系非常好,大家常开玩笑说他俩是好基友。我们现在看下"高富帅"是如何通过交易录像取得进步的。

掌握好重仓入场的火候

在全公司一起坐下来为他解读成交明细之前,"高富帅"始终无法处理好自己的仓位问题。还记得吗,"高富帅"是上次奥运会50米自由泳的候补队员,对于胜利的渴望造就了他坚韧不拔的性格。

我们通过解读"高富帅"的成交明细发现了他在处理仓位方面的弱点。客观地讲,这不是弱点,根本就叫作不理智。每笔交易应该控制多大的仓位很有讲究,有些交易可以"重仓出击",有些交易则只适合普通仓位,有一些交易甚至只适合试探性入场。对于新手来说,入场仓位应视情况而定,从100股到3 000股不等。掌握好重仓入场的火候是一项本领,控制不好仓位可能导致你的交易成绩不稳定。

交易是一个数学游戏。如果你在30%胜率的交易中做多3 000股,在70%胜率的交易中做多700股,相信没人会对你一塌糊涂的亏损感到惊奇。不过这不能代表你的交易水平很差,而是你的确需要好好调整自己的仓位策略。这就是"高富帅"当下唯一的问题所在(不包括他和"小G"之间的流言蜚语)。

在录像中,他用800股做了一笔漂亮的交易,这是个胜率70%,收益风险比5:1的机会,我在课堂上就是这样教的。但是10分钟后我们看到了一笔与之前判若两人的交易,他用2 400股入场操作了一个50%胜率的交易机会,同时这笔交易的收益风险比仅约为1:1。我们终于清楚了他交易成绩不稳定的根本原因。他经常出现在公司"交易明星榜"的前几名，也会经常在早上 10：15 便不得不因触及日内最大亏损额度而停止一天的交易。如果你能以"高富帅"的频率出现在"交易明星榜"中，说明你具备极高的交易天赋，完全能够以交易为生。如果你经常被迫停止交易，这说明你一定违反了某些市场基本原则。

就如"木桶理论"所说的那样，一项严重的"短板"会影响你的整体表现。你希望在最好的交易机会出现时"重仓出击"，同时你又不希望自己的交易中掺杂着低收益风险比的成分。"高富帅"的故事证明了"木桶理论"的正确性。

我们让"高富帅"把精力放在联系掌控仓位方面。对于像"高富帅"这样的人，你只要对他提出建议就好，因为你很清楚他一定会快速高效地完成工作。几个月之后他成了进步最大的交易员，我一点都不为此感到吃惊。

我曾于前文中提过，我每天都会查看交易员的成交明细。我们每个月中还会找两个周末把所有交易员聚在一起分析交易录像。由于周末休市，大家可以集中注意力找到自己的不足。当我们的朋友在阳光明媚的周六在中央公园和情人漫步，或者躺在东汉普顿的沙滩上时，我们正在像那些自负的投行男一样埋头在办公室工作。虽然这是我们极力避免的生活方式，但这也是我们谋求进步的唯一方法。交易界没有借口，你只能通过努力让自己取得进步，这也正是 SMB 资本里所有人都在做的事情。

盘中专注，盘后回顾

为了谋求自我提升，我也保留了自己在开盘和收盘时的交易录像。我会在录像中试图找到那些自己必须要击败的程序化交易，以及那些能够加仓的交易机会。握不住仓位是我的一个弱点，于是我也要通过回顾交易录像找到那些我应该持仓更久的线索。如果不付出这些努力，我也无法取得进步。

回顾成交明细还有另外一个好处。当你不带个人情绪重新审视市场时，会发现很多机会其实很容易操作。这时你也会发现，所有人都不会在复习录像时犯下同样的亏损错误。

实盘交易时，市场的变化速度看起来非常快，但是当你从交易录像中看自己的交易明细时，你会发现市场的变化实际很慢。我曾多次认为自己在交易一只剧烈波动的股票，回顾时我才能认清事实。

我曾无数次在回顾录像中找到了白天错过的交易机会。也许在拥有同样多交易经验的人中，我把握机会的能力算比较差的。一只股票也许并不难操作，但我经常在面对它时无法辨认出策略生效的时机。

此外，在录像中你能看到更清晰的股票走势。实盘交易中，我会过于看重股票出现意外情况而反转的可能性，但事实上它们的走势却非常清晰。当股票强势时，它在上涨过程中从没出现回调，我就要从中找到加仓的时机。"老G"教导新手交易员"在这种时刻出现时必须表现得像个男人"。回顾交易录像可以为我在特定交易策略生效时带来更强的信心。

于我而言，我必须找到加仓机会，并在正确时机持仓更久。我要为了更高的利润做足充分准备。因此，在实盘交易中一旦发现了这样的好机会，我就会回忆起看录像时的场景，然后真的加仓并持仓更久以获得更高赢利。

回顾交易录像是能让所有交易员都收获颇丰的练习。在职业篮球比赛中，球员会在比赛前投篮找手感。他们提前到达赛场练习投篮，目的就是为了能在比赛中发挥出最佳水平。比赛中的命中率取决于平日练习中总结出的技巧。对于新手交易员来说，回顾交易录像是他们在市场收盘后锻炼交易技巧的最好办法之一。

此外，新手交易员还需要观察大量的市场走势。回顾交易录像能帮助他们增加经验，并缩短学习曲线。简单吗？听起来是这样的，但你需要为此投入大量时间。

用顶级交易心理学家的理论武装自己

当代几位顶级交易心理学家的作品我都读过，包括阿里·基辅、布雷特·斯蒂恩博格、道格·赫希霍恩（Doug Hirschhorn）和马克·道格拉斯。我从这些作者身上学到的最重要事情就是要武装自己的思想。具体来讲，在你取得优秀交易战绩前要相信自己能行。

我曾听基辅说过：

> 交易员应该学会在市场失控时控制好自己的情绪，并把自己从心理舒适区中释放出来以追求成功。他们应该像高山滑雪运动员一样，有信心在不摔断锁骨的情况下完成比赛。

在 SMB 资本，我们在培训项目中投入大量时间让新手交易员消化这些顶级交易心理学家的理论。我们也会教给新手交易员在交易中保持冷静和专注的技巧，比如做模拟练习，或者先在楼内散散心，等心情平静下来后再重新回到席位上做交易。

我提到过，"老 G"曾跟我和史蒂夫提出离职，我俩当时倍感震惊。

那时史蒂夫比我更了解"老G"，他对"老G"的回答简单明了："你现在正在犯下大错。"史蒂夫后来还告诫"老G"应该学习如何控制情绪。当"老G"受挫时，他倾向于边敲桌子边破口大骂。曾有一次他为此敲碎了一个键盘。

当我刚入行开始交易时，经常看到交易员骂骂咧咧地敲碎键盘。事实上，由于键盘经常坏，后勤部门已经练成了几分钟之内就能换好一个新键盘的本领。键盘的费用会直接从交易员的账户中扣除。由于这些人每年都能赚到很多钱，这种失控行为也就没人会追究。

客观地讲，交易行业本身的压力很大，活跃的日内交易员的压力更大。一次错误可能毁掉你整个月收益。有时哪怕只是刚好错过了成交价，瞬间产生的 5 000 美元亏损足以让你这个星期的努力全部付之东流。我们每天都不断地进场、离场，我们每年交易 48 个星期，除了节假日外每星期 5 个交易日。这不是一份轻松的工作。

除非你是甘地，否则一个人很难能长期保持冷静克制。**可惜的是，这种受挫的感觉不但不会提升你的交易水平，反而会成倍增加你因亏损而产生的失落感。**当你处于情绪低谷时，唯一能带领你走出这个困境的办法只有让自己冷静。遇到这种情况，我和很多其他交易公司的合伙人都鼓励交易员出去散个步，放松心情，直到能做到冷静和专注时再回到座位上交易。

我们也会为交易员提供心理训练，以防他们受到情绪的影响。举例来说，有一名交易员在有看空倾向时做多就会感觉不舒服，这种心态会招致不必要的亏损。当他处于浮盈状态时，他便会因为一丁点反向波动而止盈离场。因此我们让他利用模拟交易去学习控制情绪，目的是改造他的思维。你无法只通过告诉自己"不要不开心"就能达到目的，这不仅仅是自我控制的问题，而是大脑的思维环境所致。

在培训期间，我们对新手交易员强调了模拟交易对于控制情绪的重要性。在这一点上，女士做得比男士要好。我主张对此感兴趣的人们去读斯蒂恩博格博士的博客，以深入学习可视模拟练习方法。

简单地说，每个人都有需要努力克服的精神弱点。有一些人希望市场能够证明自己的观点正确，还记得前文中宁可亏钱也要讨个正确的说法的那个家伙吗？有些人在浮亏时狠不下心止损；有些人焦急地在不该离场的价格获利了结；有些人在面对高收益风险比的机会时犹豫不决。为了克服这些弱点，你唯一能做的就是用交易心理大师推荐的方法勤加练习。

资深交易员会带你一直走在正确的路上

一位好指导员能引领你走向正确的交易之路，反之亦然。我刚开始做交易时，市场趋势要比如今强得多，操作起来也非常容易。那时有人会说亏钱其实比赚钱还要难，哪怕随便找一个交易日买入一只科技股都算是一个不错的交易策略。纳斯达克一路高歌，2000 年 3 月的高点至今无法企及。如今由于程序化交易和市场波动率的显著变化，新手将很难像当年一样轻松驾驭市场。因此，一位好指导员将会对新手交易员的职业发展产生巨大影响。

优秀的交易公司不缺乏优秀的指导员。2009 年年初，我告诉公司全体员工像 2008 年那样的好光景一去不复返了，我们要做好艰难前行的准备。他们在市场中过得很辛苦，我也试图向他们解释当前市场其实每个月都有好转。我就像教练在球赛中场休息时为球员打气一样。

当他们听到我讲述市场中依然存在大量机会时，才打消疑虑，重新意识到自己依然可以赢利。几星期后，我再次为他们传递更多赢利的正能量。我告诉他们永远不要满足，因为他们有能力从市场中索取更多。

交易经理"老 G"的带人哲学

在悬崖勒马后，"老 G"从成绩平平的交易员成长为 SMB 资本唯一的交易经理，负责指导新加入公司的有志青年。我们一起看几个例子：

交易员有时试图在"潮退"市场中趁乱捞一笔。"老 G"有一次在大盘走弱时勘察出市场动向，他马上喊道："现在不是做多的市场！"一位新手交易员答复到："市场应该不会继续下跌了。""老 G"严肃地回复到："不要做多！"这时显然应该把这位新人叫到办公室好好批评一下。随后市场果然继续下跌。由于我们的交易员都听到了这段对话，所以没有人在那次疲软的市场中按照"潮退"策略错误操作。

我再举一个他为年轻交易员做指导的案例。"老 G"有一次正在交易 MS，MS 正处于下跌通道中。当时整个市场都表现疲软，在临收盘 45 分钟时，"老 G"通过风控系统看到几位交易员正试图在 MS 身上抓反弹，他便马上喊道："不要做多 MS，它没有走强的迹象。MS 可能会跌破 23 美元，你们应该把注意力放在 23 美元下方做空。"在几次假突破后，MS 强势跌破 23 美元后还在积蓄力量。"老 G"在这次交易中重仓做空并获利颇丰。那些听了"老 G"建议的人都搭上了这一班车，直到 22 美元才离场，还有很多人因为听从了"老 G"的劝告而避免了损失。甚至有人一直把 MS 的空仓握到临收盘才平掉。这就是一位优秀的指导员能为你带来的好处。

还有一次"老 G"在金沙集团（LVS）跌破日内阻力位后做空。

当时"胆小鬼"也参与了，却因急着获利了结提前清仓。"老 G"发现后对他说："不要真的像胆小鬼那样交易，学着隐忍一些，至少这次你不应该草草清仓。""胆小鬼"说话的声音很轻，通常你无法听清楚他到底在讲什么，可是那天他的回答是："不要管我，我知道如何交易。""胆小鬼"在过去一年中每天都能赢利，但是"老 G"的工作责任就是对他提出更高要求。如果有一天"胆小鬼"能够通过更耐心地持仓获得双倍利润，他就会明白"老 G"的良苦用心。

指导员会在股票遇到重要价位或者出现转折时大声地提醒其他交易员。合伙人也经常会把交易员叫到办公室为他们树立信心。公司创始人有必要以身作则。我每天都提前到公司通过新闻寻找"可交易股"，史蒂夫每晚也要为第二天的早会准备 2 小时。我们为了在交易时保持100% 的专注，没有人在开盘和收盘时段打电话、发短信、刷推特。我们只管专心交易，并同时把准备、专注和纪律性都毫无保留地传达给年轻人。

我们一直关注着他们的仓位，以防他们在不必要的时间内产生大额亏损。我们要确保他们一直走在正确的道路上。你每天都会听我在他们耳边说："伺机而发，再一次伺机而发。"

花大量时间灵活调整

通常情况下，资深交易员在指导新人时需要使用灵活多变的方法。"动能博士"在 2008 年秋天的战绩非常优异，却在该年年底和 2009年年初始终无法找到赚钱的方法。尽管他赚到的钱已经足够让自己休息一段时间，但继续交易让他送出已经到手的利润。更关键的是，他在交易中的表现低于自己的真实水平。

"动能博士"凭借着出色的"动量交易"策略在 2008 年金融危机豪赚了一笔。他勇敢地大笔做空 GS，并搭上了一路下跌狂潮。当银行股价进入自由落体状态时，他毫不犹豫地进场做空。如果银行股偶尔出现一两次盘整回调，他也会顺势做多。"动能博士"在入行的第一年就体现出了明星交易员的潜质，他具备在快速变化的市场中双向思考的能力。他拥有别人没有的智慧和胆量去挑战像 GS、MS、MER、LEH 这些股价疯狂如过山车般的股票。

当市场走势趋于稳定后，"动能博士"的表现就开始不尽如人意。我和史蒂夫开始想办法帮助他走出困境，我对他的建议是："我曾在过去几年中应用了不同的交易风格，在这个过程中我需要不断地根据市场的特征进行自我调节。这个阶段不代表你不再具备赢利能力，这只是个学习过程。市场在考验你是否能够适应它。现在你已经拥有了高明的交易技巧，我们只需要再花些时间掌握如何'伺机而发'，也就是什么时候应该强势，什么时候应该谨慎。这就是你现阶段应该努力的方向。"

"动能博士"于是开始思考自己应做出哪些调整。我们为他指出哪些交易他表现得过于强势，这种交易风格对于 2009 年年初的市场来说的确行不通。他最终找到了适合自己强势风格的 FAZ。同时，他开始有选择地对银行股做出强势操作，并最终回到了赢利的道路上。

除非像"动能博士"这样广泛听取他人意见，并愿意花费大量时间做出自我调整，否则再好的指导员也无法帮助误入歧途的交易员。我们用过去的成功经验指导"动能博士"，所以他没有在挣扎的道路上越陷越深，而是用开放的心态采纳了我们的意见，从而他的职业生涯又上了一个新台阶。

和新手对话

我喜欢在新手交易员开始实盘交易之前找他们谈话。首先我会把他们召集到会议室里并询问他们的进度如何。最近一期的培训生让我印象非常深刻，他们没在职业生涯初期就按照损益表评估自己的成绩，这说明他们都有在课堂上认真听讲。

第一位新人对于自己的表现评论道："我要在建立支撑位和阻力位的'如果……就……'交易逻辑上多下功夫。我经常把少量赢利变成少量亏损才离场。我需要锻炼自己的决断力，同时遇到大机会时也不会错过。职业生涯发展只靠许多小亏和一笔大赚是行不通的。"对于一名刚开始实盘交易第二天的交易员来说，他的分析非常精彩。还有一位新人曾是一名橄榄球运动员，他说道："当我看到交易机会时应该更加迅速地做出入场判断，因为我有时会犹豫不决。"这样的自我分析听起来就像音乐一样悦耳。

以前很多新手交易员会在谈话中说道："真是糟糕的一天，我因亏损被迫停止交易。"在 SMB 资本，这种话就像你参加了戒酒会却在发言时声称自己不酗酒一样毫无意义。通常每一期学员都会有人在实盘交易后的前几天说出这样的话。为了达到教育效果，我会在他们做出错误的自我分析后先停顿一会，然后坚定地告诉他们："这不是我们用来自我评估的方式，不要以交易成绩论成败。"我还会指明他们的目标是磨炼交易技巧、获得实战经验以及每天谋求进步。

我总能从培训生中发现几个在接触 6 个月实盘交易后成功迈向下一个台阶的交易员。他们的交易成绩虽然不错，但是看起来并不出众，因此他们认为自己并不是同届中最杰出的交易员。2009 年年初，我注意到了来自 2008 年 6 月期培训班的 EKA。

他很聪明，但是半年来的交易成绩看起来很普通。他通常情况下，日赚不到 700 美元，市场大好时能拿到 1 000 美元赢利。此时，他还只是一个刚入行半年的新人。

但我能看到 EKA 对市场的激情。每当我给公司全体员工讲课的时候，他从来都直视着我的眼睛；每当收盘后我路过他的座位时，总能看到他在回顾当天的交易录像。他既不迟到，也不会像"小 G"那样经常请假，他和"小 G"的相似之处就是都具备搞笑天赋。有时在交易过程中，他会突然跳起来像公鸡一样扭着脖子，环顾四周之后再坐下继续交易。还有一次他在跳起时忘记了耳机还连接在电脑上，导致耳机线勒住了他的脖子。

EKA 还经常与其他交易员研究交易。我知道他有朝一日一定会成为优秀的交易员，只是现阶段他的基础还不够牢靠。

当时 EKA 还没有意识到这些，于是我把他叫到了办公室，给他做一些思想工作。我对他讲："我不希望你跟周围的同事比较，因为我不认为这种比较有任何意义。他们不具备你那样的天赋。现在开始，你把目标定在日赚 1 500 美元，我相信你已经具备了这样的交易能力。"和往常一样，他依然直视着我的眼睛，却已经无法掩饰脸上的笑容。

几天之后，我的鼓励生效了。我注意到他的每日交易成绩慢慢涨到 1 000 美元，然后是 1 200 美元、1 400 美元、1 600 美元，甚至达到了 1 900 美元。这是一个刚入职 9 个月的交易员所取得的成绩。为此，我不得不再次找他谈话，对他提出更高要求。我又把他叫到了办公室，坐下以后，我首先对他优异的成绩表示赞扬。随后我试图把这句话深深地植入他的脑海中："对于如今的你而言，日赚 5 000 美元才可以算是不错的成绩。"

交易员在了解到自己的能力后，通常可以很快把潜能转化为产出。不久后，EKA 的产出便从日赢利 1 500 美元涨到了 4 000 美元。指导员可以帮助你发掘自己内在的天赋，你现在之所以还没达到最佳状态，也许差的只是指导员的一些点拨。

我在上文中提过，史蒂夫是一名坚韧不拔的交易员，他给人第一印象一定是沃顿商学院的高才生。史蒂夫在交易时却像一只猛兽，他会努力夺回一切损失。对他而言，在收盘的铃声响起之前，这个交易日都不算结束。亏损的开局只能说明这是一次收复失地的机会。除非你把他从交易席位上强行拖走，否则他不会停止战斗。史蒂夫无论生病还是饥饿，他每天都会付出全部精力在市场中搏杀每一笔交易。这是一个榜样，他的行动对其他人的影响要远胜于一次命令式的谈话。

我让一位前交易员写一些自己关于指导的看法。他是这样写的：

> 在和其他交易员聊天时，我们都清楚指导员为我们带来的价值。虽然一个人完全可以在家里做交易，但客观地讲，尤其是新手交易员，应该以团队的形式一起战斗。对于团队作战，我总结出了如下原因。
>
> 首先，总有人比你拥有更多经验。在生活中是如此，在交易世界更是如此。你一定希望从这些人的知识、才华和交易智慧中找到使自己获益的东西。人是群居动物，交易员也需要其他人的帮助，因为没有任何知识和经验能存活于真空之中。当"老 G"或者"小马哥"告诉你某只股票正达到一个重要的支撑位或者阻力位时，对你而言这可能是非常有价值的信息。
>
> 当然，我不建议交易员在没有主见的情况下顺着其他人的

思路操作。由于交易行业瞬息万变，当一位资深交易员说他发现哪些事情可能发生，那么这件事发生的可能性会非常高。虽然预测未来十分困难，但也不是彻底无法做到。

你需要看几个证据吗？例如，在某个价位有一个大卖单，股价曾数次尝试突破这个价位均告失败。当股价再次尝试突破时，卖单数开始减少，并且减速越来越快。这时如果有一位资深交易员给出交易提示，很可能这就是正确的入场点。

在优秀的交易公司中，你不仅可以从指导员那里学习知识，也可以从其他交易员身上获取经验。

相互学习，共享赢利

以下是 SMB 资本其他交易员的一些故事，从这些故事中你可以理解与同事相互学习所产生的价值。

有一位进步很快的交易员很善于和其他交易员一起谈论股票。我叫他 KW，取自于著名橄榄球运动员库尔特·华纳[1]的简称。KW 主动找"摇钱树""动能博士"以及其他任何水平高于他的交易员探讨交易 FAZ 的战术。探讨交易能够帮助大家共同进步，但大多数人——尤其是新人不会发起类似谈话。KW 最近刚刚使自己的交易成绩翻倍，他已经迈入了优秀交易员的大门。

---

[1] Kurt Warner，库尔特大学毕业后一直在超市里做搬运工，但他的梦想是当一名职业四分卫，库尔特最终得偿所愿，创造了体育史上最不可思议的奇迹。库尔特曾经率队三次打入超级碗总决赛，获得了一次冠军。

我对他取得的进步一点儿都不感到惊讶，因为他一直拥有向其他更优秀的交易员学习的习惯。这样下去，他很可能成为公司里最优秀的交易员。

避免他人犯过的错误

KW 给我发了一封电子邮件，他在邮件中总结出公司里其他交易员曾如何为他提供帮助：

> 我试图跟所有能让我进步的人学习经验。当我和水平不如我的交易员交谈时，我会想办法找到自己应该避免哪些错误。
>
> 刚进入公司时，我把所有问题都抛给史蒂夫、你和"老 G"，因为在职业生涯初期，我希望自己能够建立正确的基本观念。当我开始真正像一名交易员一样准备不断取得自我进步时，我便迈向了通过和同事们沟通取得进步的阶段。管理层不能整天把时间花在武装新人的头脑上，但是培训生之间可以通过相互学习保证自己的敏锐和专注。
>
> 我和前辈们讨论过很多不同的问题。比如我问过"叶励志"和"动能博士"如何解决增加筹码所产生的问题；我问过"高富帅"和"小 G"在周末喜欢读哪些文章以准备周一的开盘；我问过"小马哥"如何从大笔亏损中回到交易正轨。在优秀的交易公司中，无论宏观还是微观的问题都可以得到顺利解决，SMB 资本就是这样一家公司。
>
> 我还发现了一个好处，那就是我可以整天骚扰"动能博士"和"摇钱树"并询问他们赚大钱的方法。如果哪位交易员的近

期表现非常抢眼，我会在收盘后的空闲时间询问他，我能想到的所有问题。我希望做出和他同样优秀的成绩，并且不断进步。这不是竞争，而是鞭策，交易员会在这个过程中发现很多有价值的事物。于我而言，这才是优秀的交易公司存在的意义。

寻找帮助，是渡过难关最便捷的方法

我也曾向一位新手交易员布恩问过同样的问题，以下是他的回答：

我去年夏天看见其他交易员在能源股身上捞金时，我的脑中产生了很多问题。为什么这些股票会有如此表现？股价的变化特征是什么？交易员专注于哪些机会？这些问题都出现在某个特定时期，你需要从其他交易员身上得到正确答案后，再花时间努力提高自己。

我认为从其他交易员身上学到了，如何根据特定时期的市场调整自己的策略和观点。市场永远在变化，它总是与你入门时见识到的市场形态不同。寻求指导员和其他交易员的帮助，这是让自己渡过难关最便捷的方法。

这位自律的年轻人还举了一个如何在沟通中获得帮助的案例。

2009年2月13日，30美元是弗里波特·麦克莫兰铜金矿公司（FCX）的重要阻力位。FCX曾在年内试图突破这个价位，但以失败告终。2月13日，股票在盘前交易跳空高开，越过30美元的阻力位。由于提前做好了30美元是重要价位的功课，并且在盘前交易看到了 29.50 美元呈现的支撑力量，于是我制定出在股价抵达 30 美元前做多 FCX 的交易计划。

我决定在开盘后寻找 29.50 美元附近的买入机会。开盘后，FCX 在 29.60 美元和 29.80 美元之间不断成交，简单说，我连一次在 29.50 美元附近买入的机会都没有。随后股票涨到 30 美元，但我不想在比预期成本高 50 美分的价格重仓入场。当股票从 30 美元开始一路上行时，我不断获利减仓。我本来在 30 美元买入了 400 股，可是当股价达到 30.70 美元时，我手中只剩下了最后 100 股。

收盘后，我找到"小马哥"谈起这笔交易，他也在 30 美元买入做多。我对他讲述了自己的观点和交易计划，他告诉我如果我想在 29.50 美元附近做多未果，我可以为了取得入场机会多承担点风险，在成交量没被打开前先少量买入 100 股。虽然 29.60 美元与计划相比高了 10 美分，但这笔钱却花得物有所值，因为当股价达到 30 美元后你就有更强势的买入空间。"小马哥"说我不应该随着股价上升不断减仓，而应保留一部分核心仓位坚定做多。我记住了这一概念，并把这些交易观点应用在了今天的 QCOM 的操作中。

新人帮新人

我们的交易经理"老 G"讲述了另一名交易员自我提升的案例：

我经常在下班后和另外两位同事去酒店顶楼喝几杯，聊天总会被引到如何交易 FAZ 上面。我们的交易风格不同，因此我们经常在何时加仓或者持仓多久等方面产生不同见解。不过在听取他们的意见后，我意识到自己可以在某些"动量交易"中表现得更加强势一些。他们也意识到有时宁可等待回调买入的机会，也比跟着趋势在新高点做多或者在新低点做空的效果更好。我们之间的畅谈使我在交易上受益匪浅。

"老 G"还举过一个新人如何帮助新人的例子，他在博客上写道：

> 与从老交易员那里取经相比，更能令新手交易员印象深刻的是从与自己资历相当的同事那里发现优秀的策略。想象一下，一个和你同期入行的新人刚在大赚一笔后对你描述交易细节，他们的解释可能要比资深交易员浅显得多，而老家伙们可能更注重对你讲解"如果……就……"的策略。我曾经在对一位新手交易员解释"买回调"战术时发现他一脸茫然。但我也见到过新手交易员之间讨论时的神情，我相信他们的确记住了所讨论的内容。

最近，有几位交易员在星期一、星期二、星期三的表现都不错，也许正是由于这个原因，他们缺席了星期三的回顾交易录像的会议。我本来很为这几个人的进步感到骄傲，但是发生这种事情实在让人无法容忍。于是我私下找他们谈话，其中一位声称自己已经预约了医生，一位说自己其实在为接下来的交易日做准备，一位说自己感到不大舒服，还有一位说自己当天太疲倦了。

我冷静地对他们讲述了参加回顾交易录像会议的好处，尤其强调了会议期间所产生的交易想法的重要性，并告诉他们"翘课"不利于他们进步。我本来可以冲他们大喊，并命令他们不准再错过下一次回顾交易录像的会议，但我选择用说服性更强的案例对他们讲解缺席会议所造成的负面影响。

我告诉他们老交易员应该教导新手交易员如何进步。这样会让整个公司共同进步，大家都从中获益。在回顾交易录像的会议中，给新手交易员指导会促使老交易员也取得进步。在这个过程中，新手交易员会和他们讨论更多的交易思路，这是一个互利互惠的过程。可能一个简单的想法就能够让某个人在接下来一个星期不断获利。我们刚刚在 WFC 身上大赚了一笔，史蒂夫提前通知了大家 25.25 美元是重要的支撑位，我们都因此在收盘前抓住了一大波上涨行情。但谁知道下一次这种建议是否会来自一个新人呢？

如果认为参加这种会议太辛苦，请好好考虑苏茜·韦尔奇（Suzy Welch）的"10-10-10"理论。想一下如果自己缺席回顾交易录像会议 10 分钟、10 个月、10 年分别产生什么后果。缺席 10 分钟，可以抽空在办公室里放松一下；缺席 10 个月，他们发现自己的交易水平在公司排名中急剧下降，这绝对不是他们希望看见的结果；如果缺席 10 年，他们一定会远远落后于任何交易员（甚至是那些刚入行的新手）。因此在思考过"10-10-10"理论后，你应该明白回顾交易录像的会议是你绝对不能缺席的。

不同性格，不同交易风格

最后再听听斯科西斯的观点，他也是我很喜欢的一位交易员。

我们先从马克开始。他是个安静的人，有时他会不露声色地抓住一大波行情；有时他也会在交易结束后长叹一口气，这表明此时利润已经落袋为安。有一件事情我可以确定：当他处于被动情况时，绝对不会被别人一眼看穿；当他亏损后，也不会大喊大叫（除非他刚做完脾切除手术），而是选择默默地接受这个结果。他只有在创造赢利之后才可能会讲几句表示庆幸的话语。公司里有谁会责备他吗？他是非常优秀的交易员，而这就是他的交易态度。

新手交易员不但可以从马克身上学到"动量交易"的精髓，还可以学到快速解读成交明细的技巧。马克会在看到买入价快速稳健上升的情况下，顺着趋势一次次横扫卖单。

我们再来看 Zi，他也是一位沉稳性格的人。他的手时刻悬停在键盘的右上角（与众不同的快捷键设定）等待机会。看到卖单的数量锐减后，他买入最后 500 股。在股价跳涨 20 美分后，他获利了结。刚做完这笔交易，他便默默地把注意力转向同事所提示的其他交易信息。他就像一位优秀的猎人，安静地等待着属于自己的机会。

Zi 也是一个非常自律的人，如果他认为自己的决定是正确的，但股价却走向了与预期相反的方向，他一定会在亏损几美分后马上止损离场，而且从不会为此懊恼。他只会承认自己判断失误，然后耸耸肩接受这个结果。这很好，因为大喊大叫不会为你带来任何好处。接受自己的错误并专注于下一次交易才是正确的做法。你可以转身关注另外一只股票，也可以在同一只股票上等待下一次交易机会。新手交易员会从 Zi 的身上学到如何保持耐心,以及在重要价位处观察成交量变化的技巧。

安德鲁是一位慢性子的交易员,他不会做出任何投机操作。有人提示 GS 刚突破了重要阻力位,可是安德鲁却没有做出任何相应动作。当自己手中正握有空仓时,他对其他股票的表现无法产生更浓厚的兴趣。

安德鲁注意到狐狼世界(WWW)虽然开盘后的走势很好,却在上涨一段时间后表现得后劲不足。他认为这可能是一天中最好的机会。从长线看来,这笔交易存在着 0.5 ~ 1 美元的赢利机会。因此他先建立少量仓位,以等待着期望中的结果出现,随后再跟着其他卖家慢慢增加筹码(慢的原因是因为他不喜欢成交量和波动率太高的股票)。与数以秒计高效进场、离场而著称的 Zi 不同,安德鲁可能握有头寸长达 45 分钟,并在一笔交易中就赚到 430 美元。

如果说 Zi 是很有耐心的一个人,那么安德鲁就得是超有耐心的人。不过安德鲁的脾气却是意想不到的火爆。如果你在交易时听见类似于倾盆大雨散落在地面上的声音,这很可能是安德鲁刚刚把他的键盘摔到地上。安德鲁的交易风格是把握股票日内震荡方向。如果你喜欢投机,那么你无法从和安德鲁对话中学到任何知识。

"前锋"是一位敢于摊牌的人,他喜欢重仓抓大行情。他经常在溃败一天过后打一场漂亮的翻身仗。有一次,他看到波音公司(BA)的财报很好,于是准备在开盘后操作这只股票。开盘铃声响起后,BA 在区间内先盘整了一段时间,然后买入价稳步上升,显然已经为接下来的上涨做足了准备。"前锋"

一鼓作气直接买进 1 000 股。入场后，他感到了一丝不安，因为买方力量不像刚才那样强势了。等一下，虽然出现轻微下跌，但是却在新价位上获得了支撑。与此同时，ARCA 的走势也为 BA 提供了强力支撑。终于，有人出手横扫卖单，并把股价推向了新的高位。"前锋"潇洒地赚了 600 美元离场。

史蒂夫是一位专注又坚韧的合伙人。他不轻易把注意力分散到不同股票上。一旦发现某个机会，他一定会专注地榨干一只股票的所有利润。昨天他刚在 AAPL 身上大赚了一笔，今早他依然关注 AAPL。财报利好导致 AAPL 在临近收盘时强势上涨，我们有理由相信它在第二个交易日依然具备上涨的动力，并有可能突破震荡区间。我相信 AAPL 依然在第二天是"可交易股"，所以还为什么要考虑其他选择呢？

史蒂夫也是一位极其优秀的交易员，这也是新手交易员都争先恐后跟他学习的原因。他们观察他的交易、分析他的成交明细，并且听他解释为什么某些价位拥有不同寻常的意义。交易员还可以从史蒂夫身上学到什么？首先，史蒂夫是解读股票近期走势的专家。当股价达到近期重要价位后，他就会格外敏锐和小心。他说成交量很重要（当然像 AAPL 这样的股票总是拥有足够大的成交量），他会据此找到重要的突破机会。

新人在刚入行时有着各自不同的性格，所以接触不同交易风格将给他们的职业道路带来深远影响。当他们刚迈入这行时，新手交易员也不清楚自己将在未来取得什么样的成绩，而我们唯一能得知的线索就是他们在面试时所展现的个人素质。可是一旦入职后被要求学习某些技能，新人通常会随之发生变化。

我相信你在自己的职业生涯中已经多次见过这样的情形。新手
交易员别无选择，他们只能花大量时间观察不同的交易风格，
决定谁会为自己的职业生涯带来更大帮助。

只要有能力，我们就给你强大的资金后盾

几年前，我和史蒂夫做出了一个明智的决定：大幅提高交易员的
薪酬。SMB 资本的薪酬结构略复杂，但不管怎样我们在支付给交易员
更多薪水的同时，也希望能借此减少公司的运营成本。我们本来没有
支付高薪的能力，但通过把赌注下在交易员身上，我们成功地达到了
降低成本的目的。

公司的运营成本降低了 10%。作为活跃的自营交易公司，SMB
资本的资金周转状况显著提升。我对这个决定始终记忆犹新。如果交
易员无法取得显著进步，我们就无法获得今日的成就。事实证明，我
们都没有让对方失望。

尽管我在本书中已经写了上百页讨论交易方法的内容，但运行自
营交易公司绝对不只像做交易一样可以简单地找到最佳入场点。它还
需要办公室、桌椅、电脑、高速网络等很多基础设施以及一笔不小的
启动资金。为了灵活地运用资金，自营交易公司必须跟券商讨价还价，
或者依附更大的交易公司。券商一定不会给散户像交易公司一样合理
的报价，散户也不会得到交易公司所提供的交易观点、软硬件支持、
资金以及其他成功交易员的帮助，所以加入自营交易公司对于交易员
来说是个双赢的办法。

SMB 资本的基本思想是，交易员的表现越好，我们就可以给出越

高的提成比例。作为一家年轻的公司，我们的确走在了成功路上，并且把这份成功转化为薪水发给了公司的交易员。

自营交易公司的确比散户投资者拥有更强大的资金后盾。拥有几十万美元闲置资金的散户毕竟只是少数。对于普通散户而言，你通常只能拿到 4 倍杠杆的融资，而对于交易公司来说，这个数字根本不是问题。自营交易公司可以通过与券商还价拿到更强大的日内购买力，然后再根据公司内部情况把购买力按需分配。如果你的公司中都是具备稳定赢利能力的交易员，那么你的资金成本将大大降低。全部由成功交易员组成的自营交易公司可以得到近乎上不封顶的购买力。

新手交易员会在刚开始实盘交易时询问自己能够动用的资金量是多少。这不是一个好问题，因为公司有能力提供任何你所需的购买力。问题不在于公司有多少后备资金，而是在于你的能力到底能够掌控多大仓位。所以你不需要担心公司的资金是否能达到你的仓位要求，我们从来没遇见购买力达不到交易员要求的情况，而且以后也不会遇到。

交易公司会为新手交易员提供缓冲资金（在 SMB 资本，这是我和史蒂夫的钱）。我们的损失承担能力要比普通散户大得多（除非你刚刚继承了高达 8 位数的信托基金）。我们不在乎一个刚起步的交易员亏掉 2 万~3 万美元。我们曾经有两位交易员在亏损超过 5 万美元的情况下取得成功。这笔钱对于 SMB 来说不算什么，因为这是一项很好的人才投资。只要这些年轻才俊能取得进步，我们不在乎他们在起步阶段交点学费。

有多少散户可以在刚踏入这个行业时承担如此损失？在交易公司工作，一个人的损失可以被其他交易员的利润填补。如果整个公司在一个月内都出现亏损，那么公司将会用过去的赢利储备补足下个月的保证金。我可以十分肯定地告诉你，以公司为单位，我们甚至很少有亏损的交易日。我们把风险分摊到不同的优秀交易员身上，这样公司的整体风险就近乎被降低至零。

不是每一个初期亏损的人都有机会继续留在公司。我在前文曾经提过，如果交易员不够努力，我会要求他离开公司。如果你能坚持进步，那么对于公司来说亏损几万美元就不是大事。我们的风险控制系统不会监督你的长期损益表，所以请不要在连续数年亏损后才选择离开。

SMB资本曾经有一位每个月都会亏掉几千美元交易员，我管他叫"水蛭"，因为他一直在帮助市场吸走公司的资金。由于其他交易员的战绩都很好，所以整个公司的表现一直不错。"水蛭"亏钱不多，但他从来没取得过进步，因此我们最终还是请他离开了。经过计算，他一共花掉了公司7万多美元（包括医疗保险），但我们之前却没有对这件事产生足够重视。

在交易公司，纪律就是纪律

交易公司合伙人对新手交易员做的最重要的事情就是说"不"。

不，你不能太早回家。

不，你现在必须停止，我不会为你提高日内损失额度上限。

不，你现在无法交易更重的仓位。

不，你不可以缺席早会。

有一天，SMB资本在日中交易时段产生了不少亏损。交易员在开盘时的表现很好，但是却在上午11:00到下午3:00吐回了很多利润。我需要阻止这件事情继续蔓延下去，于是临时召开了一次会议。我冷静地解释了当时的状况，并要求交易员执行我们的临时纪律以免事态恶化。说完之后我离开了会议室。

后来，我听说有一些年轻的交易员对这些临时纪律表示不满，因为他们不想被束缚。美国的大学文化显然没让这些年轻人做好遵守纪律的准备。"小马哥"说道："你以为自己在交易谁的钱？如果你不想被纪律束缚，那么请去其他地方用自己的钱做交易。"交易员很尊敬"小马哥"，也理解公司的用心。我们尽量不让SMB资本内部充满官僚气氛，也不想象大公司一样制定许多无聊的规矩。当我们的交易遇到困难时，为了避免公司和交易员承受损失，我们需要尽快想办法解决问题。

在得到大家认可的情况下，我们制定了一些日中时段的交易纪律，其中一条是日中时段的亏损不许超过开盘利润的30%。很多对冲基金公司也有类似的内部止损计划，在年中利润达到一定水平后，他们将控制每月亏损额度。如果他们在日中时段的亏损超过30%，那么作为惩罚，第二天开盘时段他们将会被强制减少交易筹码。一旦交易员因自己的错误受到惩罚，他们通常不会再犯同样的错误。

永远有第一个违反纪律的人。SMB资本那位违反纪律的交易员随后给我发了一封电子邮件，表达对新纪律的不满。但纪律就是纪律，除非有人能像律师一样找到纪律的漏洞。现在这位违反规矩的仁兄也想做出同样的事情，他在第二天开盘前给我发了一封邮件，解释自己当天因去处理一些紧急事务而请假但这个借口太蹩脚了。

接下来的周一，我们依然按照规定减少了他开盘时段的交易筹码，但他貌似没有搞清楚我们的纪律，交易大厅的负责人告诉他，由于周五的缺席，惩罚措施将被延续到周一。

很多人在家里用自己的钱交易。虽然他们也为自己制定了纪律，但是却又经常毫无理由地违反。有些人为自己设置了日内最大亏损额度，一旦亏损达到这个额度他们理应停止交易。假设他们为自己设定了日内亏损额度为 1 500 美元，但经常会在亏掉 2 000 美元的情况下仍然在交易。这些人会为自己找借口，他们认为那天只是个特例，超额亏损不过是个意外。于是他们继续交易，又亏掉 1 000 美元，这看起来似曾相识吗？

交易公司可以确保你执行自己的交易纪律。你必须在开盘前做足充分的准备。你一旦迟到了，我们将不允许你在开盘阶段交易。我们不会给任何人特殊待遇。你必须为自己的交易做好准备，迟到代表着准备不充分，也就是说你不适合在开盘阶段入场交易。这种情况下，你得先在模拟盘等到上午 11：00 后再回到实盘。迟到的交易员经常找我要一次宽恕的机会，我的回答从来都是"不"。

拒绝提高亏损额度上限

"缩水"是一位不错的交易员，但他经常对史蒂夫给他设置的亏损额度产生不满。"缩水"对市场的方向性把握很好，他喜欢日内反复操作 AAPL 和 RIMM。他可以游刃有余地定期操作几只熟悉的股票。但在几个不错的赢利月份后，他开始连续亏损。我们降低了他的亏损额度，这样可以把他在低谷期内的损失降到最低。他可以在这个过程中夯实基础，用最小的仓位践行最佳交易策略。在这个阶段，对"缩水"而言，最重要的事情就是通过最熟悉的交易策略树立信心，并回到正确的交易轨道上。

当他再次触及最大亏损额度时，他依然要求史蒂夫为他提高额度，但史蒂夫的回答也是"不"。一旦交易员被迫停止交易，他只能坐在一旁观察股票走势并从中尽可能学习，而且不能提前回家。但"缩水"在触及亏损额度上限后提前回家了，于是在他第二天回来上班时被史蒂夫下放到了模拟盘中。"缩水"看起来像孩子一样委屈，史蒂夫解释说这是对他提前回家的惩罚。"缩水"问史蒂夫为什么要留在公司旁观股票交易，史蒂夫回答他说这会帮助他为第二天的交易收集更多情报。留下来观察股票的交易状态会帮助他找到重要的日内价格，并为第二天的操作带来帮助。毕竟我们给员工发工资可不是为了让他们提早回家。

几天之后，"缩水"再次达到了日内最大亏损额度；又过了三天，他再一次因亏损而被迫停止交易；在那之后的几周中，这种事情竟然一而再，再而三地连续发生。他在一个月内触及亏损额度上限竟然达到 10 次之多。他对我们设定的损失上限表示不满，于是他再次要求与史蒂夫谈话。

当时，史蒂夫跟我一样忙得不可开交，他的个人时间很少。如果你找他问一些合理的问题，他还是会耐心地告诉你答案；如果你想跟他一起分析成交明细，你得需要跟他预约时间；如果你想在周末跟他一起讨论交易，他一定会满足你的要求。不过他绝不希望在"缩水"所提的这种事情上浪费时间。

"缩水"不断要求提高亏损额度上限，因为他认为这些纪律影响了发挥。史蒂夫冷静地对他解释了纪律会为他带来好处。其实私下里史蒂夫曾对我抱怨："我曾在过去的两个月内为他省下至少 4 万美元。如果他是个聪明人，他应该感谢我。"

为了让他知道我们的行为是为了他好，在史蒂夫又一次拒绝了他之后，我找到"缩水"进行了一次谈话。这让我想起了篮球教练里克·皮蒂诺（Rick Pitino）与控球后卫埃德加·索萨（Edgar Sosa）的对话。索萨抱怨上场时间太短。皮蒂诺教练告诉他，如果再牢骚就自己转到其他不需要防守的球队去。索萨在之后的日子中防守方面取得了显著进步。作为一名交易教练，我也可以让他离开公司去找那些不要求遵守纪律的公司，即使爆仓也无所谓。我用了一个更委婉的说法："你的账户现在亏损不多。如果你能降低日中时段的亏损，你的成绩将会显著提高。"说实话，当时我真的很想试一下皮蒂诺的训练方式。我们最终通过拒绝的方式帮助这名交易员节约了几万美元。而且，这也不是自营交易公司可以为交易员带来的唯一好处。

一起工作，乐趣无限

优秀的交易员总会交流操作意见。虽然你的视野有限，但众人拾柴火焰高。我们在培训中特地强化过交易员之间的沟通技巧。我们也像紧急通信电台一样有自己的行话，因为我们只想对可以带来赢利的信息给予更多关注。

此外，在自营交易公司工作的乐趣无限。与其他交易员一起工作要比独自在家里交易有趣得多。在交易公司里，你可以整天像疯子一样精力充沛，交易员之间的玩笑会让你一直保持精神。

一起来看几个交易员通过沟通赢利的例子。我们先从"B 叔"开始，他比公司里大多数交易员都要年长，但他绝对是你喜欢的那种类型：

> 当你手握 5 000 股以上的交易额度时，你可能无法把全部
> 股票都照顾得面面俱到。虽然"过滤器"可以为你提供帮助，

但只有在交易员互相沟通交易见解时，才能在解决问题的基础上让每一个人都真正取得进步。比如说，我记得好几次在看到 Zi 最喜欢的交易机会来临时对他做出提示。他曾在自己注意到这样的交易机会后提示过别人。与此同时，周围每一个人都可以留意到这个机会。这样一来，同样的经验就从 A 传给 B，再传给 C，随后 D 也学会了……想象一下，虽然我们每个人都为了自己交易，但是当大家坐在一起之后，我们可以达到共赢的效果。

一位崇拜"高富帅"的交易员给我讲了这个例子。

今天我贿赂"高富帅"一个橘子，他教给我如何操作 QDEL。在从 12 美元开始一路下跌到 9.7 美元后，QDEL 于 10 美元附近开始长时间调整。他告诉我当自己在 10 美元处做多 800 股后，股票马上出现了一定程度的下跌。我决定亲自观察一下这只股票的走势。

虽然 10 美元处的买入价曾在成交数千股后下跌，但卖出价也从未真正攻破 10 美元的支撑位。此外，在 10 美元到 10.01 美元之间出现了大量成交，然而 9.99 美元处却没有出现单笔超过 100 股卖家。因此我在 10.01 美元做多，并把止损价设在了 9.98 美元。事实上，股票随后很快就涨到了 10.40 美元。从现在开始，我再也不需要通过给"高富帅"贿赂橘子才能学到这种轻松赚钱的交易策略了。

交易公司的工作环境与传统的美国公司文化相去甚远:

你可以毫无顾虑地讲话。如果一位职业人力资源顾问来到
SMB 资本待上一天,他一定想把所有人都炒掉;

除了球迷队服和拖鞋以外,我们不约束员工着装。大家完
全可以穿牛仔裤上班;

没有为了员工升职而制定的年度评估。我曾提过,你的表
现只会以损益表的形式存在。不过公司合伙人会经常查看你的
损益表;

不用担心办公室政治。

我准备用一位昵称 ALJ 的交易员的故事对上述观点做补充解释。
ALJ 是一个纯洁如白纸的人,他信奉天主教,思想保守。ALJ 平时经
常从家中带黄油到公司涂在面包上吃,最近 SMB 资本的饮水机堵了,
他便从家里自带饮用水。有一天,他在推特上讨论关于 FCX 的交易
机会。当交易机会来临后,他却只用小仓位做空,为此我不得不要求
他在交易的时候表现得更强势。

ALJ 在公司里不会给出任何人的负面评价,我认为这也是由于他
保守的性格所致。不过有一天当"小马哥"正准备去参加 CNBC 的
《快钱》节目录制时,ALJ 低头默默地嘀咕一句:"他还是去广播电台
更靠谱。"很明显他在对自己开这句玩笑时没想让任何人听见,不过
我却在接下来的一周中把这件事在"小马哥"的耳边大声地重复了不
少于 20 次。因此"小马哥"给 ALJ 贴上了"背后说人坏话"的标签。

某天我经历了一次糟糕的开盘。由于判断失误,我的操作决定都

是在股价突破时入场跟进，而不是在回调过程中建仓。于是我买入、止损，再买入、再止损，这段痛苦的过程实在不堪回首。在我告知周围人自己刚止损离场后，ALJ 说自己那时正在入场做多。随后的几笔交易也出现了同样场景，就像在取笑我一样："你做多时我做空，你清仓时我做多。"当时事情是这样的：

　　JK："贝拉，貌似 ALJ 一直在把你当成反向指标啊。"

　　贝拉（对 ALJ 说）："你是在告诉大家我很差吗？"

　　ALJ："贝拉，你今天总是在抱怨买完就止损，所以我才能靠做空赚到钱。"

　　贝拉："好吧，ALJ，那我就有话直说了。上次你说'小马哥'不适合上电视，今天你又说公司合伙人不会交易。JK 你看，ALJ 就是在公司里捣乱的。每家公司都无可避免地存在一个这样的家伙。"

　　JK："虽然我也认为 ALJ 说话有失分寸，但是我看到的只是他正在帮公司赚钱，贝拉你正在亏钱的事实。"

又过了几天，JK 在交易一只股票时表现不佳。

　　ALJ："JK，看看我正在交易的这只股票吧，它更容易操作。"

　　贝拉："ALJ，你先说'小马哥'不适合上电视，又说我不懂交易，现在你认为曾经开过自营交易公司的 JK 不会选股。你的麻烦还没惹够吗？"

　　ALJ（腼腆地一笑）："显然我不是这个意思。"

看来 ALJ 至少知道避免跟合伙人抬杠。

在交易公司中，每天都会有很多这样的玩笑发生。同事可以从这个相互调侃的氛围中建立深厚的友谊。通常公司里最搞笑的那个人也恰是最能赚钱的人，而且搞笑的内容也很重口味。

"小马哥"有时会因为在某只股票身上出现亏损后喊道："这只股票简直就是一坨大便。"

我会对他说："不要盗用我的口头语。"

"动能博士"有时会对自己正在交易的股票突然曝出新闻而表示不满。

我会对他讲："噢，博士，看来你要学的还很多嘛。"

"小马哥"有一天批评"高富帅"离场太早。我说道："你分明是嫉妒'高富帅'。人家正在跟弗吉尼亚大学舞蹈队的女孩约会，而你只能下班后回家给孩子换尿布。"

有时，在某位交易员给出一些对于股票方向性的见解时，史蒂夫会回答一句："嘘。"这句话的意思是这些倾向性意义不大，大家应该把注意力放在仔细观察股票的实际动态上。

一天晚上"前锋"邀请全公司员工都去他妹妹做招待的酒吧。"前锋"人如其名，身高 190 厘米，体重 272 斤。"前锋"对来到酒吧的所有交易员提出了一个要求：任何人都不许打他妹妹的注意。但"老G"最终还是违反了协定，成功地勾搭上他的妹妹，不过我们没有人把这件事情告诉"前锋"。

"小马哥"在 CNBC 的《快钱》节目拥有一个固定的点评时段。

在前两次试镜中，"小马哥"在没做充分准备的情况下表现得依然可圈可点，这次他决定为接下来的出镜做一番周密准备。"小马哥"把节目组提前给他的问题演练了很多次，ALJ 也为他找了很多补充材料，所以这些话题对他而言已经达到了烂熟于心的程度。在"小马哥"从 SMB 资本所在的第五大道出发去纳斯达克直播间前，ALJ 对大家说："'小马哥'精彩的回答一定能让制片人大吃一惊。"

节目直播时，主持人却对"小马哥"提出不同问题。这本来不算意料之外，可问题是"小马哥"当场根本就没听清楚问题的前半部分。所以在这个全国性的直播节目中，"小马哥"由于无法领会主持人的问题而一度冷场。虽然他凭借出色的口才在随后的节目中力挽狂澜，但那个尴尬时刻还是被全公司笑话了一整个星期。

有一天"老 G"在公共屏幕播放电影《超龄插班生》（*Billy Madison*）。剧中的校长对比利·麦迪逊（Billy Madison）说道："麦迪逊先生，你刚才所说的话是我听过最蠢的言论，逻辑不通又毫无道理。这个房间里每个人都将因听到这种话而变笨。我给你打零分。"

这时 ALJ 让"老 G"播放了一段在福克斯股票评论节目中，一位嘉宾因紧张过度而当场晕倒的视频。然后 ALJ 说道："'小马哥'，我们终于发现有一个比你还差劲的家伙了。"

还有一次，一位实盘交易刚两天的新手交易员竟然主动调侃"小马哥"。不愧是前棒球校队运动员，果然非常勇敢。

这位新人装作《快钱》节目中的"小马哥"对旁边的人说："马克，我要晕倒了，我要晕倒了，快来帮帮我！"他的举动引起了全员的哄堂大笑。"小马哥"转身对我说道："贝拉，一个刚正式上班两天的人有在公司里讲话的权利吗？"

　　可惜的是，并不是所有交易员都愿意在这样的环境中工作。随着公司成长，合伙人只能尽量以身作则影响公司文化并招募那些"量身定制"的人。

　　交易公司内部还有一条不成文的规定，那就是交易员不可以故意从同事身上获利。我想这条规定也许在不久后将被明确地写入条例中。事实上，如果有人持有大仓位多头并打算清仓时，那么这条不成文的规定将制止其他交易员在这位同事清仓前做空。你必须等他清仓后再做空。曾经有一位交易员在所有人都做多的时候大喊自己如何做空，而且他曾经有过不良记录：当其他人都在做多时自己做空，当股票走势与大多数人期望相反时，他毫无忌惮地炫耀自己的赢利。于是这家交易公司的合伙人暴怒，翻过桌子跳到他身边扬手就给他一个耳光。其实我们都认为这个人活该遭此惩罚。

　　有一天，我在刚开盘时就在道富集团（STT）上赢利4个点位。在以400股吃掉了买入价后，转眼间我就把1 600美元收入囊中。ALJ对我说道："这笔交易理应赚2 600美元。"

　　我得意地告诉他："说风凉话总是很容易，但我得控制风险。"

　　还有一位交易员不知从哪里搞到公司里其他很多交易员的头像，随后他又找来了一个能把头像合成到动态脱衣舞男身上的视频制作软件。他把同事的头像放到了视频中，看起来就像我们身边的人正在屏幕前给你跳艳舞的效果一样。这真让人感到崩溃。

量化：用技术统计找到"动量交易"策略

　　每一位成功的交易员都清楚什么样的交易策略最适合自己。有些交易员只有在亲眼看到机会来临时才知道策略是否有用。在你的起步阶段，客观看待自己的交易统计数据非常重要。SMB 资本用"SMB 追踪器"和回顾交易录像的方式编制交易员统计数据。新手交易员必须了解自己使用不同交易策略的胜率。请客观地问问自己，反复做一千次同样的交易，你可以从中获利多少次。我在前文中说过，我们只寻找胜率超过 60% 并且收益风险比达到 5∶1 的交易策略。

相比于"买回调"，你更青睐"动量交易"策略。这样的话，你就应该在"动量交易"策略上投入更多时间。SMB 资本有一位优秀的动量交易专家，他喜欢交易黄金类股票，并且把大量注意力放在黄金股身上。当黄金股是"可交易股"时，他的交易成绩非常好。从统计学角度考虑，这不能说明他擅长于交易黄金股。

不久前，我因为看到他开始交易黄金股以外的股票表扬过他。我曾给他发过很多封电子邮件，建议他把自己的强项用在不同类型的股票上。如果我在交易时看到了一只趋势型股票，我就会立即通知他也关注这只股票。

"老 G"有工程师的学历背景。他喜欢把交易员的工作全部量化，于是便为公司专门制作了"SMB 追踪器"。它记录了你发挥最好的股票、赢利最高的时段、每笔交易平均赢利等统计数据。每天交易前，扫一眼自己的统计数据，会帮助你在交易时做出更合理的调整。

技术统计有着非常高的重要性。我们从中得知了大多数交易员在日中时段的表现不如开盘和收盘时段，所以我们根据统计数据调整了公司的整体步伐。如果你能在开盘时段大赚一笔，却在日中时段把大部分的利润还给市场，那么"SMB 追踪器"可以改变你的交易成绩。你在开盘时段动用更大筹码，并在日中交易时段采取防御策略。

SMB 资本曾经有一位交易员沉迷于在日中时段寻找波动率很大的股票。他特别喜欢 TradeIdeas 为 SMB 资本研制的过滤器。合理运用过滤器可以在日中交易时段抓住更多交易机会，但是不合理利用过滤器过度交易将导致大灾难。比方说这位交易员如果在开盘时赚了 1 500 美元，他便计划以 3 000 美元的赢利结束该交易日。这个想法虽然不错，但是在错误的时间里用错误的策略去交易错误的股票，则经常导致不如意的结果发生。

他来到我的办公室找我谈话。有些领悟能力强的人在遇到问题时可以一点就通，但这位交易员属于需要你一直敲打才能慢慢走上正轨的人。这次谈话只是我们之间诸多谈话中的一次，可能他也比较喜欢找我聊天。我其实蛮喜欢他，也想帮助他摆脱困境。我对他说道："你的成绩本来不错，只是你需要在日中时段做出一些调整。"他的交易水平不错，但他的交易成绩中包含着很多从统计数据上看根本不赢利的操作。当他能够控制自己不被这些噪声干扰时，他的交易成绩才能够反映出真实水平。

我为他制订了一个新交易计划。包括减少日中交易的仓位、日中时段亏损额度不许超过开盘利润的 25%、选出日中时段效果最好的交易策略等。我对自己的策略很有信心，如果他能按计划执行，他的交易成绩将会大幅提升。

于我而言，开盘时段是我从统计数据上看赢利最高的时段。市场会在开盘时段提供大量的趋势交易机会。我曾经在博客上贴出下面这个案例。我把它列在这里不是为了让你学习这种交易策略，而是让你明白自己更适合哪种交易方式。我会花更多时间专注在最适合自己的交易策略上，然后重仓入场。

"开盘阶段是我赢利最高的时段"

2009 年 4 月 30 日，我们再次在 V 的身上看到了和之前 QCOM、MSFT 同样的走势。开盘后 V 直线上涨（见图 10.1）。如果我告诉你这种机会能让你在 15 分钟内赚 3 个点位，你会不会对它大感兴趣。作为日内交易员，遇到这种交易机会时你必须做好万全的准备。

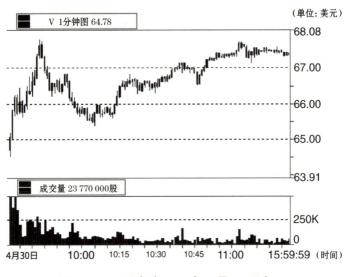

图 10.1　V 开盘（2009 年 4 月 30 日）

我经常听到这样的话：

"贝拉，这只股票的走势太凶。"

"贝拉，股票的上升通道太陡了。"

"由于在交易其他股票，我错过了这次机会。"

"贝拉，我不喜欢开盘时段。"

"贝拉，我想再观望 15 分钟，等市场稳定后再考虑入场。"

以上这些人既错过了 QCOM、MSFT，也错过了 V 开盘时的交易机会。就像打高尔夫球时，无法近距离推杆入洞一样，他们只是为自己找借口而已。这是一种普通的交易机会，股票在之前一天收盘时的表现十分强势，这也成了我敢于进场的支持理由之一。它从未跌破 61.80 美元，最终以 63.50 美元收盘。第二天开盘后的走势可能是：

◎ 股票直接涨到 64 美元上方，在卖方第一次尝试攻破的价位上便出现了"据守买价"；

◎ 下一阻力位为 67 美元，相比目前的股价依然有很大空间；

◎ 从 V 的历史表现可以得知它经常表现出暴涨的特性；

◎ V 是很多大型金融机构和对冲基金喜欢持仓的对象，具有上涨的潜力；

◎ SPY 的价格高于 87 美元；

◎ 在良好的财报支撑下，强势股走势通常表现得更强势；

◎ 最重要的线索是买入价正在节节攀升。当我看见这一情景时，我就知道自己所等待的时刻终于到来；

◎ 从 64 美元上涨到 67.5 美元的过程中，成交很少出现在买入价一方。

我不介意 V 的收盘价格，因为在开盘时我要采用"动量交易策略"。不久后，市场走势出现反转，V 开始大幅跌落。虽然很多新人错过了这个交易机会，但是于我而言这种走势我已经见过很多次了，这笔钱赚得很轻松。

这是一种你必须掌握的交易策略，它可能在每个星期都用得上。

那些诸如"这只股票的走势太凶"一类的言论都是废话。你的工作就是成为一名优秀的交易员，而市场根本就不在乎你的想法。只要交易策略有效，你就应该熟练掌握它。你得克服自己心中的恐惧才能够捡到市场送给你的大礼。

某个星期六，全公司聚在一起回顾交易录像。史蒂夫坐在交易大厅里一边吃比萨一边为我们讲解 3 小时。早上我还会见了一位交易员，他最近刚具备了稳定赢利能力，这是对他所付出努力的回报。他曾有一段时间在开盘时段只是冷静地旁观，因为他此前由于经常触及日内最大亏损额度而不得不在上午 10 : 00 就被迫停止了全天交易，这可不是一个交易日应有的开始方式。于是我跟他一起讨论了很多上述案例中所包含的交易策略。那天在聚会时他对我说："我现在已经具备了在开盘阶段获利的能力，从统计数据上看它已经成为我赢利最高的时段。"这是我最愿意从交易员口中听到的话，他知道自己应该做什么事情。

"秘密计划 X"：革命性的系统训练

某天我在看电视的时候脑子中突然闪现了一个好点子。作为一名前运动员，我经常会考虑通过训练来提高比赛成绩。训练质量越高，交易结果便会越好。我应该如何让交易员们接受更系统的训练？我想到了"秘密计划 X"。

"秘密计划 X"在研发期间遇到了很多技术上的难题，它花费了我们大量时间和金钱。"老 G"扛下了这个任务并最终完成。"秘密计划 X"已经成为革命性的交易员训练计划。为什么我要命名它为"秘密计划 X"？因为它为 SMB 资本带来了战略性转变，我不希望其他公司抄袭我的好主意。毫不谦虚地说，这个主意真的非常棒。

"秘密计划 X"为我们的交易员提供了系统性的训练方法。我们在交易日中记录下"可交易股"的真实成交数据，再把交易数据按照不同的策略分类。这样我们就可以为交易员提供特定交易策略的仿真模拟练习。你猜它的效果如何？曾有一段时间，公司里所有的新手交易员都在 FAZ 身上大赚了一笔。作为交易员，你必须要了解 FAZ 的走势，以及如何从道琼斯美国金融指数基金（IYF）和道富 SPDR 金融指数基金（XLF）身上获取操作 FAZ 的交易优势。很多交易员把注意力转投到 FAZ 身上并学习和适应它的走势。如果能先通过模拟器练习交易这种基金再接触实盘，那么亏损概率会大大降低。

在统计交易员的每日数据时，我把 V 的交易策略讲给大家听。还记得吗，少数交易员对于这个跨越略感不适，因为"这只股票的走势太凶"。他们胆怯得就像躲在父亲身后的孩子，所以我们把 V 的实际交易情况记录下来以供交易员在我们的指导下进行练习。如果你想在某方面做到更好，那么你必须勤加练习。"秘密计划 X"的作用就是帮助你对想掌握的交易策略进行深度练习。作为交易公司，我们会尽力帮助交易员取得成功。

对于那位在交易员大会后联系我的老先生，我希望本章能够帮助他了解交易公司可以为交易员带来的好处。我们会确保交易员选择了正确的股票，帮助他们避开市场中的陷阱，在市场变化时给出提醒，讲解战术，允许他们向公司中其他人学习，增强他们的购买力，带他们一起复习交易录像，帮助他们了解自己的统计优势，为他们提供一个轻松的工作环境，鞭策他们严守交易纪律，督促他们取得进步，以及为他们的职业交易生涯铺平道路。所以老先生，现在我要问你一个问题：为什么你要自己在家里交易？交易公司会为下一位明日之星提供培训项目，他们会得到明星交易员的帮助。而你，也同样有机会成为他们中的一员。

第 11 章 | 为什么要找到最好的导师？

相比明星交易员，明星导师才是更好的老师

> 挑选合适的骑师来引导好你的马群，对于成功实现你的长期规划至关重要。不管你是想获得预期的特定资产收益，还是想从长远角度获得超过这个收益，你都需要给每匹马配上合适的骑师。
>
> 《巴菲特资产配置法》作者　戴维·M.达斯特

新手交易员常认为取得进步的最佳捷径是跟着明星交易员学习。实际上，我认为新人需要的是最优秀的导师。其实这两者之间有着很大不同。我不认同"自己做不到，如何去教别人？"这句话，有时明星交易员的性格和沟通技巧未必适合当老师，反而是那些没有排在优秀交易员排行榜前十名的、具备稳定赢利能力的交易员能够耐心地一对一为新人做出最细心指导。

在一次面试中，有位资质不错的候选人高调对我说："我计划成为你们公司中最优秀的交易员。在那之前，可以给我一段时间先观察你们公司现阶段最优秀的交易员吗？"这位有雄心壮志的常春藤盟校应届毕业生相信自己可以从明星交易员身上汲取丰富的营养。虽然很多老生常谈的言论告诉我们，要向最优秀的人看齐，但在交易行业这未必行得通。新手交易员需要的是最优秀的老师，不过我还是很欣赏这位年轻人无畏的态度。

在这件事上，整个自营交易行业的价值观大同小异。一位自己开

交易公司的朋友告诉我，虽然他负责培训员工，但是他本人也不是公司里最优秀的交易员。事实上他们公司拥有大批优秀的交易员，均出自他的门下。

虽然我经常强调学习过程，新手交易员还是在我的交易成绩处于排行榜头几名时更愿意听我说教。虽然这不代表他们平时就不专心听，但当我排名靠前时明显能感觉到他们更主动。人性的本能促使我们追逐最抢手的目标。当史蒂夫、"老 G"或者"小马哥"位居排行榜前几名时，人们就会把目光聚集在他们的身上。在我刚入行时，每天都会看见交易员像蜜蜂扑向花蕊一样聚集在那些我都不认识的明星交易员身边。

有些交易员过分关注排行榜，SMB 资本就有一位交易员经常没事就盯着排行榜，仿佛再寻找宝藏。排行榜对于他来说就像女演员斯嘉丽·约翰逊（Scarlett Johansson）之于男人。我有一次问他："你觉得我是不是应该为你准备一个排行榜知识测试？"

还有一位交易员也在研究排行榜上花了很多时间，我甚至认为他的精力根本就没花在交易上。如果他愿意多花时间学习如何交易，也不至于最后退出交易行业。人类本性导致你对其他人的行为感兴趣，尤其是那些在你身边可以与你做比较的人。但是这种思想不会为新手交易员带来任何好处。

有人问我："迈克，难道模仿最优秀的交易员不对吗？为了使自己成为最优秀的交易员，难道我不应该只从最优秀的交易员身上获取经验吗？"

可惜！答案是否定的。

想一下，最好的职业运动教练都曾是最优秀的运动员吗？我们看一些职业教练的例子：

菲尔·杰克逊（Phil Jackson）：一位带队夺得 10 次 NBA 总冠军的传奇教练。"大鲨鱼"奥尼尔曾在推特上这样描述过他的前教练菲尔·杰克逊：一将定军心。然而，当年菲尔·杰克逊为纽约尼克斯队打球时只不过是一名普通球员；

比尔·贝利奇克：带队夺得 3 次超级碗，但是在职业橄榄球运动员的道路上表现平平。他曾为战绩平平的卫斯理公会大学效力，这所学校更适合在文学、艺术、写作等方面取得成就；

帕特·莱利（Pat Riley）：人称"神算子"，率队 5 次夺得 NBA 总冠军。和菲尔·杰克逊一样，他在作为球员的表现堪称平庸，职业生涯场均 7 分。

伊塞亚·托马斯（Isiah Thomas）：球员时代曾两夺 NBA 总冠军，后入选 NBA 名人堂，并被选为 NBA 历史 50 位最伟大球员之一，不过他作为教练的成绩却惨不忍睹，最终无奈于 2009 年春天转去佛罗里达国际学校当篮球教练。

同理，在大学联赛中这样的例子也是随处可见。

里克·皮蒂诺（Rick Pitino）：曾执教 3 支不同球队 5 次打进 NCAA 篮球联赛四强，并夺得一次总冠军。他把很多学生送进了 NBA，而自己却没有在 NBA 效力的经验；

吉诺·奥利玛（Gino Auriemma）：带领康涅狄格大学女篮夺得 7 次 NCAA 冠军，但她作为球员时表现平平；

我最喜欢的"老 K"教练：带队夺得 4 次 NCAA 冠军，但是他从西点军校毕业后就没打过职业篮球。

如果顶级教练未必都是优秀运动员，那为什么新手交易员一定要去找明星交易员求得指导？我把这个问题丢给了我所认识的最棒的交易导师斯蒂恩博格博士，他被很多交易指导教练奉为导师，他回答我说：

> 很多著名教练都曾在自己的位置上有着不俗表现，但他们个人还达不到全明星球员的竞技水平。他们对比赛有着深刻理解，但是他们对指导和培养球员也同样抱有热情。他们在扮演教练角色时的态度就像全明星球员对待比赛的态度一样。这事关一个人的兴趣和特长所在。

明星交易员和明星导师所需的个人素质不同。明星交易员通常具备极高的市场洞察力和自律性，然而明星导师所需要具备的素质却是：

◎ 专注于找到更好的授课方式；

◎ 做事目的性更强；

◎ 良好的沟通能力；

◎ 能把不同的交易风格区分开来；

◎ 有耐心；

◎ 无私；

◎ 懂得何时表现强硬；

◎ 信奉并愿意普及公司的价值观；

◎ 信任学生。

本章将为你揭示为什么找到最好的教练才给你最大的帮助。

导师从不会满足

每一期新人入职之前，我都会进一步优化我和史蒂夫花了两年时间开发出的培训课程。我列出需要改进的所有方面，并想办法找出解决方案。比如我会在某一期培训中加入公司最棒的教学工具"SMB 在线研讨会"（SMB Webinars），而为另外一期学生增加附有点评的赢利交易录像。在写作本书时，我计划为本期培训课程加入"秘密计划 X"。我们从未停止过追求进步，未来也将如此。

优秀的交易员总是在考虑如何不断进步。他们试图在图表中寻找下一波趋势，并反复评估风险，而优秀的导师总是在思考如何教给学员更多更好的内容，真正为交易员考虑。导师们制作录像、开讨论会、制定早会提纲、讲解交易策略，并且数年如一日地每天在下班后独自在培训项目上花费心血。曾有一位交易员问我："贝拉，你在什么情况下才会变得争强好胜？"

在听到他的问题后的第一时间我愣了一下。在授课时保持沉稳、可靠也是我工作的一部分，但是这和没有好胜心完全是两码事。对于培训内容，我一定要把它做到尽善尽美。我希望有朝一日能让 SMB资本拥有华尔街上最好的日内股票交易培训项目。

这件事虽然颇具挑战，但是能激发出我的最大潜力。我已经不再追逐如何成为华尔街上最优秀的交易员，而是把这个目标留给我的学生去实现。

"执行者"是我们的交易大厅经理。他是吃汉堡的专家，也是我培训过的所有交易员中最自律的人。他经常讲 SMB 资本的培训项目相比于当年他接受的培训提升了很多，并相信两年之后我们一定会做得更好。我们刚花了大量时间和金钱研发了"秘密计划 X",这是我经过长期思考后想到的好点子。SMB 资本也愿意为新手交易员的成长付出这些时间和金钱。

人才培养,只为收获更大回报

明星交易员很可能对开发培训项目不感兴趣。他们本人就能在交易中创造上百万的利润,既然如此,还有几个人愿意额外花时间培养新人?如果 SMB 资本能拥有 150 位稳定赢利的交易员,那么公司将同时从金钱和人才两方面受益。所以我有尽自己最大努力把新人培养起来的动机。也许有一天我和史蒂夫能被日内交易界认可为朱利安·罗伯逊[①]式的人物。

史蒂夫就是日内交易界最优秀的交易员之一。当我第一次找史蒂夫讨论合伙开公司的想法时,他笑着问我:"我为什么要做这件事情?"史蒂夫迅速地心算了下培训其他人会为自己的赢利造成多大影响,很显然他对这笔生意兴趣不大。

但于我自己而言,我希望接受新的挑战。我相信自己能够建立一家优秀的公司,而不是把一生都局限于为自己交易。当史蒂夫随后开始考虑这件事情时,我便向他展示了我规划的公司蓝图。得到史蒂夫的支持后,我开始着手建立 SMB 资本,并慢慢把他带进公司事务中。我考虑到一旦他上了我的"贼船",便很难再找到拒绝我的理由。

我知道在某些周末,当我们做着任何交易员都不想去做的工作时,

---

① Julian Robertson,老虎基金(Tiger Fund)创始人,在过去20年中培养了超过50位对冲基金经理。他的学生被称为"小虎队"(Tiger Cubs)。

史蒂夫的确有杀了我的冲动。但是随着公司慢慢成长，我们最终相信，如果能开发一系列优秀的培训项目，我们的付出将收获丰厚的回报。

有效的讲解"一语点醒梦中人"

一位好的导师可以"一语点醒梦中人"，而优秀的交易员也许只能让你感觉雾里看花。我刚入行时也曾找过当时公司里最棒的交易员求教，他曾是俄罗斯国际象棋冠军。尽管为人不错，但是他的英文水平实在让人不敢恭维，我根本就无法理解他当时在嘟囔什么。很多优秀的交易员都是如此，他们无法有效地传达自己的思想。也许他们之中有人故意这样做，以防更多人用同样的交易手段损害自身利益。

我和史蒂夫曾想在印度开设一家分公司，于是我们会见了几位印度企业家。我们的原计划是找到一位优秀的教师，让他先接受我们的培训，再把我们的培训项目带到印度并成立分公司。有一天，我们与印度企业家开会时，在下班后可以当成桑拿房用的会议室中，我走到白板前写下了几项要点：

◎ 成功的交易员；

◎ 理解 SMB 资本的交易系统；

◎ 教师；

◎ 指导员；

◎ 经理；

◎ 招聘者；

◎ 公司成长。

我对在场的所有人说，以上分属不同的工作领域，但是想在印度成功开设分公司，以上条件缺一不可。我继续说，首先找到一位成功的交易员本身就难，愿意学习并跟上我们的脚步更是难上加难，此外，他刚好是一位好老师的概率不超过 2%。虽然我们有不同的赢利模式，但指导和培训新手交易员始终是 SMB 资本的核心。这些嗅觉敏锐的商人迅速抓住了重点并重新拟定了商业计划，着手开设 SMB 资本印度分公司。

我最近刚和一位了不起的交易员共进午餐，他是一位拥有优秀沟通技巧的明星交易员。我们在一起讨论了"动量交易"，他提到动量交易策略很难通过口头传授给别人。他问我应该用什么方式在培训中讲授这项技能。他的交易水平要比我高明得多，我不确定我们讨论的交易策略是不是同一种方法，但是这位明星交易员对我的方法的确非常好奇。我告诉他这件事情的确有难度，但我最终还是想到了办法。

奇普·希思（Chip Heath）和丹·希思（Dan Heath）在他们的作品《让创意更有黏性》（Made to Stick）中提到了给人留下深刻印象的几个必要因素：

◎ 简约；
◎ 意外；
◎ 具体；
◎ 可信；
◎ 情感；
◎ 故事。

导师必须在讲解重要知识点时把以上因素考虑在内。就像优秀的交易员能够判断出重要的技术价位一样，优秀的导师也需要依据以上准则备课。但是优秀的交易员未必具备与导师同样的知识结构和自律性。

从 300 股起步，打好坚实的基础

你与杰出交易员的差距可能是：他们的交易系统很可能高于你的交易水平，他们的策略对于现阶段的你来说也许过于复杂。当他们做空 70 000 股 SKF 时，也许你根本无法识别出这个交易机会。当股票走势与你的期望相反时，你将无法管理好手中的大仓位。所以我认为当你刚起步时，300 股可能比较适合你。

杰出交易员会定期复查自己的交易系统。他们每个月、每天甚至在日内都会根据市场做出调整。从我入行至今，我已经对自己的交易系统做出过 6 次重大的调整。我曾经历过亚洲金融危机、高科技繁荣、互联网泡沫吹起及破灭、"9·11"事件、金融机构覆灭以及市场区间内调整等多种行情。交易无定式，对我们来说市场每天都是新的。市场需要我们不断提高交易水平，并根据时机做出相应调整。

新手交易员必须打好基础，建筑设计院的学生也不是从设计摩天大楼开始学起的。我常常建议新手交易员把精力放在提高交易技巧、纪律以及控制情感等方面。要想为自己的职业发展打下坚实的基础，就要先从最简单实用的交易策略学起，简单地说，也就是先学会如何交易。SMB 资本里有一位热心的交易员，有一天他在交易 RIMM 时由于达到亏损额度上限而被迫停止交易。在公司早会时，我们曾指出82 美元是 RIMM 的重要价位，史蒂夫也讲过他会考虑在这个价位附

近做空，我们甚至早晨对外发布了交易观点。

这位交易员指出他在 82 美元做空，但是却在 82.32 美元被迫止损。然而 RIMM 随后就迅速跌落到 79 美元，很明显那些专门猎杀短线交易员的做市商在日内高点把一部分人洗出了场外。但是当这位交易员止损后，却并没有继续追踪市场做空，看起来他貌似对自己的亏损还挺满意。

我怀疑这位交易员可能就没认真听过的讲课，因为我从来没在培训中教过交易只需要在重要阻力位前做空，然后旁观股票价格自己变化这么简单，这样的赢利机会少之又少。作为交易员，必须能够识别股票走势中简单的假突破。

以下是关于这笔交易的讨论以及反思。

82 美元的确是重要价位，有很多交易员只会在这里入场并等待股票自己决定方向。由于开盘阶段的波动率处于一天中的最高值，此时股票很难在阻力位站稳。RIMM 很可能迅速突破 82 美元并把那些风险承受能力低的空方洗出场外。

你打算在 82 美元附近做空。但是在开盘阶段，你应该把自己的仓位分成几份分别入场。你可以在 82 美元做空一小部分，并观察 RIMM 能否在 82 美元站稳。如果 RIMM 迅速突破 82 美元，由于 82.17 美元或者 82.25 美元也是重要的阻力位，你可以考虑以更大的仓位在此处入场；如果 RIMM 再次突破 82.25 美元，你则要视股票的成交状态考虑是否马上止损清仓；如果平掉空头仓位后发现 RIMM 像原计划一样出现回调，那么你可以再次入场做空。现在你实际上比原计划拿到了一个更好的做空价位，而且此时有很多在 82 美元上方短线做多的交易员也会平掉自己的头寸而加入空方阵营。

若想抓住这个交易机会,你需要懂得 82 美元附近除了"据守卖价"以外的其他变化。在开盘阶段,这种交易策略存在着许多需要纳入考虑的子策略,而且你要学会如何应用子策略才能把钱赚到手。交易的主体思想不会随着子策略而改变,你仍旧可以控制好 RIMM 上涨后的亏损区间和交易风险。

如果能够打好基础,你就会理解 RIMM 在 82 美元附近时需要采取的不同交易策略,并抓住这个开盘时段的交易机会。如果你只知道在重要阻力位做空,那么你将只能在被洗出场外后抱怨亏损而已。市场要求你掌握更多技能,它不会为那些懒惰的挂单给予任何回报。

参加 2009 年交易员大会时,我见到很多公司在售卖他们的交易软件。这种软件通过绿色和红色的提示灯来提醒你应该买入还是卖出。我在大会上做了演讲,但是经过一个周末的观察,大多数人还是对软件更感兴趣。如果你也认为交易就是简单地跟着软件买入或卖出,我相信你一定会以亏损告终。

市场永远在变化。昨天有效的交易策略在今天未必能赢利。你需要提高交易技巧,才能适应市场的变化。

越模仿,越亏损

一位很有潜力的交易员对我倾诉苦恼,他无法像史蒂夫一样同时关注 8 只有敞口仓位的股票。我知道很多交易公司撤掉了用以显示明星交易员操作记录的公共屏幕,因为普通交易员会因为照搬明星交易员的做法而让公司蒙受损失。在交易水平没有达到一定级别的情况下,新人无法有效地执行高级交易策略。

然而一位明星交易导师会帮助你打好基础，并帮助你建立一套属于自己的交易风格。洛杉矶湖人队后卫德里克·费舍尔（Derek Fisher）曾这样评论球队的教练"禅师"菲尔·杰克逊："他不想掌控你，他一直在帮助你成为你自己。"在我为了撰写本书搜集材料时，看到了一则故事。斯坦恩资产管理公司的鲍里斯·斯坦恩（Boris Stein）是一位程序化交易员，他讲述了职业生涯中最痛苦的一段经历："我因为尝试模仿几位最知名的交易员的交易模式而亏了不少钱。"

在《交易员世界》杂志的采访中，斯坦恩再一次提起了这段惨痛的学习经历：

> 我1996年入行开始交易，当时我想按照一本书中所解释的方法挂单。我在当时成交价的上方挂了条件单买入标普。当条件单成交后，我又在成交价格下方挂了止损条件单做保护。这两笔委托单都是按照书中推荐的方式下单。由于考虑到交易员的纪律，我不会根据自己的心理变化对它们做出任何改变。但是当我的买入条件单成交后，标普5就开始下跌，直到激活了我的止损单。当我认亏离场后，股价便直线上升。我至今仍无法相信自己在25分钟内亏损了5 000美元。事实上我买在了日内最高点，卖在了日内最低点。

对于狡猾的做市商来说，迅速发现这个新人的委托单并赚走他的5 000美元并不是件难事。但是斯坦恩通过这件事明白了他无法在没有交易基础的前提下硬生生照搬书中的策略。他需要建立起一套自己的交易系统。

SMB 资本的交易风格是频繁的短线交易。我曾建议公司里某几位交易员去其他的地方试试，因为他们的交易风格与公司风格大相径庭。《金融怪杰》(*Market Wizards*)中的埃德·塞柯塔(Ed Seykota)曾说过："世上没有最好的交易系统，就像无法评出世界上最好的车一样，但是你一定可以找到最适合自己的那一款。"有些交易员更适合长线交易，也许最好再带上一些投行给出的基本面分析。他们无法通过短线交易指标在几毫秒内做出反应。

SMB 资本就曾经招募过一位这样的交易员，由于他只把自己的精力放在走势图上，我们给他取了个外号叫"图形哥"。

"图形哥"的求知欲很强，他经常会在电子邮件中给我发一些《纽约客》或者《洋葱报》上我没读过的文章。我非常喜欢他在 2008 年大选期间对于巴基斯坦、税务和紧急援助等事件的观点。

这位前交易员经常游走于各大交易类论坛上。在乏味的工作岗位上工作多年后，他终于在 SMB 资本找到了热爱的事业。当 SMB 资本第一次为公司选址时，由于空间有限，房东曾建议我裁掉这名交易员，但是被我当场拒绝了。

公司是由交易员组成的，只有我和史蒂夫以及其他交易员才最清楚谁应该留下，谁应该被裁掉。后来我们决定寻找一个新办公地址，在离开前一天的公司会议上，我发自肺腑地对大家说："交易员是公司最大的财产，公司未来的命运掌握在所有交易员手里。SMB 资本的决策基础永远是交易员的利益。尽管有些交易员的交易成绩不佳，但是只要你努力、进步，没有人能强迫我们裁掉你。""图形哥"是我所见过最乐观的交易员之一。他有时只能记起一个月来自己在某次收盘时表现最好那笔交易。也就是说，他的思维有很强的选择过滤性。

但是相当长的一段时间过后，"图形哥"依然无法帮公司赢利。我们在他身上亏的钱其实不算多，但是他继续留在公司里对双方来说都是损失。我们也不想让他误以为 SMB 资本就是他职业生涯的最好归宿，最终我们让他离开了公司。我很高兴后来"图形哥"依然会给我发一些有趣的文章。他找到了一份期货交易员的工作，现在还偶尔来 SMB 资本坐坐。

不要总找外在因素的借口

交易员如果想赚更多钱，必须要把眼光放长远。大多数交易员需要通过不断练习更适合自己的交易策略，从而达到随机应变的程度。同时，他们还必须克服性格弱点。长此以往，赢利能力必然会提升。

用亚伯拉罕·林肯的话讲，交易员能做到自律是"由于他们的天性所致"。糟糕的交易员只会指责交易平台，抱怨身边的人或是自己的账户。他们总是对那些超出自己掌控范围的事物喋喋不休，比如美国证券交易委员会征收的税费、交易软件的花销以及购买实时数据的费用。他们总能找到外在因素的借口。

通常来讲，那些错过简单交易机会、无法克服交易心理障碍，以及不保留交易日志的也是同样一批人。他们会认为："如果华尔街上最好的交易员指导我，我一定能够改变现状。"

我曾建议一位交易员多在持仓时间上下功夫，因为他所做出的所有交易几乎都是在一段波动内完成的。对他而言，他需要更熟练地掌握"交易并持仓"策略。这名交易员最近坐到了一位大局观更好的交易员身边，这有利于他学习如何识别那些适合于持仓更久的交易机会，并在这些交易中不要像以往一样提前离场。我想即使他坐在史蒂文·科恩身边，他需要克服的也是同样的问题（也许科恩会告诉他要么握住仓位，要么打包走人）。

传授交易技巧的技巧

优秀的交易员也许在指导新人这件事上没有足够耐心。也许他们根本就没想成为导师，或者不喜欢徒弟学不会自己所教知识的感觉。

有一位年轻交易员不喜欢我们的利润管理规定，但是他的确在交易初期无法在日中交易时段保住开盘时段创造的利润。我在前文中提过，公司规定日中时段不可以回吐开盘利润的 30%，我们会对违反纪律的人采取第二天减少交易筹码的惩罚。

有一次这位年轻的交易员在日中时段亏掉了不少钱，当时正是统计数据反映出交易员在日中时段是表现最不佳的时期。史蒂夫给他发了一封电子邮件，首先表示对这件事感到失望，并通知他，公司将要执行纪律。这位年轻的交易员生气地回复说这并不公平，这让他感觉自己就像一名差生。可是这种事情在公司里已经不是第一次发生了，而且这项纪律对他也有好处。

换作优秀的交易员，也许根本没有答复这名新人的耐心。他可能会直接告诉这位新人："给我闭嘴，别再在日中时段亏钱。"这让我想起一件往事：当我处于职业生涯中期，还在为其他交易公司工作时，我曾看见过一位年轻的交易员被明星交易员吼道："别再跟我废话，现在就从公司里滚蛋，想亏钱找别人。"

我和史蒂夫刚进入这行时，我们的指导员规定犯错误要做 100 个俯卧撑。研究表明只有不超过 20% 的人能在没有心理压力和情感痛苦的情况下接受侮辱。通常四句赞美的话也抵不过一句贬低。马克·吐温说过："我可以靠一句赞美生活两个月。"有些人会因为你说话声音提高而感觉不适，甚至认为这是一种痛苦的经历；还有些人如果你不把音量提到最高，他们就不会专心听你讲话。导师需要因材施教，确保把信息传递给每个人，从而达到让学生进步的目的。

曾有一次我在外滩岛度假时，接到了一位被交易折磨得痛苦不堪的交易员的电话。这名交易员曾在瑞士进修过关于了解资本市场的研究生课程。他曾是一位流行音乐人，我暂且叫他"流行交易员"。他想找我谈话，因为史蒂夫刚刚请他离开了公司。

"流行交易员"是个很好相处的人，每个周日他都会把交易明细发送给我。对于被解雇这件事，他冷静又谦虚地阐述了自己的意见。他提到自己正在按照公司所教授的方法每天都在谋求进步，公司就这样解雇他实在有失公平。这句话让我感觉很不舒服，他可以批判 SMB 资本的行事准则，但是不能说我们有失公平。

SMB 资本在 2009 年 8 月期间是华尔街上成绩最好的公司之一，但是"流行交易员"却在那段时间出现了亏损。大多数交易员都在操作"可交易股"，然而他却每天都把精力放在那些波动率很低的垃圾股上。当全公司都掌握了"动量交易"策略时，他仍不敢去接触那些波动率高的股票。"流行交易员"至今还无法勇敢地以市价平掉浮亏的仓位。

我感觉"流行交易员"只是用我们鞭策交易员每天进步的思想作掩护，为自己的亏损找借口。很显然他没能为每天的进步付出一切。他经常身处错误的股票中，无法克服交易心理障碍并拒绝"可交易股"。

我直接指出了他表现不佳的原因：他缺乏进步的热情。

"流行交易员"平静地接受了我的指责。事实上那天我在看海的同时，把对他的不满全都原原本本地告诉了他。我要求他写一封关于需要在哪些方面自我提高的电子邮件，他同意了。

挂掉电话之后，我发现自己犯了一个严重错误，那就是刚才自己的表现不符合一个好导师的言行。我没注意到"流行交易员"不是一个轻易能接受严厉指责的人。我希望时间能够倒退到这件事情发生前。我并没有能给予他足够的尊重，也没能在电话中给予他过多指导，我感到有些不安。

也许当时我因为正在度假的缘故，没做好接听这种电话的准备。在那之后我也没能再收到"流行交易员"的电子邮件。

约翰·伍登在《教练伍登谈领导》（*Wooden on Leadership*）一书中说："很多领导者的心中都不会去考虑的事情，就是在指使他人做事之前自己应该先要教会他们如何去做。他们需要付出很多耐心。"交易员导师必须要对交易员解释制订纪律的原因和益处，以及重要性。

《华尔街日报》的编辑佩吉·努南（Peggy Noonan）在《讲好》（*On Speaking Well*）一书中说："演讲中最打动人的部分是逻辑。"这正是优秀的导师会在知识点中加入有说服力的原因。或许领导者可以制定正确的纪律，但也不能随意制定纪律，一名优秀的导师更不会这样做。

高压督促：给学生设置交易挑战

给学生设置挑战也是导师工作的一部分。新手交易员面对的问题我也能感同身受。交易是一个艰难的行业，交易员很可能在努力工作

后还无法取得理想的成果，所以做交易需要极强耐心。但是我们必须
建立一个标准，当交易员触犯了交易的基本原则时，不能再拿感同身
受之类的话去为他们开脱。

有时你必须要提高音量才能唤起交易员的注意力。有时市场行情
对于整个公司不利，或者某些交易员的表现实在不佳。"老K"教练
在率领美国国家男子篮球队获得奥运金牌后接受查理·罗斯的采访时
说道："你必须在低谷时表现强势。"我们在交易员身上投入上千小时，
有时我必须要用更激情、更有力的语气讲话，这样他们才可以理解某
些知识点的重要性。

2009年2月，由于对于公司里几位交易员的表现失望，我召集了
一次会议。我对他们吼道："你们根本就没做好思想准备。这是一个
赚大钱的好机会。除非做足准备工作，不然你们无法发掘自己的潜力。"
当时我没有事先打草稿，毫无保留地表现出了怒火。先不论我用了什
么样的方式，我的确提高了这几名交易员对自己的要求。那之后他们
的表现均出现了大幅改善。

导师真正关心的是学生们的进步，而不是自己能否成为公司里最
有人缘的人。有时为了让交易员进步，我们会恩威并施。某些新手交
易员即使取得了一定成就，可仍然无法合理运用"交易并持仓"的技术。
因此我们会在他们错过交易机会时对他们施加压力。"老G"喊过："'快
枪手'你为什么提前离场了！"史蒂夫也喊过："'动能博士'你给我
好好盯着这笔交易。"

刚开始，渐入佳境的交易员不大适应这种方式。有些交易员私下
找我谈话问为什么"老G"和史蒂夫总是找他们麻烦。我坐在那里听
他们讲着这些话，回忆起当年我和史蒂夫做俯卧撑时的情景。我对他

们讲道:"如果你在错过交易机会后不得不经历这种难受的感觉,那么就去努力避免这种事情再度发生,不要再会浪费交易机会。"

有几位核心交易员也曾对我谈起过不喜欢这样高压的督促方式。我对他们解释说这是为了鞭策大家尽早掌握"交易并持仓"战术。我们会在收盘后再总结当天的交易机会曾在何时出现,这样他们就会对这一战术掌握得更牢。我们会对那些抓住机会的交易员提出表扬,并对错失良机的交易员提出批评。以保证大家都能取得进步。如今,那些找我谈过话的交易员都掌握了"交易并持仓"战术,无论过程怎样,他们应该为得到这样的结果而感到欣慰。

导师的成本:费力、耗时、牺牲利润

优秀的导师必须做到无私。为了提高教学质量,他们需要牺牲掉很多交易利润。当他们感到疲倦想回家时,又不得不留下来面对其他交易员的提问。导师经常会因为工作而放弃假期。

我有时会在实盘交易的同时对新人们直播讲述自己如何操作,这样做有可能因注意力分散而导致在错误的时机离场。新手交易员可以实时听到我的讲解,为什么买、为什么卖,以及我当时如何思考。他们会感觉自己在跟我一起交易那只股票。

在指导过程中,我可能由于思考和解释而犯下交易错误。比如有时我会因考虑如何把知识点讲解得更清楚而错过交易机会。我会对他们说:"我现在应该出手买入而不是动嘴皮子。"我会在交易时选择适合新手交易员理解的股票和简单策略,这会让我来不及交易,使整体赢利受到影响。

如下场景经常在公司里发生：史蒂夫在和新手交易员谈话后回到了办公室。在坐下来看了一眼市场后，他几乎以快哭了的语气说道："我竟然错过了这次交易机会。"

如果只做一名交易员，我可以享受自己最喜爱的周末。然而作为导师的我遗憾地错过了旅游、会友和其他休闲娱乐活动。这些好日子已经一去不复返，周六和周日都成了我重要的工作时间。我需要准备和交易员的谈话、制作新课件。此外我还要找到更多实用的交易策略解释给交易员听，以及想办法找到更好的教学方式。每当临近周末时，我的头脑中就要列出一长串周末需要完成的事项清单。

为你建立交易的价值观

优秀的导师为学生建立交易价值观。诸如"交易员的一天应如何度过""他们应该以什么样的心态面对工作""如何评估自己的工作成果"等要点都要由交易导师传递给交易员。

我曾告诉 SMB 资本的交易员，要取得稳定赢利，只有不断提高交易技巧。我每天都在公司待到很晚，即使周末也坚持工作。交易员在看到我以身作则后会找到工作的目标和参照。我们的培训项目持续五个星期，在此期间，每天 10 个小时的培训，每分钟都被安排了充实的内容。

但这只是第一部分，随后还有"交易员进阶"阶段。在这个阶段，我会要求他们更努力地工作，也会通过自己的行动感染他们。

由于突发的技术原因，SMB 资本最近临时在其他公司搭建平台做了几天交易。那家交易公司的合伙人问我："你是如何让交易员整天坐在自己的座位上专注交易的？我们的人可是连一个小时都坐不住。"
要知道，这句话出自一家著名交易公司的优秀导师口中。我对我们
的员工感到骄傲。尽管来到一个新环境，他们本可以有很多抱怨的
理由，但是他们却能做到安静地坐下来专注于交易。对于这位优秀
导师的提问，我想答案很可能是"因为史蒂夫也从早到晚寸步不离自
己的座位，并以身作则地抓住了每一次交易机会"。

　　下面是我发布的一篇博客文章。这篇文章可以诠释我的教学理念，
因为它讲述的不是我的交易策略，而是我的价值观。

　　　　也许因为我老了，所以我对一些新手交易员的价值观存在
　　一些偏见。他们认为自己的一分耕耘理应得到一分收获。但是
　　我希望他们清楚，交易员也许在付出十分耕耘后才只能得到一
　　分收获。我现在来说说原因。

　　　　我总能见到很多聪明人被迫离开这个行业。现阶段，SMB
　　资本中也有几位交易员因为这种价值观被我找到办公室面谈。
　　他们中就有我所见过最聪明的人，但是聪明对于市场来说远远
　　不够。市场不会给缺乏持续努力的小聪明提供任何回报。

　　　　作为指导员，也许我能对这件事情看得更透彻。热爱交易
　　的交易员会为付出自己的一切。我们本月进步最快的交易员完
　　成了自己的所有任务，而且还在不断争取更多进步。今天当他
　　看到自己当月的薪水时，脸上展现出了由心而发的笑容。

　　　　细节决定成败。你是在日中时段为了收盘而努力寻找重要
　　的日内价位，还是花了 2 小时享受午餐？你是在收盘后反复回
　　顾操作并不断地练习最适合自己的交易策略，还是早早收工只

为看一场棒球比赛? 你为了选出最适合自己交易风格的股票在开盘前花了足够的时间了吗? 你是否为了克服心理障碍做过足够的练习? 你是否认为与享受午餐和看球赛相比, 其他事情根本不重要?

大多数交易员都在起步阶段过得很辛苦, 这是必经旅程。要想通过这段旅程的考验, 他们只有一个选择, 那就是付出10倍的努力。如果他们有所懈怠, 那么结果必然不会如预期般美好。那些付出10倍努力的人终究有一天能够厚积薄发。

在长期的10倍努力下, 交易员会慢慢地看到两倍、三倍的收获。随着交易经验不断积累, 他们可以把付出降至9倍, 然后得到5倍的收获, 然后是8倍付出6倍收获, 7倍付出7倍收获。只有在几年的付出与回报不成正比的磨砺下, 他们才能看到"一分耕耘一分收获"。

昨晚我在纽约参加一场晚宴。有一位朋友刚刚去世, 他的妻子在晚宴上讲了一段话, 那段话非常感人。我记得其中有一句是 : "如果你不得不做什么事情, 那么就带着爱心全力以赴地完成它。"她的原话不是这样说的, 但是她的情感都通过她丈夫的故事完美地表达出来。她仔细地翻阅了回忆录, 讲出了老朋友之间的故事, 并让孩子们了解他们的父亲最重要的品质。她不计个人利益地为了这个5分钟的演讲准备了几天的时间。

我从这一场难忘的演讲中体会到了很多东西。如果你想成为明星交易员, 你就应该认同自己做这件事情的价值观。如果你被要求去做某事, 你就应该尽全力做到尽善尽美。世上没有什么事情比自我实现更让人有成就感了。对于新手交易员来说，你应该接受职业生涯前期大量付出却得不到等比回报的事实。只有那些看重自身努力过程的交易员，才有成为明星交易员的可能。

伯乐的信任是对千里马最好的激励

优秀的导师信任自己的每一位学生。我要为你讲述一个这种信念帮助我成就了一位明星交易员的故事。

"快枪手"刚入行时，他的表现并不出众，但我能从他身上看到良好的信息处理能力和对市场的激情。他在入职一年后虽然成绩尚可，但还是达不到我对他的期望。于是我们讨论了一下如何对他做出调整。我对他说："你一定会成为公司中下一位明星交易员。"随后他的确取得了大幅进步，但是依然达不到我对他的期望。于是我再一次找他谈话。我直视着他的眼睛，停顿了一下，再次断言："你绝对是公司中下一位明星交易员。"他在那之后果然又取得了一些进步。

SMB 资本还有位叫 JLA 的交易员，他马上就要"破茧成蝶"，但我还没有做好谈话准备。那些有潜力但是现在仍表现平平的交易员缺少的只是一种必胜信念，导师的工作就是把这种信念植入到他们的脑海里。有一些交易员距离成功仅一步之遥，作为伯乐的导师要做的事情只是对这些千里马挥动最后一鞭，这一鞭就是导师的信任。

赚钱与学习，都无止境

与身边优秀的人交谈能让你受益匪浅。我也经常与其他优秀的交易导师交谈，也从他们身上学到了不少东西。他们中的很多人也是很优秀的交易员，因此，我对他们的交易内容和交易策略表现出了浓厚的兴趣。

沃尔特·彼得斯（Walter Peters）在他的文章"我从最好的交易员身上学到了什么"中提到自己从他的百万富翁交易员朋友那里学到了哪些有用的知识。他说："想取得成功未必非要创新，在现有基础上做出改良也是个不错选择。此外，我还学到了交易员必须找到适合自己的交易系统，明白了等待交易时机的重要性和学无止境的道理。"

NetBlack 公司的约翰·内托（John Netto）在接受采访时说，我们从伟大的交易员身上学到的是，**一个人所做的交易会像镜子一样映照出他的生活。成为自律的交易员之前你必须在生活中做一个自律的人。**我在前文的"麦疯狂"身上已经讲述了这一点的重要性。如果一个人无法在自己生活中自律，我们怎样教这位新人在交易中保持自律？

从交易导师身上学到的 8 条经验

布莱恩·香农曾作为我们的特邀嘉宾，在纽约交易员会议和一个繁忙的交易周后，从百忙中抽空莅临现场为 SMB 资本指导。这是一堂不容错过的精彩讲座。以下是我从布莱恩身上学到的 8 条经验：

1. 布莱恩的准备工作要比我所见过 98% 的交易员更充分；

2. 布莱恩清楚哪些交易策略适合自己，也清楚自己的钱是如何赚来的；

3. 布莱恩承认自己的交易策略经常失灵；

4. 布莱恩在自己的交易策略失效时将最大限度地控制风险；

5.布莱恩也像 SMB 一样操作"可交易股",但是他有自己独特的选股方式,他列出一个阶段内的约 200 只股票的关注清单,然后再在这份清单内层层筛选;

6.布莱恩承认自己有两个交易缺点:离场太早,以及在抓住整段趋势时建立的仓位不够。对于这两个缺点,布莱恩表示除了每天使自己取得进步外没有捷径可走;

7.布莱恩比一般的交易员懂得更多的技术分析,但是他仍然从成交明细中寻找入场依据;

8.布莱恩说一种交易策略可能连续两次失效,但是自己仍然有信心坚持使用第三次。通常恰恰是这第三次能够使他获利。

我入行交易已有 12 年,经历过多次不同地域的金融危机。我在过去的 5 年中只有一个月出现过亏损,并在不久前刚刚斩获了一笔高额利润。我读过几百本关于交易和教学的书。我拥有法学学士学位,并且在华尔街上开着拥有最棒培训项目的交易公司。

当我需要建议时,我会找到自己所认识的最优秀的交易导师。我们都依然是成长中的交易员,并深知前进的道路永远没有终点。

如果你是需要建议的交易员,请向最优秀的导师求教。

我准备用一个概念来结束本章。它能区分开新人和资深交易员、赢家和输家、稳定赢利的交易员和状态起伏的交易员,它同时又是所有成功的交易员都掌握的一项本领,那就是适应市场的能力。

第 12 章 | 输赢就取决于适应市场的能力

持仓与调仓的艺术

> 价格不断上涨和下跌，这是市场上永恒的主旋律。关键的问题在
> 于，当股市继续上扬的时候，你手里拿着正确的股票。这就像那些狂热
> 的彩票迷们一样，只有去参与才有可能成为幸运儿。
>
> 《价值投资》作者　克里斯托弗·布朗

交易不是一份可以轻松上手的工作。本月有效的交易策略在下个
月也许就失效了。那些让你在上一年中大赚一笔的交易策略可能今年
就适得其反。作为交易员，我们的工作内容涵盖寻找当下最有效的交
易策略，但我们必须坦然面对瞬息万变的市场。在这种情形下，我们
需要适应市场，并不断寻找新出路。

1997 年春天，我去纽约参加一家新成立的交易公司的面试。就像
我在高中时代去申请一份救生员的工作那样，尽管公司离家不远，但
母亲还是亲自驾车送我。我住在纽约长岛杰斐逊港，那里距离曼哈顿
超过 1 小时车程。我在 Omni 酒店的停车场换上了一身华尔街式的套
装。那天我穿着雨果博斯牌西装，系着红色阿玛尼牌领带，穿着菲拉
格慕牌皮鞋。除了没系背带外，我结合了高调的篮球教练和戈登·盖
柯[①]的形象。我认为自己当时很帅。其实我完全没有必要穿得那样考究，

[①] Gordon Gekko，电影《华尔街》中的经典角色，盖柯是一个有钱且不择手段的企业
掠夺者。

因为这份工作是我的朋友引荐的，只要我不在喝醉的情况下参加面试，我相信拿到这份工作不会太难。

人力资源主管问了我第一个问题："你为什么想成为交易员？"

说实话，这个问题我已在车里练习了很多遍。我自信地答道："这是一个适者生存的行业。我希望自己的收入和产出成正比。此外我很喜欢交易行业的快节奏，并希望自己每天能在挑战中成长。"

当我回答"适者生存"这个词时，其实是在暗示他："我有个朋友已经帮我准备好了所有你想听到的答案。这样一来你可以节约时间去面试下一位候选人，因为我的答案都是标准回答。"最终我顺利地拿到了那份工作。

尽管当时已经找到了工作，但我还是参加了1997年夏天康涅狄格州的律师资格考试。我当时的考虑应该是一旦我的交易职业生涯走得并不顺利，还有条退路。后来我顺利拿到了律师资格证。

我不是那种从小就梦想成为交易员的人。事实上，我很希望能为纽约扬基队效力，不过在大学时代我就和其他同学一样意识到了这件事情发生的可能性微乎其微。我对交易员这份工作的理解就是能在刚参加工作的第一年赚到18万美元。我可以穿得起喜欢的衣服，也可以用自己的私人股票账户赚更多钱。我可以像其他公司的交易员一样坐直升机去罗德岛度假，此外还可以做其他很多花钱的事情。

我在刚参加工作的前半年连1美分都没有赚到。我开始感受到了交易的残酷，它根本不像想象中那样能舒舒服服拿钱的工作，那时很多交易员都无法在市场中赢利，很多交易员到了年底甚至以亏损告终。尤其在2008—2009年的金融危机中，种种新闻仿佛在告诉大家金融行业的好日子已经一去不复返了，因为媒体只关注人们短期记忆内的事物。当时，公司经历了创立以来的第一次裁员，大家都认为可能还会有下一次裁员。公司里很多人都担心自己是否还能以交易为生，但到了年底，市场环境出现转机，我们终于凭借勇气和耐心度过了金融危机的最困难时期。

工作第二年，我迎来了人生中第一个好月份。那个月我拿到了一张 3 万美元的支票。当时，我周围没有任何人月入 3 万美元。如果我把这件事情告诉父母，他们也许会告诉我在他们刚结婚的那个年代，两个人加起来的年收入都达不到这个数字。当我的法学院同学整天跟枯燥的法律文件打交道时，我每天却都像玩电子游戏一样工作。

抄底不要逞英雄

当年，我主要通过"波段交易"（Swing Trading）策略中的一种变化赚到了第一桶金，它的名字叫作"相对强弱指标交易"（Relative Strength Plays），我们根据技术指标买入当天走势强于大盘的股票。我们专门操作高 β 值的纳斯达克股票，当时主要以交易思科（CSCO）、戴尔（DELL）、MSFT、INTC 以及半导体行业的美国应用材料（AMAT）、科磊（KLAC）和诺发系统（NVLS）这样的股票为主。那时我还无法进入纽交所，但我认为自己进军纽交所就可以月赚 3 万美元以上。

我们参考纳斯达克期指推断股票的相对强弱表现。我们在关注高科技行业股票时，如果看见纳斯达克期指上涨 5 个点，CSCO 上涨 0.5 个点，MSFT 没变化，INTC 上涨 1 个点，那么我们就会更注意 INTC 并找机会入场。当时，股价还没有采用十进制计数方法，仍以 25 美分或者 50 美分为基本单位浮动。

我们通常在下午 3 : 00 总结出当日最强势的股票，把它称为"三点钟灯光"（Three O'clock Lighting）。我们找机会重仓入场，关注它直到交易日结束。

此外，我们的交易平台也能带来华尔街上其他同行所不具备的交易优势。我们的交易平台可以显示出 ISLD①的具体成交价。有时做市商会以市价额外为股票多付价差，这种时刻我们马上就能留意到。

假设我们在交易 MSFT，我们可以在 ISLD 看见高盛愿意额外高于市价 50 美分的价差交易，与此同时，我们可以仅支付 25 美分价差买进委托单。我们会在这种情况下买入 MSFT 后迅速成交以赚取 25 美分的价差。交易平台可以在高盛或者摩根士丹利愿意支付更高价差的时候为我们提供即时信息。我们这种交易策略的基础是大玩家需要极大的仓位，因此我们的委托单可以迅速成交。我们可以在不到 5 秒钟时间内，用几千股赚上千美元，这是一笔非常容易赚到的快钱。

我们通过"反弹策略"（Bounce Plays）也赚过不少钱。当 INTC、CSCO 或者 MSFT 出现低开的情况，我们可能考虑抢反弹。我们会在它的买入价站稳脚步时入场做多，这种技巧至今我还在用。但是记住，永远不要成为第一个买入的人。你应该等待市场停止下跌后，先少买一点试水。随着股价攀升，你加仓的机会也就随之而来。你只可以在股价停止下跌，并且大盘和股价都走高时才可以重仓入场。**抄底不是逞英雄的时刻，当股价真正反弹后，市场里有很多钱让你赚**。

我曾见到交易员在一次反弹中赚到 40 万美元，但他并没买在底部。我也曾两次见到史蒂夫在反弹中赚到 10 万美元以上，他也没在股价最底部急着入场。

———
① 如今叫NASD，美国全国证券交易商协会。

在互联网泡沫中大捞一笔

只知道如何捡做市商的便宜和"抢反弹"还不够，不久后我们迎来了互联网泡沫。AOL、YHOO、EBAY、AMZN、KTEL、来科思（LCOS）、BRCM、瞻博（JNPR）、QCOM 等股票都出现巨大波动。我们的交易风格也从波段策略转为趋势策略。就像在亚洲金融危机期间的艰难时段一样，我们需要适应市场。

每当我听见有人说那个年代交易有多容易时，就觉得好笑。仔细回想一下，那段时期其实更让交易员感到头疼，因为买入 5 000 股可能在 10 秒钟后就下跌 10 个点。此外，在真正意识到互联网泡沫之前，我们的思维模式还停留在波动交易中。本来我们喜欢逢低建仓，有时也会在股价回调时买进。在互联网泡沫时期，我们不得不以比成交价高的卖出价买入公司基本面无变化，却在两天内股价翻番的股票。如果在我们入场后股价不发生变化，那么我们马上就会亏损 1 个点。一旦出现判断错误，我们的亏损可能至少 3 个点。那时我们的仓位全部都是几千股的级别，我几乎就没做过少于 3 000 股的交易。所以如果我买入股票后，股价没有马上上涨，我可能在几秒钟内就亏损 9 000 美元。市场经常在这种情况下把我们弄得很惨，交易行业远没有表面上看起来那么风光。

很多优秀的交易员不再继续使用交易公司的钱，而是改用自己的钱做交易。于我而言，一个顺利的交易日可以赢利 10 000 ~ 25 000 美元，而一不留神也可能在短时间内亏掉上万美元。那段时期市场彻底改变了我们的思维模式，我们从保守转为激进。因为我意识到，如果不能转守为攻，就很难从市场中赚到钱。

我们的办公室当时比较拥挤，就像传统的纽约公寓一样，我们的天花板只有 2.5 米高。交易员的全部空间只是一把椅子加上距离头顶不到 1 米的圆柱形空间而已。

没有分析师来为我们提供应该买入哪些股票的理论支持；我们没有走势图，只有一台老式显示屏；我们的交易平台可能在任何时间出现故障，而且也没有后台支持帮助你通过电话平掉敞口头寸。你只能祈祷在交易平台恢复运转前，市场能够仁慈地给自己留条活路，但这已经是当时华尔街最好的交易平台了。

我依然记得自己在 KTEL 宣布公司计划在互联网上出售音乐那天，我亏掉了 18 000 美元。指导员把我从电脑前拉开并告诉我，虽然我有大赚一笔的潜力，但我现在必须学会控制自己不爆仓。从那以后，我便在自己的稳定性方面下了更多功夫，不再想着在一笔交易中狠赚一笔。当年我就像新手交易员那样满脑子只想着赚钱,而不是专注于"伺机而发"的交易。从那天起，我懂得了积累小额赢利的哲学，毕竟决定我月底薪水的不仅是利润，还要减去亏损。

事情也有好的一面，我曾在 YHOO 和 EBAY 上赚了 75 000 美元。那段日子（大约持续了 18 个月）我基本每天都能实现 5 位数的赢利。那是一段美好的回忆，我还记得曾收到一张 15 000 美元的信用卡账单，账单上显示所有的花销都来自像买咖啡这样的小事。几个月后当我在佐治亚打高尔夫时接到了我的会计的电话，他把我在得克萨斯州的存款统计后告诉了我，这是一个我不方便在书中写出的数字。当时我心中的想法是我应该再雇一名会计了。

互联网泡沫期间，我们的主要交易策略从"相对强弱指标交易"转向了趋势交易策略。我们选择只在纳斯达克证券市场上做多。虽然这是互联网泡沫提供给我的机会,但是我们只能在拥有适应市场的能力时才可以锁定利润。

熊市中如何精准抢反弹?

随着互联网泡沫的破灭,我们的赢利开始锐减。那时,我们不做空,因为我们没学过,公司也不允许做空。当时主要的交易思路是等待回调的机会,然后入场做多,即使是在泡沫开始破灭时也是如此。

尽管股价越来越低,但是我们还是能赚到一些钱。因为我们有成熟的交易技巧,可以在形势不利于自己时把损失降到最低。我们把注意力放在那些优质互联网股票上。如果AMZN下跌3个点、上涨1个点、再下跌3个点,那么我们很可能会出现在那1个点的反弹中。虽然我们的胜率降低了,但是我们可以迅速地调整自己适应市场。我们在等待更好的做多机会。为了找到最安全的入场点,我们迅速地掌握了新市场形态所要求的技术分析技巧。不过能实现的赢利与最辉煌的时刻相比已经不可同日而语。每天5位数的赢利已经像老式唱片一样成为历史,因为大家都改在网上下载音乐了。

2001年间,我成功地抓住了纳斯达克两次历史性的反弹。2001年1月3日,美联储意外地将联邦基金利率下调50个基点。消息发布后,我迅速买入了8 000股BRCM。这真是一段幸运又难忘的回忆。我入场后BRCM首先出现了微跌,我的浮亏马上超过2万美元,肾上腺素瞬间大量分泌。如下是我和史蒂夫当时的对话:

贝拉:"噢!大事不好。"

　　史蒂夫："不要紧，你再多等几秒。"

　　贝拉："好吧。"

　　几秒钟之后……

　　贝拉："我在股价上涨 8 个点后卖出了！"

　　果不其然，BRCM 不久后迅速上涨。我找到了一个好的卖出价清仓并在回调 5 个点后再次入场（见图 12.1）。在不到一个小时的时间内，我的赢利超过了 10 万美元。公司中很多交易员在这次反弹中赚的甚至比我更多。其实这只是那次历史性反弹的一个预热。纳斯达克当天反弹了 14%，几乎在几个小时内大盘就达到了平时两年的涨幅。

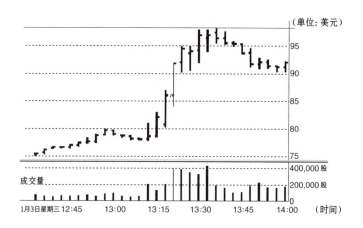

图 12.1　BRCM 股价（2001 年 1 月 3 日）

　　4 月 18 日，美联储再次意外地宣布调低联邦基金利率 50 个基点，纳斯达克随后暴涨了 8.1%。2001 年当市场接近数年来新低时，美联储总共调低联邦基金利率达 11 次之多。尽管每天 5 位数利润的时光已经一去不复返，但 2001 年无疑仍是一个丰收之年。

作为日内交易员，我知道从成交明细上寻找信息要比看走势图更实用。2001 年 1 月 9 日收盘后，为了准备接下来的交易日，我仔细回顾了一些走势图。当看见所有股票都在下跌时，你会很清楚市场正处于熊市中。像 GS、WFC、RIMM、AAPL、IBM 这样的股票都被抛售，大多数股票都接近了新低。

SPY 股价在 88.50 美元时的准备工作

从技术角度上看，我知道 SPY 在 88.50 美元处是重要的支撑位，理论上我认为应该在这个位置抢一次反弹。SPY 在这次突破前在 88.50 美元到 88.93 美元区间内交易了很长一段时间。我们应该留心在股价第一次达到这个价位时找反弹的机会入场。

要在 SPY88.50 美元处入场，我需要做更多的准备工作：

◎ 反弹是否可能发生在 88.50 美元上方？如果是这样，我将如何判断入场点？

◎ 市场中是否会出现卖家让我放弃在 88.50 美元处抢反弹的想法？我需要跟同事一起讨论，以做出更好的交易决定；

◎ 我应该从哪些股票入手抢这次反弹？虽然 IMB、GS、RIMM、AAPL、FCX 和 WFC 的反弹趋势比较明显，但是我必须通过图表找到最适合自己的股票；

◎ 当 SPY 距离 88.50 美元还有一段距离时，我如何从它向 88.50 美元下跌的过程中赚到钱？

◎ 如果我在 88.50 美元进场后，SPY 跌破 88.50 美元，我应该如何应对？

在准备抓 SPY 在 88.50 美元处的反弹时，我手中其实有很多价格不错的股票以供选择。88.50 美元是一个让我可以试探性买入希望买到的股票的机会。等 SPY 出现反弹后，我可以观察自己手中的股票有哪些同时也表现强势，然后在这些股票身上加仓。如果 SPY 跌破 88.50 美元，我必须清掉手中的仓位。如果那些股票朝着有利于自己的方向交易，我还可以安排一个妥善的离场计划。

这就是我在 SPY88.50 美元处抓反弹的基本原则。这是通过个股抢大盘反弹的一种方式，但如果遇见个股反弹时应该如何处理呢？

罗门哈斯化工（ROH）在开盘时大幅下跌。很多人都听说过华尔街著名谚语"不要试图接住下落的刀子"。在这只股票身上抢反弹做多无异于试图抓住那把下落的刀子。这种急跌在 ROH 身上几乎每天都会发生。在 SMB 资本的早会上，我们已经强调不允许新人参与抄底。我在这里具体解释一下。

出于人类本性，很多交易员都想抓住股票的底部。总有人觉得"众人皆醉我独醒"，他们希望自己能因成功预测到底部而得到全体交易员的称赞。但是这一切都只是他们的自我意识，事实上把自我意识带到交易中只会缩短他们的交易生涯。我们的目标是长期稳定赢利，而不是为了证明自己比其他交易员更聪明。

你从抢反弹中赚到的大部分钱都应该是等到股价稳定，或者在真正的反弹出现后获得的。尽管昨天 ROH 的底部是 47.50 美元，但是今天在这个价位上直接做多无论对于新人还是老手来说，都绝对是一笔差劲的交易。交易员经常会感觉底部已经来临，也许某次的确真的能撞到底部，但在股价急速下跌的行情下，你的感觉必须要通过股票实际成交状态找到支持才行。

最有趣的事情就是，那些试图抓住真正底部的人通常赚不到钱，原因有二：

◎ 当你猜错时，你会为此蒙受巨大损失。
◎ 即使回头看来你真的抓住了底部，入场时你也无法确定这个价格真的就是底部，因此你很可能过早卖出。

通常来讲，股票在底部的表现相当弱势，行情中也许伴随着很多继续走弱的指标。很多卖家仍然想找机会抛掉头寸，而买家对于入场也会表现得十分谨慎。当你看到股价弱势的表现后，你可能在反弹初期就过早卖出，从而错过整段反弹行情。

抢反弹时应该先等待股票确认底部，当股价开始走高后再入场。如果股票已经展现出反弹迹象，那么就等他在第一次上涨后先喘口气。ROH 先上涨了 2.5 个点位，在 50 美元找到了支撑，然后再上涨 4 个点位。这波从 50 美元涨到 54 美元的行情很容易赚钱。这就是胜率 60% ~ 70% 并且收益风险比达到 5：1 的交易机会。你可以持续从这样的行情中赚到钱。

如今很多资深交易员也会寻找股价的底部然后抢反弹，但这是只属于资深交易员的游戏，其中的操作很复杂。即使资深交易员，我还是建议他们应该追踪趋势，毕竟趋势中蕴藏着更多利润。你会因追踪"可交易股"的趋势而达到稳定赢利。

总有一天你还会见到 ROH 这样的走势，新手交易员要先等股价稳定并开始攀升后再考虑入场做多。一旦判断正确，那么就应该持仓更久，让赢利尽情上涨，不要在第一次出现弱势信号时就离场。

在成功抓住纳斯达克历史性的反弹后，市场再次出现了翻天覆地的变化。它改变了每一件事、每一个人。

何时在市场运用投机策略？

2001 年春末，我在 CMRC 身上亏损 36 000 美元。当时我正在学习一些新的技术分析技巧，并试图把这些新知识直接应用到寻找技术支撑位中，只是缴纳的学费太多了。互联网泡沫破灭以后，市场中几乎没有什么价位真的能达到支撑作用。这是技术分析者常犯的错误。虽然你依然能通过历史走势图找到支撑，但是此时你必须了解全体投资者的恐慌心理。如果不能把交易技术与股市心理学相结合，你的任何技巧都是靠不住的。

夏天还没到，我就吐回给市场 75 000 美元的利润。由于在 CMRC 和其他几只股票身上都亏了钱，我给自己放了个假调节心情。在那之前，我依然沉浸在交易史上的黄金时代所创造的利润中。我是和史蒂夫一起出门度假的，期间我意识到自己依然没有掌握娴熟的做空技巧，但互联网泡沫已经耗尽了我的精力，我决定先好好休整一段时间，还可以趁机提高高尔夫球水平。

我和史蒂夫旅游了一大圈，并在所到之处打了不少高尔夫球。我们去了所有想去的地方，住任何想住的酒店，吃任何想吃的食物，做任何想做的事情。我对于那个夏天的总赢利期望是超过 90 000 美元，而且我的确在回到办公室前通过远程交易于棕榈泉完成了这个任务。

2001 年 9 月 11 日，我不得不重新回到自己位于纽约的办公室。快乐的时光总是如此短暂，我在那个混乱的早晨重返纽约市区。当我抬头看到世贸中心的时候，它正身处火海。

当时我正向世贸中心走去，因为它处于我们位于百老汇的办公室的必经之路上。正在此时，我竟然亲眼见到了一架飞机撞到了大楼上，这是当天袭击世贸中心的第二架飞机。我二话不说转身就向南街港跑，尽自己最大努力逃离现场。这是一个不需要任何人告诉你发生了什么，你就能做出决断的场景。

当我从烟尘中逃离时脑海里突然冒出几个想法：不要进地铁、离帝国大厦远点、不要使用手机以便让其他有需要的人的信号更清晰、马上跑到非商业区。我很快找到了百老汇的位置，并沿街走了5千米到达了纽约上西区。这期间我接到了一朋友打来表示关心的电话，我告诉他自己一切都好后迅速挂断了电话。

当我到了安全的地方后，我便冷静地走到了阿姆斯特丹西街81号的沙拉贝斯餐厅，坐了下来，然后开始吃夹着蛋清和羊奶酪的菠菜煎蛋饼，搭配的饮料是柠檬冰茶。即使你的记忆力差，当看到能够震撼世界的场景时，你也会记住所有的细节。当时除了想远离事发现场，我的确不知道自己该干什么。

股市直到9月17日才重新开市。在纽交所主席迪克·格拉索和助手们连续奋战了几个日夜后，交易所的机器又神奇般地开始运转。但人们对可能发生的下一次袭击和市区的空气质量依然表示十分担忧。我们应该重新回到工作岗位上吗？

我是一个很理智的人，我告诉自己不要回到事发现场。华尔街的大多数同僚都想手刃恐怖分子。我没有服过役，不懂得如何在这种情况下保护自己，也不想象警察和消防队员那样冲到大楼里去救人，但我仍想回去上班。至少我作为美国人可以通过工作来对恐怖分子表示抗议，他们将永远不会赢得这场战争。

在那之后的几周，我们不得不带着面罩上班，因为市区里空气污染严重。我需要通过纽交所附近的安检，出示个人证件和工作证明才能进入位于百老汇的公司。检查我证件的士兵肩上扛着一把M16步枪，身旁的警犬警惕地盯着来往的每一个人，这就是"9·11"事件之后的华尔街。

袭击发生之后，资本市场的走势极弱，我每天都非常努力使自己恢复之前的工作状态，并思考这起事件对资本市场的影响会有多深远。由于无法确定市场接下来的走向，我决定采取投机策略。

某个周六，我们在办公室复习交易录像时讨论到一个有趣的话题：何时应该短线投机？

有人认为日内交易员的主要工作就是投机，可事实上这个观点是错误的，我们很少投机。有些交易员不屑于投机，不过不包括我。当我月底兑现支票时，银行工作人员不会问我这些钱里有多少是投机得来的，他们只会直接把现金交给我而已。

作为交易员，我会想：我可以找到有交易优势的机会吗？如果有时投机能为我带来交易优势，那么我便会偶尔投机。

然而，作为日内交易员，过度投机对我们不利。投机只应该成为我们多种交易手段中不常用的一种。尤其在这样的市场中，我们不会把过多的注意力放在投机身上。"老G"若发现有人做这种事情，他会大声提醒："别像胆小鬼那样做交易。SMB资本不做这种事情。"

更重要的是，我们不会让投机式交易干扰我们的主要目标。比如我们的目标是赚50美分，如果投机可以让我们在短时间内赚7美分，却错失了一次50美分的大趋势，那这就是一笔失败的赢利交易。

此外，我也不建议在走势极强或者极弱的股票身上做逆趋势投机。投机操作应该主要运用在趋势不明显的股票上。当股票的趋势明显时，我们会专注于跟踪趋势入场。我们要把精力放在大额赢利上，在趋势明显的股票身上赚7美分只是在浪费时间和脑细胞。

但有时在开盘时段，我们不断地在几只股票身上赚一些快钱，这时投机就是一种合理的交易策略。有时我们必须在开盘时抓住某只股票的买入价入场，并迅速从下一个卖出价离场。这类投机可以帮助我们寻找重要的日内价位，从而为下一笔50美分的大利润打下基础。

有一次在回顾交易录像的会议上，我们一起观察某位交易员操作盖尔斯（GES）。他于52美分处入场，62美分处离场做了一次投机。我马上喊道："暂停录像！"我担心这位交易员头脑中没有赚取50美分的大局观。不过事实证明，他是对的，我的担心多余了。他分辨出64美分处是一个做空并可能获利50美分的起点。于是他开始做空，他的投机行为是开空仓的前奏。

这是一笔非常精彩的交易，但不是所有人都能做到像他一样思维活跃。如果你做不到，那么就不要在做空前尝试投机。你应该在64美分处找到做空的依据后入场。因为你应该把精力放在50美分或1美元的利润上，这才是不容错过的交易机会。

2001年10月，我和父亲在扬基体育场观看了扬基队的一场棒球比赛。乔治·W. 布什总统也在现场，他希望通过与民同乐来安抚民众情绪。总统穿着FDNY夹克，看起来像一名F16战斗机飞行员。这个国家将摆脱"9·11"事件的阴影翻开崭新的一页。白宫发言人阿里·弗莱舍（Ari Fleischer）解释称："总统正在像每一位美国人一样，努力地保持着国家如同往日般正常运行。"

但作为交易员，我知道不能像以前一样，我需要使自己变得更好，市场要求我不断进步。互联网泡沫已经破灭，反弹也已经结束。如今的市场变得更难赚钱，它按自己的节奏发展，也许这是一个长期而艰苦的过程。对交易员来说，现在已经到了要么进步，要么回家的时刻。

运用"潮退战术"，低风险抓准回调拐点

很多交易员认为困难的市场会让你取得长足进步，这一点我完全同意。我在刚入行的第一年就见到了很多交易机会，但是却在没有多少赢利的 2002—2003 年熊市中才成为更优秀的交易员。当时开发的交易策略如今已日渐成熟，我把他交给了 SMB 资本的一届又一届培训生。也是从那时起，我开始专注于研究"可交易股"。我学会了如何在波澜不惊的市场中抓住机会，并能够达到在 20 个交易日中有 17 天赢利的水平。每天我都能从一只有新闻发生的股票身上获利。我很快意识到操作"可交易股"要比操作当年的 AMZN 容易得多，"可交易股"的技术价位也会更清晰明了。

市场在 2003—2006 年表现得很稳定，因此我们主要抓住区间内的波动操作。在这个过程中，我自学了如何使用"潮退战术"。我会在"可交易股"处于超买状态时对它做空，或者在超卖状态时做多。虽然市场早已失去了 20 世纪 90 年代末的风光，但是我在自我调整后依然可以每天赢利。我的一些同僚无法适应这个节奏，他们在亏掉很多钱，也亏掉了超额贷款的房子后选择了离开交易行业，或者为了继续赚钱而不得不转去了资本市场中的卖方公司。

由于我谦虚地不断从市场中学习并谋求进步，得以继续留在这个

行业。通过钻研"潮退战术",我最终得以掌握解读成交明细的精髓。我试图在低风险的情况下抓住回调的拐点,这需要我极度专心地研究股票的成交明细。

处理好身边可能出现的负面影响

在 21 世纪初的熊市,我坐在好朋友乔希·弗洛斯海姆(Josh Florsheim)旁边。他每天都交易石油指数基金(OIH),这是一种追踪油价指数的 ETF。我们周围很多人都知道乔希的故事,因为那时他有一份让人听到都会崩溃的感情生活。简单地说,他所约会的那个女孩简直是个疯子。在开盘铃声刚敲响的早上 9:31,也就是他们的甜蜜夜晚结束没多久的时候,她的女朋友便打来了电话。

乔希:"亲爱的,我正在交易,回头再给你打电话。"(挂断。)

早上 9:35,当大家都目不转睛地盯着一天中最活跃的市场时,乔希还在接着电话。

乔希:"宝贝对不起,我现在真的不方便接电话。回头打给你。"(再次挂断。)

不出所料,几分钟后他的女朋友再次打来电话。

贝拉:"我们都在交易,你能别打电话了吗?"(敲桌子!)

很显然,乔希(以及我和全公司的交易员)都无法专心地做交易。每当我想躲避外界干扰而取得一些进步时,我的脑海中浮现的都是不要多喝酒或者多花些工夫在走势图和成交明细上这类场景。我从来都没想过鼓励我朋友跟他女朋友分手也算其中一项。为了营造和谐的办公环境，我决定亲自动手做点事情。

有一次，我在公司里翻阅我妹妹和朋友们晚上出去玩的照片。当我把这些照片给乔希看时，他指着我妹妹的一个朋友问道："这是谁？"我心想太好了，问题终于可以解决了。我马上告诉乔希说，如果他对那个姑娘感兴趣，我可以为他介绍。谢天谢地，他表示愿意。

在大家的共同努力下，他们的第一次约会非常成功。我感觉自己在牵线方面简直是天才。如今乔希和我妹妹的朋友已经结婚并有了一个孩子。SMB 资本也因此回到了交易的正轨上。

结论是，失败的恋爱会影响你的交易成绩。在这个案例中，适应不代表着调整自己的风格，而是去处理好身边的人为自己带来的负面影响。虽然我不是心理专家，但我知道如果恋爱的激情可以改变一个人的心灵，那么它也能改变这个人的交易成绩。

在 2003—2006 年的困难时期中，我解读成交明细的能力每天都在进步。我在那时达到了别人随便告诉我一只从未听说过名字的股票，我便可以在它身上赚钱的程度。我需要做的事情只是观察这只股票 20 分钟的股票交易状态。我日复一日地锻炼自己解读成交明细的本领，这项技能数十年来从未过时。

在这段市场的调整时期，我不断提升自我。很多批评家说那些曾赚得盆满钵满的交易员终于在 21 世纪初遭到了报应，但事实上，我们其实和其他上班族一样，一直是每天辛勤工作以养家糊口。交易工作和其他工作其实并没有本质上的区别，我们数年如一日地做交易，就是为了提高自己的职业技巧，并等待最好的时机来临。

20 世纪 90 年代末的行情也许不会再度出现，但是比 2001 年和 2002 年好的行情也一定会再次来临。正是由于我在 2003—2006 年不

断提升自我，我学会了如何通过"潮退战术"获利，并在2007—2008
年的行情中把"动量交易"策略和"波段交易"策略运用自如。

复盘详解"潮退战术"

在今天的交易录像回顾会议中，我们仔细观察了塔吉特（TGT）
的成交明细（见图12.2）。SMB资本一位资深交易员NYU成功地在
33.75美元抓住了第二次潮退的机会。33美元的争斗十分激烈，在买
家获胜后TGT的股价迅速被推高至33.80美元。NYU认为股票在短
期内处于严重超买的状态并做出了做空的决定。

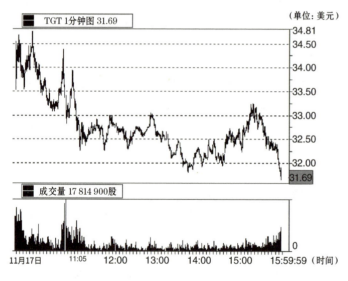

图12.2　TGT股价（2008年11月17日）

首先，我要提一些建议。SMB资本不允许新手使用"潮退战术"。
你只有在成为一名稳定赢利的交易员后才可以应用"潮退战术"，这
是一种高难度的交易技巧。很多球探都认为只有在低级别比赛中挥棒

1 500 次后，球员才会具备加入职业棒球大联盟的能力。同理，要想使用"潮退战术"，新手交易员需要积累大量的实战经验，他们必须先掌握好支撑位和阻力位交易策略。对于这笔交易我的不满之处在于：

◎ 取胜的概率太低；

◎ 收益风险比无法令人满意；

◎ 没有任何证据告诉我们顶部将出现在哪里；

◎ 我只在股价偏离短期合理价格两倍标准差以上的位置才考虑入场使用"潮退战术"，而这个入场点要早很多；

◎ 在没有 TGT 交易经验的前提下，于上升趋势中使用"潮退战术"有些铤而走险；

◎ 另外一家零售商百思买不久前因财报利好而反弹上升；

◎ 从盘感的角度来说，它没带给我一种判断正确的感觉。想把"潮退战术"应用好的前提是你已经有了数以千计的相关交易经验。这笔交易显然看起来不是由一个具备丰富"潮退战术"经验的交易员所为。除了以上各条原因外，从成交明细上看这也不是一个正确的交易时机。

当你应用"潮退战术"时，应该先确定收益风险比达到 5∶1。在这笔交易中，NYU 却可能以承担 40 美分的亏损代价去搏 1.23 美分的利润。当时 TGT 没有任何迹象表明股价已经达到顶部。事实上，这个入场价位只是第二次冲高的中间价位而已。在当时的情况下，TGT 的日内顶点很可能达到更高的 35 美元。这不是我们所预期的收益风险比，而且这笔交易的胜率也许只有 40%。成交明细中没有任何证据表明 TGT 将要下跌。除非我认为自己的胜率达到 80%，否则我不会使用"潮退战术"。

我只在股票偏离短期合理价格两倍标准差后才考虑入场应用"潮退战术"，这基于交易员的经验以及对股票日内价格的理解。你得在过去几天一直关注这只股票的交易情况才能做出正确的潮退判断，可是 NYU 却没做到这一点，也可以说他并没找到 TGT 股价变化的感觉。因此，当时他也无法判断股票是否真的偏离了短期合理价格两倍标准差以上。

我可以写出数百篇博客详细讨论"潮退战术"，也许有朝一日我真的会这样做。在 2004—2005 年，我主要靠"潮退战术"赢利。我确信自己的确在那几年间学会了如何灵活应用"潮退战术"，同时很多交易员却由于无法适应市场而被迫离开了这个行业。如果把现在的市场和 2004—2005 年的走势做个对比，你绝对不会想把太多精力花在"潮退战术"上。

现如今是"动量交易"为王的年代。虽然市场中依然存在着应用"潮退战术"的机会，我有时也会做些这样的交易，但是这不应该是你的主力策略。新手交易员更不应该把大部分精力放在高于自己水平的策略中，应寻找自己能掌控的策略。

如果你是交易大师，那么"潮退战术"是个不错的选择，你可能经常有机会用到它。但如果你是刚起步的新人，它便不适合你。如今的市场也不适合运用这种策略。

时刻为"严冬"做准备

在那段艰难时期，我学到了一个重要的教训：能省则省。即使你正处于赢利时期，你也应该为了以后的"严冬"多储备些粮食。20 世纪 90 年代末的市场也许永远不会再出现，2008 年秋天的行情也不会持续太久。我回想起自己那张 15 000 美元的信用卡账单，意识到这是个宝贵的教训。

当我在金融危机期间看见 VIX 指数超过 60 时，我们就知道这种日子不会持续太久了。如今我每月的个人开销一般不超过 3 000 美元，对于在纽约市中心生活的人来说，这个数字绝对低于平均水平。所以无论市场行情多么恶劣，我清楚自己总能够轻松地还清账单。当我需要买一些贵重物品时，通常会在一个丰收的月份结束后出手。在 2008 年的黄金时期，我只买了一台高清彩电、一张新床。剩下的钱全部留在了我的账户中，我要为下一个"严冬"做准备。

"坑队友"：贪食蝇头小利

市场风云变幻，每隔一两年就会产生一次巨大变化，可惜的是，我身边很多交易员无法跟着市场做出相应调整。有些人被亚洲金融危机赶出了交易界，有些人在互联网泡沫中爆仓，有些人无法学会如何在价格区间内使用"潮退战术"。我和史蒂夫面对的困难还包括从手动市场转为混合市场期间买入价与卖出价之间的价差。

我刚入行时，股票以 1/4 美元为单位计价，报价系统跟美国历史一样古老（纽交所于 1792 年成立）。因此，买入价和卖出价之间的价差通常为 25 美分或者 50 美分。INTC 在 20 世纪 90 年代是非常抢手的股票，通常买入价和卖出价之间的基本价差为 50 美分。所以如果我抓住机会用 2 000 股在买入价和卖出价之间跑个来回，那么我轻松赢利 1 000 美元。到了 1998—1999 年，这个价差区间不断地被减半缩窄，从 1/8 先变为 1/16（6.25 美分），然后又变为 1/32（3.125 美分），后来竟然又不像话地变为 1/64（1.5625 美分）。价差交易已经无可避免地沦为了蝇头小利，离当年动辄上千美元相去甚远。当价差缩小至 3 美分时，一次 2 000 股的价差交易意味着你只能赚到 60 美元。在交过佣金之后，也许它能够让我吃一顿不错的晚饭。可是在过去，做出同样的事情能让我买一双菲拉格慕的鞋子。

从公司内部其他交易员手中赚一个 1/64 的行为，我们称之为"坑队友"。我们很快找到做了这件事情的交易员，然后从此称呼他为"坑货"。公司里有一条不成文的规定，那就是你不可以从自己同事的手中赚 1/64。尽管我们反复强调，还是有一些交易员根本就没把这件事放在心上。

有位交易员敢在交易经理头上动土，我永远都记得那天的场景。由于掌管着公司的交易管理系统，这种事情根本无法瞒过我们的眼睛。通常交易经理的自尊心都极强，他们对这种发生在自己身上的行为倍感恼怒。我们的交易经理快速地走到了那位"坑货"的座位前，告诉他马上关掉电脑，并冲他吼道："你给我从这个交易大厅马上滚出去，想好什么时候能成为一名真正的交易员后再回来！你这个混蛋'坑货'。"那位"坑货"理应得到这样的报应。这就像在皇帝面前抢风头一样，一个人做事不能如此越线。

价差越变越小，事情也变得越来越糟。我每天都能看见一些市场参与者把股票以最低利润卖在自己入场点的上方。我认为这不是"坑队友"，这根本就是混蛋行径。对于这些人，我的忠告是："'坑货'，好好学习如何做出真正的交易。"

当 2001 年股票开始以美分计价时，一些交易员离开了这个行业，因为他们每月的价差操作利润已经不足以支付佣金。很多人说这是日内交易员的末日，解读成交明细的年代已经过去。可惜的是，这种言论根本就是曲解事实。每次重大变革都会伴随着一些出乎意料的结果，这次也是一样。当价差收窄后，市场的波动性变得更强。来自雷蒙德·詹姆斯金融顾问公司的格雷格·戈斯（Greg Ghodsi）曾解释道："利润减少意味着资本流入减少，资本流入减少也就意味着流动性降低。"根据会计总署的结论，当交易开始以美分为单位计价后，事实上交易成本上涨了 7%。说心里话，我也希望回到 1/8 的年代。

但优秀的交易员知道如何适应市场，也知道如何为自己找到出路。对于我们而言，这意味着我们应该有选择性地使用交易策略、学习当下市场中更有效的策略，以及更活跃地参与交易。所以摆在我们面前的有两个选择，你可以成为那些被市场淘汰后只知道发牢骚的人，或者适应并最终战胜市场。

自动化交易时代，交易员如何胜出？

在互联网泡沫破灭和缩小价差清洗掉少数交易者后，纽交所迎来了混合交易时代。这一变化又促使交易行业进行了一次洗牌。直到 2004 年，我们开始少量试水纽交所的股票以前，我和史蒂夫只交易纳斯达克的股票。作为纳斯达克的交易员，我不喜欢纽交所拖着我的委托单不执行操作的办事方式。他们的系统允许专家经纪人把自己希望优先成交的委托单排在我的前面。2004 年，美国证券交易委员指控几家公司，并对这些多年来操纵交易优先权的公司处以 2.5 亿美元罚款。

作为日内交易员，我的优势很大一部分取决于速度，但专家经纪人的做法却夺走了我的优势。尽管如此，我和史蒂夫还是把手伸向了这个市场。

纽交所进入混合交易时代后，电子通讯网络（ECN）交易平台可以帮助交易者在成交价格方面与专家经纪人相抗衡。从那时开始，我们便开始更多涉足纽交所的股票。在 2007 年的头 3 个月间，82% 的成交量由计算机自动执行，而在市场转为混合交易之前这个数字仅为 19%。混合交易为像我这样的电子交易员提供了更多交易机会，这才是市场应有的形态。交易就是应该建立在公平、公正、公开的原则上，只有拥有最高交易技巧的交易员才能得到市场回报，那些按照专家经纪人指令簿操作的人不应该比我们获得更多回报。

当委托单开始摆脱专家经纪人操控后，很多日内交易员没有及时自我调整。他们已经习惯于按照专家经纪人的操作手法下单。长年的经验使他们了解不同股票的不同专家经纪人的操作手法，并以此获利。当 ECN 进入市场后，由于无法根据成交明细做出正确判断，他们赖以为生的技能被市场彻底淘汰。但是对我们而言，却迎来了机会的海洋。现在纽交所的股票表现越来越像纳斯达克。对于纳斯达克的资深交易员来说，参与混合交易的纽交所市场是一个完美的过渡。我一直认为当时的市场没有太大的交易难度，当专家经纪人无法再随心所欲地操纵我的委托单后，我就能拿到自己想要的股票价格。混合交易市场会给那些拥有高超交易技巧的交易员以丰厚回报。

很多像我这样的交易员从这次变革中受益，但同时期也有很多交易员为此丢掉了饭碗。我为那些因高科技席卷了纽交所而丢掉高薪工作的人感到惋惜，很难想象那些无法再应用自己生存技能的人如何应对已然成型的不菲的家庭开销。专家经纪人公司成批地关门，交易所的大厅中再也看不到几千名穿着红马甲的交易员。那些三四十岁曾经拿着高收入的中年人不得不为了自己的后半生重新自我投资。当CNBC 的镜头转向如今的交易大厅时，博物馆式的安静取代了昔日代表着资本主义中心的喧嚣。对于交易界的朋友来说，这可能是一段伤感的故事。

但是与此同时，市场也向公平、公正、公开迈出了坚实的一步。交易员不应该只靠着代客下单作为自己的主要收入来源，而应该靠自己对于买入、卖出的判断。也就是说，交易员应该自食其力。

新市场形态需要新赢利策略

我见过很多只靠一项绝活吃饭的交易员。通常来讲，他们的策略很可能是：当看见巨大的买家或者卖家挂单后，他们把自己的委托单挂在这些大委托单的价位前面。这种行为完全符合我对于投机的定义。我注意到在"9·11"事件之后，市场中这种机会出现的频率还很高。你可以把这种投机技巧装备进自己的交易员手册中，但是你不能只靠着这一招活一辈子。

我近期见到了一位对前雇主表示不满的交易员。他找到了 SMB资本的一位交易员，并通过他联系到我，要求与我见一面。对于一名新手交易员来说，他的交易成绩很不错。他很聪明，有不错的知识背景，而且对于自己的学习曲线有着现实的要求。我们都很喜欢这位年轻人。这位新手交易员入行已经一年，但是他的交易策略只有一招，那就是寻找大买家和大卖家。很显然他对于这个技巧掌握得很熟练，不过这也是他的前雇主教给他的全部交易知识了。通常我不会去批评另一家公司，而且我无法确定现在我观察到的就是事实的真相，但是这种投机做法简直不能称之为交易。

在混合交易市场到来之前，这种小技巧是仅存的几个投机类技巧之一。交易员会等到纽交所的股票中出现大笔买入或者卖出的委托单时把自己的委托单挂在它们的前面。这种钱赚起来毫不费劲。但当市场转为混合交易后，这些交易员便再也无法靠这一招为生了。

有少数人专门研究这类交易技巧。当我刚进入交易行业时，我知道有一些人整天蹲点守着大买家出现。每当大买家现身并有其他委托单涌入跟进时，这是买入信号。这个战术在市场中实用了很多年。很多年来，我们经常看见纽交所高增长板出现一个接一个的大买单。我最喜欢的交易是有一次看见摩根士丹利的做市商以这种方式把 YHOO 拉高了 50 个点。这种投机的胜率很大，但是只会这一招远远不够，你也不能一直以这种姿态在自己的职业生涯中前行。

"胆小鬼"是这类交易策略的行家。还记得吗，在公司内部我们曾把投机称为"胆小鬼"才会用的交易策略。好笑的是我曾经问"老 G"能不能为他研发一套这样的过滤器，专门寻找大买单和大卖单。"老 G"看了我一眼后说道："贝拉，你知道自己在说什么吗？我们是交易公司。我们不应该把精力花在这种事情上，我们应该去做多强势股或者做空弱势股。你还是回去写你的书吧，这类事情由我来处理。"不管怎样，这就是"老 G"的态度，我也明白了他坚定的决心。

我明白紧跟大买单是一种合理的策略，而且大部分时间里能赚到些钱（我偶尔也会用这一招），但是你绝对不能把自己的职业生涯全押在这一招上。新市场形态即将到来，随之而来的还有新赢利策略。那是一些我当时还没掌握，但必须在日后熟练运用的策略。

牛市，赢利却减少？

从 2006 年年中开始，我们又迎来了新一轮牛市。不过在牛市初期，我依然在使用"潮退战术"。那些我认为已经超买的股票竟然持续走高，突如其来的牛市最初给我制造了不少麻烦。月底我在做整月回顾时，才承认"潮退战术"要暂时退出舞台了。市场形成了新的稳定形态，强势股票总是以接近日内最高价收盘。市场冲着我大吼道："贝拉，你需要再次做出调整了！"

这波牛市和 20 世纪 90 年代末期的暴涨不同，由于股价并没有呈现出爆发式增长，我做出了它们不强势并等待潮退的判断。这是个严重错误。与互联网泡沫期间一天暴涨 20 个点位不同，股票在这波牛市里静悄悄地稳步上涨。虽然迹象不明显，但是很多强势股的确不断创下新高，并以日内高位收盘。对于经历过互联网泡沫的人来说，股价稳步上升的牛市就像市场在发红包，不过上涨的速度实在有些慢，市场发的红包并不大。

我会找到强势股，在观察一段时间后喊出："你倒是快点涨啊！"但它根本不听我的。我得再一次承认眼下面对的已经是一个全新市场。我们已经身处牛市，只不过这是一只大蜗牛。我们的工作是找到强势股，在回调时入场做多，然后耐心等待上涨。市场根本不关心我们如何交易，我们只能去适应市场所提供的机会。

在连续看了几年强势股被逢高抛售后，我们很难直接把思维模式转换到"买回调"的战术上。在那之前的三年中，这种交易策略多数会导致亏损。但是对于当时的市场来说，这就是交易的根本思路。2003—2006 年的区间波动时代已然过去，引领上涨的大牛已经冲出栅栏稳步前进。我们很高兴能再次看到股市的春天，要知道股市已经好几年没有春天了。

　　然而出乎意料的是，这段时期却是我赢利较少的一段时期。当股价走强时，每一个人都会主观地认为它可能继续走强，也包括我。我个人比较喜欢高胜率的交易机会，而不是做多那些买完就很可能继续上涨的股票。作为一名交易员，我出现连续判断错误的概率很小。我对于胜率达到 70% 的交易机会把握得更好，而不是只有 40% 胜率的单方面上涨。这种感觉就像坐在飞机跑道上，却为了起飞许可等上几个小时。我知道飞机迟早都会起飞，但是我实在是不喜欢坐在飞机中待命的感觉。难道我们不能直接按时起飞吗？不管怎样，我必须要克服这个心理障碍，并把握好这些交易机会。

　　这是日内交易最艰难的一环。它要你对自己的交易系统拥有耐心、勇气、纠错能力以及抓住整段行情的决心。在 SMB 资本，很多交易员曾问过我在这样的行情下如何交易。我觉得如果你能做到以上几点，交易成绩会相当可观。AGA 是一位善于跟踪趋势的交易员，他也是一个非常有耐心的人。在这段时期，他成为公司里成绩最好的交易员。他总是能把全部利润装进口袋，并十分享受那些股票按照自己预期慢慢推进的过程。能做出这种成绩也是他的性格使然。如果说以前他在公司里只是配角，那么这波慢牛市使他成了公司的明星。那段时期也正是"老 G"刚加入公司的时间，"老 G"的性格也不适合这种慢吞吞的市场。

　　这种牛市与 20 世纪 90 年代末我所见过的高科技和半导体的行情截然不同。当时那些股票都走出了明显的上涨行情。它们在交易日结束后与开盘价相比有着明显的涨幅。说实话，我觉得 2006—2007 年的牛市一点也不好玩。它们经常在日中时段出其不意地发起上涨行情，但我们最终还是选择了适应市场，并且把"买回调"作为了那段时期的主要交易策略。

"买回调"战术操作起来并不容易，但这是交易员为了把自己提高一个新层次而不得不学的技巧。与其他交易技巧一样，你的实盘操作经验越多，你就会对他掌握得越熟练。以下几条准则能够帮助我在最近的几次上涨行情中找到回调时的最佳入场点。我用现在正身处的市场行情作为例子来对此做阐述，这些都是根据回调做多的案例。不过我也会在走弱的市场中应用同样的准则对股票做空。

> 这种战术有利于抓住牛市或熊市的趋势；
>
> 知道哪些板块领涨大盘；
>
> 我喜欢在领涨板块中买入龙头股，比如 GS、AAPL、FCX、TGT 等；
>
> 最重要一点：我希望看见这些股票以低成交量回调至重要的支撑位。有时股票回调的幅度太大，尤其是高价股，但当成交量处于正常水平，甚至比平时还低时，我就会倾向于考虑"买回调"；
>
> 对于股票回调至重要的支撑位，不同的交易员会因不同时间框架和风险承受度而产生不同的见解。我在此总结出一些我常用的时间框架：
>
> ◎ 前阻力位变为支撑位；
>
> ◎ 某些特定价位上的成交明细。这种价位可以出现在任何地方，但是它意味着不同寻常的"据守买价"的出现而导致

买家最终赢得这场厮杀的胜利；

◎ 股价回调到移动平均线上。我喜欢用 14 日、20 日、50 日和 200 日的移动平均线，具体视情况而定。

入场后，我希望看见股价在高成交量的推动下上涨。在低成交量的情况下出现下跌，随后在高成交量的情况下上涨，这代表着股票走强的信号；

如果我错了，马上止损离场。我的字典里没有什么"如果""要是"或者"可能"等辩解的理由。我绝对不会均摊成本，因为"买回调"和均摊成本有着本质的区别。前者可以帮你赚钱，而后者会毁了你的职业生涯。

以上是一些你可以参考的准则，但交易永远不是非黑即白的事情。尤其是对于新手交易员来说，在股票回调时入场可能会让你感觉很不舒服，但是在牛市中辨认出正确的入场点，并买入回调后的强势股不但会让你赚很多钱，也能帮你迈入稳定赢利交易员的队伍。

房地产危机，顺势做空相关个股

我时常问自己："我已经学到了所有的交易技巧了吗？"我在亚洲金融危机的阴影下成长，在互联网泡沫中大捞了一笔，在"9·11"事件中存活下来，在歉收的年份不断自我提高并研发出多种交易策略。我还应该再学习些什么？还有什么事情可能发生？很高兴的是，我又有机会见到了自 1929 年"大萧条"后最严重的金融危机。

我可以列出很多直到 2007 年夏天之前我都没碰过的股票。自从 2006 年年中以来我们一直身处于稳健的牛市中。CFC 的新闻出现那天，这轮牛市终于画上了终止符，这不是个好信号。我从 20 世纪 90 年代末期就学会了跟踪趋势，却从来没想过通过跟踪趋势来做空。但是自从见过 CFC 和 ABK 这类股票后，我便不得不迫使自己迅速成为这方面的专家。

尽管我从父亲的投资中学到了一些民用和商业地产知识，但我依然不十分了解房地产行业。但是相比于建屋成本，房价疯狂的涨幅着实令人震惊。我有一些交易圈外拥有着不错工作的朋友，以他们的收入水平，只能在佛罗里达州最东北的拿骚县买得起一间普通的房屋。我对此表示很难接受，不过这也不代表我在刚产生这种观点时就要马上做空那些房产公司或是次贷玩家。我可不是约翰·保尔森。

但是突然有一天，我注意到 CFC 跳空低开（见图 12.3）。于是我和 "老 G" 以及史蒂夫之间产生了如下对话。

老 G："史蒂夫，你注意到 CFC 了吗？"

史蒂夫："发生什么事情了？"

老 G："坏消息。"

史蒂夫："你怎么看待这件事情？"

老 G："我想先听听你的看法？"

史蒂夫："我不知道，不过我打算操作这只股票。"

老 G："贝拉？"

贝拉："注意反弹。如果不反弹的话，我就会做空它。"

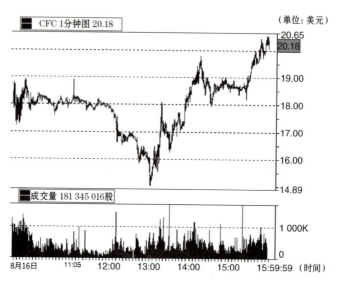

图 12.3　CFC 股价（2007 年 8 月 16 日）

　　CFC 的确没有反弹，卖家强势压低股价。我其实不是很清楚这家公司到底发生了什么事，没有任何相关的新闻报道，但作为交易员，我清楚自己此时应该干什么。我选择了做空，因为 CFC 的日内趋势呈现出明显的下跌迹象。

　　这让我第一次想起了 20 世纪 90 年代末期市场的行情，那是 SMB 资本成立以后第一次出现全公司都在赚大钱的情形。我依然记得新闻刚发布时，"老 G"因交易 CFC 而露出了灿烂的笑容。他笑着对我说："这才是交易，你们当年告诉我交易有多赚钱果然不是骗人的。这种感觉实在是太棒了！"

　　"老 G"由于在行情不好时一直在磨炼自己的交易技巧，其实他为了这一天早就做足了充分准备。用电影的表现手法看来，当时的故事剧情大概是这样的：有一位交易员在市场中挣扎了一整年，不过在这段时间内他一直苦苦磨炼本领。突然有一天他遇见了一位美丽的市场姑娘并与她相爱，从那以后他们在纽约过上了幸福的生活。"老 G"在大赚一笔后跟我说想买一辆法拉利，我阻止了他，并对他讲述了我在前文中提到的为严冬储备粮食的观点。

那段日子真美妙，日内交易员赚钱的速度又回到了 8 年前。我们不需要再艰难前行了，不需要再考虑"潮退战术"，更不需要在回调时买入股票待涨。现在到了你坐在自己的交易席位上，跟着股价一起坐过山车向下飞驰的时间了。在这个过程中，你每天都坚持至少能赚 5 000~10 000 美元。

像 CFC 这种次贷借出方的股价跌到了个位数，而 ABK 这样的债券保险公司也丢掉了 AAA 评级。比尔·阿卡曼、吉姆·查诺斯和大卫·艾因霍恩等对冲基金经理们揭露了这些公司的骗局。房地产危机只是冰山一角，这场盛宴到这里还远没有结束，其他行业也因为这次金融危机而随后遭到了重创。

油气价格大爆发

2007 年 1 月—2008 年 7 月，石油价格从每桶 50 美元暴涨至每桶 147.11 美元（见图 12.4）。那个夏天，我和"老 G"在北卡罗来纳州的海边租了一套房子，距离海边只有几十米，可以容纳 14 个人的度假屋。我们的房租价格在 2008 年夏天从 8 000 美元跌至 2 200 美元，因为驾车来度假太耗油，而油价又高得离谱。自 1986 年以来，美国人民的收入中一大部分都花在能源上。在见识到这一现象之前，我也很少交易石油和天然气。石油股经常在马上要突破重要价位后出现反转。这种走势简直是我的克星，它会让我感到很不舒服。于我而言，同时期还有很多更好的股票供我选择。

（单位：美元）

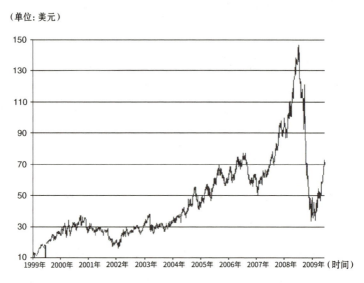

图 12.4　石油价格（1999—2009 年）

但近些年来石油和天然气价格已经成为不可避免的话题，因此我不得不克服自己对它们的偏见。2007 年 1 月—2008 年 7 月，它们的走势一改常态，变成了我最喜欢的股票类型。他们既保持了趋势行情，又能在重要价位处做出相应变化。委托单大部分由真实的玩家参与。在那段时间，我主要交易美国独立能源公司（HK）、切萨皮克能源公司（CHK）和瓦莱罗能源（VLO）这些股票。当它们是"可交易股"时，我时而追踪趋势，时而投机。

有时那些你平日里敬而远之的股票会突然变得很容易操作。当一只股票是"可交易股"时，他们对于重要价位的反应更加强烈，并且能呈现出更明显的趋势。所以当我看见某只股票或者某个行业处于"可交易状态"时，我都会坚决地在交易时段操作它们。

交易界的超级碗马上要来临，这种市场也许一个世纪才发生一次。银行系统的崩溃毁掉了日内交易员以外的整条华尔街，而这一年却是活跃的日内交易员的丰收年。

拿捏"巴菲特支撑价"

在金融业几近崩溃的那段时间里，我们每天都会读到大量的待消化新闻。我经常会为市场将如何对这些新闻做出反应而感到困惑，于是我决定让自己只专注于交易。

LEH、贝尔斯登（BSC）、JPM、WFC、MER、GS 等都是可以通过做空而获利的股票。当我发现市场对哪家金融公司的再保险业务充满不信任时，就会对该公司的股票产生做空的倾向。交易之神已觉醒，这是一段将载入史册的特殊时期。

除了那些传奇的金融帝国倒塌的故事，以及我们如何通过做空赚钱外，让我们看一看金融巨头的股票是如何从高位跌落的。从最初的股价变化上看，高盛显然是处境最好的金融公司。它并没有被担保债务凭证（CDO）牵绊太多，也说不定它早就找到办法让自己置身事外了。当巴菲特斥资 50 亿美元通过购买 GS 优先股为高盛注入流动性并稳定股价后，GS 便开始上涨。巴菲特拥有了在未来 5 年内任何时间以 115 美元买入 GS 股票的权利。因此，在这份协议达成后，115 美元便成了重要支撑价。

不用说，我们会在 115 美元处显示出支撑的情况下对 GS 做多。但当整条华尔街都开始质疑投行的商业模型能否真的可以利用便宜的隔夜拆借利率撬动高杠杆为股东提供高额回报率时，GS 的股价便开始走向 115 美元下方。这也是我们开始对 GS 做空的位置。一旦 GS 跌破了"巴菲特支撑价"，它就会陷入大麻烦（见图 12.5）。

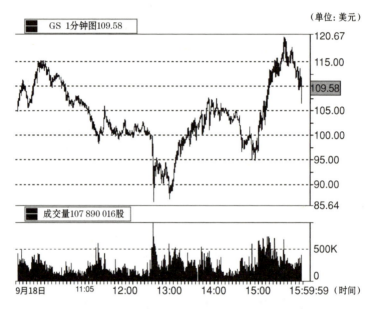

图 12.5　GS 股价（2008 年 9 月 18 日）

在大量空方平掉头寸前，GS 的股价可能跌到任何位置。虽然我们不确定新闻会为股票带来多大影响，但我们明白如何根据重要价位追踪股票的下跌趋势。我为自己制定了一个职业生涯中最简单的策略：股价高于 115 美元上方，我就做多，并认为这是股价回升的起点。股价低于 115 美元，我就重仓做空。

在金融系统崩溃期间，我们紧随着金融股的下跌趋势操作。通常我们也不知道这些股票是否真的继续下跌。银行系统的末日真的来临了吗？或者人们眼前的一切都是浮云，股价马上将触底反弹？由于不清楚接下来会发生什么，在美国国会于 2008 年 10 月 3 日通过了对银行紧急援助的方案之前，我们在见到股票不再下跌时都会先离场观望。当股票出现下跌，我们就再次进场做空；当它们下跌的速度慢下来，我们就清仓。如果股票打破了日内下跌通道，我们也会做多。

图 12.5 中 GS 的日内走势图着实令人捧腹。这是最优秀的金融股 GS 的日内走势图，而且还是在史上最著名的投资人向公司注资 50 亿美元后的表现。这段过程中，GS 一直在努力地把 CDO 的影响从公司的资产负债表中移走。尽管如此，股价依然毫不领情地下跌，即便是 GS 这样的公司也无法对即将到来的大规模金融危机免疫。

在深度跳水之后，GS 一度触及 47.41 美元最低点。想象一下我们坐在交易席位上通过它赚钱，却希望这一切能够到此为止的心情。抓住下跌趋势的感觉很不错，但是一旦事情发展到了如此丑陋的地步，我便开始担心股市的未来将会变成什么样子。股市还会继续存在吗？还会有人把钱放在股市中吗？事态还会发展到怎样的糟糕程度？

你永远不会知道市场会在哪一天迎来它的历史性时刻。我曾在前文中描写过互联网泡沫期间，那两个感恩节后令人难以忘怀的交易日。总有那么几天是你绝不容错过的、弯下腰就能捡到巨额利润的日子。交易员和其他人一样，每天按时上班，我们不会因头一天晚上的过度娱乐而旷工。第二天我们到了公司便坐在交易席位上专注于赢利。收盘后，我们可以像普通的上班族一样休息。但是在极端的市场行情下，我们也会尽自己所能从市场中取走每一分钱。你永远都不会知道这种机会能够持续多久。

那段日子是交易员的黄金时代。我们按照动量交易策略交易金融类股票，直到市场最终稳定下来。随后，我们见识到了一个崭新的市场。

ETF，资本市场的抢手货

在看到高波动率的金融股吸引了大量资金后，那些聪明的 ETF 企业家也想分一杯羹。如果有 3 倍杠杆按照走势强弱操作金融类股票，那么有多少人依然愿意 1 倍杠杆交易呢？因此，FAS 诞生了。

FAS 代表着以 3 倍杠杆做多金融板块，而 FAZ 代表着 3 倍杠杆做空整个金融板块。对于那些只愿意承受较低风险的投资者来说，市面上还有 2 倍杠杆做空金融指数的 SKF。对于希望做空房地产的人来说，还有以 2 倍杠杆做空房地产指数的 SRS。请不要把 SRS 和 SDS 搞混，SDS 是以 2 倍杠杆做空标普 500 指数的 ETF。

在 2008 年年底和 2009 年年初，这些 ETF 在资本市场中成了抢手货。SMB 资本的一些交易员在这段时期很难通过个股赚到钱，他们需要找到令自己回到正轨的办法。到了二月份，我发现一些人找到了应对办法。他们在市场上交易什么？答案是 FAS、FAZ 以及其他同类杠杆产品。

首先，这类 ETF 自成一派，它们不是公司，也没有每股赢利，更没有公司管理层。它们只追踪活跃的股票。在那 4 个月里，交易员不停地在 FAZ、FAS、SKF、SDS 和 SRS 身上投机。他们的确从这些 ETF 上赚了不少钱。有人认为 ETF 为 2008 年和 2009 年的市场注入了大量流动性；有人认为市场中出现像 FAZ、FAS 这类杠杆投资产品是政府不负责任的表现，金融危机难道不正是这些杠杆类产品造成的吗？作为日内交易员，我们把讨论的权利留给其他人。

我们的工作是找到合适的交易策略。这那段时间，这些 ETF 提供了最好的交易机会。当交易成绩正在下滑，整条华尔街都感到痛苦不堪时，SMB 资本的交易员通过在 ETF 身上投机而找到了一条出路。我为他们能够在别人根本赚不到钱的时候发现如何攫取利润而自豪。

"交易并持仓"战术的时代

从 2009 年年末到 2010 年，我们再次把目光投向了昔日的交易策略上。现在到了应用"交易并持仓"战术的时代，它是我们曾经为了一种特定的市场形态总结出的中长线交易技巧。尽管宏观经济还存在很多不确定性，比如国债、失业率、高税收、房屋赎回权、新产生的坏账、低信用市场、希腊紧急援助以及其他很多不确定的因素，但市场的确开始慢慢回暖。我们的试水都是从买入开始。市场已经消化了大部分利空，股价也开始慢慢走高。很多个股在经历开盘的跳空低开后，在日中出现反弹，并最终以上涨态势收盘。每当出现大幅下跌让人们误以为熊市还未结束时，市场都会反弹至一个更高的点位把弱小空方的钱无情地夺走。

于是我们开始寻找股票的反转点、重要的日内价位，想办法建仓以抓住趋势。我们会为了更大的上涨空间持仓更久。交易员已经开始关注牛市和熊市的信号、大盘波动区间，以及长期的阻力位与支撑位。SMB 资本最优秀的交易员之一最近说过："我现在只专注于'交易并持仓'战术。"我们开始不断学习趋势分析。尤其是最近，我们再一次开始慢慢地持有隔夜仓位，我管这种交易方式叫作"三天式交易"。

作为日内交易员，我们的活跃程度开始降低。我们根据交易需要建立合理的仓位。"老 G"就像投资经理人一样开了 30 个敞口仓位，史蒂夫那段日子说话的态度越来越像一位对冲基金经理："RIMM 是科技类股票中走势最弱的，它具备做空的潜质。"大家都开始专注于研究中长线最实用的"交易并持仓"战术。我们会以此为核心战术并等待下一次的市场转型。这才是交易。

在交易行业，你必须不断地对自己投资、调整交易策略，并保持开放心态。如果你坚持这样做，不但会换来自身交易水平进步，还有机会以更雄厚的资本面对千载难逢的好时机。

第13章 | 从交易走向财富自由

收益源自遵守规则

要在财务上远离风险，我们就必须积累资产，而不是负债。能让人终身受用的最保险的办法，就是少花多赚，然后用剩下的钱理性投资。

《财务自由笔记》作者 安德鲁·哈勒姆

在经历过市场无数次涨跌考验后，我仍然不断改进 SMB 资本教授的交易系统。我们寻找并操作"可交易股"；我们紧盯日内价位，寻找买卖双方挂单最多的价位，并依此交易；我们搜寻多空双方激战的痕迹，并希望看到在某价位上出现巨额成交量，如果出现这样的场景，我们便有了参考价位，在这个价位上方做多，或在它的下方做空。

当市场平静时，我建议进行一些投机。在个股财报集中发布的季节或者市场活跃期来临时，我们强调寻找重要的日内价位并建仓。我们持仓，直到盘中趋势被突破。这就是我们所谓的"交易并持仓"战术。但为了明天，我依然时刻准备着调整交易系统，因为这才叫交易。

比尔·凯拉（Bill Cara）在他的博客上写的评论使我着迷：

尽管我们不喜欢说出或听到"永远"这个词，但是买入一只股票就等着赚钱的日子也许真的永远不会回来了。随着移动互联网技术进步，我们的交易方式早晚会被彻底改变。

全球通信越发达，交易数据的传送就越便捷。我们正在努力为交易员提供更多的交易机会。如果我们能在迪拜债务危机后，寻找机会操作亚洲股票，那么我们一定会收获不少利润。我们正在仔细研究未来潜在的交易机会。

别灰心，不断寻找新策略就是交易员的生活

有时，我也会对交易感到灰心。我曾经给史蒂夫写过一封邮件专门讨论这件事情。我曾经因连续 5 ～ 7 个交易日的交易成绩低迷而难过不已。我甚至认为职业生涯是否会因此中断。我应该退出交易圈吗？多年来，这种想法不断地在我脑海中出现又消散。我担心在接下来的 10 年中，自己依然会被这些感觉困扰。

但就像大多数成功交易员一样，我对自己十分苛刻。几小时后，当我对这种消沉的态度产生厌倦时，我便开始想办法从中走出来。

有人向我提出关于 2009 年年末交易员在市场中能否生存的问题：

在从事交易多年后，SMB 资本的很多交易员都退出了这个行业。他们声称交易已经变得十分艰难。你同意吗？

我并不赞同这个观点。让我和你一起回忆下当年发生在"小马哥"身边的故事。在他参加的那期交易培训班上，有位同学走进合伙人的办公室并声称"市场中不再有机会，我们这种交易方式将无法赚钱"。这位同学于 1998 年 9 月离开交易行业。他离开的时间刚好是互联网泡沫爆发初期。就在那一年，"小马哥"赚了超过 100 万美元。

于我而言，解决这个问题的方式总是大同小异。我会减少仓位，仔细观察这段时期内市场中最常见的形态。坚持最好的交易策略，然后尝试做出一些改进。按照上述方式操作几天之后，我就会在连续两天赢利的情况下重拾信心。在那之后，我就会彻底忘掉自己给史蒂夫发的那封萌生退意的邮件。当我意识到自己恢复信心并回归到交易正轨时，我已经连续获利三个星期了。

如今，我专注于对我最有效的策略。我列出了一个交易策略清单，选择不同的策略以应对不同的情况。控制风险，让赢利自然产生。

你永远不会听到人们在主流财经媒体网站上说起我为了赢利而在很多貌似不起眼的小事上到底花了多少时间。我重获自信，获得重生。这也是我能够以职业交易员的身份在市场中存活至今的原因。

在这段时间内，我提升自己，其中包括很多看似不必要的举动。我从"相对强弱指标交易"起步，转为依据长期乖离率（bias）的动量交易员。随后又经历了抢反弹，做潮退、追踪趋势以及日内动量交易等多次转型。我顺利适应了市场变换计价单位，参与了纽交所混合型市场以及掌握了做空技巧。在互联网泡沫期间，我没有在"波段交易"策略突然失灵时抱怨市场。相比之下，我选择了学习动量交易。

没有行情时，我经常以交易员的方式在市场中做"潮退交易"，但我也不介意在市场中反复投机。2009 年，动量交易开始难以赢利，我开发了"交易并持仓"策略。

难关面前，你一定能找到解决办法。但解决办法却要求你必须诚实面对自己，找到哪些策略不再有用，哪些策略更适合市场。即使你已经是具备稳定赢利能力的交易员，你依然需要调整自己的交易系统。你需要每周、每日甚至日内调整策略。这就是交易员的生活。

相比于把希望寄托在市场改回 1/8 计价或者抓住日内涨幅达 25% 的高科技股，我更加感谢市场能变成现在的样子。每一个不同的市场都会让你成为更加优秀的交易员。不爆仓的亏损会让你取得进步。

别羡慕，你也能在任何市场都衣食无忧

我们在第 1 章中学到了交易的两个重要核心，一是提升交易技巧，二是严格遵守纪律。如今，现代化的培训项目可以缩短你的学习周期。如我在交易员培训中所说，你可以最大限度地发掘自身潜力。我希望已经阐述清楚应该如何倾听市场的声音并遵守规则。对于短线交易员来说，预测市场行为一点都不重要。那些每天不断地从小事中取得进步的人，他们会像第 4 章中所述的那样，成为稳定赢利的交易员，而不是被市场清洗出场。

在见识过各种各样的市场后，我写下了这本书。有一些时段的确让我感到异常艰难。在一段不短的时间里，我根本赚不到钱。但是我为了未来可能出现的机会而好好地在市场中存活了下来。作为一个全面发展的交易员，我练就了一身在任何市场中都能衣食无忧的本领。我希望你也能取得同样的成功。

致 谢
ONE GOOD TRADE

这本书是大家通力合作的结果。如果没有威立公司和 SMB 资本
的卓越团队的无私奉献，这本书将无法写成。

对于一起做过交易的人，训练过的人，指导过的人，遇见过的人，
邮件联系过的人，通过电话的人……对于这些人，我送上诚意的感谢。

感谢写作伙伴查尔斯·吉利克的优秀写作功底，你是一位非常有
潜力的作家和好友。

感谢我的合伙人"老 G"、吉尔伯特·门德斯和史蒂夫·斯班瑟
在本书写作期间对我的帮助和支持。

感谢好友史蒂夫，帮助我实现了很多培训交易员的想法。这是一
段多么令人难以置信的、让人筋疲力尽的、有挑战的和收获丰厚的人
生经历。只有你能陪我一起走过来。

感谢斯蒂恩博格博士，你是我知道的最好的交易训练专家，还鼓
励我完成本书，并帮助我实现。你给了我许多想法，有些是我从来不
会想到的。你激励我成为更好的指导员、教练员、交易员、作家和人。

感谢所有培训过 SMB 资本的人以及在我们公司交易的人。你们

一直是我们公司最宝贵的财富。

感谢亚历山大·詹姆斯，你无数个日夜扑在这个项目上，你让每一件事都更加完美。

感谢查尔斯·巴纳，你让我轻松愉快地应对每一天，希望你喜欢《宋飞正传》的参考资料。

感谢罗伊·戴维斯，你是 SMB 资本培训项目最合适的负责人，你吸引了很多让人印象深刻的人，这也正是你在 SMB 资本的价值所在。

当你们成了成功的交易员时，请别忘记我们。

我十分荣幸收到花时间阅读，并愿意背书推荐本书的人：霍华德·林登、蒂姆·布尔坎、斯蒂恩博格博士、查尔斯·E.科克、杰森·加德纳、纳达夫·萨佩卡、布莱恩·香农、科里·罗森布鲁姆、达米安·霍夫曼，你们做得非常好。

感谢梅格·弗里伯恩在本书内容上提供了许多中肯建议，感谢梅丽莎·洛佩兹一直陪我走到终点。感谢蒂芬尼·查波尼尔给英文版封面提供的帮助。感谢凯文·康明斯找到我，给我这次机会，鼓励我探索这段丰富的人生经历。

我对母亲的感谢已融入本书的字里行间。感谢父亲教我认识到努力工作的价值，尽管从来没有在口头上说过。

感谢我的未婚妻梅根，与你共处的时光总是一天当中最美好的一部分。我把本书献给你。

最后，感谢推特上的 SMB 资本的粉丝，博客的读者，CNBC 和 StockTwits TV 的观众。非常希望能听到你们的交易故事，这正是我喜欢写作的内容。

中 资 海 派 图 书

《威科夫量价分析图解》

[美] 戴维·H. 魏斯　著

何正云　何艺阳　译

定价：79.00 元

威科夫嫡系传人对量价分析法的当代解读
读懂图形、洞悉市场走势，成为解盘高手

　　威科夫量价分析法诞生已有百年，至今仍被全世界主流交易员奉为圭臬。在本书中，通过对 126 幅不同交易市场走势图的分析，魏斯毫无保留地介绍了如何在当下的市场环境中研判主力动向，找准即将出现的买卖点。

- 在各类行情图的价格区间内考虑收盘价的相对位置；

- 探索付出与结果、支撑与阻力以及如何在市场里跟对专业资金的步伐；

- 精准识别多空博弈与反转点，找到隐藏在股票和期货下的供需矛盾；

　　……

　　解盘是一门艺术，需要开放的心态，以适应当今动荡的市场，获得"与市场对话的能力"，从而创建适合自己的高胜率交易体系。

READING
YOUR LIFE

人与知识的美好链接

20 年来，中资海派陪伴数百万读者在阅读中收获更好的事业、更多的财富、更美满的生活和更和谐的人际关系，拓展读者的视界，见证读者的成长和进步。

现在，我们可以通过电子书（微信读书、掌阅、今日头条、得到、当当云阅读、Kindle 等平台），有声书（喜马拉雅等平台），视频解读和线上线下读书会等更多方式，满足不同场景的读者体验。

关注微信公众号"**海派阅读**"，随时了解更多更全的图书及活动资讯，获取更多优惠惊喜。你还可以将阅读需求和建议告诉我们，认识更多志同道合的书友。让派酱陪伴读者们一起成长。

微信搜一搜　　🔍 海派阅读

了解更多图书资讯，请扫描封底下方二维码，加入"海派读书会"。

也可以通过以下方式与我们取得联系：

📱 采购热线：18926056206 / 18926056062　　📞 服务热线：0755-25970306

✉ 投稿请至：szmiss@126.com　　🌐 新浪微博：中资海派图书

更 多 精 彩 请 访 问 中 资 海 派 官 网　　www.hpbook.com.cn ›